Mon Dieu, tu sais que j'ai cherche a te percevoir autant que je l'ai pu. Pardonne-moi si ma connaissance de toi a ete mon seul chemin vers toi.

ISBN: 978-1-4120-9506-8 (sc)

 www.trafford.com

Amérique du Nord & international
sans frais: 1 888 232 4444 (États-Unis et Canada)
téléphone: 250 383 6864 ♦ télécopieur: 812 355 4082

Sous le Soleil, le sang...

ABDELKADER RACHI

CHAPITRE I

C'est une cité comme tant d'autres qui ont poussé un peu partout dans ce vaste pays à lui seul un continent. On construisait vite, et la pénurie de logements aidant, on construisait mal. On avait donné le nom de « cité des 250 logements » à celle où habitait Lyassine, un fonctionnaire, chef de service, la cinquantaine grisonnante, marié, un enfant unique installé à l'étranger.

Cette nuit là, l'appel à la prière l'avait réveillé avant les premières lueurs de l'aube. Il maugréa, se tourna et se retourna dans son lit avant de se lever.

La salle de bain de son appartement trois pièces-cuisine n'était pas spacieuse, outre qu'elle était encombrée de seaux et de jerricans que sa femme avait remplis d'eau la veille. Vint le moment qu'il appréhendait le plus. Cette denrée rare dans son pays, allait-elle couler du robinet qui semblait être là pour le narguer ? Il ne fut pas surpris que le liquide précieux ne coula pas ; il n'eut d'autre choix qu'à faire appel à l'eau stockée dans un seau posé à même le sol. En s'aidant d'une tasse en plastique de couleur rouge, le savon dans la main, il se frotta énergiquement le visage avant de se relever, frais, bien réveillé mais mécontent.

« Cette nuit, ils n'ont pas lâché l'eau », lui confirma son épouse qui l'avait précédé dans la cuisine. Elle s'était levée avant lui, une habitude à laquelle elle ne dérogeait jamais quand il s'agissait du travail de son mari.

En fait, de la part de Samia, c'était un cri de détresse. De l'absence d'eau, elle en souffrait énormément. La propreté, plus qu'une nécessité, une obsession pour elle. Tôt le matin, elle partait en chasse du précieux liquide, allait le chercher au fond de la cour d'une ferme ou d'une école ou dans un garage. L'eau, on la lui donnait volontiers car il est dit, dans la religion de ce pays, que Dieu récompensera le croyant qui donnera à boire à son prochain. En montait les quatre étages de son bâtiment en portant un jerrican au bout de chaque bras. Elle s'essoufflait, s'arrêtait à chaque étage, arrivait exténuée sur son palier. Elle n'était pas la seule à s'astreindre à cette corvée. Le pays entier était logé à la même enseigne. Lyassine n'eut d'autre choix que de dire à sa femme :

— Dès que je serai au bureau, je téléphonerai au service des eaux de la mairie. S'il le faut, j'irai les voir. Je suis un fonctionnaire, ils vont m'écouter ; après tout, ils me doivent du respect !

— Ce sont des incapables! rétorqua sa femme, excédée. Le maire dit à qui veut bien l'entendre que si l'eau manque dans sa commune c'est à cause de cette cité. C'est trop facile ! C'est plutôt pour cacher son incompétence et celle de son administration !

— Il y a ce barrage qu'ils veulent construire, s'aventura le mari, lui-même pas du tout convaincu de son argument.

— Depuis le temps qu'ils en parlent ! coupa Samia qui avait sa tasse de café brûlante dans les mains. Heureusement, qu'il y a ce terrain qu'on vient de t'attibuer. Vivement qu'on construise notre maison et qu'on parte d'ici ! Dix ans dans cette cité, c'est trop !

En regardant son mari qui venait de quitter la table, elle lui dit:

— Il n'y a plus grand-chose dans le frigidaire. Ramène des fruits et des légumes, je n'ai pas besoin de te faire la liste et surtout ne te fais pas rouler ! dans le marché du village à côté c'est toujours à la tête du client !

En tenant la rampe, Lyassine dévala l'escalier de bâtiment éclairé par l'unique lampe du sixième et dernier étage. Arrivé au rez-de-chaussée, il tira de sa poche son trousseau de clés, ouvrit le portail de son bâtiment mais, avant de sortir, il s'assura que la serrure de l'appartement sur le palier, à sa gauche, n'avait pas été forcée. Dieu merci, cette nuit là encore l'appartement dont lui a confié la garde n'avait pas été combriolé. Il se dirigea vers sa voiture garée sur la placette, à peine à une quinzaine de mètres de l'entrée de son immeuble.

Le moteur de sa voiture démarra au quart de tour. Lyassine ne dérogea pas à son habitude : il le laissa chauffer pendant quelques minutes. Ragaillardi par l'air frais du matin, il leva les yeux pour regarder les bâtiments de sa cité plongés dans l'obscurité : vigiles hauts, immobiles, fantomatiques qui se dressaient contre un ciel noir, sans étoiles.

La voiture évita flaques d'eau et ornières, prit une route déserte. Vigilant, Lyassine vit au loin ce qui semblait être un véhicule militaire stationné en bord de route.

«Certainement un half-track », s'était-il dit. Il éteignit les phares et alluma la veilleuse. C'était ce qu'il fallait faire. Combien de fois une rafale précise avait immobilisé le véhicule et tué le conducteur qui, distrait, n'avait pas vu le barrage dressé sur la route.

Lorsque Lyassine avait baissé la vitre de sa voiture, un « bonjour » vif, l'avait accueilli.. « Permis de conduire et carte grise », lui demanda le militaire qui après avoir lu les documents que lui avait présentés le fonctionnaire matinal, fit le tour de la voiture pour s'assurer que les numéros des plaques minéralogiques concordaient avec les renseignements portés sur la carte grise.

En reprenant la route, Lyassine vit dans son rétroviseur des hommes camouflés dans l'obscurité derrière les arbres, leur fusil prêt à l'emploi. Le militaire qui l'avait contrôlé avait à peine une vingtaine d'annés. Lorsqu'il s'était penché sur lui, il avait le regard d'un adolescent.

Dans l'obscurité, la voiture fila entre les lampadaires encore allumés, triompha de montées, de descentes et de virages, arriva sur l'autoroute qui va serpenter au milieu des champs, ensuite traverser les faubourgs de la grande ville jusqu'à l'aéroport avant de continuer sa course en direction de l'est du pays.

Lyassine tranquille, seul dans sa voiture. Il avança la main, tourna le bouton de son poste radio. Il diffusait en continu une musique universelle : notes de piano cristallins, de bon augure pour le quinquagénaire qui avait en perspective une journée chargée, lourde, pleine d'embûches. Satisfait de lui, heureux, il pensa : « On ne peut pas me reprocher d'avoir refusé cette mission. Je me conforme aux ordres. J'aurais pu refuser, dire non à Faudyl et tant pis s'il n'est pas content. Cinq ans ans sous ses ordres et aucune promotion en vue ».

Une lumière jaune tombait des hauts lampadaires. Aussi loin que Lyassine portait son regard aucune âme qui vive. A une heure si matinale, on ne s'aventurait pas dehors. Si les violences sont devenus sporadiques, ils n'en continuent pas moins de secouer le pays.

Après une trentaine de kilomètres, la voiture s'immobilisa devant un portail qui donne accès à un vaste parking. Seules quelques voitures étaient là, certaines de grosse cylindrée ; marques connues, prestigieuses.

« Je vous attendais », dit le gardien à Lyassine avant de refermer le portail.

« Ici, je ne gêne personne », pensa Lyassine en stationnant à l'écart, dans un coin désert et peu éclairé du vaste parking.

Après avoir poussé une large porte vitrée, Lyassine avait devant lui le salon VIP de l'aéroport international de la grande ville. Dans des fauteuils larges, profonds, quelques personnes étaient assises dans la pénombre. Lyassine s'assit à son tour devant lui une grande tenture derrière laquelle se devinait la piste d'atterrissage réservée uniquement pour les hôtes de marque qui rendent visite à ce pays.

Le temps passait. Des personnalités arrivaient. Le salon VIP se remplissait. Pendant une heure, Lyassine regarda le ballet silencieux, se serait crû dans une salle de cinéma en train de regarder un film muet. L'attente dura. Pour se dégourdir les jambes, il se leva, traversa le salon, écarta la tenture. La nuit épaisse avait disparu. Le soleil était apparu à l'horizon au milieu de nuages légers, plats, auréolés de sa couleur orange ; la piste et les bâtiments de l'aéroport maintenant bien visibles.

— Bonjour ! », fit la voix dans le dos de Lyassine qui, surpris, se retourna.

— Ah c'est vous Georgis ! répondit Lyassine, en serrant la main du chef de la section commerciale d'une mission étrangère.

— Je n'ai pas vu monsieur Faudyl. J'ai besoin de lui. Vous pensez qu'il va venir ?...

— Je ne sais pas, répondit vivement Lyassine. Son chef Faudyl, il ne l'aime pas.

— Pour vous, la visite de Tyler est importante, reprit Georgis. Ces dernières années, les visites de personnalités étrangères se sont faites rares. Cette visite va profiter à votre pays et à tout un chacun.

— C'est sûr, confirma Lyassine. Tyler est une personnalité connue, respectée dans son pays et à l'étranger sans compter qu'il est le représentant d'un pays puissant qui joue un rôle important sur la scène internationale. On dit qu'il a beaucoup d'amis au Congrès et à la Chambre des représentants et qu'il peut influer sur la politique étrangère de son pays.

— Combien de jours va-t-il rester et par qui sera t-il reçu ? demanda Georgis, intéressé.

— Je suis incapable de vous le dire. L'agence officielle de presse donnera plus tard les détails de sa visite. Un peu de patience et vous saurez davantage que moi.

Le fonctionnaire étranger montra sa déception. Il comptait obtenir davantage de renseignements du chef de service Lyassine. Il s'éloigna non sans lui avoir serré franchement la main.

Le fonctionnaire local n'en avait pas voulu à Georgis pour son départ brusque. Il le connaissait pour avoir sympathisé avec lui au cours de réceptions. Ils s'étaient découverts des affinités communes : peinture, cinéma, voyages, littérature. Georgis était connu pour être un artiste à sa façon. Il collectionnait les objets d'art, allait dans les quartiers qui passent pour être dangereux surtout pour les étrangers particulièrement visés par les terroristes. Ça entrait dans leur stratégie d'isoler le pays et de le cueillir comme un fruit mûr qui tomberait de son arbre. Georgis discutait âprement les prix, marchandait mieux qu'un local mais quand il le fallait, il payait le prix fort. Ses préférences allaient aux objets d'art de l'époque coloniale française et tout ce qui est rare et ancien : pendules, pianos, tableaux, candélabres, « vieilloteries » en faïence, statuettes, bustes en bronze, tabatières…

Lyassine tourna le dos à la baie vitrée pour circuler parmi les représentants étrangers venus à l'accueil de Tyler. Il était connu, on le sollicitait, on l'appréciait pour sa gentillesse, sa courtoisie et sa disponibilité, disait rarement non quand on le sollicitait. Il serra des mains, salua d'un sourire, croisa des regards. Certains des étrangers avaient le visage frais et l'œil vif, d'autres le regard sombre, la manifestation silencieuse et courtoise de la réprobation d'un réveil trop matinal pour eux. En petits groupes, on échangeait des informations, on supputait, on évaluait ; la visite de Tyler était au centre des conversations. L'attente durait, perdurait quand un serveur poussa de côté la lourde tenture. Une lumière pâle avait envahi le salon VIP. La scène changea du tout au tout. Visages et regards fatigués, mines pâles. Deux heures d'attente pour ce beau monde. Pour Lyassine : trois heures !…Un mouvement de foule s'était fait en direction de la baie vitrée. L'avion particulier de Tyler venait de s'immobiliser en bout de piste. Après une courte attente, l'envoyé spécial étranger se montra dans la porte de l'aéronef. Il était corpulent, grand. De loin on apercevait son sourire franc, large comme s'il tenait à montrer sa satisfaction d'être arrivé à bon port.

La haie d'honneur des représentants étrangers était bien alignée. Maintien droit, digne, poignées de main et sourires à profusion avec le dignitaire étranger, parfois une discussion à voix basse de quelques secondes avec l'un d'eux.

Après qu'il ait pris place sur le canapé du salon VIP recouvert de velours rouge, à ses côtés le responsable de l'administration de Lyassine, Tyler déclara, devant lui une trentaine de journalistes qu'on avait entrer dès que l'aéronef avait atterri.

— Je suis content de me trouver dans votre pays qui mérite respect et considération de la part de la communauté internationale. Depuis bien longtemps je voulais effectuer cette visite mais chaque fois elle a été reportée. C'est vrai que les conditions à sa réussite n'étaient pas réunies. Elle sera courte mais fructueuse !

Malgré un sommeil en haute altitude, la voix de Tyler était claire, limpide, bien articulée.

— Monsieur le Sous-secrétaire d'Etat, pourquoi cette visite maintenant et quel en sera l'objet ? demanda une journaliste, son calepin dans une main, un stylo dans l'autre.

— La situation dans votre pays est une source de préoccupations pour la communauté internationale et nous ne voyons pas la fin des violences. La question est de savoir comment y mettre un terme. Je suis venu pour trouver la réponse avec vos autorité . Mon pays est prêt à apporter sa contribution pour trouver une paix honorable et acceptable pour tous.

— Pensez-vous que la situation sécuritaire se soit améliorée ? demanda la même journaliste.

— Elle s'est améliorée mais elle reste préoccupante, trancha, incisif, Tyler.

— Pourquoi cette visite et pourquoi maintenant ? demanda un journaliste debout, au fond du salon.

— Nous n'avons convenu de cette visite avec vos autorités que récemment. Nous avons pensé que le moment était venu de la réaliser.

La question à laquelle il s'attendait vint d'une journaliste à l'accent du lointain mais si proche Moyen-Orient.

— Monsieur le Sous-secrétaire d'Etat, craigniez-vous une interruption des livraisons de pétrole ? Vos élections présidentielles et sénatoriales sont pour bientôt. Est ce-que cela a un rapport avec votre visite ?

— Pas du tout ! répondit Tyler. Les champs de pétrole et de gaz sont sé-curisés. Nous ne craignons aucune interruption des livraisons de pétrole, ni de gaz. Nous avons investi des milliards de dollars et nous continuerons à le faire. Nos compagnies pétrolières ont fait des découvertes très importantes qui placeront ce pays parmi les grands pays producteurs de pétrole et de gaz. Mon pays est convaincu que l'avenir est prometteur.

Pendant que Tyler répondait, la journaliste qui avait posé la question, prenait furieusement des notes. Alors qu'elle avait la tête baissée, il ajouta : vous devez savoir, Mlle, que nous avons continué à travailler dans ce pays quand d'autres ont cru qu'il allait sombrer dans le désordre et l'anarchie. Mon pays ne se décourage pas aussi facilement. C'est ça qui fait notre force.

D'autres mains s'étaient levées. Faudyl assis à gauche de son ministre, était intervenu pour donner la parole à un journaliste qui s'impatientait. Son badge disait qu'il était un journaliste de l'unique chaîne de télévision locale.

— Monsieur Tyler, quelle est votre appréciation des réformes en cours ? demanda t-il.

L'hôte étranger se tourna vers le ministre qui s'était contenté de lui sourire. Il l'encourageait à répondre.

— Nous n'avons jamais mis en doute les capacités de votre pays à une plus grande démocratisation de ses institutions et à une politique sincère pour libérer le marché, dit Tyler. Nous pensons que l'ouverture politique et la libéralisation de l'économie sont devenus indispensables. Votre pays doit comprendre que moins il y a d'Etat et mieux ça vaut. Il y a des pays qui sont riches en ressources naturelles mais dont les populations sont pauvres et il y a des pays qui n'ont pas de ressources naturelles mais ont un niveau de vie élevé. Il faut laisser les gens entreprendre, créer des richesses. Le rôle de l'Etat est de créer les conditions nécessaires pour attirer les investissements qu'ils soient nationaux ou étrangers.

— De quoi allez-vous discuter avec nos autorités ? demanda une journaliste qui avait placé le micro sous le nez de Tyler.

En se levant, le ministre local lança :

— Monsieur Tyler a un programme chargé. Vous aurez l'occasion de lui poser d'autres questions.

— Mais nous n'avons pas terminé !... Monsieur le ministre, lança un journaliste qui avait attendu patiemment son tour.

— J'ai déjà dit que Monsieur Tyler aura l'occasion de s'exprimer ! coupa sèchement le dignitaire local en adressant un regard peu amène au journaliste.

Lyassine assis au fond du salon, derrière les journalistes, reconnut la voix de Nadir, le directeur d'un quotidien qui a pignon sur rue, plusieurs centaines de milliers d'exemplaires, le troisième tirage du pays. A longueur de colonnes, il fustigeait l'opacité du pouvoir, dénonçait la lenteur des réformes, le népotisme et « le copinage ». A Nadir, on reconnaît beaucoup de mérite et beaucoup de courage par les temps qui courent.

Lyassine fut parmi les derniers à quitter le salon VIP de l'aéroport.

Une belle journée d'une fin d'automne s'annonçait. La grande ville montrait sa vigueur : vrombissements de moteurs, klaxons, circulation intense. La voiture de Lyassine avança lentement sur la bretelle qui conduit à l'autoroute. Au bout de quelques centaines de mètres, la mer à droite de l'autoroute, au fond, contre le ciel bleu, limpide, blottie dans sa baie belle, magnifique, la capitale : cubes blancs, minuscules de maisons et de bâtiments qui grimpent les collines et, ça et là, masses sombres de bois et de forêts.

Pour Lyassine pas d'autre choix que d'être patient, de toute façon de cette circulation intense il en avait l'habitude. Il prit une résolution soudaine, éner-gique. Il gara sa voiture sur la bande d'arrêt d'urgence.

« J'ai le temps de me promener quelque peu, s'était-il dit. Faudyl peut bien attendre. Ma présence n'était pas indispensable à l'accueil de Tyler ; ce salaud m'a joué encore un sale tour. Mon réveil matinal et trois heures d'attente dans ce salon n'ont servi à rien ! ».

Il enjamba le rail de sécurité, se retrouva sur le terre-plein qui longe l'auto-route. A sa droite, la mer, il marcha, respira profondémment l'air frais, revigorant du matin ; instants de pur bonheur pour le quinquagénaire qui s'était réveillé tôt. Une demi-heure lui avait suffi ; il était heureux, en paix avec lui même, avec tout ce qui l'entourait, avec le monde. En s'aidant de ses mains, il gravit un ro-cher, s'assit face à la mer, à ses côtés un couple qui fixe l'immense étendue bleue comme s'il voulait deviner ce qui peut bien exister derrière l'horizon.

Lorsque Lyassine regarda sa montre, sa récréation était terminée. La mati-née était bien entamée. Il descendit de son rocher pour reprendre sa marche sur le terre-plein quand apparut dans le lointain la silhouette d'un homme jeune, vigoureux qui marchait d'un pas pressé mais, au fur et à mesure qu'il avançait, l'homme devenait menaçant. Ses pas se firent plus rapides, plus décidés, plus déterminés comme s'il devait exécuter au plus vite la mission qu'on venait de lui confier. Le cœur de Lyassine s'était mis à battre violemment, il le sentait battre très fort contre sa poitrine. La menace en voyant le jeune homme venir vers lui, il la sentait réelle, mortelle. Il était maintenant à quelques mètres de lui. Il eut le temps de remarquer qu'il avait des cheveux noirs, couleur de jais, la lumière du soleil les faisait briller. Au moment où il arriva à sa hauteur, Lyas-sine attendit que le jeune homme sorte la main de sa poche et tire. Au lieu du coup de feu, Lyassine entendit: « bonjour, belle journée, n'est ce pas »…

Lyassine n'avait pas répondu. Son cœur battait à se rompre et ses jambes le soutenaient à peine. En se retournant, il vit l'inconnu poursuivre son chemin du même pas décidé et volontaire.

Le chef de service quinquagénaire venait de vivre la frayeur de sa vie. Il s'arrêta, souffla. Le regard voilé, il se dirigea vers un rocher, le grimpa, s'assit . La tête dans les mains, il étouffa un cri inhumain qu'il aurait aimé lancer et qui aurait fait voler en éclats la voûte céleste et jeter l'effroi parmi les habitants de la grande ville. Son cœur continuait à battre très fort. Au bout d'un moment, il se sentit, apaisé, plus calme. Il leva la tête. Ce qu'il aperçut le rassura. La mer était toujours là, bleue et immense. Contre le ciel, des oiseaux volaient, légers, aériens, décrivaient de larges cercles puis entamaient des descentes vertigineuses en frôlant l'écume avant de se poser sur les rochers.

La peur n'avait pas quitté Lyassine. Des images de mort lui vinrent. Lamine, un fonctionnaire de son administration, un homme affable, discret assassiné quelques semaines plus tôt, qui avait la fâcheuse habitude d'arriver en retard à son travail et il souvent, très souvent, il s'absentait.

« Je construis ma maison, je ne peux pas laisser les ouvriers tout seuls », répondait-il au directeur Faudyl quand un jour vint la terrible nouvelle. On raconta qu'il venait de ramener ses enfants de l'école. Plusieurs inconnus l'attendaient dans le parking en face de son immeuble. L'un d'eux, jeune, au plus dix-sept ou dix-ans, appuya sur la gâchette dès que Lamine était descndu de sa voiture. L'arme s'enraya. Dans la cage de l'immeuble où il rattrappa Lamine, il visa la tête et lui tira une balle dans la nuque. La femme de Lamine, qui était sortie sur le palier en entendant le coup de feu, avait crié, folle de douleur, au tueur en se se couchant sur le corps ensanglanté de son mari:

« Ne me le tuez pas ! C'est le père de mes enfants! laissez le vivre ! ».

Le tueur l'avait fixé de ses yeux froids, inhumains puis lui avait dit :

« Un mot de vous et on vous ajoutera à notre liste. Vous n'avez rien vu, ni rien entendu. Nous reviendrons s'il le faut ».

Lyassine s'était rappelé ce que lui avait dit son épouse après l'assassinat de son collègue:

« les terroristes considèrent comme traîtres ceux qui travaillent pour l'administration. Pour eux, la vie humaine n'a aucune valeur. Leur dieu est tout. C'est son règne qu'ils veulent ».

Le chef de service qui avait regagné sa voiture, s'en était voulu, ne comprenait pas qu'un homme qui marchait vite pouvait l'effrayer et lui faire entrevoir la mort. « En quoi un fonctionnaire comme moi peut intéresser les terroristes ? Lamine, c'était autre chose. On n'a jamais su qui étaient les commanditaires de sa mort. Il était gentil mais mystérieux. Il était au fait de beaucoup de choses. On a tellement raconté des choses sur lui ».

Lyassine n'alla pas bien loin : sur l'autoroute, circulation lente, difficile. Quelques centaines de mètres plus loin, un barrage ; les voitures passaient au compte-goutte, les véhicules contrôlés, les papiers du conducteur et de ses passagers passés au crible, d'autres voitures, par contre, passaient après un simple examen du regard par les agents de sécurité qui scrutent les visages.

« Vos papiers », demanda d'une voix calme l'un d'eux à Lyassine, sa combinaison bleue foncée, son arme de poing coincée en dessous de son ceinturon, sur son dos, en grosses lettres: SECURITE NATIONALE.

Il examina la carte professionnelle du fonctionnaire, la lui rendit après l'avoir examinée attentivement.

En se penchant sur lui, il lui dit:

— Vous êtes fonctionnaire et chef de service Vous devez donner l'exemple. La bande d'arrêt est pour les urgences pas pour se promener. La zone est dangereuse. Pas plus loin qu'hier, on a trouvé un homme mort, non loin où vous vous étiez assis. Ne recommencez plus. Vous pouvez partir maintenant.

En reprenant sa carte Lyassine s'excusa, dit qu'il ne recommencera plus, se justifia en disant qu'il voulait se dégourdir les jambes et qu'il avait besoin de respirer de l'air frais...

La voiture de Lyassine évita le centre ville, tourna à gauche, quitta l'autoroure, grimpa des rues, traversa la Place de Pékin, après une longue avenue, Lyassine était arrivé à destination, à sa droite, les bâtiments de l'administration qui l'emploie. Avant qu'il ne gare sa voiture dans l'emplacement qui lui est réservé, le chargé de la sécurité avait un message pour lui : « monsieur Lyassine, lui dit-il, il y a un étranger qui vous attend. Il était avec vous à l'aéroport. Il s'appelle Georgis. Il vous attend. ».

Dans le bureau réservé aux visiteurs, Georgis était en train de l'attendre dans la pénombre.

— Vous m'excusez pour ce dérangement, dit-il à Lyassine en s'arrachant au fauteuil qui le contenait à peine. On aurait dû se revoir après l'arrivée de Tyler. Votre secrétaire m'a dit que vous n'étiez pas revenu de l'aéroport.

— C'est vrai qu'on n'avait pas terminé notre conversation, répondit le chef de service qui s'efforçait de faire bonne figure. La matinée avait été rude et déjà longue pour lui : réveil à l'aube, frayeur sur le terre-plein, contrôle de l'agent de sécurité et maintenant l'étranger qui va prendre de son temps.

La voix d'une sollicitation importante, Georgis lui dit:

— Nous avons besoin de ramener un véhicule blindé pour le chef de notre mission. Il se trouve que nous allons fermer notre représentation dans un pays voisin du vôtre. Nos relations économiques avec ce pays sont quasiment inexistantes.

En s'approchant de Lyassine, Georgis lui dit d'une voix basse comme s'il lui confiait un secret d'Etat : on ne veut pas froisser vos autorités. Notre gouvernement voulait fermer notre représentation mais notre chef de mission a protesté énergiquement. « C'est inadmissible, leur a-t-il dit. Ce grand pays fait face avec courage et détermination à un terrorisme aveugle et sanguinaire. Ce n'est pas le moment de lui tourner le dos. Il faut l'aider. Nous sommes certains qu'il surmontera ses difficultés ».

— Mais en quoi puis- je vous être utile ? demanda Lyassine, intrigué.

— Voilà, nous avons déposé une autorisation d'exonération des droits de douane pour importer ce véhicule. Ce ne sont pas des droits de douane énormes, mais le geste de votre administration sera apprécié par mon pays.

Lyassine garda le silence, gêné ; une demande bien étrange de la part d'un représentant d'un pays riche, qui plus est son parc automobile l'un des plus importants de cette capitale.

Georgis attendit la réponse en fixant Lyassine. Comme la réponse tardait, il s'aventura :

— Monsieur Lyassine, je ne vous aurai pas sollicité si ma représentation n'était pas dans ses droits. Comme toutes les bureaucraties du monde, la vôtre est tatillonne, ce n'est pas un reproche, je vous assure qu' elle fait convenablement son travail.

Lyassine répondit, laconique :

— Je ferai de mon mieux, monsieur Georgis.

Pendant qu'ils se dirigeaient vers la sortie, ce dernier se tourna vers Lyassine et lui dit :

— Vous me ferez un grand plaisir de venir dîner chez moi. J'ai invité quelques amis. C'est dimanche prochain. Votre présence me fera énormément plaisir. Est-ce que je peux compter sur votre présence ?

Lyassine cacha sa surprise. Il songea : « mais c'est dans quatre jours ! ». Il avait compris. Que Georgis avait besoin de lui. Il ne protesta pas, ne refusa pas. Il avait appris les dérobades élégantes. Aussi répondit-il à l'étranger : « je ferai de mon mieux. Louiza, ma secrétaire vous fera conaître ma réponse ».

Lyassine pas du tout pressé de regagner son bureau. Après le départ de Georgis, sous la lumière jaune du néon du cabinet de toilettes juste avant la sortie, il avança son visage contre le miroir, se regarda longuement, se trouva pâle, traits froissés comme s'il n'avait pas dormi de la nuit et si son cœur battait, il n'était plus la mécanique parfaite, discrète qu'il a toujours été.

L'air du dehors fit du bien au fonctionnaire quinquagénaire, air encore frais malgré que midi n'était pas loin. Lyassine traversa la cour, monta l'escalier d'un autre bâtiment en sautant les marches. Le sourire que lui adressa la femme qui récurait l'escalier et qui s'était relevée pour le laisser passer, le rassura et lorsqu'il tourna la poignée du bureau de sa secrétaire après avoir longé un couloir long et obscur, il savait qu'il allait retrouver Louiza en train de terminer un travail qu'il lui avait remis la veille.

— Comment ça va ? lança t-il en se voulant gai, désinvolte, tandis que les doigts de Louiza couraient sur le clavier de l'ordinateur. A part Georgis, personne ne m'a cherché ? ». Lyassine avait en tête son retard, pas celui de tous les jours : une demi-heure, une heure. Non, cette fois ci, trois heures !...

Il chercha sa clé dans ses poches. Il entendit Louiza lui dire dans le dos:

— Monsieur, j'ai le double...

— Non, je l'ai trouvée, fit-il en se retournant, adressant un sourire, contri malgré lui, à Louiza.

Le chef de service trouva son bureau plongé dans l'obscurité. Il ouvrit la fenêtre, poussa de côté les persiennes. La lumière entra, forte, illumina l'espace exigu quand sa secrétaire dans la porte, lui annonça :

— Monsieur Faudyl vous a cherché. Il veut vous voir. Il vous attend dans son bureau.

— Oui, je vais le voir, répondit le chef de service en prenant de la main de sa secrétaire l'enveloppe qu'elle lui tendait. Elle lui expliqua :

— Quelqu'un vous a demandé en votre absence. Il m'a remis cette lettre. Il n'a pas voulu patienter. Il est vite reparti. Ce monsieur semblait bien pressé. Il voulait absolument vous voir.

— Qu'est ce qu'il voulait ? Il ne vous a pas dit pourquoi il voulait me voir ?

— Non, il semblait inquiet, il était tout pâle.

Sans égard pour l'enveloppe, Lyassine la déchira, déplia la lettre, lit : « Cher Lyassine. Je dois te voir. C'est urgent. On se verra demain à onze heures au café de la forêt Borgeaud. Je compte sur toi, c'est important, ne me déçois pas ». En guise de signature, un nom griffonné par une main hésitante : Walid. « Tiens, c'est le locataire du rez de chaussée. Quel mystère ? Il aurait pu passer à la maison. Il veut certainement avoir des nouvelles de son appartement ».

Après avoir mis la lettre dans un des tiroirs de son bureau, le chef de service jeta l'enveloppe dans la corbeille après en avoir fait une boule. Assis confortablement dans son fauteuil en skaï, il retrouva son geste habituel : tirer vers lui les journaux que sa secrétaire avait déposés le matin sur son bureau. Il commença par déplier son journal préféré : Le quotidien d'Oran, s'attarda sur les titres en première page.

« Les nouvelles ne sont pas bonnes. Des morts, toujours des morts. Quelle barbarie ! », songea-t-il. Lyassine ressentait la même révolte mais vite il passait

à autre chose, à ce qui l'intéressait le plus : les nouvelles internationales, ensuite la page sportive où il cherchait les résultats des deux équipes de football
de sa ville natale : le MOC (Mouloudia Olympique de Constantine) et le CSC
(Club Sportif de Constantine), équipes rivales mais dans son cœur, et sa tête,
aucune préférence.

De nouveau dans la porte, sa secrétaire, qui cette fois-ci avait mis de la
force dans sa voix :

— Monsieur Faudyl vient de rappeler. Il vous attend. Quand il m'a appelé
au téléphone, il n'était pas content.

— Oui, je vais le voir, répondit le chef de service qui reprit la lecture du
compte-rendu de la rencontre qui avait opposé, la veille, les deux équipes de
sa ville natale.

Lyassine ne dérogea pas à l'une de ses habitudes : la lecture de la rubrique nécrologique: « Décès », « Pensées », « Remerciments » retenaient son
attention. Il regardait les photos des défunts pour chercher un nom qui lui
était familier ou un visage qui ne lui était pas inconnu, il essayait de deviner ce
qu'avaient été les vies de celles ou de ceux qui étaient sur les photos. Etaient-ils
aimés ? Détestés ? Etaient-ils craints ? Avaient-ils beaucoup d'amis ? Des ennemis ? Etaient-ils orgueilleux ? Modestes ? Quels étaient leurs espoirs ? Leurs
secrets ? Comment étaient-ils morts ? Et pourquoi ? « Mon Dieu ! s'insur-
geait-il, comment peut-on mourir si jeune ? ».

Dans cette rubrique, il y avait des militaires sanglés dans leurs uniformes,
leurs traits figés, durs. En dessous de la photo du défunt: « Ravi à l'affection
des siens à l'âge de vingt ans. Un an est passé depuis que tu nous as quittés,
laissant tes frères et tes sœurs éplorés ». Les mots disaient la souffrance, la
révolte face à la mort brutale, injuste, disaient aussi la fatalité, la résignation.
Tous les avis de décès se terminaient par : « que le Tout Puissant t'accorde Sa
Sainte Miséricorde. A Dieu nous appartenons, à Dieu nous retournons ».

Quelques jours plus tôt, Lyassine avait reconnu la photo d'un médecin, un
ami d'autrefois dont il avait perdu la trace. Il en avait gardé le souvenir d'un
homme gentil, affable. Une fois, en lui rendant visite dans son cabinet, il avait
été frappé par le temps qu'il consacrait à ses malades. Il l'avait entendu dire
à son assistante :

« Ce n'est pas la peine qu'il paye, (il parlait d'un vieil homme qu'il venait
d'ausculter). Donnez lui le même médicament que la dernière fois. Dans les
pharmacies, c'est trop cher ».

On avait raconté qu'il avait refusé l'offre d'un grand hôpital d'un pays riche qui pourtant ne manquait pas de praticiens de haut niveau. « Et ces malades à qui vais-je les laisser ? Guérir, c'est mon travail! L'argent, je le laisse aux autres », avait-il lancé à ses collègues, étonnés par ce refus inhabituel dans leur profession.

Lyassine s'était demandé : « comment était-il mort ? Et pourquoi ? Mort naturelle ou mort violente ? A-t-il été assassiné car les terroristes s'attaquaient à différentes corporations : ingénieurs, médecins, enseignants, journalistes, ou était-il mort d'une mort naturelle dans son lit ou sur son lieu de travail parce qu'il était surmené ?

Tandis qu'il se perdait en conjectures, la voix familière de sa secrétaire se manifesta de nouveau. Dans l'embrasure de la porte, elle contenait difficilement sa colère.

— Monsieur Faudyl vous attend ! lança t-elle, impatiente et de refermer la porte qui claqua, un bruit sourd auquel le chef de service n'attacha aucune importance.

Celui qu'on avait réveillé avant l'aube se leva, s'étira. Le pas lent, il se dirigea vers la fenêtre, dans le lointain, les montagnes majestueuses de l'Atlas, à leurs pieds la campagne d'un vert sombre, plus près les bâtiments de la périphérie de la grande ville puis l'autoroute où tels de minuscules insectes, les véhicules avançaient lentement, péniblement. Lyassine avait devant lui un spectacle que pour rien au monde il aurait changé pour un autre aussi beau, grandiose et magnifique soit-il.

Sonnette stridente du téléphone dans le bureau du fonctionnaire qui rêvait. Au bout du fil, son chef, Faudyl, impatient, furieux : « Monsieur Lyassine. Je vous attends ! Criait t-il. Je voulais… ».

— Oui j'arrive, coupa le subalterne avant de raccrocher. Au lieu d'obtempérer, Lyassine promena son regard sur le mobilier qui l'avait accompagné ces cinq dernières années : un canapé en skaï assorti à son fauteuil, trois chaises, leur bois commun, jaune, brillant, contre le mur gris, une armoire du même bois que les trois chaises, sur les étagères, derrière les vitres, des dossiers, des journaux et de la documentation.

Comme s'il venait de se le rappeler, le quinquagénaire, chef de service, avança la main, mit devant lui la pile des parapheurs que sa secrétaire avait déposés le matin en même temps que les journaux, et là, une feuille blanche qu'il prit. Il lit: 14 heures : Accompagner Tyler dans sa visite à Talha.

Lyassine devint blême, étouffa sa colère .

« Pas question ! », s'écria-t-il, outré. Son bureau avait résonné de sa voix.

Pour une surprise, c'en était une pour le chef de service dont le cri de colère avait été entendu par sa secrétaire.

Il se renversa contre le dossier de son siège, se parla à haute voix : « je n'ai jamais mis les pieds dans cet endroit ! Il y a des gens plus compétents que moi pour cette mission ! Et puis ce Faudyl aurait pu me le dire hier ou avant hier ! Quel salaud ! ».

Lyassine resta silencieux, furieux, ruminant sa vengeance. Il en voulut terriblement à son directeur, qui encore une fois, lui avait joué un mauvais tour. Lyassine se consola en se disant qu'il prendra sa revanche, que lui aussi sait être tordu.

En poussant la porte de son chef, il ne fut pas étonné de le voir assis dans son fauteuil profond, confortable, cuir épais, noble, patiné par le temps. Un sourire mystérieux avait éclairé le visage plat, ingrat de Faudyl. Ses yeux malicieux scrutèrent le subalterne. Il lui dit :

— Nos supérieurs ont décidé que vous accompagniez Tyler à Talha. Vous parlez anglais. Ce sera utile pour lui donner les explications si par hasard il venait à poser des questions. Avec ces étrangers qui nous veulent du bien, il faut s'attendre à tout.

Lyassine était indigné mais contenait sa colère. Il n'en croyait pas un mot de ce que lui disait son chef. Tyler parlait parfaitement la langue de l'ancien colonisateur français et c'est dans cette langue qu'il avait répondu aux journalistes. Pour la visite du lieu, on a besoin de vos compétences, poursuivit Faudyl et de se lever pour se diriger vers la fenêtre qui donne sur la cour de cette administration.

En se retournant vers son chef de service, il lui dit :

— Vous êtes mieux placé que quiconque pour accompagner Tyler. Son parti s'intéresse aux droits de l'homme et à la démocratie. Ils n'ont que ces mots à la bouche. Leurs élections présidentielles et sénatoriales sont pour bientôt. Tyler veut aller sur le terrain, s'informer, parler aux habitants de Talha ; il veut faire sa propre évaluation de la situation, ce n'est pas la raison première de sa visite mais c'est un homme politique, il a besoin de soigner son image et celle de son parti. Ils veulent convaincre leur opinion publique de la justesse de leur politique étrangère.

En un rien de temps, Lyassine avait évalué l'ampleur, et l'importance, de la mission qu'on venait de lui confier. Il allait marcher sur des œufs. Il va falloir être prudent, pesé ses mots, tourner sept fois la langue dans la bouche avant de parler.

— Est-ce que je pourrais être accompagné d'un responsable d'une autre administration? Ça pourrait m'aider, se hasarda Lyassine pas habitué à ce genre de mission. Connaissant son chef, il était convaicu que la réponse sera négative.

Elle le fut.

— C'est inutile, répondit Faudyl. C'est votre travail. Cette visite fait partie de votre dossier. Avec vous, il y aura le maire de la commune et le responsable de la sécurité de la région. Si Tyler pose des questions, répondez lui, mais soyez bref. Si vous ne pouvez pas répondre, vous lui diriez qu'ultérieurement, on lui donnera des précisions, je dis bien des précisions, pas d'explications !

— Bon, j'accepte (comme si Lyassine avait le choix...) mais je ne le fais pas avec plaisir, se résigna à répliquer le subalterne, qui en se dirigeant vers la sortie, entendit dans son dos :

— Vous verrez, la visite à Talha sera agréable. La région est très belle. Les montagnes sont imposantes et les paysages magnifiques. Vous aimez la nature, vous verrez, vous ne serez pas déçu. Vous m'en donnerez des nouvelles.

En se retournant Lyassine lut sur le visage de son chef un sourire qui ne pouvait être que sarcastique, narquois avant de voir Faudyl se laisser glisser dans la profondeur de son fauteuil. Le quinquagénaire ne s'en offusqua pas. C'était de bonne guerre.

La pause du déjeuner s'annonçait imminente. Dans le bureau consacré aux réunions, ils étaient tous là munis de projets de la note à remettre à ceux qui la voulaient le plus tôt possible : trois pages succinctes, concises, informatives : dans quel contexte national et international se déroulait la visite de Tyler? Les raisons internes et internationales qui l'ont poussé à effectuer cette visite? Les retombées internes et externes pour le pays, etc...

Lyassine annonça à ses collaborateurs qu'il voulait les écouter, connaître leur avis sur la visite de Tyler et ils doivent s'exprimer librement. « Vous savez que j'y attache la plus haute importance », avait-il insisté.

«C'est une visite utile pour mettre fin à des accusations aussi récurrentes que graves contre notre pays », fit l'un.

«Cette visite est une bonne occasion pour que l'on sache qui est derrière ces tueries », dit un autre.

«C'est une ingérence dans nos affaires intérieures, qu'ils aillent voir les squelettes qu'ils ont dans leurs placards », dit un troisième.

« Est ce-qu'on leur demande des comptes sur leurs bavures policières et leurs guerres qui font des milliers de morts parmi le population civiles ? », lança un autre.

Celui qui venait de parler était le plus vindicatif, jamais content, toujours à tempêter.

«Mais non, affirma un autre fonctionnaire. Nous sommes leur principal partenaire dans la région. La visite de Tyler va améliorer le climat des affaires et les relations bilatérales. Nous avons besoin de leurs investissements, notre pays présente beaucoup d'opportunités, nous n'avons pas que le secteur des hydrocarbures. Ce sera un signal fort pour les autres investisseurs étrangers et pour les nôtres qui traînent les pieds et ne font qu'importer ».

« Nous avons aussi besoin de leur savoir faire! » renchérit un autre qui s'était levé avant de se rasseoir comme s'il venait d'être rappelé à l'ordre.

« On a bien fait de ne pas refuser à ce Tyler de se rendre à Talha. Après tout, on a rien à cacher ! », approuva celui que Lyassine considère comme le plus prometteur, celui à qui il prédit un grand avenir malgré son esprit trop libre ; il n'appartient à aucun groupe, ni clan, n'est parrainé par aucun « décideur ». Ici on n'aime pas ça ; situation rare, très rare.

Après que ses collaborateurs eurent quitté son bureau, le chef de service vit s'approcher de lui celui qui n'a jamais eu une absence dans son dossier, a réglé sa vie sur celle de son administration, n'a jamais fait parler de lui, toujours muet, comme une carpe, le dicton : le silence est d'or, la parole est d'argent s'applique parfaitement à lui.

«Tyler sait faire la différence entre ce que raconte un fonctionnaire aux ordres et un fonctionnaire sincère, dit-il à son chef Lyassine. Je vous connais, je sais que vous serez sincère. Alors répondez à ses questions et dites ce que vous savez ».

« Oui bien sûr ; d'ailleurs, je ne comptais pas lui raconter n'importe quoi ! », répondit Lyassine, pas du tout étonné de l'intrusion du fonctionnaire.

Dans son bureau, le chef de service commença à faire courir les phrases sur le papier blanc. Son esprit agile, ses connaissances du dossier, les observations précieuses de ses collaborateurs l'avaient aidé. Au bout d'une heure le manuscrit était prêt et remis à la secrétaire dont les doigts courraient déjà sur le clavier. En s'imprimant les mots sautillaient, les phrases se formaient, paragraphes distincts, riches en renseignements précieux, pertinents.

Lyassine s'était mis à côté de Louiza car il y a toujours un mot à changer ou à ajouter, une faute à corriger et là, se manifestait la senteur d'ambre, le sortilège qui jaillissait du cou brun de sa secrétaire, une senteur qui imprégnait le quinquagénaire, le troublait, un trouble qui durera jusqu'à ce qu'il se relève en se contentant du « merci » d'usage à Louiza.

Le trouble du quinquagénaire, celle-ci l'avait-elle remarqué? Lyassine ne le savait pas puisque le visage impassible de la jeune fille ne laissait rien apparaître.

Ce qu'il restera de cet exercice ?

Un document qui sera tiré en cinq exemplaires et remis à qui de droit.

CHAPITRE 2

Il y a des moments où Lyassine éprouvait le besoin de parler, de communiquer, d'associer un ami à ses secrets, de partager avec lui ce qu'il savait. Tout ce qui touchait cette administration l'interressait mais ses préférences allaient aux nouvelles qui concernaient sa ville natale où il ne s'était pas rendu depuis longtemps. L'interressaient aussi les faits du jour, la situation dans son pays et dans le monde, les crises internationales dont il aime discuter, analyser, prévoir les conséquences.

Avant de s'élancer dans l'escalier et de monter rapidement les marches, il avait lancé à Louiza :

« Je vais voir Si Noury. Si on me demande, vous savez où me trouver ».

Quand il se retrouva deux étages plus haut, en ouvrant doucement la porte du bureau de son ami, tapissée d'un cuir vert et luisant (Lyassine n'avait pas frappé), il avait devant lui les deux secrétaires qui s'affairaient devant leurs ordinateurs.

L'une d'elles avait levé les yeux. Elle le connaissait. « Il est seul, tu peux entrer », lui chuchota-t-elle en lui souriant.

— Entre ! lança Si Noury, en apercevant Lyassine dans la porte.

Beau et imposant le bureau du haut fonctionnaire Si Noury. Plafond haut, sur les murs de couleur mauve des tableaux de peintres locaux, fleurs d'intérieur posés le long des murs, lourd rideau de velours de couleur grenat poussé de côté pour laisser entrer la lumière du jour. Lyassine connaît le bureau de son ami dans ses moindres détails. En s'asseyant, (il n'avait pas attendu l'invitation de Si Noury), il avait retrouvé le siège profond, moelleux, familier, dont il appréciait le velours soyeux qu'il aimait caresser ; une sensation bien agréable, sensuelle, au bout de ses doigts.

— Je crois que tu viens d'avoir une visite, lui dit son ami à l'élégance toujours irréprochable. Cette matinée là, Si Noury portait un costume sombre à rayures, une chemise mauve comme s'il voulait qu'elle soit assortie aux murs de son bureau, une cravate jaune pâle, à la mode, qui convient bien à son teint brun.

— A l'accueil, Faudyl aurait suffi amplement. Ma présence n'a pas été si indispensable que ça A croire que ce Faudyl prend plaisir à m'embêter, répondit Lyassine de mauvaise humeur.

— Je l'ai entendu te proposer pour être à l'accueil et accompagner Tyler à Talha. Pour ramener son ami à de meilleurs sentiments, Si Noury ajouta : Faudyl n'est pas méchant. Il a de l'ambition, c'est un peu normal. Il pense qu'il mérite davantage que le poste de directeur. Il compte sur ses relations mais, pour le moment, il ne voit rien venir. Il ne faut pas lui en vouloir.

Lyassine observa une pâleur anormale chez son ami. Si Noury, d'habitude si fringant, heureux, satisfait de lui et de son travail, semblait préoccupé, inquiet. Il lui demanda sans trop insister car en ces temps de de mort et de violences, il ne faut pas s'alarmer inutilement.

— Tu as mal dormi ? Des insomnies, moi aussi, j'en ai ; je dirai même que c'est assez courant chez moi…

— Ce sont ces morts, ces tueries, cette guerre qui dure et ne veut pas dire son nom, répondit Si Noury d'une voix lasse, fatiguée. Des dizaines de milliers de morts et aucune fin en vue à ces violences. Les terroristes s'acharnent, tuent, mutilent, détruisent. Je ne comprends pas. J'ai l'impression de vivre dans un pays qui n'est plus le mien.

Les traits de Si Noury s'étaient durcis. Il poursuivit : « On n'a pas le choix. Il faut résister. Jamais je n'ai pensé qu'on arriverait à ces horreurs. Il m'arrive de penser aux innocents que les terroristes assassinent sans pitié, à toutes ces femmes, à tous ces enfants sacrifiés, il m'arrive de penser à notre collègue Lamine…

— Ce matin, j'ai pensé à lui, interrompit Lyassine. La scène de sa mort a défilé dans ma tête comme si j'avais assisté à son exécution. Comme cela ne suffisait pas, sur le terre-plein, entre l'autoroute et la mer, j'ai vu un homme venir vers moi. Je me suis dit : Lyassine ton heure est arrivée. Tu vas mourir. Ta vie va s'arrêter pour toi un jour d'automne de l'année 1998. Le jeune homme qui se dirige vers toi va te tuer. Mon Dieu, Si Noury, tu ne peux pas t'imaginer la frayeur j'ai eue ! Lorsque cet inconnu s'était éloigné, je m'en suis voulu car non seulement j'ai eu peur pour rien mais aussi je n'avais pas répondu à son salut.

Si Noury posa sur Lyassine un regard complaisant comme s'il lui disait de vive voix : « qui va s'interresser à un petit fonctionnaire comme toi. Les terroristes visent des personnalités, ils veulent que leurs crimes aient un grand retentissement, ils cherchent la publicité. Plus le mort est important, plus ils pensent que leur objectif est à portée de leur main : l'établissement d'un gouvernement qui ne rend compte qu'à leur dieu. C'est le but qu'ils poursuivent ».

Si Noury finit par dire:

— La situation est confuse. Lamine, on'a jamais su pourquoi on l'a tué. On a parlé d'un règlement de comptes, de quelqu'un qui voulait le terrain que sa commune lui avait attribué, 1200m2 en bord de mer, ça ne laisse pas indifférent. On a aussi raconté qu'il se faisait passer pour être un parent d'un officier, qu'il prenait des matériaux de construction sans les payer, se serait fait passer pour un agent des services de sécurité. Son tueur, on me l'a confirmé, était un adolescent. Lamine ne serait pas sa seule victime.

— Tu dois faire attention, répondit Lyassine qui avait en tête la pâleur de son ami. Tu es connu. On te voit à la télévision, tes articles sont lus, ils ne plaisent pas à tout le monde, la lutte contre le terrorisme « assassin », la démocratisation des institutions du pays, la lutte contre la corruption et l'arbitraire, tout ça c'est dangereux, tu le sais. Tu as dû te faire beaucoup d'ennemis…

La réponse de Si Noury vint, rapide, incisive :

— Mais, Lyassine, c'est mon travail que de parler de ces choses là. J'ai apporté ma contribution à la guerre qui a libéré notre pays. Il ne faut pas s'arrêter là, il faut aller plus loin, faire vivre les idéaux de liberté et de dignité pour lesquels ce peuple s'est battu. Notre pays fait face à de nouveaux défis ? Que me proposes-tu ? Que je me taise ? Que je me cache ? Que je quitte mon pays ? Que je fuie ? Que va-t-on dire ? Que je suis un lâche ! Que j'ai cédé à la peur ! Que ne suis bon qu'à aligner des lignes ! C'est ça ce que tu veux Lyassine !

La discussion s'était poursuivie. La seule alternative qui restait était qu'il fallait être prudent, ne pas prendre des risques, la moindre faille pourrait être mise à profit par les terroristes pour tuer car ils avaient étendu leurs filets à travers tous les quartiers et tout le pays, leurs informateurs des gens qu'on n'aurait jamais soupçonnés, souvent des voisins, parfois le voisin de palier. La peur n'était pas la seule raison. Les délateurs étaient motivés « religieusement ».

Les membres des services de sécurité étaient particulièrement visés. Lyassine et Si Noury avaient parlé d'un attentat qui avait coûté la vie, il y a quelques jours, à un policier qui faisait la circulation à un carrefour près de l'autoroute, non loin de la cité où habite Lyassine.

Un conseil toujours bon à donner, le haut fonctionnaire avait dit à son ami de faire attention, de ne pas prendre des risques pour rien. Celui-ci avait répondu, confirmant ce qu'avait pensé de lui son ami : « Mais enfin Si Noury, qui va s'intéresser à ma petite personne ? Je passe inaperçu. Des fonctionnaires comme moi, il y en a des centaines de milliers ! ».

Midi venait de sonner. Doux coups brefs, metalliques, qui avaient filtré du bureau des secrétaires.

Lyassine s'était levé. Il avait en tête la mission avec ses incertitudes et ses dangers que son administration venait de lui confier. Ne doit-il pas répondre aux questions de Tyler, satisfaire sa curiosité, ne pas lui donner l'impression qu'il utilise la langue de bois.

Avant de quitter le bureau de Si Noury, Lyassine eut la surprise de voir sur le mur, à sa gauche, avant la sortie, de nouveaux tableaux qu'il n'avait pas remarqués en entrant. Se tournant vers son ami qui avait repris l'étude de ses dossiers, il lui lança:

— De nouveaux tableaux, Noury ! Toujours à courir les expositions! Tous les tableaux que tu as ne te suffisent pas !

Le haut fonctionnaire avait souri, le sourire amusé d'avoir surpris, étonné une nouvelle fois son ami. Il ne lui rester qu'à éclater de rire.

— Hier j'ai visité une exposition, expliqua-t-il. J'ai été tenté par les peintures d'un jeune artiste à qui je prédis beaucoup de succès. Je n'ai pas résisté. Je lui ai acheté ces trois tableaux.

En regardant attentivement celui qui était près de la porte de sortie, Lyassine observa :

— Celui-ci, tu devrais l'accrocher dans ton salon. C'est un beau paysage. Mon Dieu, ces arbres, cette verdure, ce ciel si bleu, si pur, l'herbe est si si haute, si verte, si belle, j'aime bien cette clairière et cette ferme au loin qui semble assise sur l'horizon. Il a beaucoup de talent cet artiste. Rien à dire. C'est un beau tableau.

En regagnant son bureau, dans le couloir, Lyassine pensa avoir vu ce paysage quelque part. Il s'efforça de se rappeler. En vain.

Après avoir descendu les cinq étages du bâtiment où se trouvait son bureau, il salua de loin quelques uns de ses collègues qui étaient en discussion, un rituel auquel il ne participait pas, non pas parce qu'il était fier ou imbus de sa personne, non, tout simplement ces discussions ne menaient nulle part. On médisait, on faisait et défaisait les carrières, on supputait, on cherchait le pourquoi de telle décision, pourquoi tel fonctionnaire avait été promu, pourquoi pas un autre, on s'accordait toutefois à dire que rien n'obéissait à rien, que dans cette administration toute logique était absente et qu'on avait bien du mal à déchiffrer la volonté des chefs, l'opacité étant la règle.

Lorsque le quinquagénaire, chef de service, prit sa voiture, le large boulevard qui descend jusqu'au centre de la grande ville en passant par la place de Pékin, avait un air de fête. Un soleil éclatant inondait les personnes et les façades des bâtiments, leur blanc compact, vif, les arbres avaient un feuillage éclatant, brillant, plein de sève et de vitalité.

Sur la Place de Pékin officiait une belle policière. Elle était grande, brune, grands yeux sombres, casquette vissée sur la tête, son uniforme aussi bleu que le ciel au dessus de sa tête. Lyassine la regarda longtemps, aurait aimé l'avoir dans sa voiture, à ses côtés, il la verrait volontiers sur le podium d'un défilé de mode ou allonger le pas, fière et altière sur une artère « chic » d'un pays prospère. Quand il avait arrêté sa voiture au signe de sa main, elle l'avait fixé, bien regardé comme si elle le connaissait ou voulait le connaître, lui parler, était au fait de sa mission. Elle avait continué à régler la circulation avant de lui faire le signe de démarrer. Dans son rétroviseur, il la vit graduellement disparaître ; il eut un pincement de cœur comme s'il venait de « rater une occasion ». Ah, s'il l'avait vue ou rencontrée en un autre lieu, en d'autres circonstances…

Quand il arriva devant une grille haute, le spectacle changea de tout au tout. Devant lui deux gardiens, leur uniforme vert olive d'un aspect spartiate. Ils l'avaient regardé comme s'il était un intrus, en tout cas quelqu'un qu'ils n'attendaient pas.

« Je suis désigné pour accompagner Tyler », dit-il, après avoir baissé sa vitre, au militaire qui s'était avancé vers lui pour s'enquérir de son intrusion.

Après lui avoir pris de la main l'ordre de mission signé par Faudyl, le gardien lui dit d'attendre.

L'attente dura, fut longue. Lyassine voyait le militaire, à quelque mètres de lui, dans le bureau aux vitres propres, transparentes, en train de parler, dans une main le téléphone tandis que l'autre écrivait sur un grand registre posé sur la table que le chef de service apercevait. Le gardien sortit, se dirigea vers la grille qu'il ouvrit en poussant de côté les deux grands battants. Le passage pour le chef de service en mission était libre.

Lyassine découvrit une allée large, qui monte, bordée de palmiers hauts, longilignes. A droite, parterres de fleurs : giroflées, géraniums, roses d'Inde, violettes, soucis ; gazon coupé au mm près et au loin, un bois, en face, un bel édifice dont Lyassine n'aperçut que l'entrée principale qui lui rappela celle d'un palais du lointain et si proche Orient, plus près, un bel édifice à l'architecture légère, la façade du rez-de-chaussée, une baie vitrée tout en longueur et hauteur.

Lyassine gara sa voiture sur le parking que le garde lui avait désigné. Deux

« 4X4 » y étaient garés, à l'intérieur, dans chaque véhicule, cinq hommes, outre le chauffeur qui avait les bras sur le volant, leur kalachnikov entre les jambes, le canon de l'arme dirigé vers le haut, ils portaient un uniforme de combat de couleur bleu sombre. Ils regardaient droit devant eux comme s'ils étaient faits de cire mais semblaient prêts à intervenir, maitriser l'adversaire, le tuer s'il le fallait.

Au terme de la descente d'un escalier étroit qui longe d'autres parkings vides, Lyassine arriva dans une cour éclaboussée de soleil, au milieu, une fontaine en marbre blanc, clapotis doux, légers, agréables à l'ouïe de son eau qui descend avec douceur dans le bassin. Après l'entrée, dans l'immense salon, le long des murs d'une blancheur immaculée, de grandes et hautes plantes vertes, au fond, à gauche, un bar, son comptoir d'un bois luisant, ses fauteuils ceux d'un palace, tout droit, tout à fait au fond, sur le mur haut des tableaux, certains de grandes dimensions, les oeuvres de peintres locaux à la palette riche, féconde et à l'imagination fertile. Tous représentaient des paysages du pays profond : dunes de sables et tentes au milieu du désert, villages haut perchés sur des crêtes enneigés de montagnes, forêts de pins et de cèdres que traversent des rayons de soleil, ports de pêche, leurs barques amarrées, mer qui roule ses grosses vagues sous un ciel gris d'acier d'hiver.

Lyassine s'adressa à la réception. La jeune fille qui y officiait lui dit qu'elle était au fait de sa mission. Elle lui demanda de prendre place dans le salon contiguë à la réception. « On viendra vous chercher », lui dit-elle d'une voix douce, son visage beau, ambré.

Dans son fauteuil Lyassine pensa à ce qu'il allait découvrir dans « la bourgade » de Talha. Il n'était plus question de lecture de journaux mais d'une réalité crue et cruelle qu'il allait découvrir, réalité de sang, de souffrances et de larmes, il voyait, imaginait des scènes d'horreur : Des hommes sales, barbus, la kalashnikov en bandoulière et le couteau à la main qui égorgaient une jeune fille en la tenant par les cheveux, un bébé dont la cervelle se colle au mur, femmes éplorées, folles de douleur après le passage de la horde sauvage, d'autres images encore : mères et enfants les pieds dans la boue qui grelottent de froid et de peur.

L'attente n'avait pas trop duré. La réceptionniste avait avancé son visage contre le sien en lui disant: « Si Lyassine, monsieur Tyler vous attend. C'est le même salon, deux étages plus haut. L'ascenseur est juste à votre droite en sortant ».

Dans l'ascenseur transparent, en verre, Lyassine découvrait un monde secret, d'autorité et de pouvoir. Au deuxième étage, dans le couloir silencieux il marcha sur une moquette rouge, épaisse, moelleuse, l'air sentait bon et en passant devant chaque porte, il imagina des suites luxueuses avec des terrasses vastes, baignées de soleil qui regardent la mer en contrebas,

Dans le petit salon cossu : moquette, fauteuils, canapé, rideaux de couleur rouge, Tyler l'attendait. Il se leva promptement, lui serra la main. Lyassine lut de l'amitié, de la bonne volonté et beaucoup de modestie, qui sied si bien aux grands, sur le visage du dignitaire étranger.

— Je ne fais que mon travail, répondit le chef de service quand Tyler le remercia d'avoir accepté de l'accompagner à Talha. Il l'invita à prendre place sur le canapé, à ses côtés.

Tyler dit :

— Monsieur Lyassine, cette visite est de la plus haute importance pour moi et mon pays. Nous comptons sur vous pour qu'elle soit fructueuse . Nous voulons savoir ce qui s'est passé. Ce massacre, trois cents innocentes victimes ce n'est pas rien ! est une vraie barbarie et un crime contre l'humanité. Il y a beaucoup de zones d'ombres. Je compte sur vous pour comprendre ce qui s'est passé.

Lyassine s'aventura :

— Monsieur Tyler, mon pays n'a rien à cacher. On lui fait la guerre, il se défend. Nous savons qu'on raconte beaucoup de choses sur son armée et ses dirigeants. Nous sommes confiants car nous avons le droit et la légitimité avec nous. Des pays nous comprennent et approuvent notre politique. Ils savent de quoi ils parlent. Ils ont connu le totalitarisme et le terrorisme. C'est nous qui sommes les victimes d'une guerre sanglante et barbare et nous la soutenons seuls sans l'aide de la communauté internationale. Votre visite, mon pays l'a souhaitée sincèrement.

Lyassine avait parlé, doucement, calmement, comme s'il chuchotait des vérités à quelqu'un qui ne peut être que réservé, éprouvait des doutes sur ce qui s'était réellement passé à Talha.

Tyler garda le silence en fixant le fonctionnaire local, accompagnateur et chef de service ; lentement, son visage s'éclaircit, devient moins dur, il sourirait presque, dit enfin:

— Je suis accord avec ce que vous dites, monsieur Lyassine. C'est la raison pour laquelle j'ai demandé à visiter le lieu de ce massacre. Ce qui s'est passé à Talha est terrible. J'ai essayé de comprendre mais je vous l'avoue, je n'arrive pas. Cette barbarie est tellement incompréhensible. Tuer des femmes, des enfants, des nouveaux nés..., il n'a aucune logique derrière ces actes inqualifiables ou pour prendre le pouvoir. Franchement, je ne comprends pas.

Lyassine rassura :

— Une année est passée depuis ce massacre, monsieur le Sous-secrétaire d'Etat. Le calme est revenu à Talha. Les gens vaquent tranquillement à leurs occupations. Des dispositions ont été prises pour que de telles atrocités ne se reproduisent plus. La dernière mesure a été d'armer les populations afin qu'elles puissent se défendre. Vous comprendrez que les forces de sécurité ne peuvent être derrière chaque habitant mais nous sommes confiants. L'éradication du terrorisme est une question de temps.

Tyler observa de nouveau un long silence. Il réfléchissait, pesait, soupesait ce qu'il venait d'entendre, puis :

— Vous avez raison, les populations doivent pouvoir se défendre ; ce droit, mon pays l'a inscrit dans sa Constitution, les citoyens ont le droit de porter des armes pour se défendre et préserver leurs biens. Il ne faut pas que les assassins aient la tâche facile, leurs crimes ne doivent pas rester impunis, là-dessus, nous sommes d'accord.

Tyler s'était levé. Après avoir boutonné sa veste, il se dirigea vers la porte comme s'il voulait voir le plus vite possible ce qu'il était venu voir. Lyassine le suivit, en son for intérieur, il était sceptique. Il songea : « Franchement, qu'est-ce qu'il va voir ce monsieur ? Ce massacre c'est de l'histoire ancienne. On ne va quand même pas pas lui faire une reconstitution de la tragédie, jouer devant lui une pièce de theâtre qui se terminerait par la mort de trois cents innocents. Ce sera de toute façon du très mauvais théâtre ».

Lyassine regarda sa montre. Le temps de partir n'était pas encore venu. Les détails de la visite de Tyler à Talha, il les avait gravés à la minute près dans sa mémoire.

« Je vais montrer au représentant de cette grande nation qu'on ne passe pas le plus clair de notre temps à nous trucider. Je vais lui rappeler que mon pays a joué dans la cour des grands, qu'il était craint, que sa flotte avait régné sur la Méditerranée. Je vais lui montrer la baie de notre capitale. Dans le temps, on venait de loin pour l'admirer, elle était aussi réputée que les baies de Naples ou de Rio de Janeiro . C'est vrai que les temps ont changé. Je vais quand même en faire profiter Tyler qui a traversé des mers et des océans pour venir nous voir ».

« Nous en aurons pour quelques minutes », rassura-t-il quand Tyler, avant d'accepter, avait regardé sa montre.

Ils reprirent l'ascenseur. Après dix étages, au bout d'un long couloir, un escalier large, en marbre, qui monte en colimaçon, puis une vaste salle qu'ils traversèrent, après une baie vitrée, une grande terrasse, à leurs pieds, la grande ville qui s'étend, immense, bruissante, mystérieuse, la baie et le port baignant dans une lumière diaphane, belle ; la mer scintillait au loin.

Lyassine expliqua :

— Ce que vous voyez, à gauche, c'est la vieille ville, c'est la Casbah. C'était une ville inexpugnable. Les Français savaient qu'ils ne pouvaient la prendre, alors ils ont débarqué loin de là, à Sidi Fredj, à trente kilomètres d'ici .

Lyassine parla d'histoire, pointa le doigt sur les maisons basses, qui se serrent, blotties les unes contre les autres comme si elles craignaient quelque invasion venant du large, montra à l'hôte étranger terrasses, coupoles et minarets qu'on aperçoit de loin, parla de palais qui font la fierté des habitants de la Casbah et de son pays.

Tyler regardait la masse compacte de maisons mais, ne voyait ni rues, ni ruelles, ni avenues, ni boulevards.

— Depuis quand existe la Casbah ? demanda t-il en se tournant vers Lyassine, avant de nouveau, promener son regard sur le vaste panorama à ses pieds.

— Oh, des siècles ! Disons un millénaire, répondit Lyassine, heureux que Tyler lui donne l'occasion de parler de l'histoire de son pays. La Casbah, c'est la mémoire de notre peuple, dit-il, enthousiaste. C'est un musée à ciel ouvert. Il y a des jardins, des fontaines, de certains palais, on en a fait des maisons de la culture et des musées. C'est essentiel de préserver notre héritage. Nos derniers colonisateurs, les Français, se sont efforcés d'en faire table rase, ils ont voulu faire de nous des Gaulois.

— Des palais, des musées, des jardins, je n'en vois pas, il y a que des maisons et des terrasses avec du linge qui sèche au soleil, dit Tyler, sincère.

— C'est parce qu'on ne les voit pas, c'est tout, répondit Lyassine, sûr de lui . Il y a aussi des monuments religieux...

— Des monuments religieux ? je n'en vois pas, non plus...

— Il y a des mosquées, chacune différente de l'autre, on en trouve de semblables à Cordoue, ou Ispahan, ou Tachkent ou Samarkand, ou au Tibet, ou en Inde. Comme nos mosquées, il y a en a aussi en Indonésie, en Malaisie et jusqu'en Chine !

Tyler interrompit Lyassine qui avait enfourché son tapis volant et volait à très haute altitude. Comme Icare, il volait trop près du soleil.

— La Casbah, c'est aussi les frères Barberousse, dit le dignitaire étranger.

Ils étaient de méchants corsaires. Ils entravaient le commerce international et de leurs captifs, ils en faisaient des esclaves. C'était contraire au droit et aux conventions internationales. Heureusement que mon pays et les nations démocratiques ont mis fin à ces pratiques...

— Cela faisait partie de l'histoire et des guerres de l'époque, répondit Lyassine qui avait en tête les massacres des autochtones du pays qui est devenu celui de Tyler. Geronimo, Cochise, Sitting Bull, il les aimait, les admirait pour leur courage, il s'identifiait à eux et à leurs troupes intrépides et guerrières.

Plein de bonne volonté, l'accompagnateur local répondit :

— Avec votre pays, monsieur Tyler, nous avons signé un traité de paix et d'amitié. Nous avons été parmi les premiers à le signer avec votre jeune république, c'était, je crois, en 1795...

— Oui, c'était une bonne chose. Après la guerre, il faut toujours faire la paix. Je connais l'histoire de votre pays. Vous vous êtes bien battus pour reconquérir votre indépendance. Ce fut une guerre terrible.

— Plus qu'une guerre, c'était une révolution, monsieur le Sous- secrétaire d'Etat...

— Oui, c'est vrai. Vous avez eu de grands hommes : Didouche Mourad, Larbi Ben M'Hidi, Ben Boulaïd, Boudiaf...

— Le président Boudiaf a été assassiné, interrompit Lyassine. C'était un grand homme. Il aurait pu faire beaucoup de choses pour ce pays mais, il est mort, assassiné.

— Je crois qu'il est temps de partir, fit Tyler en regardant sa montre...

L'accompagnateur Lyassine aurait aimé à continuer à parler de « sa » Casbah, de l'histoire de son pays, de la guerre de libération nationale mais, il songea, pris de panique: « Heureusement que Tyler ne s'est pas aventuré à me demander de lui faire visiter « ma » Casbah ! Qu'aurait-il vu ? Des maisons, « gardiennes des traditions séculaires », en ruines, palais, jardins, fontaines, tout çela n'existe plus, c'est de l'histoire. C'est plutôt la désolation et le laisser-aller

Quand le cortège s'ébranla, il était 14 heures. Deux motocyclistes, casque blanc sur la tête, uniforme vert olive, bottes luisantes, au début du cortège, derrière eux, un « 4x4 », ensuite, la lourde Mercedes où avaient pris place Tyler et Lyassine, le second « 4x4 » de l'escorte fermait le cortège.

— Quelle est la durée du trajet ? demanda Tyler qui semblait impatient d'arriver et de voir de près le lieu du massacre qui avait fait les gros titres des médias locaux et internationaux.

— Environ une heure, un peu plus s'il y a de la circulation, répondit Lyassine, assis à l'avant, à côté du chauffeur. Il avait ostensiblement regardé sa montre pour signifier à l'hôte étranger qu'ici aussi on respectait le temps. « Nous serons à l'heure », rassura-t-il en regardant Tyler dans le rétroviseur placé juste au dessus de sa tête.

Les faubourgs de la grande ville défilaient tandis que Tyler regardait intensément ce qui se passait à l'extérieur de la grosse Mercedes : hommes, femmes, enfants, rues, avenues, échoppes, magasins, supérettes, restaurants, gargottes, rien ne lui échappait et rien de bien différent de qu'il pourrait voir ailleurs sous d'autres cieux ou sous d'autres latitudes. La vie s'écoulait paisiblement même si elle n'était pas, loin s'en faut, un long fleuve tranquille.

Tandis que le cortège remontait une large avenue bordée d'arbres, des passants s'étaient arrêtés pour les regarder passer, les motards avaient recours à leurs sifflets pour libérer la route. Lyassine prit sur lui de donner quelques explications :

— Ce que vous voyez à votre gauche, monsieur Tyler, c'est le palais du peuple. C'était la résidence d'été des gouverneurs français. Nous l'utilisons maintenant pour les réceptions en l'honneur des chefs d'Etat qui nous rendent visite. Son architecte s'est inspiré de nos anciens palais, mais ce que vous voyez, n'en est qu'une pâle copie...

Tout en regardant l'édifice qui disparaitra bientôt de sa vue, Tyler demanda :

— Cette ancienne résidence a-t-elle d'autres fonctions ? A-t-elle un musée ? Organise t-on des activités culturelles ? Y-a-t-il une galerie d'Art ?

— Hormis les réceptions, le palais d'été est fermé ; il n'y a pas de musée, ni de galerie d'Art, il est interdit au public.

Etonné par la réponse, Tyler reprit :

— Cette belle résidence aurait pu porter le nom de l'un de vos hommes de culture, ou d'un homme politique qui a travaillé à la promotion de la démocratie dans votre pays et à la modernisation de ses institutions...

Lyassine garda le silence. Difficile pour lui de répondre. L'histoire de son pays, pas si simple. Dire qu'elle est compliquée serait un euphémisme. Il allait dire « certains de nos politiciens ont essayé mais ils se sont perdus en route ». Finalement, il renonça. Il avait pensé au président Boudief, assassiné en 1993, cinq ans plus tôt...

L'accompagnateur poursuivit, nullement découragé :

— Vous voyez l'hôtel à droite ? Il portait le nom de Saint Georges, maintenant, c'est l'Hôtel El Djazaïr, du nom du pays. C'est un lieu historique. C'est là que le général Eisenhower a préparé le débarquement des forces alliées en Provence. Le général de Gaulle (ce général, mon pays le connaît mieux et bien, avait songé Lyassine) y a installé son quarier général. Après la guerre, il a trahi sa promesse de nous rendre notre indépendance nationale , pour réponse, une terrible répression. Alors, quelques années plus tard, on a fait la guerre à la France.

— Le général Eisenhower est devenu président, répondit Tyler en jetant un regard sur l'édifice à la belle façade blanche, terrasses et fenêtres avec leurs colombages, en bois, plus près, derrière le mur d'enceinte, un jardin, ses parterres de fleurs et ses arbres. Devant le large portail de l'entrée, des agents de sécurité armés, leur kalachnikov en bandoulière. Il a été un bon président, avait poursuivi Tyler. Il a combattu le communisme international qui menaçait les libertés dans le monde. Ce que nous voulons pour les peuples, c'est la démocratie et les libertés fondamentales.

— Que voulez-vous dire ? demanda Lyassine, un brin provocateur.

— Pour chaque personne, l'égalité devant la loi, pouvoir créer son propre parti politique et adhérer au parti politique de son choix, se protéger contre les abus du pouvoir, être membre d'une association indépendante du pouvoir, c'est tout cela et bien d'autres choses encore que nous voulons encourager et promouvoir dans le monde et aussi dans votre pays.

Lyassine songea, sceptique : « Vaste et ambitieux programme ! Ce Tyler vit sur une autre planète. Les choses ne sont pas aussi simples ».

Le cortège roulait, laissait derrière lui les hauteurs de la grande ville. La discussion avait continué. Lyassine avait parlé de Kennedy.

— John Kennedy a été un grand sénateur et un grand président, répondit Tyler. Il a eu le courage de dire ce qu'un grand nombre de nos politiciens pensaient tout bas. Nous avons toujours été contre les empires coloniaux. Nous sommes pour le droit des peuples à disposer d'eux mêmes. Nous aussi, nous avons mené une guerre de libération nationale contre l'Angleterre impériale. Notre politique étrangère s'était toujours voulue conforme aux idéaux de liberté et de souveraineté qui ont animés nos combattants et notre peuple.

— Monsieur Tyler, vous avez eu la guerre du Vietnam, interrompit Lyassine, (le peuple vietnamien, Lyassine l'avait toujours admiré pour son courage et sa détermination, et puis ce général Giap quel stratège ! ».

— On était de bonne foi. Notre combat se voulait contre le communisme international qui menaçait les libertés dans le monde, répondit Tyler. Cette guerre je l'ai faite ; je suis resté trois années au Vietnam. J'étais un simple soldat. J'ai marché dans la jungle, j'ai participé à des opérations militaires, j'ai vu mes camarades mourir. Des horreurs, j'en ai vus. Nos forces avaient utilisé du napalm et des défoliants. Si je suis entré en politique, c'est pour dénoncer ces choses inacceptables, nous aussi, nous avons nos extrêmistes et nos fanatiques.

— Oui, je comprends, fit Lyassine, qui s'était reproché de s'être aventuré en terra incognita. Pour la première fois, il pensa au chauffeur assis à ses côtés qui conduisait le plus tranquillement du monde mais s'intéressait à tout ce qui se disait à l'intérieur du véhicule de service.

Le cortège s' engagea sur l'autoroute. A droite, au-delà du rail de sécurité, des arbustes leurs troncs peints à la chaux, plus loin sur un sol à forte inclinaison des maisons au milieu d'une campagne verdoyante. Au fur et à mesure que le cortège filait, des bâtiments hauts, d'une quinzaine d'étages, de part et d'autre de l'autoroute, plus loin, sur le bas coté des voyageurs qui attendent taxis et minibus qui vont les conduire vers leurs destinations au milieu d'une circulation chaotique, bruyante, intense. Un adolescent était là, occupé à ranger paquets de cigarettes, briquets, sachets d'amandes, boîtes de tabac sur sa petite table aux pieds frêles, indifférent aux vrombissements à faire crever les tympans et au souffle des véhicules qui passaient rapides et pressés tout près de lui .

La scène n'avait pas échappé à Tyler qui découvrait les réalités du pays qu'il visitait pour la première fois.

— 70 % de votre population ont moins de trente ans, c'est là une grande chance pour votre pays, déclara t-il.

Cette remarque, Lyassine l'avait déjà entendue venant d'étrangers :

— Oui, nous avons beaucoup de jeunes. Je ne sais pas si c'est une chance. Un grand nombre d'entre eux ne trouvent pas de travail. Le chômage et la pauvreté, nos populations en savent quelque chose. Le jeune homme qui vous avez vu devant sa petite table, eh, bien comme lui, il y en a des milliers.

— Mais, cette situation n'est pas une fatalité. Il faut créer davantage de centres de formation professionnelle, créer de nouveaux gisements de travail en faisant appel au secteur privé : pêche, tourisme, industries légères, laisser les gens entreprendre, faciliter les crédits bancaires, mobiliser la société civile. Malheureusement chez vous, l'Etat est partout, il gère tout !

— Le tout Etat nous a fait perdre toute créativité. Nous ne faisons qu'importer. Lyassine n'avait pas osé dire : « Mon pays a eu pour gouvernants des idéalistes, des incompétents et des charlatants. Il en a vu de toutes les couleurs ».

Le cortège ralentit. Autoroute encombrée. Peut-être un accident. Le bouchon ne dura pas. Le cortège reprit de la vitesse.

Après une grande boucle de l'autoroute : « villas » de plusieurs étages, leurs terrasses vastes, façade soignée, ensuite des immeubles alignés comme s'ils étaient les soldats d'une armée clouée au sol par un ennemi invisible, encore d'autres bâtiments, sur leurs toits enseignes géantes qui vantent marques automobiles, salles de bains, shampoings…

Après l'indication BARAKI, EL HARRACH, le cortège quitta l'autoroute. Une centaine de mètres plus loin, après le carrefour, la campagne qui s'étend à perte de vue, à partir de la route, une herbe haute, foisonnante jusqu'à l'horizon. Les voitures venant en sens inverse, se mettaient de côté pour laisser passer le cortège. Les motards faisaient entendre leurs sifflets. Dans la vaste plaine, les villages ne cessaient de s'égrener, entre eux des vergers, leurs fruits: oranges, citrons, mandarines, petites taches jaunes noyées dans le vert. Les yeux de Tyler s'attardaient sur les visages burinés des petites gens qui étaient là, coincés entre les montagnes qu'on aperçoit au loin, cette plaine, l'autoroute et la grande ville.

Un mur long s'était signalé avec, au dessus, du fil de fer barbelé, dans l'angle de deux murs, une guérite qui domine la plaine, à l'intérieur un soldat qui scrute avec ses jumelles les montagnes.

Le silence à l'intérieur du lourd véhicule rendait hommage à la beauté de cette nature belle, verdoyante, inondée de lumière.

— Ici, c'est la région des agrumes, expliqua Lyassine. Dans le temps, on les exportait. Ce n'est plus le cas…

— Pourquoi cette situation ? demanda Tyler qui venait d'être tiré de ses réflexions intérieures.

— La terre a été délaissée. Nos paysans sont devenus des citadins et le béton a remplacé les vergers. On a laissé faire et on continue à laisser faire. Notre production agricole a baissé . Nous avons construit des barrages mais ça n'a pas suffi. Le mal est profond. On n'a jamais attaché beaucoup d'intérêt à la terre et à l'agriculture.

Une fois de plus, l'accompagnateur local sentit qu'il avait trop dit, mais c'était malgré lui.

Tyler avait répondu :

— C'est dommage. Je sais que nous vous vendons du blé. Votre pays est l'un de nos plus grands clients.

« Je lui ai donné du blé à moudre », s'était dit Lyassine ».

La discussion n'était pas allée plus loin. Le panneau TALHA sur la bas côté de la route ne pouvait passer inaperçu. Tyler ne fit aucun commentaire, l'indication suffisemment éloquente et…évocatrice.

Le cortège fit halte au niveau du comité d'accueil qui attendait en bas de la rue centrale du village martyr. Le maire s'était mis en avant de sa délégation. Il était grand, teint clair, bien habillé, son costume bien coupé ressemblait à un uniforme, une moustache noire, fournie, cachait ses lèvres qu'on devine charnues. Une écharpe aux couleurs du pays lui barrait la poitrine. Tyler s' extirpa de la lourde Mercedes, ensuite Lyassine.

– Bienvenue ! lança le maire, tout sourire. Tyler lui serra la main, une main franche, vigoureuse. Je vous présente Monsieur le chef de sécurité de la région, poursuivit le maire en se tournant vers ce dernier qui avait à son tour serré la main du visiteur étranger en inclinant légèrement la tête. Le maire dit encore: « monsieur le ministre, nous sommes honorés par votre visite. Nous ferons de notre mieux pour qu'elle soit fructueuse et utile pour nous tous ».

Lyassine était resté à l'arrière, discret. Seul un autre accompagnateur, celui du maire, s'était avancé vers lui. Après lui avoir serré la main, il lui dit : « vous êtes à l'heure. Monsieur le maire craignait que vous arriviez en retard ».

Le groupe s'était mis en branle. Ce qui frappait le visiteur étranger, c'étaient la chaussée et les trottoirs défoncés, en mauvais état : nids de poule, trous… (c'est vrai qu'on était dans un village qu'on chercherait en vain sur une carte). La délégation s'était mise en marche, monta la rue centrale, de part et d'autre, des maisons individuelles de plusieurs étage, sur leurs balcons du linge étendu au soleil. Elles avaient toutes une particularité commune : les rez-de-chaussée tous des fonds de commerce: épiceries, cafés, magasins de pièces détachées. Une gargotte se signala par ses murs couverts de céramique blanche qui brillait sous la lumière du jour, plus loin, des maisons inachevées, elles semblaient abandonnées, leurs piliers, sur plusieurs niveaux, bien inutiles.

Tyler observait. Son pas au diapason de celui du maire, il touchait du doigt les réalités de Talha et du pays profond. Sur le pas de la porte de leur maison ou de leur commerce, les villageois regardaient ce visiteur pas comme les autres qui était venu de loin pour leur rendre visite . Ils lui montraient de l'intérêt, le regardaient, parfois, ils lui souriaient. Tyler faisait bonne impression mais ce n'était pas tout. Les villageois qui le regardaient maudissaient la fatalité qui faisait qu'on venait de loin pour les voir comme s'ils étaient des bêtes sauvages. Les tueurs, les assasssins, les auteurs du massacre qui avait fait trois cents innocentes victimes, ne sont-ils pas des leurs, de leur région, de leur religion, de leur pays, peut-être de leurs familles. Ces pauvres villageois avaient tu leur fierté, s'efforçaient de ne rien montrer de leur tragédie.

La délégation arriva au milieu de la grande rue. Dans un dégagement, une camionnette. A l'intérieur un amoncellement de pommes de terre, tomates, carottes, navets, laitue..., plus loin, une autre camionnette, mais cette fois-ci, rien que des fruits : oranges, mandarines, pommes...

En se tournant vers son hôte, le maire donna des explications:

— Ce village a été créé du temps de la colonisation française. Les colons étaient durs avec nous, on travaillait du lever du jour au coucher du soleil, souvent les colons nous payaient avec ce que produisait la terre, cela nous suffisait à peine pour survivre. Depuis leur départ, c'est nous qui cultivons cette terre.

— Qui en est le propriétaire ? Est-ce que la terre a été partagée, privatisée, vendue après le départ des colons ? demanda Tyler.

— Non, on a constitué des comités de gestion, répondit le maire.

— Des comités de gestion ? fit Tyler, étonné. Pour lui, la terre devant nécessairement avoir un propriétaire.

— La terre appartenait à ceux qui la travaillaient. Ils se partageaient les revenus des récoltes...

Une terre qui appartient à tout le monde ? Tyler perplexe. Le maire n'en était pas resté là. Il parla de la révolution agraire, (il connaissait bien son sujet), de la restitution des terres en raison de son échec, de la décision récente de l'Etat, de céder les terres publiques à l'acquéreur qui jouirait de l'usufruit durant 99 ans.

— J'ai entendu dire qu'en terrorisant les populations, on a voulu s'approprier leurs terres. demanda Tyler au maire :

— Non, les choses ne sont pas aussi simples, répondit le maire qui avait froncé les sourcils. Ce serait tout à fait inadmissible. Des gens mal intentionnés veulent justifier ce qui s'est passé dans notre village. Il ne faut pas croire ce qu'on raconte.

— On avait colporté ce genre de rumeurs pour faire fuir les populations et acquérir leurs biens à prix très bas, intervient l'officier. Nous avons toujours veillé à ce que cela ne se produise pas. L'Etat est présent. S'il le faut, il agira avec une main de fer!

— C'est vrai l'Etat a toujours été présent, renchérit le maire, en montrant sa satisfaction que l'officier confirme son propos.

Tyler garda le silence, il marchait, était vigilant, prenait plaisir à sourire aux villageois qu'il croisait. Un jeune homme descendait la large rue d'un pas alerte, il avait un ballon de football dans une main, portait un survêtement de marque, une casquette vissée sur la tête, certainement qu'il allait disputer un match sur quelque terrain vague en dehors du village puis ce fut le tour d'une jeune fille, brune, cheveux ramassés derrière la tête, belle jupe, chemisier blanc qui enserre sa poitrine, portait des chaussures avec des talons hauts qui rendaient sa démarche chaloupante, elle allongeait le pas, fière, altière. Elle n'avait regardé ni l'étranger, ni la délégation qui l'accompagne comme s'ils n'existaient pas ou étaient invisibles.

La délégation croisa une fillette. Dans ce pays les enfants mettent toujours un point d'honneur à se montrer : dans la rue, dans les cours des cités et des immeubles, sur les routes au retour de l'école, dans les cages d'escaliers, dans les jardins et les parcs (s'il y en a ; ils sont plutôt rares). Pour la fillette qui descendait la rue centrale, certainement des achats de dernière minute pour la maman, ou le père, ou le grand frère. Un spectacle insolite pour Tyler que de regarder cette fillette, frêle, prisonnière de ses habits trop étroits, ses grands yeux noirs dévoraient son visage, d'un teint blanc, laiteux, d'ange mal nourri.

Tyler se détacha du groupe, se dirigea vers elle. En lui souriant, il lui tendit la main. Elle leva des yeux étonnés sur lui, afficha un sourire timide puis, lentement, prend sa main de l'étranger en mettant les doigts de l'autre main dans la bouche.

Lorsque le dignitaire étranger reprit sa place entre le maire et l'officier, la fillette avait continué son chemin. Elle continuait à porter un chandail déchiré, une jupe fripée à petits carreaux rouges et des sandales en plastique qui écrasaient la peau violacée de ses petits pieds.

Le maire et sa délégation quittèrent la rue centrale, tournèrent à gauche. En contrebas, ils étaient sur un sol surélevé, la campagne s'étendait calme, paisible, silencieuse. Au loin, des montagnes couvertes d'une lumière bleuâtre, dans le ciel, des nuages plats, immobiles qui flamboient non loin du soleil qui avait décliné en direction de l'horizon .

Tyler s'avança pour regarder de plus près : un oued coulait en se faufilant entre cailloux et roches , son eau claire, limpide, cristalline ; clapotis légers, bruissements, spectacle insolite, beau, à l'écart du village et là, des enfants en train de s'asperger d'eau qu'ils emprisonnent dans leurs petites mains en poussant des cris aigus qui emplissaient l'air. On se serait cru dans quelque endroit enchanté pour enfants heureux. Tyler regarda le spectacle. Un moment il semblait absent comme s'il venait de retrouver des images de son de son enfance et c'est sans dire mot qu' il suivit le maire.

— Nous y sommes, dit ce dernier, quand sa délégation arriva devant des masures. Les mieux loties avaient des murs en briques, les autres, leurs murs recouverts d'un ciment sommaire, rues non goudronnées, après les pluies, vaut mieux ne pas s'y aventurer. Pour Tyler, un monde qu'il ne soupçonnait pas, un monde triste, de dénuement, de résignation et de misère.

En fixant les montagnes au loin, l'officier lui expliqua :

— Les terroristes sont venus, la nuit, par l'oued que nous venons de quitter. Des complices les attendaient dans le village qui dormait. Ils ont tué, égorgé, un vrai bain de sang, ils ont agi comme ils étaient des bêtes sauvages affamées, ils sont repartis aussi vite qu'ils étaient venus.

Les visage de Tyler s'était assombri, ses traits s'étaient durcis :

— Il n'y a eu aucune défense ? Vous avez une armée, une police, dit-il.

Le maire répondit à cette question à laquelle il s'attendait. A l'époque du massacre, on se l'était posée.

— Cette attaque a été soudaine. Les terroristes ont isolé le village. Ils avaient coupé les fils électriques. Il n'y avait plus de téléphone. Ils ont agi très vite et dans le noir...

L'officier intervient :

— Notre caserne est sur la route, elle est facilement reconnaissable, vous aviez dû la voir. Nous ne pouvions pas intervenir. Le village était isolé de l'extérieur et plongé dans l'obscurité. Je confirme ce qu'a dit monsieur le maire. Lorsque je suis arrivé avec mes hommes, les terroristes étaient déjà loin. Ce dont nous sommes certains, c'est qu'ils ont été aidés. Tyler se tourna vers le maire:

— J'ai entendu dire que les terroristes s'étaient vengés sur ceux qui s'étaient rendus. Vous croyez que c'est vrai ?

L'officier davantage intéressé par la question que le maire, reprit :

— Les terroristes n'ont pas pardonné aux leurs qui se sont mis sous notre protection. Ils se sont aussi vengés sur leurs familles, ce qui est tout à fait étranger à notre culture ! Notre prophète en combattant ses ennemis a toujours fait la différence entre les combattants et les non combattants. Beaucoup de ses anciens ennemis se sont convertis à sa religion et ont rejoint son armée en raison de la justesse de son attitude. Ainsi il a pu étendre sa religion sur plusieurs continents.

Difficile de lire dans ses pensées de Tyler qui écoutait, réfléchissait, demanda après un court silence :

— Des victimes ont dû leur échapper, sortir dans la rue, crier, demander de l'aide...

— Les terroristes étaient trop nombreux ! coupa le maire. Ils avaient très bien planifié leur attaque. Ils avaient bouclé toutes les rues de ce quartier qu'ils avaient plongé dans l'obscurité.

De loin, Lyassine suivait la discussion. Si ce n'était l'accompagnateur du maire qui lui susurrait à l'oreille de temps à autre : « Ça va, on n'est pas en retard. La visite de l'étranger se déroule normalement », il se serait demandé ce qu'il faisait ici, dans ce village de nulle part, perdu entre les montagnes, les plaines et un oued et dont il n'avait jamais entendu parlé, ni soupçonné l'existence avant le massacre qui avait fait la une des médias locaux et internationaux. Il pensa à son chef Faudyl qui devait sourire dans son bureau, satisfait de lui avoir joué une nouvelle fois un mauvais tour. Lyassine s'était dit, plein de rancune : « c'est lui qui devait être là. La seule chose qui l'intéresse c'est de passer à la télévision de préférence dans le journal de 20 heures. Pas de télévision, pas de Faudyl ! ».

Tyler, flanqué de l'officier et du maire, poussa plus loin son incursion mais au lieu de masures, des maisons basses, leurs murs en parpaing, et les mêmes semblants de rues. La délégation dépassa une épicerie qu'éclairait une seule lampe, passa devant un atelier de réparations de voitures : deux mécaniciens étaient là, le nez dans le moteur d'une voiture dont les deux portières étaient posées contre le mur. Au moment où le maire et sa délégation passèrent devant un salon de coiffure, une jeune femme en sortait, bien coiffée, pimpante, certainement l'invitée de quelque fête : un mariage, une circoncision ou des fiançailles. La délégation poursuivit son chemin. Le maire donna quelques explications, dit que les occupants de ces « maisons » étaient des réfugiés qui avaient fui leurs régions à cause de la terreur que leur faisaient subir les terroristes et qu'ils avaient refusé de repartir bien que le calme soit revenu.

La dernière « maison » que la délégation laissa derrière elle, se distinguait des autres. Elle avait une cour. La clôture qui l'entourait était faite de bric et de broc : vieilles planches rongées par la pluie, roseaux, branchages, tôles ondulées, le tout tenu par des fils de fer barbelés, protection bien dérisoire face au danger qui pouvait venir des montagnes et dans la cour de cette « maison », pêle-mêle : ferraille, planches, fûts, jerricans, seaux en plastique. Autre chose : les murs de la « maison » étaient en briques qui avaient servies, prises ou volées dans quelque maison abandonnée ou en ruine, on pouvait apercevoir entre elles, dans les interstices, du ciment blanc qui avait « taché » jusqu'aux autres briques .

Au milieu de ce monde de désespoir, une apparition soudaine, l'entorse au programme « bien huilé » à cause d'une vieille femme qui était venue à la rencontre de la délégation. Elle tenait par la main un petit garçon.

Devant le maire, pas du tout impressionnée, elle fit tonner sa voix:

— Vous voilà, monsieur le maire ! lança-t-elle. Quand je demande après vous, vous n'êtes jamais dans votre bureau! On ne fait rien pour moi et cet enfant. Nos vies ne valent donc rien ! Où est la dawla? (l'État), où sont la solidarité et la compassion que prônent notre religion ! Vous n'êtes bon qu'à porter un beau costume, une belle moustache et à fanfaronner devant les étrangers.

Le responsable communal resta silencieux tandis que la vieille, son indignation à son comble, poursuivit en désignant l'enfant.

— Et lui que va-t-il devenir ? Vous croyez qu'une vieille femme comme moi peut s'en occuper comme il se doit ? J'ai soixante dix-ans, j'ai l'âge de votre grand'mère ! Que faites-vous de l'argent de la commune ?

Au policier qui s'était approché de la vieille femme, le maire, du regard, lui avait ordonné de retourner là où il était : allons donc, pas d'esclandre devant le dignitaire étranger. Que va-t-il penser ? Que la commune ne fait pas grand chose pour les victimes du massacre, que la commune est indifférente à la détresse de ses administrés.

— Dès mon retour au bureau, je m'occuperai de votre affaire, je vous le promets, répondit le maire qui avait repris ses esprits. La commune n'est pas aussi riche que vous le croyez. L'ancien maire a laissé derrière lui beaucoup de dettes. Ce n'est pas ma faute si la commune n'a pas d'argent.

La vieille lui lança, toujours indignée :

— Les jours de réception, vous n'êtes jamais dans votre bureau ! Vous êtes un bon à rien ! c'est la mère d'un chahid (combattant de la guerre de libération mort au combat) qui vous le dit!

Tyler surpris par la véhémence de la vieille femme ne faisait que la regarder, fixait les tatouages qu'elle avait sur le front, les joues et le menton : dessins ancestraux, immémoriaux : petits triangles suivis de points sur la peau craquelée, fatiguée de la vieille femme qui n'ignorait pas que l'étranger l'observait, la scrutait. C'était au tour du foulard gris sur la tête de la vieille femme, de son ample blouse grise d'une méchante étoffe qui lui couvre son corps menu que Tyler regarda, baissa les yeux sur les pantoufles grises, vilaines, vieillies.

Comme si elle se devait de donner des explications à l'étranger qui s'intéressait à sa personne, la vieille femme reprit :

— Dites celui qui me regarde avec ses yeux d'étranger que j'étais chez ma fille lorsque les terroristes sont venus chez moi. C'est cet enfant qui m'a sauvé la vie. J'étais chez sa mère, qui est ma fille, pour aider à la préparation de sa circoncision. Elle et son mari ont été égorgés ainsi que leur petite fille qui est la grande sœur de ce petit garçon, et la vieille femme de regarder celui-ci qui ne cessait de promener son regard entre sa grand'mère et Tyler.

Le maire dit, se voulant compatissant:

— Ayez de la patience.La commune va vous aider. Passez me voir demain. Allez, que Dieu vous protège ainsi que cet enfant.

En évoquant Dieu, le maire savait où il frappait. La vieille femme n'avait pas répondu. Elle s'était éloignée en continuant à donner la main, qu'il serrait très fort, à son petit fils avant qu'ils ne disparaissent au coin d'une masure.

En redescendant la rue centrale, des élèves sortaient de leur écoles ; ils criaient, se couraient derrière, se donnaient des coups de cartables sur l'épaule. Le charivari ne dura pas longtemps. Aussi vite qu'ils avaient envahi la rue, les enfants disparurent dans les rues adjacentes. En quelques minutes la rue centrale était redevenue calme, tranquille. Tyler et le maire avaient parlé de taux de scolarisation dans les campagnes, de la destruction d'écoles par les terroristes. « Voilà un acte ignoble bien incompréhensible », déclara l'étranger. « Cela n'a rien à voir avec notre religion. Nous avons affaire à des monstres », lui avait répondu le maire qui avait parlé de la scolarité des filles et dit qu'à l'université elles sont aussi nombreuses que les garçons…

Les adieux de Tyler avec le maire et l'officier de l'armée avaient été brefs. La nuit allait tomber sur le village et la campagne tout autour. « Ma journée n'est pas terminée, j'ai encore des entretiens », s'était justifié le dignitaire étranger après avoir décliné l'invitation du maire à une collation.

Circulation intense pour le retour. Sifflets stridents des motards pour se frayer un chemin, le peuple se poussait, montait sur les trottoirs, les véhicules se rangeaient de côté pour laisser passer le cortège.

Lyassine était pensif, la vieille de Talha avait fait forte impression sur lui, ne quittait pas son esprit. Dans le silence et le confort de la Mercédès, il se souvint d'une autre vieille, elle aussi de son pays, sa photo avait été publiée par un magasine étranger très connu. Sur son visage, sur son corps décharné, dans ses grands yeux éteints, se lisait toute la misère et toutes les tragédies du monde. Elle était debout, devant sa masure, ses pieds dans la boue, un fantôme dans un paysage de désolation et de mort oublié de Dieu et des hommes. « Cette vieille femme, songea Lyassine, est en fait mon pays que les siens détruisent et tyranisent. La vieille de Talha aurait pu être ma mère, elle aussi avait sur le visage les tatouâges indélibiles de ses ancêtres. Ma mère est morte. Depuis longtemps je ne suis pas allé sur sa tombe. Elle repose dans le cimetière de ma ville natale. Il est grand temps que je fasse le voyage et me recueille sur sa tombe ».

Le retour s'était fait dans le silence. Tyler gardait pour lui l'évaluation de sa mission tandis que sur l'autoroute, venant en sens inverse, avançant lentement, des véhicules, pare-chocs contre pare-chocs, leurs phares blancs brillaiennt, étincelaient, dans la nuit. Lorsque le lourd portail de la résidence d'Etat s'ouvrit pour laisser passer Tyler et son cortège, le fonctionnaire accompagnateur poussa un « ouf ! » de soulagement. A part le grain de sable en la personne de la vieille avec son petit- fils, tout s'était bien déroulé. Ni son administration, ni Faudyl ne pouvaient rien lui reprocher. Certes, on l'avait quelque peu ignoré, mais qu'importe ! Après tout il n'était qu'un accompagnateur, un chef de service sans vraiment grande importance. Lyassine ne se désola pas du tout de sa condition. Il en était même fier.

Après avoir décliné l'invitation de Tyler à dîner avec lui et salué le chauffeur qui lui avait souri gravement et mystérieusement, Lyassine s'était senti léger, libre, heureux.

« J'ai une heure devant moi. La journée a été longue, éprouvante et tant pis pour les commissions que je n'ai pas faites et tant pis si Samia qui ne va pas être contente. Ma mission à Talha mérite bien que je me désaltère et que je me change les idées, ce n'est pas trop demandé ! ».

Pour se diriger vers le centre de la grande ville, Lyassine descendit un grand boulevard, passa par la Place de Pékin. Aucune difficulté à trouver un stationnement. L'avenue qui longe la grande poste était bien éclairée, animée, sûre. Ce n'était pas la première fois qu'il garait sa voiture en cet endroit durant la journée. Il ne chercha pas longtemps pour se désaltérer. Les lettres rouges de l'enseigne RESTAURANT-BAR s'étaient signalées, clignotaient, invitantes. Il n'hésita pas. Il entra. En descendant l'étroit escalier en colimaçon, si ce n'était la musique qui émergeait sourde du sous-sol, il se croirait s'aventurer dans l'antre de quelque fauve.

Dans le sous-sol, les tables du restaurant étaient mises mais, pour le moment, aucun client. Ce qui intéressait Lyassine c'était le bar et quand il entra, une salle peu spacieuse, plafond bas qui ondule, lumière rougeâtre de deux lustres en bois qui pendaient du plafond, leurs ampoules, minuscules de toutes les couleurs : vertes, jaunes, rouges… blanches. En s'asseyant, il avait à sa droite, une grande photo du centre ville au début du siècle, l'évocation nostalgique et désuète d'un monde disparu, révolu, regretté, peut-être, par le propriétaire des lieux. Sur les autres murs, des tableaux d'artistes locaux aux dimensions modestes : natures mortes dans des intérieurs de pénombre : une pomme sur une table couverte d'une nappe aux couleurs vives ; une assiette de fruits : une pomme, une orange et une poire, à côté, sur la table, un couteau ; pot de fleurs sur le rebord d'une fenêtre. Il y avait aussi des paysages : une maison en bord de mer, devant une plage déserte ; une autre maison, cette fois-ci au milieu d'une prairie écrasée de soleil.

Lyassine regardait, observait ce qui l'entourait. Intimidé il l'était, comme s'il commettait une infraction en entrant dans un lieu de perdition…

A quelques mètres de lui, des clients échangeaient des propos inaudibles et apparemment confidentiels, on dirait des comploteurs en mal de complots, d'autres, à une autre table, discutaient à voix haute, faisaient de grands gestes comme s'ils voulaient que chacun dans le bar s'intéressât à leur conversation, deux personnes, l'une en face de l'autre, avaient l'air sérieux, une jeune fille les accompagnait, ils discutaient paisiblement, enfin, à droite de Lyassine, quatre clients qui riaient de rires discrets, qu'aucun client n'entendait, eux aussi étaient accompagnés d'une jeune fille très maquillée, on dirait qu'elle portait un masque sur son visage.

Lyassine observa une fille assise, seule, indifférente à ce qui se passait autour d'elle. Il la vit se lever comme si elle venait de prendre une décision énergique. Le pas lent, elle se dirigea vers un client solitaire, sur sa table, une dizaine de bouteilles de bière vides posées devant lui comme si elles étaient des trophées. Il avait le regard voilé, incertain. La jeune fille s'approcha de lui, dit quelques mots inaudibles aux oreilles de Lyassine. Le jeune homme ne répondit pas, ignora la jeune fille qui se hasarda de nouveau et rencontra la même indifférence. Elle resta debout un long moment quand soudain le front du jeune homme s'abattit sur la table, un bruit sourd que Lyassine n'avait pas été le seul à entendre. La jeune femme rebroussa chemin, mortifiée, dans ses yeux beaucoup de tristese. Elle réoccupa sa chaise, poursuivant son tête-à-tête avec la chaise vide, au delà de la table.

Lyassine s'était amusé de ce spectacle mais il avait ressenti de la compassion, non davantage : de la pitié pour la jeune fille au visage ingrat et au corps sans grâce. Aucun client ne faisait attention à elle comme si elle portait une malédiction en elle ou était la malédiction même.

Lyassine n'avait pas vu venir le serveur qui s'était planté devant lui. Quand il demanda une bouteille d'eau minérale, il s'entendit répondre : « ici, monsieur, on sert de la bière, du vin, du cognac, toutes les boissons que vous voudrez ; l'eau minérale, on peut vous la servir mais avec du whysky ou du Cinzano ou de la Suze, avec tout ce que vous voulez., à part ça... »

Lyassine mit du temps à se décider ; il lui en coûtait de demander une bière. « Une bière !», finit-il par demander à contrecoeur. Le serveur s'était éloigné. C'était ce qu'il voulait entendre.

Une musique sourde emplissait le bar. La voix rauque du chanteur racontait l'exil, le mal du pays, parlait de solitude, de nuits froides, de rues tristes et grises des villes étrangères...

Lyassine se sentit bien dans l'atmosphère paisible, tiède, douillette du bar, une éclaircie dans l'écume de ses jours, toujours les mêmes, qui se ressemblent. Faudyl, sa cité, Tyler, sa femme, Samia, tout cela semblait loin, sans intérêt. Il écouta une autre chanson : voix belle, chaude, elle chantait le pays profond, ses montagnes, ses déserts, ses hauts plateaux, ses grandes villes. Lyassine sentit comme une envie de pleurer en pensany à son pays meurtri, au sang qui coule en abondance, aux destructions, aux victimes de cette guerre fratricide mais il se rassura. Son pays ne vacillait pas, restait debout, fier, beau, inondé de soleil et de lumière, vibrant de vie. Un autre chanteur s'était annoncé. Sa voix gaie, il chantait la beauté de la belle, sa peau brune, ferme, sa poitrine... paroles osées, vraies que dirait un amoureux fou à sa belle. C'était Cheb Hasni qui avait été assassiné il y a quelques années. Les terroristes l'avaient attendu devant sa maison. Une seule balle dans la tête avait suffi. Le sous-sol vibrait de sa voix. Pour Lyassine, Cheb Hasni plus vivant que jamais.

— Vous êtes bien seul, fit une voix dans son dos.

Sans que le quinquagénaire eut le temps de se retourner, une jeune fille s'était assise à sa table.

En lui tendant la main, elle lui dit :

— Je m'appelle Nora, moi aussi je suis seule ; j'ai besoin de compagnie...

Le chef de service aurait aimé lui dire qu'il se sentait bien, qu'il n'avait pas besoin depersonne, qu'il était marié, avait un fils, avait un travail qu'il ne voulait pas perdre pour « atteinte aux bonnes mœurs ». La jeune fille poursuivit en le regardant tendrement :

— Moi aussi, j'aime Cheb Hasni, il est mon chanteur préféré. Pour moi, il vit toujours...

Lyassine gêné, pas du tout à l'aise. Il aurait aimé dire à cette Nora qu'elle perdait son temps, qu'il y a certainement d'autres clients plus intéressants que lui, qui ont plus d'argent, qu'il n'est qu'un modeste fonctionnaire mais il se ravisa. Tout en regardant la jeune fille, il s'interrogeait sur la finalité de sa présence.

Le serveur mit fin à son questionnement. Sans ménagement, il posa deux bières sur la table et de lancer du haut de sa petite taille: « elles sont blondes et légères ; profitez-en ! Si vous les aimez brunes, il suffira de me le dire». Il repartit en emportant sur son plateau les bouteilles de bière qui attendaient d'être décapsulées et servies.

Lyassine ne répondit pas à ce qu'il pensa être un appel du pied, qui plus est de mauvais goût. Il baissa les yeux puis adressa un sourire timide à Nora.

Les regards du quinquagénaire et de la jeune fille s'étaient croisés. Nora souriait. Pour le moment, rien à se dire si ce n'est écouter la musique qui ne n'arrêtait pas. Lyassine voulut faire un compliment à la jeune fille, lui dire : « vous êtes belle, attrayante», mais il renonça : trop risqué et trop facile. « Vos yeux, votre regard …». Non vraiment pas. Trop compromettant.

La question vint, innocente de la part du chef de service, quinquagénaire. Il fallait bien rompre le silence pesant.

— Vous aimez votre travail ? » demanda-t-il. Nora poussa son torse contre le dossier de sa chaise, fixa « son » client. Elle ne répondit pas mais ses yeux disaient tout.

Lyassine se rendit compte de sa bourde, s'excusa:

— Ne croyez surtout pas ce que je ne voulais pas dire, dit-il. Votre travail est tout à fait honorable. Je ne voulais pas être impoli ou méchant.

« La fille du bar » était contrariée. Elle le montrait. Ses traits s'étaient durcis, ses yeux avaient pris une couleur plus sombre .

Elle dit, dans sa voix aucun reproche :

— J'ai essayé de faire autre chose. J'ai travaillé dans un restaurant puis dans un autre. Chaque fois, c'est la même chose : le patron arrive, me regarde, me fait comprendre des choses. Notre société est hypocrite, c'est pourquoi on ne parle pas de ces choses.

Lyassine ne voulut pas aller plus loin dans la discussion. Un son de flûte de roseau venait de s'élever. On ne peut s'empêcher de penser au désert, à ses étendues immenses, à une tente, à des enfants qui jouent sur le sable. Lyassine se rappela que sa mère, fille des hauts plateaux, aimait bien cette musique. Il l'écouta intensément pendant que Nora le regardait de ses grands yeux noirs.

La rêverie du quinquagénaire ne dura pas. Les réalités de son pays allaient reprendre le dessus. Nora sollicita son aide:

— Si tu me trouves un autre travail, je le prendrai sans aucune hésitation. Tu es fonctionnaire, tu dois connaître des gens biens placés.

— Ah, bon, fit Lyassine, surpris.

— Dans ce pays, sans relations on est rien, reprit Nora. Je connais des gens très bien qui ont quitté ce pays parce qu'ils n'avaient personne qui pourrait intervenir pour eux, pourtant ils étaient intelligents, avaient des diplômes. Certains m'ont envoyé des cartes postales du Canada, de l'Australie, de l'Amérique.

Embarrassé, Lyassine resta silencieux. Voulait-il aider Nora qu'il se voyait mal intervenir pour « une serveuse de bar ». Il songea à Si Noury qui a beaucoup de connaissances mais comment lui présenter la chose ? « Nora, je l'ai rencontrée dans un bar... ».

Comprenant qu'il était incapable de l'aider, la jeune fille lui dit, résignée:

— Ne t'en fais pas. Toi au moins, tu ne m'as pas fait de promesses. Il y en a qui m'ont beaucoup promis mais je suis toujours là. Certains m'ont fait comprendre qu'ils attendaient quelque chose de moi en retour. Je les ai déçus.

— Je comprends, fit Lyassine, laconique.

— Mon père est au chômage, reprit Nora. Il travaillait dans une entreprise publique qui a fermé et depuis il ne trouve pas de travail ; il est trop âgé ; personne ne veut de lui. J'ai arrêté mes études pour faire une formation de coiffeuse et pouvoir l'aider. Une patronne m'avait accepté de travailler dans son salon. Elle connaissait mon père. Elle avait un fils qui m'a fait des promesses de mariage. Il me plaisait, je lui ai cédé. Quand il a appris que j'étais enceinte, il était hors de lui. Et sa mère, il fallait voir. Pour elle, je n'étais qu'une traînée, une bonne à rien. « L'enfant que tu portes n'est pas de mon fils ! » m'avait-elle crié, hors d'elle. Elle l'a dit à mon père qui m'a chassée de la maison comme si j'étais la pire des criminelles.

Silence lourd, pesant. Une éternité pour Lyassine. Il finit par demander :

— Ton fils, tu l'as gardé ?..

Nora le regarda intensément, surprise que quelqu'un s'intéressât à elle et à son enfant. A dire vrai, c'était la première fois.

— C'est ma mère qui s'en occupe, répondit-elle. De temps à autre, je vais le voir. Ni elle, ni mon père ne savent que je travaille ici. Parce que je suis une fille mère, mon père a honte. Il fuit la maison et le quartier. Chaque fois que je suis à la maison il refuse de me voir. La dernière fois que je l'ai vu, il était très malade. Il a tourné la tête quand il m'a vue.

Lyassine n'avait pas eu le temps de répondre. Le voulait-il, il n'aurait rien dit. La situation de Nora en rien une exception, seulement de ces choses là, on n'en parle pas, on les ignore, on les pousse sous le tapis, hypocrisie oblige .

Une chanson rebelle avait pris le relais de la flûte du désert. Elle fustigeait, accusait, condamnait, demandait justice pour ce pays et ses populations, dénonçait la corruption, la hogra (le mépris), l'insensibilité aux souffrancs des autres, « des zawalias » des pauvres sans ressources, ni relations. Lyassine posa son regard sur la jeune fille toujours seule et toujours assise face à la chaise vide de l'autre côté de sa table, pouvait apercevoir son torse auréolé de la lueur rougeâtre du bar.

— Tu veux connaître son histoire ? demanda Nora qui avait suivi le regard de Lyassine :

— Oui, j'aimerais bien, rétorqua le quinquagénaire, content qu' ils parlent d'autre chose.

— Elle vivait avec sa famille dans une ferme. Son père cultivait un morceau de terre à la sortie d'un village. Il avait un fils qui avait arrêté ses études pour aider sa famille puis son comportement a changé. Il a commencé à fréquenter les mosquées, s'était laissé pousser la barbe, s'en prenait à sa sœur Nasria que tu vois là-bas, lui disait : « Fais ça ! Ne fais pas ça ! Porte ça ! Ne porte pas ça, ce n'est pas autorisé par notre religion ». C'en était assez pour son père qui lui a dit : « Laisse ta sœur tranquille. Si tu n'es pas content, tu n'as qu'à t'en aller ». Eh bien, son fils s'en est allé mais pas n'importe où. Il a pris le maquis où il est resté quatre années. Un jour le darek (gendarmerie) a convoqué le père. Son fils venait de se rendre. On n'a jamais su comment il a faussé compagnie aux autres terroristes. L'Etat lui a pardonné. Il était devenu receveur d'un minibus. On l'avait engagé parce qu'il connaissait le moindre recoin de cette région montagneuse. Le jour même de son mariage, alors que la région était calme depuis des années, ses anciens amis terroristes sont venus chez lui tard dans la nuit. Ils l'ont égorgé, lui dans son habit de marié et sa femme dans sa robe de mariée. Ils ne se sont pas arrêtés là. Ils ont tué son père, sa mère et une dizaine d'invités. Nasria que tu vois là-bas, leur a échappé. Elle a marché toute la nuit. Au lever du jour elle a donné l'alerte. Ceux qui devaient protéger la fête avaient dit aux enquêteurs : « La région était calme. On ne devait prendre notre service qu'après minuit… ».

L'histoire trop triste pour Lyassine. Il venait de quitter le lieu d'un massacre et voilà que Nora lui parle d'un autre massacre. Pour lui, il fallait mieux s'en aller. Sa femme pourrait s'inquiéter et tant pis pour les commissions, après tout, ils ne vont pas mourir de faim, lui et sa femme.

— Peut-être qu'on se reverra, lança Lyassine à Nora en se levant avant de lui tendre la main et d'ajouter d'un voix qu'il voulait la plus gentille, la plus douce possible: « sans rancune Nora, parfois je suis maladroit ».

— Si tu as le temps, viens me voir. Tu sais où me trouver, lui dit-elle en le regardant avec beaucoup de douceur.

Quand il fut dehors, Lyassine sut qu'à l'avenir, il ne sera plus tout à fait seul. Nora avait comblé un vide. Qu'elle soit une « fille de bar », cela n'avait aucune importance. Il la trouve belle, tendre, sincère. Dorénavant, il avait son jardin secret.

Sous les hauts lampadaires, une lumière jaune, triste, les trottoirs et la chaussée de l'avenue luisaient après le passage de la pluie. Arrivé devant sa voiture, une surprise de taille l'attendait. Un long moment, il resta figé, tétanisé comme si quelqu'un venait de lui asséner un coup violent derrière la tête : le déflecteur de sa voiture, coté conducteur, brisé, des débris de verrejonchaient le sol. Quand il ouvrit la portière de sa voiture, le poste de radio n'était plus là, disparu, enlevé, volé, le boitier vide, sans utilité. Lyassine était furieux mais que faire ? Plein de haine, il tira de la boîte à gants une peau de chamois, nettoya le dessus de son siège, en dessous, près du frein et de l'embrayage.

En se relevant, il réprima sa colère. « Combien ce poste de radio va rapporter à ce fils de

p ... », s'écria-t-il, révolté. Il aurait aimé trouver le voleur, le frapper, l'étrangler, le tuer. En regardant autour de lui, il ne rencontra que le silence d'une nuit froide d'un mois de novembre de l'année 1998. Aucune âme qui vive comme si un couvre feu venait d'être décrété sans qu'il en soit informé. En reprenant possession de sa voiture, le quinquagénaire se rendit compte qu'il venait de perdre un compagnon précieux. Ses trajets, il les fera dans le silence : plus de musique des hauts plateaux, plus de musique andalouse de Constantine, sa ville natale, plus de flûte du désert, plus de Cheb Hasni, plus de musique universelle. Adieu violons, violoncelles, notes de piano cristallins comme si elles étaient d'inspiration divine. Adieu Mozart. Adieu Haendel. Adieu Vivaldi ...

Après des montées, des descentes, des déviations, des avenues, rues et ruelles, Lyassine arriva sur les hauteurs de la grande ville. Devant le comptoir du café où il entra, il fulmina, dans sa tête, des pensées mauvaises. Il s'était senti plein de haine, humilié, piétiné. La bouteille d'eau minérale qu'il but d'un seul trait lui fit quelque bien. En se regardant dans la glace posée sur le mur, au delà du comptoir, il vit un homme qui avait pris de l'âge, cheveux gris, clairsemés, pâle et triste.

Il se faisait tard. La nuit était tombée depuis longtemp, avait recouvert la grande ville d'un voile noir, incertain, dangereux. Tout pouvait se passer. La mort rôdait, pouvait surgir à tout moment, on la sentait tapie, prête à frapper. Lyassine, fatigué, plein de rancœur et de haine. Quand il arriva dans sa cité, il n'était pas au bout de ses peines. Dans la nuit épaisse, une ornière s'était mise sur son chemin. Le grand « bang ! » l'avait soulevé de son siège et lorsqu'il voulut garer sa voiture devant son immeuble, sa place avait été prise et n'était pas la première fois ! Pourtant le numéro 8 lui avait été attribué par le comité de gestion de la cité qui, il est vrai, avait eu une existence éphémère, mais quand même !

Le quinquagénaire, chef de service, monta les quatre étages de son immeuble dans l'obscurité. L'ampoule du 6ème étage n'était plus de ce monde. Elle avait renoncé à pourvoir de la lumière. Trop sollicitée. Heureusement que Lyassine connait le moindre recoin de l'escalier de son immeuble. Dix ans qu'il est locataire, ce n'est pas rien, à chaque palier, il savait où il était, qui étaient les occupants des deux appartements qui se faisaient face. Au rez-de-chaussée c'était l'appartement de Walid toujours inoccupé ; au premier étage, silence complet. Le vieux couple qui habite, à gauche, se couche tôt comme s'il ne pouvait s'accomoder de vivre la nuit. En face, l'appartement de l'hôtesse de l'air ; celle-là toujours absente. Un mois auparavant, il avait été cambriolé, vidé de ses meubles. Une camionnette était venue dans la journée, avait tout emporté et personne n'était intervenu comme si tout un chacun était au fait qu'elle déménageait. La pauvre, en trouvant son appartement vide, avait eu une crise de nerfs qui avait failli l'emporter. En effet, adieu bijoux, souvenirs glanés au gré des escales et lors de voyages offerts gracieusement par la compagnie nationale, éternellement déficitaire, ses avions jamais à l'heure. Au deuxième étage, Lyassine s'était quelque peu essoufflé. Il fit une pause. Il reconnut la voix de la femme méchante qui filtrait de l'appartement à sa gauche. Elle parlait fort, « engueulait » son fils, un vrai diable. Tout le monde se plaint de lui, jamais tranquille, prenait plaisir à casser les carreaux des voisins en donnant des coups forts au ballon et ce n'était pas tout. Il malmenait ses camarades de jeux, leur infligeait des

« corrections ». Querelles récurrentes, ne restait à sa mère et aux mèresdes « victimes » qu'à se crêper le chignon et à rouler par terre. En face, le hasard faisant bien les choses, une femme gentille, douce, un cours d'eau tranquille, paisible qui ne déborde jamais quel que soit le temps : gros orage, tourmente, ouragan ou déluge. Ce qui était extraordinaire, c'est que la méchante et la gentille s'entendaient à merveille. On nes les avait jamais entendues se quereller. Le locataire du troisième, un mélomane, l'opéra sa passion. Verdi, Bizet, Mozart, Puccini... n'avaient pas de secrets pour lui. Il les côtoyait du matin au soir. Une fois, Lyassine s'était arrêté sur son palier. Il était resté une demi-heure dans l'obscurité à écouter La flûte Enchantée, de Mozart. Un vrai régal. Il avait pensé en acheter le CD, piraté bien entendu, mais n'avait pas donné suite à sa promesse. Le mélomane ne s'entendait pas avec les autres locataires qui n'appréciaient pas ces chœurs qui se déchaînent et qu'ils entendent, bien malgré eux du matin au soir. Le voisin d'en face était devenu son ennemi juré, outre « le bruit » qui emplissait la cage, entre eux une sombre affaire d'argent prêté et non remboursé, une histoire alambiquée que Lyassine avait renoncé à régler. Enfin, le quinquagénaire, chef de service était au quatrième étage, le sien. En face de son appartement sur le même palier, un couple, la trentaine, la femme serviable, elle l'aide avec son téléphone, le sien faisant « clic » dès que lui ou sa femme décrochaient le combiné. Un silence désespérant s'en suivait qui les mettaient hors d'eux. Lyassine avait beau se plaindre à l'administration des téléphones, rien n'y fit. On le recevait, on lui promettait et ça s'arrêtait là. Cette situation, il la vivait mal, très mal. Mais que faire ? Il maudissait le service public, sa bureaucratie pléthorique et inefficace, les employés souvent arrogants, suffisants et...médiocres. Les deux étages au dessus, mieux vaut ne pas en parler. Les locataires s'étaient retranché, vivaient seuls, ne demandaient, ne sollicitaient rien de personne. Chacun les ignora, aucun locataire ne leur parlait ou les saluait, y compris Lyassine.

En dînant seul dans la cuisine, il entendait encore sa femme lui crier : « Où étais tu ? Pourquoi ce retard ? Et les commissions de la semaine ? Demain, qu'est ce qu'on va manger, hein ? Ne me raconte surtout pas des boniments ! ».

En s'allongeant sur son lit, Lyassine avait réfléchi à sa journée, en avait fait le bilan. Elle avait été pénible mais il y a cette Nora, cette serveuse de bar. La reverra-t-il ? Il était incertain, laissa le sort et les circonstances décider à sa place. Demain, à la première heure, il ira au hammam, à « son » hammam, ça lui fera du bien, beaucoup de bien, ensuite, il ira voir ce que lui veut Walid, le locataire du rez-de-chaussée qui semblait pris d'une panique aussi mystérieuse que soudaine. Acheter une nouvelle radio, pas question ! et tant pis s'il n'écoutera plus ni Mozart , ni Cheb Hasni. C'est vrai qu'il y a ces commissions à faire...

CHAPITRE 3

Malgré que ce soit jeudi, premier jour du repos hebdomadaire, Lyassine avait été matinal. Il s'était réveillé suffisamment tôt pour prendre son temps et paresser dans son lit, dans sa tête, l'urgence d'aller au hammam pour se sentir propre et bien dans sa peau. Quatre jours l'eau n'avait pas coulé abondamment sur son corps ! Il avait aussi en tête d'aller au marché, pas celui du village, celui là, il préfère l'éviter car dès qu'il arrive, les marchands font monter les prix en pensant : « Un fonctionnaire a toujours de l'argent, ce quinquagénaire ne semble pas près de ses sous, outre son salaire, il y a les bakchichs... ». Ne voyaient-ils pas des fonctionnaires avec de belles voitures et qui habitent ou se construisent de belles villas.

Pour cette matinée, Lyassine opta pour un autre marché dont il avait entendu parler mais où il ne s'était jamais rendu. Par chance, il se trouve sur la route qui conduit au domaine Borgeaud, là où il doit rencontrer Walid. Ainsi, d'une pierre, deux coups car Lyassine avait invité un ami, Mehdi, un syndicaliste, à déjeuner avec lui pour fêter le terrain que la commune vient de lui attribuer. Si Noury avait décliné son invitation, devant se consacrer à la rédaction de son article qui paraît chaque début de semaine qui est le samedi dans ce pays.

En voulant se laver le visage, le robinet n'avait pas répondu à l'attente du quinquagénaire, chef de service. Le robinet avait toussoté mais, d'eau point. « Ma villa, il faut que je la construise rapidement, sans trop attendre », s'était-il promis.

Après s'être habillé, il ouvrit la porte de son appartement sans faire de bruit, descendit rapidement l'escalier de son bâtiment. La cité était déjà réveillée : écoliers et lycéens se rendaient à leurs établissements, des employés non concernés par ce jour de repos hebdomadaire, pressaient le pas, n'ayant rien à faire l'épicier était sur le pas de sa porte, en train de s'adonner à son passe-temps favori : observer les habitants de la cité dont il connaît les moindres secrets. Ce n'était pas le cas du boucher, affable et discret. Tout le temps du monde dans sa boucherie, pourtant sa viande n'était pas si bon marché que ça. C'est vrai qu'il était arrangeant, ne faisait pas payer de suite « ses bons clients ». Il avait un petit carnet où il consignait leurs achats de viande mais à la fin du mois ils passaient à la caisse, payaient rubis sur ongle.

Lyassine, qui dans la soirée, avait garé sa voiture loin de son immeuble, était content de la retrouver intacte. Sa radio à l'heure actuelle devait être en vente dans le marché aux voleurs de la grande ville. Elle trouvera preneur facilement.

Il prit la route habituelle, « son » hammam n'était pas loin de « son » administration. Sur place, aucune difficulté pour stationner. Il regarda le stand d'un kiosque, lit les gros titres qui informaient en première page d'un nouveau massacre. Un faux barrage avait été dressé sur une route nationale. Deux familles décimées. Les parents et leurs enfants en bas âge dont un bébé. En tout onze (innocentes) victimes. Lyassine avait compati en silence. Son pays n'était pas prêt de retrouver la paix. En poussant la porte de « son » hammam, il avait déjà oublié la tragédie qui s'était signalée à lui comme si elle voulait gâcher sa journée. L'employé était venu à sa rencontre, son sourire avenant, sympathique, Lyassine, un client fidèle, généreux.

En poussant une autre porte, il savait qu'il allait renouer avec un rituel lointain, quand, enfant, dans le hammam où l'emmenait sa mère, son regard s'attardait sur les chairs, les chevelures épaisses, les beaux visages de femmes, de fillettes et de jeunes filles. Il était un enfant mais il était curieux, regardait, observait. Il se souvint que sa mère lui lavait le corps à grande eau, énergiquement, il pliait mais il était heureux, prêt à recommencer…

A l'intérieur du hammam, dans une sorte de cour fermée, obscure, poussés contre les murs, des matelas posés par terre, suffisamment espacés pour laisser passer et circuler. 9 heures du matin et déjà beaucoup de monde.

Lyassine choisit un matelas en raison de la couleur verte de son drap, une couleur qu'il trouva belle, porteuse d'espoir. Après s'être déshabillé et s'être entouré le bas du corps d'une grande serviette blanche qui était posée sur le matelas, il franchit une porte au bois épais, rongé par l'humidité. A l'intérieur de la petite salle embuée, chaude, il respirait de la vapeur d'eau, il étoufferait presque, il se débarrassa de sa grosse serviette, se couvrit le bas du corps d'une autre d'un tissu léger que lui avait ramené un employé. Lyassine n'était plus qu'un fantôme parmi d'autres fantômes. Il s'assit, se poussa contre le mur qui perle de grosses gouttelettes d'eau, à ses côtés, pour son usage personnel, deux robinets, celui à sa gauche, son eau fraiche, glacée, l'autre, à sa droite, son eau chaude, brûlante. Le masseur vint vers lui, lui dit que c'était son tour. Après que Lyassine se soit allongé sur le sol mouillé, bras et jambes écartés, le masseur se mit à l'ouvrage : cercles, demi-cercles, longueurs sur son corps, dans la main du masseur un gant rugueux qui arrache la peau, la rend rouge, écarlate, puis ce fut le tour des jambes, des bras d'être pliés, tournés dans tous les sens, le gant rugueux toujours en action, le savon utilisé abondemment, le corps, une nouvelle fois, passé au savon et lavé à grande eau. L'exercice terminé, Lyassine s'était senti un homme nouveau, propre, sans souillures, bien être immense, corps las mais comblé.

Lyassine quitta la fournaise du hammam, s'allongea sur son matelas, son corps, une vraie momie couverte d'épaisses serviettes qu'avait ramenées le masseur.

Lyassine somnola. Temps anciens qui surgissent dans sa tête, peut-être un besoin d'ailleurs, d'une autre vie. Il se regarda, adolescent, dans la cale d'un bateau, allongé sur une chaise longue, derrière lui, sa valise, une bien modeste petite valise. Il se souvint de la traversée éprouvante de la Méditerranée, de la mer houleuse, déchaînée, le lendemain, la découverte de la grande ville française, ses grands boulevards, son ciel, qui lui rappela celui de son pays, mais qui n'était pas du même bleu. L'adolescent Lyassine avait vu dans l'air nouveau, frais, revigorant qu'il respirait comme un signe d'espoir, des lendemains moins pénibles, meilleurs pour lui, son pays en guerre et son peuple. L'hôtel, il le voyait, il était vieux, avait des persiennes vertes, écaillées, des affiches collées sur le mur du fond de l'impasse informaient de la présence dans la ville du cirque Amar et de soirées de music-hall avec la chanteuse Gloria Lasso. Quand il avait poussé la porte de sa chambre, celle-ci était d'un confort minimum : une armoire qui a dû voir passer bien de choses, de clients et d'années ; ses deux battants avaient gémi quand l'adolescent Lyassine l'avait ouverte, à l'intérieur : cintres en fil de fer, sur le lit des draps pliés, gris, tristes mais bien repassés. Le lendemain, Lyassine découvrit un ciel gris d'automne. Le train, où il était, filait, les paysages défilaient, différents de ceux de sa terre natale, terres grasses, verdoyantes, prairies, fleuves, cîmes enneigées au loin, quais de gares, tranquilles, propres. Dans la ville qui l'avait accueilli, il avait parlé de la guerre qui se déroulait dans son pays, des souffrances des siens, essayait de faire comprendre que cette guerre était inutile, que les siens voulaient la liberté, que là-bas, il y avait la misère et la peur mais aussi le courage et l'espoir.

« C'est étrange. Pourquoi ce passé lointain a-t-il resurgi ? », s'était demandé Lyassine en se rhabillant, encore étourdi par les effluves du hammam.

Dix heures du matin sur le cadran de sa montre quand, de retour dans sa cité, il avait garé sur l'emplacement qui lui était réservé. Cette fois ci, on le lui avait pas pris. Samia, sa femme, était dans « sa » cuisine. Elle avait levé sur lui des yeux peu amènes. Lui, par contre, propre, nickel, ses cheveux, du moins ce qu'il en restait, brillaient dans la lumière du soleil présent en force dans la cuisine.

— L'eau coule en abondance du robinet de la salle de bains, lui dit-elle. Si tu avais patienté, tu aurais pris ta douche ici, chez-toi, pas besoin de hammam. Tu aurais économisé ton temps et ton argent. N'oublie pas que tu as le marché à faire. Il ne reste plus grand chose dans le frigidaire ». Son mari n'ayant pas répondu, elle reprit :

— Hier, tu ne m'as pas parlé de la visite de Tyler. La radio a parlé de ton ministre, de Faudyl, mais de toi, rien. Je me demande à quoi ça sert de te réveiller si tôt si on ne parle que des autres et puis cinq ans que tu es chef de service et aucune promotion.

— Ceux qui travaillent ne sont pas forcément ceux dont on parle ou qu'on voit à la télévision.

— La radio a dit que Tyler est venu se rendre compte de ce qui se passe dans notre pays. On lui a dit que les droits de l'homme, la démocratie c'est important mais qu'on préfère que son pays ne se mêle pas de nos affaires, qu'il n'a qu'à regarder les bosses de son pays qui sont aussi grosses que celles d'un chameau de notre Sahara.

— Samia, les choses ne sont pas aussi simples. Quand on est une grande puissance, on croit avoir des droits sur les autres, et s'il le faut, ces droits on se les arroge. Tyler a cru qu'il a tout vu à Talha mais en vérité, il n'a rien vu, qu'il allait trouver la guerre des Balkans, qu'il verrait des villages détruits, des maisons brûlées, des fermes incendiées, qu'on allait lui tirer dessus, qu'il allait visiter Talha sous la mitraille ; pour lui, on est les descendants de méchants corsaires qui ont empêché et empêchent encore le monde de tourner en rond. Il n'a pas dit cela mais c'est tout comme. Crois-moi, il a regretté que les médias ne soient pas là, ça aurait été un coup de pub formidable pour lui et son parti. Des droits de l'homme, ils ont en fait leur cheval de bataille, en fait c'est un cheval de Troie. Leurs élections sont pour bientôt, c'est une démocratie, c'est important pour eux, tu sais…

— Tu parlais des Balkans, chez nous aussi, on égorge, on tue, on mutile, on massacre, on brûle…

— Nous, on n'a pas de guerre de religions, ni de haines ancestrales…

— Peut-être, mais on a nos fanatiques, leur tête s'est sclérosée. Ils veulent vivre comme il y a mille ans. Le temps des splendeurs andalouses, de Baghdad, de Grenade, de l'Alhambra, tout ça c'est du passé, c'est terminé ! Les temps ont changé. On envoie les gens dans la lune, on construit des trains qui vont à trois cents kilomètres à l'heure, en quelques minutes on survole un autre continent...

— Pour une fois, nous sommes d'accord, observa Lyassine. Les pays inventent, on innove, se font la compétition, s'arrachent les cerveaux. Nous, on préfère que les gens intelligents et diplômés s'en vont. L'appétit du pouvoir chez nous serait un terrain de réflexion fertile pour un Shakespeare local. Samia, tu parlais des fanatiques, mais des fanatiques, il en toujours existé ! Les croyants de Sidi Aïssa (le Christ) ont eu leur inquisition, ils ont persécuté les juifs et les gens qui sont de notre foi, les juifs ont leurs fanatiques, il n'y a qu'à voir ceux qui ne vont pas de main morte avec les Palestiniens. Même Tyler a ses fanatiques. Le ku-klux-klan...

— le Klux, le klux, quoi ?...

— Le Ku-Klux-Klan, Samia ! Ils lynchaient, pendaient les noirs, brûlaient leur corps. Les Indiens de l'Inde sont violents avec le musulman et vice-versa. Pourtant Ghandi était des leurs, il était pacifiste, il a même reçu le prix Nobel pour ça... Samia, tu veux savoir de ce que je retiens de la visite de Tyler ? Une vieille femme est sortie de nulle part, elle a dit au maire de Talha qu'il ne faisait pas son travail, qu'il ne s'occupait pas de ses administrés, qu'il n'était jamais dans son bureau...

— Ils ne sont pas élus, ils n'ont pas de compte à rendre à leurs administrés, alors pourquoi s'étonner ?

— Quand j'ai regardé cette vieille femme, elle m'a rappelé ma mère. Elle avait les mêmes tatouages, le même regard sombre que ma mère quand elle se mettait en colère.

En se levant, Samia n'avait pas répondu. Debout devant sa cuisinière, elle versa les petits pois qu'elle venait de terminer de décortiquer dans une vieille cocotte-minute. La cuillère en bois dans la main, elle tourna, mélangea. Le déjeuner se préparait.

En se tournant vers son mari, elle lui dit :

— Je viens de mettre les derniers morceaux de viande. Si tu ne fais pas le marché aujourd'hui, tu seras au régime sec. Point final.

En reprenant sa place, elle poursuivit:

— Ça fait longtemps que tu ne t'es pas rendu sur la tombe de ta mère, ni sur celle de ton père. Les morts nous en veulent de les oublier. Les parents, c'est sacré, tu dois le savoir.

Silence de Lyassine pas du tout surpris par les paroles de sa femme. En effet, pour Samia, quand il s'agit de la famille, de la mort, de l'au-delà, de l'éternité, de Dieu, du diable, du paradis, de l'enfer, alors, ça devient sérieux. Avec ces choses là, il ne faut pas s'amuser, il faut faire attention.

Lyassine se justifia, pris de remord:

— Je ne peux pas m'absenter de mon travail. Durant les fêtes et les jours de congé, les avions, les trains, les autocars, les taxis, sont pris d'assaut. C'est huit heures de route Samia, il ne faut pas l'oublier : des tournants, des virages, des montées, des descentes, on roule entre des montagnes qui sont si hautes qu'on a l'impression qu'elles vont vous tomber sur la tête, il y a des gorges, des précipices, des plaines, des plateaux à traverser. Notre pays est un continent ! Vraiment ce n'est plus de mon âge cette route jusqu'à notre ville natale.

Samia n'avait pas insisté. Elle s'était promise de lui en reparler. Ce n'est pas dans ses habitudes de renoncer facilement. « Lyassine, lui dit-elle, ma sœur arrive ce soir avec son fils par le vol de fin d'après midi. C'est notre voisine qui me l'a dit pendant que tu étais à ton hammam. Il faut aller les chercher. J'allais oublier, notre téléphone, ça fait plus de deux mois qu'il ne marche pas ; aujourd'hui sans faute et que ces incapables ne comptent pas sur notre bakchich ! Il y aussi l'eau. Il faut aller voir ces incapables. Au fait ! Ma sœur est toute heureuse de marier son fils, futur ingénieur et joueur de basket-ball. Ils vont avoir besoin de ta voiture…

Lyassine allait se lever, lancer : « ça suffit ! Il aurait aimé quitter la cuisine, sa femme, sortir, s'aérer, s'oxygéner…

Lyassine ne protesta pas. Pendant que sa moitiée tournait la cuillère en bois dans la cocotte-minute, sa tête bouillonnait davantage que celle-ci. Il songea qu'ici tout est occasion à faire la fête. Pas plus loin qu'hier à Talha, un village meurtri, un crime commis contre l'humanité, 300 innocentes victimes, et voilà cette femme qui sort de chez la coiffeuse, belle, pimpante comme si rien ne s'était passé dans son village, comme si elle vivait dans le plus heureux des pays. Peut-être, le pense-t-elle sincèrement. Lyassine songea au mariage de Rochdi. Dans sa voiture, femmes, enfants, adultes vont frapper des mains, pousser des you-you, dans le pick-up, en fin de cortège de voitures rutilantes, la sienne la plus vieille, derboukas, trompette, accordéon, flûte de roseau en action. Sous ce ciel éternellement bleu, on ne peut pas rester longtemps dans la tragédie. La vie reprend toujours, et vite ! le dessus. « Mais d'où vient cette fatalité et cette capacité à faire de la mort une compagne naturelle, avait songé Lyassine, peut-être que nos populations sont habituées aux guerres, aux

conquêtes : terres brûlées, puits empoisonnés, récoltes incendiées, tribus décimées et si elles arrivaient à fuir, à survivre, elles se réfugiaient dans les montagnes les plus hautes, les plus inaccessibles, froid glacial, misère, dénuement,
pour seule nourriture des glands ou quelques fruits arrachés aux arbres. Et
cette guerre, l'avant dernière, de 1954 à 1962, contre l'occupant français. Plus
d'un million de morts, des destructions massives, des souffrances à ne pas en
finir, et la nouvelle guerre, civile qui sévit depuis 1992 : massacres, faux barrages, meurtres, voitures mitraillées. La nature n'était pas en reste : tremblements
de terre, sécheresses, épidémies, eaux usées et eau potable qui se mélangent…

— Tu veux du café ? demanda Samia qui tira son mari de ses « profondes »
réflexions intérieures.

— Non, merci, répondit Lyassine, un rictus sur les lèvres en guise de sourire.

Après un court silence, il annonça :

— Je vais voir Walid. C'est le monsieur du rez-de-chaussée qui est tout le
temps absent. Il veut me voir. Je ne sais pas ce qu'il me veut. Je crois…

— Il faut te méfier! Interrompit Samia, pas contente du tout. Ce monsieur
me paraît louche ! Ne pas occuper son appartement, alors que les gens feraient
n'importe quoi pour avoir un appartement comme le sien. Je t'avais dit de ne
pas t'en occuper. Tu sais ce qu'il fait ce monsieur? Comment il vit? Ma voisine
m'a dit qu'il a une usine. Moi aussi je suis femme de ministre ! Les gens se
font passer pour n'importe quoi. Un gratte-papier devient un haut fonctionnaire, un infirmier, un médecin, un importateur de pièces détachées, un grand
industriel. Je connais une dame qui a raconté que son mari était ingénieur. En
vérité il est mécanicien dans un petit atelier des plus misérables. Des histoires
comme ça, il y en a des centaines de milliers !

Lyassine se justifia :

— Non, Walid est un homme honnête. Il est toujours bien rasé, propre,
s'habille avec goût, porte de beaux costumes…

— Être honnête, ce n'est pas être bien rasé et bien habillé ! S'écria Samia.
C'est être propre dans sa tête ! Lis les journaux ! La personne bien propre et
bien rasée se présente, dit qu'il connaît le maire, le wali (préfet), tel ministre,
tel général, promet un terrain, un emploi, un appartement, un visa, demande
des avances, souvent de fortes sommes, puis disparaît. L'intérêt, la cupidité,
voilà ce qui fait tomber les gens dans le panneau!

— Et à ton avis pourquoi il veut me voir ? demanda candidement Lyassine,
l'avis de sa femme toujours bon à écouter.

— Pardi ! il va sûrement te demander un service ! Parce que tu travailles dans l'administration, il croit que tu as la bague de Sidi Sulaïman (Salomon) dans le doigt, qu'il suffit de la tourner pour que sa demande soit exaucée. Tu veux encore du café ?...

— Non, merci, répondit le mari, troublé. Et si sa femme disait la vérité. C'est vrai qu'elle se trompe rarement.

En gardant le silence le quinquagénaire réfléchissait. « Se méfier ? Alors il faut tout refuser. Tourner le dos à ceux qui vous sollicitent. Ne pas aider, ne vivre que pour soi, que pour sa famille. Les autres ? Ce n'est pas mon affaire. Elle est là, la tragédie de ce pays. On ne vient jamais en aide aux autres. Lamine exécuté dans sa cage d'escalier sans que personne n'intervienne ; ses voisins avaient fermé leur porte à double tour ; aucun n'avait appelé les services de sécurité , pourtant, les fins de semaine, il jouait avec eux au ballon...

— Tu rêves encore, lui dit sa femme. N'oublie pas le marché et ma sœur arrive ce soir.

Lyassine but la dernière gorgée de son café, se leva. Il avait tellement de choses en tête qu'il ne savait pas par quoi commencer mais en descendant lentement les quatre étages de son bâtiment, il eut le temps de mettre de l'ordre dans sa tête.

En prenant la route, il s'arrêta devant un attroupement, demanda à un jeune homme ce qui se passait. « Le professeur Ferhat a tout cassé dans son appartement, les voisins ont appelé la police », lui répondit le jeune homme. En effet, une ambulance couleur rouge vif, sa portière arrière grande ouverte, était rangée contre le trottoir tandis que son gyrophare tournait frénétiquement. Elle attendait qu'on ramène le forcené. Lyassine reprit la route. Ce Ferhat, il le connaissait peu et puis, il a tellement de choses à faire cette journée.

Eucalyptus géants et chênes aux troncs massifs sur le bord de la route, de part et d'autre, champs cultivés, d'autres laissés en friche ; paysage de collines qui ondulent, herbe haute, drue, frémissante dans la lumière d'une belle journée d'automne ; la rosée scintillait, petits points brillants qu'on aperçoit de la route. Lyassine connaît cette campagne pour s'y être promené, s'asseyait, regardait les nuages paresser dans le ciel, apercevait des maisons sur les crêtes des collines et des troupeaux qui paissent paisiblement sur les versants. Après ses promenades, Lyassine était heureux. Il avait passé une belle journée, avait le sentiment profond qu'il n'avait pas perdu sa journée.

La voiture tourna à gauche. Après quelques centaines de mètres, un village et sa rue centrale. Commerces: épiceries, leurs étals de fruits et légumes occupant une partie du trottoir, quincailleries, boucheries, devant leur porte, accrochés sur des crocs en fer, têtes de veau et testicules..., magasins de pièces détachées, cafés... Après le village, route de campagne, sur le bas-côté, à même sol, sacs de pommes de terre, sachets en plastique qui débordent d'oranges, de pamplemousses puis constructions basses, anciennes caves à vin datant de l'époque coloniale, leurs murs décrépis, d'un autre âge et d'un autre temps. Si les murs étaient encore debout, les maisons, au delà du mur d'enceinte, étaient abandonnées, n'avaient plus de maîtres...

Après une large courbe que faisait la route, le marché était là, animé comme si on était dans une fête foraine. Sur les allées en terre battue, on marchait difficilement, épaule contre épaule. Beaucoup de monde. Quand la pluie se déversait, mieux valait ne pas s'aventurer dans ce marché à ciel ouvert.

« Amou, (oncle) venez par là ! » , avait crié un garçon à Lyassine, son arme de dissuasion, un bâton, dans la main, qui s'était improvisé gardien de parking, comme d'autres se choisissent un métier. Il allait, venait, criait, dirigeait. « Cette voiture va partir », lança-t-il, en désignant à Lyassine une camionnette qui était là, sans son chauffeur. Il disparut pour s'occuper d'autres véhicules qui arrivaient ou partaient.

« Je ne vais pas m'éterniser ici. Walid est en train de m'attendre », songea Lyassine qui avait été patient. Une demi-heure depuis qu'il est là, en train d'attendre.

— Amou, encore un peu de patience ! lança l'enfant-gardien qui avait vite couru vers lui en le voyant quitter les lieux.

Lyassine baissa sa vitre, mit dans la main du garçon une pièce de 50 dinars. Par les temps qui courent une somme rondelette.

— Je n'ai pas le temps, s' excusa-t-il.

— Je suis là tous les jeudi, dit l'enfant, satisfait de son pécule avant de disparaître pour aller à la rencontre d'autres véhicules.

La campagne était de nouveau là, cette fois-ci brutalisée sous les coups des pelleteuses et des excavateurs. Dans une sarabande bruyante et poussiéreuse, les camions allaient, venaient, leurs moteurs ronflaient à perdre les joints de culasse.

« Ce n'est pas facile de dompter la nature », songea Lyassine en dépassant le chantier de blocs d'appartements en construction, monstres de béton au milieu de grosses mottes de terre brune. Il poursuivit sa route quand, à sa droite, l'enseigne : CABARET se présente à sa vue, elle s'étalait sur tout le dessus de la façade d'une maison aux murs hauts, la première d'une suite de maisons qui s'alignaient perpendiculairement à la route. En dessous de l'enseigne, sur toute la largeur de la façade, une banderole: GRANDE SOIREE DE RAI AVEC LE CHEB HOCINE ET LA CHEBA YASMINA.

En dessous, collées sur le mur, les photos, grand format, des chanteurs aux sourires juvéniles.

Les pensées de Lyassine allèrent à Nora, au bar où ils s'étaient rencontrés, à la musique qu'ils avaient écouté ensemble. Il se promit de revoir « la serveuse de bar », fut heureux à cette perspective, songea : « On viendra ici. On invitera ces jeunes chanteurs à notre table. Nora aimera ça ».

Après un tournant tout en montée, paysage inondé de lumière ; versants de collines, vergers. Lyassine avait baissé sa vitre : vent frais, léger qui s'engouffre à l'intérieur de la voiture. Lyassine aurait aimé s'arrêter, se promener sur le bas-côté de la route, s'y asseoir à l'ombre d'un arbre, rêver, comme ces paysans qu'on voit assis par les belles journées d'été, leur travail terminé ou trop âgés pour travailler.

La rencontre de Lyassine avec Walid n'était plus loin. D'abord, il lui faut descendre la rue principale d'un village qui a gardé son charme d'antan: platanes géants, imposants, placette avec ses bancs et son kiosque à musique, le boulodrome pour le moment désert. Dans ce village, Lyassine s'y arrêtait, s'asseyait sur la terrasse d'un café sous un chêne géant, ses grosses nervures jaillissaient du sol tels des boas géants. Beaucoup de souvenirs dans la tête du quinquagénaire. Tout en lisant son journal, il levait la tête pour regarder, la vie était là, devant lui : belles jeunes filles qui passent, seules, l'air grave, d'autres étaient en groupe, ne se tenaient pas tranquilles, elles se poussaient, se taquinaient ; les garçons qui passaient par là, leur jetaient des regards furtifs, audacieux, parfois un garçon aborde une fille, discute avec elle…

« Enfin, j'y suis », s'était dit Lyassine en arrivant devant l'entrée de la forêt Borgeaud, du nom d'un riche agriculteur colonial qui vivait sur « ses » terres comme un châtelain. En forêts, en vergers, en vignes, il s'y connaissait. La terre, les semences, les saisons n'avaient pas de secrets pour lui ; il les aimait davantage que ses serfs qui se révolteront plus tard, prendront bêches, pelles et fusils de chasse, le premier novembre de l'année 1954, pour arracher l'indépendance en 1962. La forêt portera désormais le nom de Bouchaoui, un chahid mort les armes à la main. Ce qui avait été fait des forêts, des champs, des vergers et des terres de « l'Européen Borgeaud », ça c'est une autre histoire…

Lyassine s'était dirigé vers la terrasse du café-restaurant gagnée sur la forêt. En cette fin de matinée, elle accueillait des couples engagés dans des tête-à-tête solitaires et secrets, les alentours calmes, paisibles, ensoleillés.

« Il n'est pas encore là, alors que c'est lui qui a demandé à me voir », s'était dit Lyassine, mécontent et impatient car le temps pressait. Le déjeuner avec son invité Mehdi dans une heure et le restaurant n'est pas à côté.

Du retard de Walid, une demi-heure, Lyassine ne s'en offusqua pas. Il faisait partie d'une minorité pour qui l'heure doit être l'heure. Lors des réunions, il était le premier à pointer du nez. Ceux qui les convoquaient mettaient un point d'honneur à arriver en retard, une façon de se prouver et de prouver « aux autres » qu'ils sont les chefs, que c'est normal que les « autres » attendent et de leurs retards, ils ne s'en excusaient pas.

Pour Lyassine que faire, si ce n'est patienter en écoutant les oiseaux qui piaillent en volant de branche en branche.

Alors qu'il allait partir, une vieille voiture stationna, à l'écart, au fond du parking à moitié vide.

« C'est lui, c'est Walid ». Lyassine soulagé mais étonné. La voiture du locataire du rez-de-chaussée, une miraculée des années 60. A l'époque, on enviait le propriétaire, mais plus maintenant. C'est plutôt des gens de condition très modeste qui en possèdent encore.

En sortant de la voiture, Walid avait regardé autour de lui comme s'il voulait s'assurer que personne ne l'épiait, ne surveillait son arrivée.

« Mon Dieu, comme il a vieilli », s'était dit Lyassine en le regardant venir d'un pas lourd, incertain dans sa direction. Walid avait le dos voûté comme si le poids des années s'était brusquement fait sentir. Pourtant, il n'avait pas la quarantaine et ce qui est nouveau, il n'était plus l'homme élégant et alerte que Lyassine connaissait. « Pourquoi cette prudence comme s'il craignait pour sa vie ? » , s'était dit Lyassine.

— Comment ça va ? dit celui-i en se levant tendant la main à Walid en s'efforçant de ne rien laisser paraître.

Pâle, tendu, celui-ci répondit :

— J'ai eu peur que tu ne viennes pas. Je te remercie de m'avoir attendu. Je prends des précautions. On ne sait jamais. On peut être au courant de notre rencontre.

— Ah, bon et pourquoi donc ? demanda Lyassine, intrigué. Je ne vois pas en quoi notre rencontre intéresserait d'autres personnes que nous. On n'a rien à cacher.

En regardant la voiture garée sur le parking, il dit à Walid : ton ami peut nous rejoindre . Il ne me dérange pas.

— C'est mon ange gardien. Il est bien là où il est. Lorsque je conduis, je préfère l'avoir à mes côtés. Il peut regarder et surveiller...

— Mais Walid, pourquoi ces précautions ? Tu aurais pu passer à la maison, on aurait été plus à l'aise.

Comme Walid le fixait, Lyassine le rassura :

— Il n'y a pas de raison de t'inquiéter pour ton pied-à-terre. Le seul appartement qui a été cambriolé a été celui de l'hôtesse de l'air. On a trouvé ses affaires en vente à l'entrée du marché. Ses bibelots, on se les est arrachés. A part ça, notre cité est calme.

D'une voix calme, posée , Walid dit :

— J'ai reçu des menaces de mort...

Lyassine, surpris, équarquilla les yeux. Pour une surprise c'en était une !

Walid bref, concis:

— Un de mes ouvriers a monté ses collègues contre moi...

— Mais les grèves sont permises et personne ne s'en prive, interrompit Lyassine, plein de bonne volonté.

— Comme toi, j'ai cru qu'ils voulaient faire grève. En vérité, c'était du chantage. Cet ouvrier m'a demandé de l'argent, beaucoup d'argent. « Pour la cause », m'a-t-il dit. « Quelle cause ? », lui ai-je demandé. Il m'a répondu : « tu sais de quoi je parle », en me faisant le geste de quelqu'un qu'on égorge.

— J'ai de la peine à te croire ! On aura tout vu ! s'indigna Lyassine.

— J'étais furieux. Je l'ai licencié sur le champ. Je lui ai payé son mois et six autres mois pour les six ans qu'il a travaillés chez moi. Bien entendu, j'ai refusé son chantage...

— Mais il fallait informer les services de sécurité ! Il ne faut pas te laisser faire ! S'insurgea Lyassine.

— C'est ce que j'ai fait. Ils ont interrogé le personnel. Les darki (gendarmes) sont allés chez l'ouvrier qui m'a menacé. Ils ne l'ont pas trouvé. Volatilisé ! Après leur passage, ses complices, une vingtaine, sont venus me chercher à l'usine après la tombée de la nuit. Et entends-moi bien. Ils étaient armés !

Lyassine avait du mal à comprendre, à s'imaginer Walid confronté à une telle situation, lui si affable, si pacifique.

— Dieu m'a protégé, poursuivit Walid. Quand les terroristes sont venus me chercher, je n'étais pas dans mon usine. J'avais passé la journée et une bonne partie de la soirée avec mon fournisseur. C'est lui qui m'a sauvé la vie. Sans sa visite, je ne serais pas de ce monde en train de te parler.

— Et le darek ?.

— Leur chef m'a dit que ses hommes ont d'autres priorités. « L'essentiel est que vous soyez en vie. Une usine, ça se reconstruit. Les assassins, nous passons notre temps à les pourchasser. Ceux qui se sont attaqués à vous, on en fait notre affaire ». C'est ce qu'il m'a dit.

Lyassine avait écouté et compati. « Mais qu'attend t-il de moi ? », s'était-il dit. Dans le cas d'une demande d'argent, il avait pensé à un refus poli. La question, il la posa, brutalement mais simplement.

— Walid, tu as besoin d'argent ?

— Non pas du tout ! s'offusqua celui-ci comme si on venait de lui faire un affront.

Lyassine battit en retraite.

— Je ne comprends, dit-il, gêné.

— Un visa ! M'aider à obtenir un visa ! il ne faut pas me décevoir Lyassine, je compte sur toi.

Le fonctionnaire resta sans voix. Pour une surprise, c'en était une ! Il pensa à sa femme et à sa remarque qu'il suffisait de tourner la bague...

— Ce n'est pas si simple, finit-il par répondre.

La tête du quinquagénaire, chef de service, s'était mise en branle pour chercher une esquive élégante. Après tout, c'était dans ses cordes.

Lyassine reprit, se voulant bref, incisif, précis et convaincant :

« Ce que je vais te raconter s'est réellement passé, la personne est vivante, tu peux vérifier auprès d'elle. Comme moi, elle était chef de service dans une administration tout à fait honorable. Elle était venue me voir pour l'aider à obtenir un visa et ainsi pouvoir rendre visite à sa fille qui avait un cancer terminal. Elle avait fourni le dossier exigé par les services consulaires du pays de résidence de sa fille. Lorsque j'ai appelé le responsable pour m'enquérir du visa, il m'a répondu qu'il doit attendre l'accord de son administration. Un mois a passé, puis six semaines. Quand je l'ai rappelé, il m'a répondu que le visa avait été refusé. Je n'avais pas cru mes oreilles. J'étais furieux mais je ne pouvais rien faire. Lui et son pays étaient dans leurs droits. Chacun maître chez soi. Un cas plus tragique que celui là Walid, tu ne peux pas le trouver ! En plus, les services consulaires ont gardé l'argent, une petite fortune pour cette fonctionnaire qui n'était pas spécialement riche, elle était chef de service comme moi. « C'est pour le traitement du dossier », m'a dit le responsable consulaire quand je lui ai téléphoné. Elle ne s'est jamais rendue auprès de sa fille et à ce jour elle ne sait même pas où elle est enterrée.

Lyassine s'était tu, convaincu que son histoire avait fait son effet sur Walid qui aura ainsi à méditer sur la sécheresse des cœurs et l'indifférence des nations au malheur des « autres ».

— C'est terrible, je n'aimerai pas être à sa place, avait répondu Walid, comme s'il n'avait rien à voir avec cette histoire. J'ai avec moi, une recommandation de l'association du patronat et mon frère m'a fait parvenir une lettre d'un avocat qui explique ma situation. Je pense que se sera très utile pour les services consulaires de ce pays (il avait cité un pays lointain, de l'autre côté de l'Océan Atlantique).

Lyassine dit en s'efforçant d'être davantage convaincant :

— Walid, les gens menacés comme toi, il y en a des milliers ! ils sont médecins, avocats, cadres (il avait songé : moi, je ne suis qu'un petit fonctionnaire). Tu m'as parlé d'un fournisseur. Il peut t'envoyer des documents qui justifieront ton voyage dans son pays. Il insistera qu'il s'agit d'un contrat important, que ta présence dans son pays est indispensable.

La voix calme, pondérée, Walid répondit:

— Je voyage beaucoup à l'étranger. C'est que je dois partir avec ma femme et mes enfants. Les terroristes se vengeront sur eux. Tu y as pensé Lyassine ?

— Tu peux partir seul et ensuite ta famille te rejoindra…

— Non, ce n'est ni simple. Les délais d'attente sont d'une année au minimum ! Et si je pars, à qui les laisser?

Le fonctionnaire, chef de service, resta silencieux, désarmé. Ce n'était pas facile pour lui de trouver une nouvelle parade et sortir de ce guêpier. Après un long moment de réflexion, il jeta toutes ses forces dans la bataille et tant pis si au bout c'est la défaite :

— Ecoute Walid, je vais faire de mon mieux mais il ne faut pas trop compter sur moi. La procédure va être long, très longue. Les visas, ici, ce n'est pas une mince affaire !

Lyassine aurait aimé ajouté « ces gens-là enquêtent, s'informent, entrent par effraction dans ta vie, veulent connaître tes parents, tes grands parents, tes ascendants, tes descendants, tes vices, tes vertus, ça les intéresse moins, si tu as le sida ou tu comptes l'avoir, si toi ou un un parent, même s'il n'est plus de ce monde, a eu la tuberculose, le choléra, le typhus, si tu es communiste, anarchiste, si tu aimes le rouge ou le noir. Mon cher Walid, des questions à ne pas en finir comme si tu allais mettre le feudans leur pays, comme si tu étais un Attila des temps modernes, alors que que c'est ta maison qui brûle. Ils ne seront contents que lorsqu'ils auront trouvé la petite bête qu'ils cherchent pour te refuser le visa.

Il y a des gens mieux placés que moi, avait poursuivi Lyassine. Les temps sont durs pour nous tous. Essaye de voir avec eux.

— Personne ne veut ou ne peut m'aider, répondit Walid, résigné . Je compte sur toi. J'attendrai le temps qu'il faut.

Le chef de service avait épuisé ses arguments. Plus rien à faire valoir.

Midi était passé. La terrasse gagnée sur la forêt se remplissait de nouveaux clients. Les habitués des cafés bien serrés, des jus d'orange et des têtes à têtes amoureux laissaient la place aux familiers des grillades et des omelettes avec pommes frites et salade. L'unique serveur se démenait comme un pauvre diable. Il allait, venait, plein de bonne volonté, ses son plateau chargé de plats et de boissons.

Lyassine se tourna vers Walid, lui dit :

— J'ai invité un ami syndicaliste. Il s'appelle Mehdi. Je t'invite. Ça va te faire changer les idées. Mehdi est un homme interessant, tu verras.

— J'accepte . Je vais informer mon ange gardien.

— On vient de m'attribuer un terrain, dit Lyassine à Walid, de retour. Je vais enfin réaliser mon rêve : construire ma maison.

Lyassine avait omis de dire qu'une semaine plus tôt, en franchissant le portail de la mairie de la commune où il avait déposé son dossier, son cœur battait à se rompre. Il craignait de s'entendre dire une nouvelle fois: « la commission d'attribution des terrains de la commune ne s'est pas encore réunie. Soyez patient. Nous avons votre dossier. On ne vous oubliera pas.

Lyassine n'avait pas compris ou voulu comprendre qu'il lui fallait un coup de pouce, une reommandation, l'appui d'une « personnalité », à défaut « les » faire valoir « sonnantes et trébuchantes ». Ce que Lyassine n'avait pas dit, non plus, c'est que ce jour, un homme, à bout de nerf qui attendait comme lui, était sorti de la queue, était allé vers le secrétaire du maire d'un pas ferme (ce jour là, il avait laissé la porte de son bureau ouverte). L'homme, pâle, furieux, se planta devant lui, lui cria : « dites à ce chien qu'il ne mérite aucune considération ! S'il est le maire de cette commune c'est malgré nous. Dites-lui qu' il n'aura rien de moi ! », et l'homme de cracher parterre avant de se diriger vers la sortie. Lyassine et les autres personnes s'étaient regardés, avaient baissé la tête comme si, en fixant le sol, ils allaient trouver une réponse à l'humiliation qu'on leur faisait subir. Une demi-heure après l'esclandre de l'inconnu, le secrétaire du maire avait appelé Lyassine. « Il va me dire que la commission d'attribution des terrains ne s'est pas réunie ou que mon dossier n'a pas encore été examiné ou que le maire est en réunion, que sais-je encore ? Ils sont capables de tout ».

— C'est votre décision d'attribution, lui dit le secrétaire du maire en lui tendant une feuille dactylographiée sur du beau papier blanc.

Lyassine n'avait pas réalisé de suite son bonheur. Ce qu'il lisait était flou. Son cœur battait. Les chiffres et les lettres : 200 mètres carrés dans la commune de Staouéli, s'étaient imprimés dans sa tête.

— Merci, avait-il dit à l'employé communal. Sa tête bourdonnait. L'employé communal était passé à autre chose, était sur le point d'appeler un autre « chanceux ».

En quittant le bureau des réserves foncières, Lyassine se voyait déjà en train de clôturer le terrain qu'on venait de lui attribuer, de demander à son ami Si Noury de lui recommander un architecte, le sien de préférence. Un entrepreneur, il en chercherait lui-même. « Un entrepreneur honnête, ça doit exister , s'était-il dit. Avec un peu de chance, je le trouverai ». Le financement de la construction de sa maison l'avait effleuré mais il préféra ne pas y penser. Après dix années d'attente, il ne voulait pas gâcher sa joie. L'éclat de l'inconnu n'était plus qu'un souvenir lointain…

La voiture tourna à droite, prit la route qui longe la mer, laissa derrière elle un vaste lotissement de villas disséminées dans un bois, leur accès interdit, fermé par un mur, au dessus du fil de fer barbelé.

— Tu aurais pu trouver protection dans les résidences du Club des Pins. Tu aurais été en séurité avec ta famille, avait ironisé Lyassine en se tournant vers son passager.

Walid l'avait regardé, étonné par le propos.

— Pour m'enfermer, non, merci. Ses gens-là ont tout fait pour m'empêcher de construire mon usine. Tout ce qu'ils savent dire : c'est non ! Maintenant, après l'incendie de mon usine, je me rends compte combien la liberté c'est important.

— Moi, il m'arrive de vouloir tout abandonner, partir, quitter mon travail, vivre avec ce que j'ai, ne plus rien à voir avec ceux qui se disent mes chefs…

L'ancien industriel hôcha la tête puis se confia à son tour:

— Ce que je vais te dire va t'étonner. Mes enfants ont grandi sans que je m'en aperçoive, maintenant que la mort me poursuit, j'envie la vie d'un homme qui vit simplement sans rien demander à personne. Je donnerai beaucoup pour avoir une vie normale. Avoir de l'argent, ce n'est pas forcément être heureux. C'est cette vie simple que je n'ai pas eu que je regrette.

— Si j'avais la possibilité, je mettrais volontiers un sac sur mon dos, je cheminerais sur des sentiers, je m'allongerais sur l'herbe, la nuit, je regarderais les étoiles. Ah, la mer, je ne me lasserais jamais de la regarder. Si Dieu me prête longue vie, c'est ce que je ferai…

Tandis que les deux passagers se réconfortaient, discutaient, « philosophaient », la lumière du jour avait changé, était devenue plus dense, moins transparente. La mer, à leur gauche, se montrait puis se cachait, obstruée par des haies de roseaux, à leur droite, le sol monte en étages, surplombe la route et la mer, dans le lointain contre le ciel bleu : bois, forêts, champs cultivés dont on aperçoit la terre brune et les cultures sous serre, leur plastique blanc visible de la route. A un feu rouge, la voiture s'arrêta pour laisser passer une foule compacte de piétons, force tranquille qui va, vaque à ses occupations.

La mer continuait à les suivre, jouait à cache-cache avec eux, se dérobait à leur regard, se montrait de nouveau. Vert des tropiques au ras des toits, en remontant vers l'horizon, elle changeait, prenait la couleur vert sombre puis bleue, avant de terminer en bleu foncé en touchant l'horizon.

Le village vers lequel Lyassine et Walid se dirigeaient s'était montré, sans prétention, ses maisons d'une blancheur sans force. Dès son abord, un semblant de charme des temps de la colonisation française dont on a oublié jusqu'au souvenir.

Ce village de pêcheurs, Lyassine le connaissait pour avoir fréquenté sa plage lorsque l'été prenait possession de la grande ville. Il n'y venait plus ; son choix s'était porté ailleurs, sur des plages plus grandes, plus propres le long de cette côte.

Sur la placette quelques voitures étaient stationnées. Des pêcheurs raccommodaient leurs filets devant leurs barques qui se déhanchaient sur des flots tranquilles. Spectacle agréable, tranquille, la propreté en mois car sur la petite plage, à côté, des amoncellements de détritus et des sachets noirs éventrés.

Après avoir monté un escalier abrupt, Lyassine, suivi de Walid, en entrant, fit grincer la porte du restaurant, devant eux, une salle tout en longueur, les tables mises mais inoccupées. Celles à droite, contre les larges baies vitrées, étaient toutes occupées à l'exception d'une seule vers laquelle le quinquégénaire et son hôte s'étaient dirigé .

« Je vais me laver les mains », dit Walid après que Lyassine se soit assis. Au delà de la baie vitrée, la mer ondulait, se brisait par vagues contre la jetée qu'on apercevait du restaurant. Le bruit arrivait à Lyassine sourd, s'interrompait puis reprenait. Lyassine le ressentit comme s'il était porteur de menaces ou annonciateur de mauvais jours. Il chercha la cause de sa tristesse subite, pensa à son travail, à Faudyl, à Si Noury qu'il avait trouvé la dernière fois qu'il l'avait vu, pâle et inquiet. Il chercha encore mais ne trouva pas. Sans raison, il pensa à Lamine, à sa frayeur, à lui, sur le terre-plein. Il se rassura. Lui et sa femme étaient en bonne santé, son fils à l'étranger, en sécurité. Il eut une pensée tendre pour Nora, s'étonna qu'il pensa à elle à ce moment précis, se promit de la revoir.

-Tu as l'air pensif, lui dit Walid en s'asseyant, avant de prendre le menu posé sur la table.

Après l'avoir parcouru, il demanda à Lyassine: dans ton travail, tu dois avoir l'habitude de restaurants chics : maîtres d'hôtel, serveurs en livrée, couverts en argent et tout le fatatras.. Avec ton travail, c'est normal.

— Non, ce n'est pas ce que tu crois. C'est davantage une obligation qu'un plaisir, répondit Lyassine, son esprit quelque peu ailleurs.

— Mais, c'est toujours agréable d'être invité à une bonne table, d'être entouré de gens distingués, agréables.

— Non, c'est guindé et superficiel et tout ce que tu dis peut être retenu contre toi...

— Ton ami syndicaliste...

— Mehdi, il s'appelle Mehdi, coupa Lyassine.

— Comme tous les gens qui font de la politique, Mehdi doit aimer la bonne chère et les grands restaurants. De toute façon, l'un ne va pas sans l'autre. Ce qu'on fait n'est jamais innocent, même si on se dit syndicaliste et défenseur des droits des ouvriers.

-Pas du tout. Tu te trompes. Mehdi est un militant qui a connu la prison et il n'a jamais renié ses idées.

— Avant tout, c'est un politicien et comme tout politicien, il doit aimer le pouvoir, les honneurs...

— Mehdi, c'est autre chose...

Raide comme un « i », l'habit de sa profession sur son corps massif, chemise blanche bien repassée, nœud papillon assorti à son habit noir, le serveur était venu à leur table, avait salué Lyassine en inclinant légèrement la tête, montré un sourire de bienvenue à Walid. -Bonjours messieurs ! Que peut-on vous servir ? Nous avons le meilleur poisson et nos concurrents n'y peuvent rien. Il est frais, il frétille, il vous attend, déclara-t-il d'une voix claire, robuste d'un homme sûr de lui.

Alors que Lyassine s'apprêtait à répondre, un taxi stationna sur la placette, face à la mer.

— Tiens, c'est lui ! s'exclama Lyassine qui avait reconnu Mehdi qui venait de descendre du taxi en boutonnant sa veste. Il n'est pas seul, il y a une femme avec lui, ajouta Lyassine, surpris.

Walid qui avait suivi le regard de Lyassine, dit, dépité :

— Si j'avais su, j'aurais ramené ma femme. Elle est enfermée à la maison depuis que j'ai reçu des menaces et le poisson, elle aime ça !

Le serveur s'éclipsa.

Mehdi apparut sur le pas de la porte du restaurant suivi d'une femme, la quarantaine, brune, visage sec, traits anguleux. Ce qu'avait remarqué Lyassine, de loin, c'étaient ses yeux charbonneux, tristes, elle était tendue et pâle.

Après avoir balayé du regard la salle du restaurant, Mehdi, la cinquantaine fière, le corps droit comme s'il était un colonel en retraite, se dirigea vers la table de son hôte

— Bonjour ! lança t-il. En tendant la main à Lyassine ensuite à Walid, il montrait un visage ouvert, son sourire franc, large. Je ne suis pas seul, dit-il, affable. Nadia est une amie. Nous sortons d'une réunion. Comme sa mère habite ce village, je l'ai invitée à déjeuner avec nous, après tout nous sommes entre amis, n'est-ce-pas ?

— Mehdi m'a parlé de vous, dit Nadia à Lyassine en s'asseyant à ses côtés après avoir accroché son sac à sa chaise.

Mehdi expliqua en prenant place à côté de Walid:

— Nadia est une militante. Elle nous aide à comprendre les nouvelles géné-rations. Le pays a beaucoup changé. Les gens veulent plus de transparence et de démocratie mais le parti unique nous barre la route. Nous ne sommes pas contre l'économie libérale mais les droits des travailleurs sont remis en cause. Au lieu d'une économie forte et productive, on nous propose une économie de bazar. On laisse tout entrer, les usines ferment, la contrefaçon fait des ravages, la corruption gangrène tout.

Lyassine, qui croyait connaître Mehdi, fut surpris par la salve prématurée et forte de son ami. Nadia avait affiché un sourire mystérieux tandis que Walid avait écarquillé les yeux, lui aussi surpris par le propos qu'il trouvait réducteur et à l'emporte-pièce.

Le serveur n'avait pas attendu. Il s'était présenté dès que le nouveaux venus avaient pris place. Après avoir salué Nadia d'un signe de la tête (à Mehdi, il avait souri), la voix haute et familière, il demanda :

— Madame, messieurs, que peut- on vous servir ?

— On a consulté la carte à l'entrée, répondit Mehdi sans attendre les autres. Nous voulons une soupe de poisson, un assortiment de merlan, de rouget, de daurade et de crevettes, le tout grillé, deux salades variées et beaucoup d'huile d'olive.

-C 'est aussi notre choix aussi, fit Lyassine en regardant Walid qui avait acquiescé de la tête.

— Bien ! fit le serveur qui avait tourné les talons après avoir repris les menus restés inutiles sur la table.

— Alors toujours à t'user la cervelle au service des intrigants ! lança Mehdi à Lyassine, la dérision dans la voix. Je te connais, tu es trop naïf. Le jour où ils n'auront plus besoin de toi, ils te le feront savoir sans même te dire merci.

De l'énergie, Mehdi en avait à revendre. Le quinquagénaire, chef de service, ne s'offusqua pas du propos. Après tout, les vrais amis ne sont-ils pas ceux qui vous disent vos vérités en vous regardant dans le blanc des yeux.

— Les choses ne sont pas aussi simples, répondit Lyassine. Je suis un fonctionnaire qui fait son travail le plus simplement du monde. Chacun sert son pays comme il peut et à sa façon. La pérennité de l'Etat, voilà ce qui importe. On le dit : les ministres partent, les huissiers restent…

— C'est ce qu'on dit et qu'on veut nous faire croire, répondit vivement Mehdi. La réalité est autre. En vérité, tu sers un système. Sa survie, voilà ce qui importe. On te paye pour obéir et tu obéis. Il ne faut pas aller chercher midi à quatorze heures.

Lyassine avait souri. Ce propos, il l'avait déjà entendu. Il préféra ne pas répondre. Mehdi était son invité et son ami. Ce n'était pas le moment de polémiquer. De la tension autour de la table il n'en voulait pas.

Nadia conversait avec Walid. Elle n'écoutait pas ce qui se disait entre Lyassine et Mehdi.

Walid lui disait :

— On avait trois cents hectares de terre et des dizaines d'ouvriers agricoles. Tout le monde vivait convenablement. Au début des années 70, l'Etat nous a tout pris. Du jour au lendemain, mon père s'est retrouvé sans rien, sans ses terres. Il est mort de chagrin quelques mois plus tard,. Sa terre lui manquait, elle était tout pour lui. Il ne comprenait pas que l'Etat qui était censé protéger ses biens vient lui prendre ses terres. Et voilà que vingt ans plus tard ce même Etat dit qu'il s'est trompé et nous rend une partie de nos terres. Entre-temps, des gens s'étaient appropriés une partie dans l'indifférence de ceux-là même qui étaient censés appliquer la loi. Il fallait voir dans quel état étaient nos terres ! Elles ne donnaient presque plus rien !

— Mais je croyais que vous étiez un industriel et non pas un agriculteur, dit Nadia qui montrait beaucoup d'intérêt à la conversation

— A la mort de mon père, j'ai tout vendu avec l'accord des héritiers, reprit Walid. Avec cet argent, j'ai construit mon usine et voilà maintenant que les terroristes me la brûlent. Ça suffit ! Je m'en vais ! je ne cherche plus qu'à sauver ma tête et ma famille.

Mehdi n'avait rien perdu de la conversation. En se tournant vers Walid, il lui dit :

— Menacés, nous le sommes tous. Vous êtes un patron, vous avez les moyens de votre fuite...

— Mais non, intervint Nadia. Walid a eu beaucoup de courage. Il a construit quelque chose, il a fait quelque chose de sa vie. Il a donné du travail à beaucoup de monde. Mehdi, je ne suis pas d'accord avec toi. Moi, je crois au mérite personnel. Walid a créé des richesses...

— Il n'y a pas que votre usine que les terroristes ont brûlé, monsieur Walid, reprit Mehdi, toujours véhément. Nous n'allons pas nous apitoyer sur votre sort. Des dizaines de milliers d'ouvriers ont été mis chômage, chaque jour, des syndicalistes sont assassinés par les terroristes. Vous ne le savez peut-être pas mais je suis venu en taxi, je ne prends jamais le même, jamais au même endroit, jamais à la même heure et je dors rarement chez moi !

Sans laisser le temps à Walid de répondre, Mehdi se tourna vers Nadia :

— Raconte ce qui est arrivé à ton mari. Oui raconte, Nadia ! Je sais que tu n'aimes pas ça, mais raconte !

Nadia regarda Mehdi comme si elle lui disait que ce n'était pas le moment, qu'ils étaient venus déjeuner et passer un moment agréable et non pas pour parler de sa tragédie personnelle, ni des tragédies qui ensanglantent le pays depuis six longues années. Et puis, il y a Walid. Les assassins sont à ses trousses. Ils le recherchent.

C'est Walid qui dit à Nadia d'une voix volontaire, pressante:

— On vous écoute, madame. Racontez. Je veux savoir ce qui est arrivé à votre mari .

Walid disait cela, comme s'il voulait dire : je veux savoir comment on peut tomber sous les balles des terroristes.

Nadia, raconta. A contre-cœur:

— C'était l'été dernier. Hacène, mon mari, avait l'habitude de s'asseoir devant la porte de notre maison. A peine ramené notre fils lui a ramené une chaise que les terroristes avaient surgi. Une seule rafale de mitraillette a suffi puis leur voiture a vite tourné au coin d'une rue. Les corps de mon mari et de mon fils ont été criblés de balles. C'était l'horreur. De la bouche de mon mari du sang coulait puis le sang a commencé à faire des taches sur sa chemise. J'ai trainé les corps de mon mari et de mon fils à l'intérieur de la maison, ils étaient couverts de sang et ils étaient morts. L'ambulance n'est arrivée qu'une heure plus tard.

Un silence à couper au couteau avait suivi le récit de Nadia. Tout un chacun avait baissé la tête ou regardait au loin, pensif, absent. Seul Mehdi fixait encore sa compagne.

Après un long silence, Walid s'aventura, lui qui de justesse a échappé aux terroristes :

— Votre mari n'aurait pas dû s'asseoir à la même heure et au même endroit. Il savait qu'il était menacé…

— Je lui ai dit de faire attention. Il n'a pas été du tout content d'entendre mon conseil. « On m'a renvoyé de mon travail, on tue mes camarades et tu veux que je me cache ! », m'a-t-il dit. Il était furieux !

Walid s'avisa de nouveau :

— Vous auriez dû lui dire de s'absenter quelques semaines de votre maison, de son travail, aller vivre dans une autre ville, à la campagne, je ne sais pas …

— Je le lui ai dit. Il a été aussi furieux que la première fois. Il m'a répondu que pour lui, ce serait une fuite. Il ne pouvait accepter que les terroristes arrivent à leurs fins, le privent de ses activités syndicales. Hacène passait pour être un communiste, alors qu'il défendait les droits des travailleurs ! C'est vrai qu'il s'était opposé au projet de créer un syndicat dont la finalité est son son soutien à Etat théocratique. « Ils veulent diviser les travailleurs au nom de la religion. C'est inacceptable ! Nous avons tous et nous pratiquons tous la même religion ! Les terroristes veulent affaiblir le mouvement syndical et ainsi prendre le pouvoir plus facilement ! ». Ce que disait Hacène était de notoriété publique. Le soir, quand il rentrait à la maison, il me disait : « je n'ai pas perdu mon temps. J'ai convaincu des jeunes de rejoindre le syndicat. Je suis en train de semer des graines, il y aura une belle moisson ! ». Il était content, il passait une soirée agréable, renaissait, il voyait la vie pleine de promesses, il pensait que le plus dur était passé, que la victoire sur les terroristes et leur projet d'un Etat théocratque n'était qu'une question de temps. C'est à ce moment qu'il a été assassiné.

En se plantant devant leur table, le serveur rappela à chacun que la vie continuait, que dehors il faisait beau, que le soleil brillait, que de l'espoir, il y en aura toujours.

En se penchant, il servit chaque convive du large plateau qu'il avait sur le bras. Au bout de l'exercice, chacun avait devant lui une assiette garnie de poisson varié, grillé à brûler les doigts. Après un aller-retour aux cuisines, il revint avec les crudités, un repas complet pour un homme frugal.

— Et pour les boissons ? », demanda-t-il.

Personne n'y avait songé, comme si la carafe d'eau posée sur la table suffisait.

-Pour moi de l'eau minérale non gazeuze.

En écho à Walid, Nadia lança :

-Pour moi de l'eau minérale gazeuse et bien fraîche ! Lyassine et Mehdi s'étaient regardés. Leur choix s'était porté ailleurs. Sur le vin rouge. Pas sur le vin blanc, comme on aurait pu le penser.

On dégustait. On buvait. Le temps passait. On parlait peu. Lyassine savourait son vin. Il était heureux, comblé, autour de la table des gens avec lesquels il se sentait bien, « communiait » quand dans ses pensées surgit le vieux souvenir d'un voyage avec un haut responsable d'une autre administration. Lors de leur premier dîner, ils commandèrent un tournedos de premier choix, cuit selon leur volonté. Lyassine avait hésité à demander du vin par respect pour cette personnalité qu'il ne voulait ni froisser, ni choquer. Boire du vin en sa présence aurait été contraire aux us et coutumes de leur pays puis, il avait osé. Il avait demandé du vin rouge. Le haut fonctionnaire l'avait regardé, comme s'il lui disait: « comment as- tu pu oser ? », puis il avait souri, un sourire que Lyassine avait compris approbateur. Une complicité s'était établie entre eux pendant tout le voyage et ce fut un voyage agréable, très agréable. Sur leur table, il y avait toujours du vin, du bon vin, la mission accomplie dans les meilleures conditions et... avec succès. Quand Lyassine était rentré chez lui, il s'était posé la question suivante: « et si ce haut fonctionnaire avait accompli un acte de résistance contre les : la ya jouz ! (C'est interdit !) des terroristes qui avaient donné l'ordre aux propriétaires des débits de boissons de fermer leur commerce, dans le cas contraire, ils seraient éxécutés. Tous, ou presque, s'éxécutèrent, une prohibition auprès de laquelle celle des Etats-Unis d'Amérique, dans les années 30, avait été une partie de plaisir .

Lyassine posa son regard sur ses invités qui mangeaient de bon appétit. Il pensa au terrain qu'on venait de lui attribuer. « Oui, songea t-il, le premier étage de ma villa terminé, j'inviterai mes amis ici présents Il y aura Si Noury, mon voisin Ammy Saïd, peut être son fils Lotfi et tant pis si ma femme ne l'aime pas. Faudyl, je ne l'inviterai pas. C'est homme tordu, méchant, peut-être Georgis, il acceptera ; le couscous est un un plat exotique pour lui. Samia le leur servira, il débordera de légumes et de viande. La maison terminée, j'égorgerai un mouton que je ferai venir des hauts plateaux, la terre de mes parents et de mes ancêtres. Sa viande est délicieuse. Là bas, les troupeaux ne broûtent que de l'herbe naturelle, aromatisée… ».

Plongé dans ses réflexions intérieures, Lyassine entendit Nadia lancer : « Il est temps de partir. Je dois passer chez ma mère ensuite, rendre visite à une femme que son mari battait. Comme cela ne suffisait pas, il l'a mise dehors ; il croit avoir tous les droits sur elle. Il ne lui verse pas de pension alimentaire, mais de l'argent, il en a pour se marier une quatrième fois. Sans divorcer, bien entendu ! ».

Nadia s'était levée, avait pris son sac qui pendait à sa chaise.

Lyassine poussa la sienne, se leva à son tour suivi des autres convives. Il n'avait pas touché à sa crème glacée, il avait été pris au dépourvu. Il aurait aimé commander une autre bouteille de vin, rester plus longtemps entouré de ses invités. Des moments agréables comme ceux-ci, il en redemanderait. Ce qu'avait raconté Nadia était dans son esprit. Il s'était dit : « c'est triste pour elle, son mari et son fils. Je ne me rappelle pas avoir lu les avis de décès dans un quelconque journal ».

En descendant l'escalier du restaurant, les « amis » bavardèrent, se promirent de se revoir. Nadia embrassa Lyassine sur les deux joues, tendit une main franche à Walid (son « ange gardien » l'attendait à l'écart dans la voiture des années 60), prit congé de Mehdi qui s'était dirigé vers le taxi qui l'attendait sur la placette. Walid avait insisté pour son affaire : « je compte sur toi Lyassine. N'oublie pas que je suis père de famille. J'ai besoin de ces visas. Ma femme et mes enfants comptent sur toi ! ».

Resté seul sur la placette, Lyassine s'assit sur un banc face à la mer. Les barques des pêcheurs se déhanchaient sur une mer tranquille. Il ferma les yeux, prit plaisir à sentir la sensation agréable de la chaleur du soleil sur son visage. Répu, il somnola : des images émergèrent : soleil pâle, paysage de désolation, terre de cendre, arbres squelettiques, sans feuilles, sans vie. Il se regardait, se promener, seul, sur un sentier désert ; quand il avait touché un arbre, celui-ci s'était effrité en un amas de cendre à ses pieds puis une forêt sombre, ensuite une clairière à la clarté lunaire dont il est le prisonnier car il tournait en rond sans pouvoir ressortir.

La sirène d'un bateau de pêche avait réveillé Lyassine qui s'était levé, ébroué. « Quel cauchemar ! », pensa-t-il.

Il reprit la même route qui va serpenter jusqu'au quartier de Bab El Oued, avant de continuer en un grand boulevard qui longe la mer.

Devant un passage pour piétons, Lyassine arrêta sa voiture. La prorité n'était pas pour lui. Une jeune fille qui traversait, le regarda. Elle lui sourit. Il lui rendit son sourire. On dirait qu'ils se connaissaient. Il aurait aimé l'inviter, discuter avec elle, découvrir sa vie, ses désirs, ses espoirs, ce qu'elle faisait dans la vie, ce qu'elle en attendait, ce qu'elle voulait en faire. Le quinquagénaire sentit son cœur vide, la connaissance de Nora, « une fille de bar » s'était estompée, n'avait plus une grande importance pour lui. Il pensa à un grand amour, à ses jours qui fuyaient, il vieillissait, chaque jour qui passait était perdu pour toujours.

Il roula sur la route sinueuse entre la mer bleue, tranquille et des maisons qui grimpent des versants à pic. Les immeubles de Bab El Oued qui défient le vide apparurent au loin au bout d'une vingtaine de kilomètres. Lyassine les longea ; rues, avenues et boulevards quadrillent le quartier, à sa droite, jardins suspendus, séparés par un escalier géant. Circulation dense, sur les trottoirs et sous les arcades des immeubles, beaucoup de monde. Au début des violences, chauffée à blanc par les « fous de Dieu », elle était descendue dans la rue, avait vilipenda le pouvoir « taghout ». Le quartier était devenu le réfuge des terroristes. L'Etat n'en reprendra le contrôle que difficilement.

Le boulevard du front de mer présentait son aspect habituel: circulation intense, impossible. A droite, « séquelles » de la dernière colonisation : immeubles hauts, imposants qui regardent la mer, sont sièges de banques, de compagnies d'assurance, d'institutions nationales dont l'Assemblée Populaire, la Banque Centrale et le Front de Libération Nationale (FLN), parti unique qui « continue sa tâche historique »…

Lyassine tourna à droite, gara sa voiture sur le trottoir d'une rue étroite, ignora le coup de sifflet d'un policier. En contournant le bloc d'immeubles, il traversa la chaussée, marcha quelques dizaines de mètres puis s'accouda au parapet du grand boulevard en se disant que le spectacle valait la peine, qu'il a le temps d'aller au marché, ensuite à l'aéroport chercher sa belle sœur et son fils. Ce que regardait Lyassine, ce qui l'intéressait, c'était la jetée dans le lointain. Il pensa aux étés quand, membre du Club Azur, il y allait pour goûter les joies de la mer, quand adultes et plus jeunes plongeaient dans l'écume, « splashs » sonores, visages qui réapparaissent, épanouis, brillants, heureux. Assis sur sa chaise en plastique, sous un toit de roseaux il avait devant lui la baie de la grande ville, qui scintillant de mille soleils, noyée dans une lumière diaphane, irréelle, rare, panorama magnifique de maisons, d'immeubles, de bois et de forêts qui montent jusqu'à venir se plaquer contre le ciel bleu, immense, sans taches. Oui, Lyassine se souvient ; chaque été c'était la communion avec la mer quand les siens dans une tranhumance massive, envahissaient les plages, occupaient les criques, prenaient possession des rivages, s'allongeaient les uns contre les autres sur le sable fin, chaud, brûlant. Oui, il se souvient de ces étés…

Lyassine avait souri à l'évocation du « Club Azur». Il ne s'agissait ni de membres qui, le soir venu, se montraient en smoking, nœud papillon bien en évidence, ni de femmes impériales dans leurs robes longues, leurs colliers de perle sur leur cou de porcelaine. Non, rien de cela. Le Club Azur se limitait à des sorties dans une barque qui allait le matin déposer les adhérents sur la jetée et revenait en fin d'après-midi les chercher. Les prestations du « Club » étaient des plus sommaires. On servait du poisson, des côtelettes d'agneau, comme accompagnement : riz, pommes sautées ou frites et ça s'arrêtait là. Les plaisirs du Club Azur étaient ailleurs, dans les joies de la mer, dans le pano-rama de la baie, dans les amitiés qui se nouaient, dans le bonheur qu'on lisait sur les visages. On rentrait chez soi avec l'odeur de la mer car l'eau des douches s'épuisait rapidement. Le lendemain on reprenait le rituel de la veille jusqu'à la fin de l'été, quand un vent frais se mettait à souffler, quand le bleu du ciel battait en retraite pour laisser la place à des nuages lourds, gris.

Lyassine se dirigea vers un hôtel qui avait connu le temps et les « splen-deurs » des colonies. On l'appelait l'hôtel Aletti. C'était là que le voyageur nanti, rêveur, curieux de terres nouvelles, de cultures et de sensations « autres » posait ses valises. Le soir venu, sur les terrasses de marbre blanc, il s'énivrait encore du jasmin qui charme les sens.

A son « Club Azur», Lyassine y pensait au moment où il s'était attablé dans le bar de l'ancien palace. L'après-midi s'étirait. Le quinquagénaire, chef de servive, goûtait sa bière fraîche et mousseuse. Il était heureux, en paix avec lui-même et le monde quand un coup de tonnerre se fit entendre, celui-là même qu'il avait souhaité à la grande ville quand il s'était assis face à la mer. Il resta immobile, pétrifié. Son cœur battait. Il avait pâli. Les consommateurs s'étaient regardés pour chercher une réponse dans les yeux de l'autre. Ils ne rencontrèrent qu'interrogation et crainte.

— C'est une bombe ! Ça vient du commissariat central, fit l'un des clients en se dirigeant vers la sortie avant de pousser la porte-tambour qui donne sur la cour intérieure de l'hôtel, ensuite sur le boulevard.

Le serveur lança :

— Restez où vous êtes ! Ceux qui ont mis la bombe ne doivent pas être loin ! Surtout qu'on ne vous confonde avec eux ! C'est la deuxième bombe dans le quartier en une semaine.

Celui qui était sorti revint. La voix d'un constat des plus banals, il dit :

— Il y a de la fumée du côté du commissariat central. Des voitures brûlent (il parlait comme s'il informait que dehors, il pleuvait)...

Le serveur dit tout en continuant à... servir :

— Il y a certainement des morts et des blessés...

Lyassine sous le choc. Dehors, les sirènes des ambulances et des voitures de police et de la protection civile hurlaient. Rues, avenues et boulevards avaient été bouclés. Circulation arrêtée.

Lyassine impatient, ne tenait pas à sa place. Il se leva, poussa la porte-tambour, se retrouva sur le trottoir. Des passants regardaient deux cent mètres plus loin les voitures calcinées et la fumée qui montait jusqu'aux toits des immeubles.

— J'ai joué de malchance, s'était-il dit : « Tout est bouclé. J'ai garé ma voiture n'importe où et je ne peux même pas téléphoner à Samia ».

Il n'était pas le seul dans cette situation. Des clients s'étaient agglutinés devant le comptoir de la réception de l'hôtel.

— Je dois appeler ma femme. Notre fille va sortir de son école. S'il vous plait, c'est important, je vous en supplie, fit l'un.

— Je dois informer que je serai en retard à la réunion. C'est très important fit un autre, la voix haute et distante comme s'il s'adressait à son majordome.

En levant la tête, le réceptioniste répondit, laconique :

— Le téléphone est en dérangement. Utilisez celui qui est derrière vous. C'est juste en face.

Le constat ne tarda pas :

— Il ne marche pas ! Il n'y a pas de tonalité ! lança du fond du hall celui qui était arrivé le premier devant l'appareil. Le combiné pendait au bout du fil...

Dans le hall de l'hôtel, l'attente s'éternisait. Deux heures depuis l'explosion de la bombe. Lyassine s'était laissé choir sur le canapé en skaï. Il s'en était voulu d'avoir été pris dans un piège et de recommencer une autre expérience qu'il avait connue dix ans plus tôt, quand les laissés pour compte du socialisme local, étaient descendus dans la rue, avaient brûlé, pillé, saccagé. Rien ne leur avait résisté. Tout ce qui représentait l'Etat était parti en fumée. Ils avaient dansé, lancé des insultes à l'encontre des gouvernants sur les voitures incendiées. Orgies de gestes, de cris ; révolte et haine. « Nous voulons exister ! Nous voulons vivre ! vociféraient-ils. Vous ne nous laissez que la misère et la haine ! Hagarine ! » (lâches).

la révolte fut terrible. Une semaine de désordres et de sang. Comme en cette soirée, Lyassine avait attendu que le calme revient, avait pris sa voiture pour aller chercher son fils Bylal coincé dans son lycée. Devant les barricades, il avait supplié les enragés qui, magnanimes, l'avaient laissé passer. Dans la hâte, il prit des rues à contresens, fit beaucoup de vitesse, brûla les feux rouges. Devant le portail du lycée, terriblement inquiet, il avait regardé la cour plongée dans l'obscurité. Son cœur battait à se rompre. Et si son fils était sorti, avait été pris dans la tourmente, tué par une balle perdue car, des victimes, il y en avait et par centaines. Il était revenu à la vie quand son fils était venu vers lui accompagné du surveillant général. Lyassine avait poussé un ouf de soulagement dont il se souviendra longtemps.

— Je ne vais quand même pas m'éterniser ici ? s'était dit le quinquagénaire qui se leva en se donnant un coup de rein énergique.

Tandis qu'ambulanciers, infirmiers et pompiers s'affairaient, il se dirigea vers la rangée de soldats alignés comme s'ils étaient des soldats de plomb. Ils portaient un uniforme couleur kaki, la crosse de leur fusil posée à terre ; un peu plus loin, d'autres membres des services de sécurité, leur mine aussi sombre que leur uniforme. Ils étaient sur le pied de guerre, leurs kalachnikov bien en évidence. Lyassine fit un choix. Il s'adressa au chef des militaires, un jeune officier qui allait et venait devant ses hommes, tendu, sur ses gardes. « J'ai garé ma voiture non loin de là, lui dit Lyassine, dépité, pâle de fatigue et de tension. Je n'ai pas donné de mes nouvelles à ma femme. S'il vous plait, pouvez-vous m'aider ? ». L'officier le dévisagea d'un regard peu amène, lui demanda de lui donner sa pièce d'identité. Le militaire s'éloigna en direction d'un « 4x4 » semblable aux deux autres qui les avaient escortés, lui et Tyler, à Talha. Cette fois-ci, ils étaient de couleur sable au lieu de bleu nuit. Dans un éclair Lyassine pensa à Tyler, l'entendit lui dire, le ton sarcastique : « Je suis venu, vous m'avez bien accueilli mais je n'ai rien vu mais vous et les vôtres vivez toujours dans la violence , la terreur et la peur ». Lyassine prit conscience qu'il vivait une guerre dans un pays en guerre. Il touchait du doigt les violences qui assiègent son pays depuis six longues années. Il n'était plus dans son bureau en train de lire les avis de décès, témoin lointain et non concerné de vies brisées qui basculaient dans le néant ou l'accompagateur d'un étranger sur les lieux d'un massacre qu'il n'a jamais vu, ni vécu. La mort, la violence, les destructions, il en était maintenant un témoin direct. Une bombe meurtrière et destructrice venait d'exploser à quelques centaines de mètres de lui. Comme la vision d'un cauchemar, la vieille de Talha s'était rappelée à son bon souvenir. Elle le regardait, le fixait, ses yeux d'une tristesse infinie, elle tenait toujours par la main son petit fils. L'enfant était beau, ses yeux immenses dévoraient son visage terrifié par la peur et il tremblait.

« Vous pouvez passer, lui dit l'officier en rendant sa carte professionnelle à Lyassine qui commençait à s'impatienter, s'en voulant terriblement. Il marcha au milieu de la chaussée déserte du boulevard du front de mer sur lequel la nuit était tombée. Il était un lilliputien, un fantôme aux pieds des immeubles plongés dans le noir. Comme dans une vision de cauchemar, des chats plongeaient leurs museaux dans des sachets éventrés dans des coins de rues ou à côté d'entrées d'immeubles. De loin, le quinquagénaire, chef de service vit un chien se diriger vers lui comme s'il venait à sa rencontre. Le canidé mit son arrière train à terre et le fixa intensément. Dans ce regard humain, Lyassine avait vu de la compréhension, peut-être de la pitié, et de la...solidarité. Si le chien parlait, Lyassine l'aurait entendu lui dire : « je compatis à ta détresse. Dis-moi si je peux faire quelque chose pour toi. Moi aussi, je suis seul, perdu. J'ai marché toute la journée sous un soleil de plomb, on n'a pas cessé de me donner des coups de pieds et je n'ai rien mangé de toute la journée ».

L'homme et le chien s'étaient regardés longtemps comme s'ils étaient fascinés l'un par l'autre. Le chien se remit sur ses pattes et de se frotter à Lyassine qui, surpris, jura. De la compassion d'un chien, il n'en voulait pas. Le chien le regarda, désolé, puis s'éloigna, balançant son arrière-train et traînant la queue entre ses pattes courtes et rachitiques.

Lyassine accéléra le pas ; s'il avait laissé médecins, infirmiers, brancardiers et policiers s'affairaient cinq cents mètres plus loin, là où il se trouvait, c'était le silence le plus complet dans la semi-obscurité. Dans la rue déserte où il avait garé sa voiture, sa voix avait résonné, forte: « Ce n'est pas vrai ! », s'était-il écrié . Pour une surprise, c'en est une, et de taille, pour Lyassine : sa voiture était entravée par un sabot de frein... « On peut me faire n'importe quoi, mais pas ça ! ». Il fit le tour de sa voiture, eu la (faible) satisfaction de constater que les autres roues n'avaient été ni entravées, ni volées ; ça va, les pneus étaient intacts. Le poste radio, lui, avait été déjà emporté, la veille.

Lyassine était coincé, un naufragé dans la nuit profonde. Aucune âme et aucune aide en vue. Il pensa à sa femme, à sa belle sœur et à son fils qui ont attendu vainement à l'aéroport, aux commissions qu'il n'avait pas faites. Pour Lyassine, surtout ne pas rester là à ne rien faire ou plutôt si : à faire le pied de grue...

Il retourna sur ses pas, évita l'officier à qui il s'était adressé une demi-heure plus tôt, contourna les immeubles du boulevard du front de mer, demanda à un officier de police qui se tenait avec ses hommes à une trentaine de mètres du lieu de l'explosion de la bombe.

« Revenez dans deux heures. On n'a pas terminé », lui dit l'officier. Et quand il insista : « Je vous ai dit de revenir dans deux heures ! Vous ne voyez pas que le commissariat a été dévasté ! On doit nettoyer ; ça va prendre du temps ! ».

Lyassine rebroussa chemin. Sous les arcades des immeubles, pénombre et silence. Il avait de la peine à croire que quelques heures plus tôt, la vie régnait sur ce grand et magnifique boulevard et quand il tourna la tête, il vit à la place de la mer, un trou noir et béant. Comme s'il voulait défier un dieu maléfique qui s'acharnait sur lui, il marcha de nouveau au milieu de la chaussée ; il était seul, désespéré. Il aurait aimé pousser le cri d'une bête blessée, un cri qui aurait réveillé les locataires des immeubles cloîtrés dans leurs beaux appartements, bien au chaud, à moins qu'ils ne soient sur leurs balcons en train de le regarder, de se moquer de lui, heureux de sa détresse et de son désespoir.

Il ouvrit la portière, s'assit sur le siège du conducteur, le sien, envisagea de passer la nuit dans sa voiture.

« Si je n'avais pas pris une bière au bar de l'ancien palace Aletti, je ne serais plus de ce monde à l'heure actuelle, se consola-t-il. Heureusement que je ne suis pas passé devant le commissariat central. Je préfère ne pas y penser ».

Epuisé, malheureux, il ferma les yeux, s'assoupit. Dans la ruelle mal éclairée, le silence le plus complet.

Il ne se rappela pas s'il avait dormi longtemps. Un agent de sécurité s'était penché sur lui en balayant l'intérieur de sa voiture d'une lumière vive, incandescente .

– Que faites vous là ? lui demanda t-il en l'aveuglant avec sa torche qu'il tenait dans la main. Le quinquagénaire se protégea comme il pouvait en mettant la main devant les yeux.

A moitié endormi et se frottant les yeux, il expliqua:

— C'est le sabot de frein...

— Donnez-moi vos papiers ! ordonna l'officier.

En lui rendant sa carte professionnelle, il lui dit :

— Vous, je vous connais. Pas plus loin qu'hier, je vous ai contrôlé sur l'autoroute. Vous avez garé votre voiture sur la bande d'arrêt d'urgence. C'est encore vous. Tout à l'heure, vous avez ignoré notre coup de sifflet. L'interdiction de stationner est juste au dessus de votre tête. Et n'allez pas me raconter n'importe quoi !

Le chef de service balbutia :

— J'étais pressé..., j'avais des choses à faire...

— Pour regarder la mer ! Vous avez une fascination pour la mer ? On vous a vu entrer dans l'hôtel Aletti. Vous ne sembliez pas pressé !

Un sentiment de honte avait submergé Lyassine. Il sentait le regard mécontent, peut- être méprisant, de l'officier.

— La prochaine fois, vous vous ne ne tirez pas d'affaire aussi facilement, lui lança-t-il. Deux infractions en deux jours, c'est trop. La prochaine fois, ce sera une forte amende et la fourrière pour votre voiture. Vous pouvez partir maintenant. Mes hommes ont libéré votre voiture.

Dans le silence épais de la ruelle, Lyassine fit entendre le moteur de sa voiture. Dans son rétroviseur, il vit trois silhouettes se détacher contre le ciel noir dans la lumière blafarde du boulevard de front de mer. Il reconnut l'officier de police à cause de sa haute taille. Il marchait entre ses deux subalternes, comme s'il était leur prisonnier, l'escortaient pour l'emmener vers une destination inconnue...

Dès que Lyassine avait franchi le seuil de son appartement, il fut accueilli par les récriminations de son épouse : « Tu aurais pu donner de tes nouvelles ! Il est passé minuit ! J'étais folle d'inquiétude ! Dans le journal de vingt heures, ils ont annoncé l'explosion de la bombe ! Il y a des dizaines de morts et de blessés ! Mais où étais-tu donc ? ».

Lyassine préféra ne pas répondre. Il se dirigea vers la salle de bain, s'aspergea la tête de l'eau glacée stockée dans un seau rouge en plastique. En se relevant, il s'était senti moins stressé, plus frais, moins fatigué.

Des reproches, il en essuya encore en s'asseyant en face de sa femme dans « sa » cuisine. Elle n'avait rien perdu de sa colère: « Mais pourquoi n'es-tu pas allé chercher ma sœur ? C'est son futur beau-père qui est allé la chercher avec son fils à ta place ! Et les commissions ! Je te parle ! Pourquoi, tu ne réponds pas ? ».

Les pensées de Lyassine étaient ailleurs, à sa soirée très pénible, à sa seconde infraction, au policier qui l'avait admonesté, à l'humiliation qu'il avait ressentie, au chien qui était venu se frotter contre lui, à la bombe à laquelle il avait échappé de justesse.

Sa moitié ne cessant de le fixer, il finit par répondre, las et résigné : « J'étais au centre ville. Les rues étaient bloquées. Personne ne pouvait passer. Ma carte professionnelle ne m'a servi à rien ».

Il allait lui dire que sa voiture avait été entravée mais comme pour son poste de radio, il préféra ne rien dire. Il n'avait pas envie de récriminations nouvelles de la part de sa femme.

Comme, elle ne pouvait plus rien entendre de lui, elle lui dit d'une voix plus calme : « Le fils de Ammy Saïd est là. Il est dans la chambre que nous utilisons peu. Il veut te voir. C'est au sujet d'Amel, sa sœur... ».

– Ah, bon que me veut-il ? Ne recevant pas de réponse, Lyassinese leva, longea le couloir, ouvrit la porte de ladite pièce. Lotfi était là, sagement assis, en train de l'attendre.

En se levant, il lui tendit la main, lui dit, gêné : « Ma sœur n'est pas rentrée. Elle est partie au centre ville pour faire des achats. Une bombe a explosé devant le commissariat central. Nous sommes très inquiets. Mon père vous demande de l'accompagner à l'hôpital, (Lotfi n'avait pas précisé lequel). Amel pourrait être parmi les victimes. Peut-être n'est-elle que blessée. Prions que Dieu la protége... ».

Quand Lyassine se retrouva dans sa voiture, Ammy Saïd à ses côtés, il ne se rappela ni le potage tiède avalé dans l'urgence (Lyassine avait insisté pour que Lotfi partage son modeste repas ; c'en est ainsi dans les coutumes de son pays), ni l'escalier qu'il avait dévalé en se tenant à la rampe (Lotfi courrait derrière lui comme s'il était à ses trousses). « Je vous demande pardon de vous avoir dérangé, dit le vieux fermier, reconnaissant. Ma femme est folle d'inquiétude. Nous n'avons aucune nouvelle de notre fille Amel. Elle est allée cet après midi en ville pour faire des achats. Son mariage est pour bientôt. Elle veut toujours faire vite et mieux que les autres ».

Lyassine devina le vieillard, inquiet, tourmenté par le sort de sa fille. Pendant que la voiture filait , Ammy Saïd consultait le ciel comme si d'un moment à l'autre des lettres de feu allaient lui apparaître dans la nuit et lui dire qu'il n'y a pas lieu de s'inquiéter, que sa fille est vivante et qu'elle l'attendait.

Lyassine le rassura, (il n'avait pas oublié que quelques heures plus tôt, il avait échappé à la mort), lui dit de ne pas s'inquiéter, que tout ira pour le mieux. Le vieil homme ne répondit pas, resta silencieux, s'était couvert d'une carapace dont il semblait avoir seul, le secret. Lyassine devina qu'il se disait : « ma fille est-elle morte ? Est-elle dans une morgue de quelque hôpital ? ou est-elle seulement blessée en train d'attendre ma visite ? ».

Après un long silence, la voix du vieil homme s'éleva comme si, ne pouvant plus contrôler sa douleur, il voulait parler, dire quelque chose. Lyassine qui évitait ornières et nids de poule sur la route qu'éclairaient ses seuls phares, l'entendit lui dire :

— Le mal est partout. La miséricorde et la bonté ont déserté les cœurs. Ma fille que je voyais dans sa robe de mariée, voilà que je la cherche au milieu de la nuit. Je ne sais pas si elle est morte ou si elle vit encore. J'accepte la volonté du Tout puissant, mais jamais je ne pardonnerais à ces assassins qui n'ont peur ni de Dieu, ni du diable, encore moins des hommes. Ils tuent, massacrent, détruisent, disent qu'ils agissent au nom de Dieu pour faire régner Sa loi. Quels ignorants ! Quelle arrogance ! Des assassins, de la pire espèce. Notre prophète a répété trois fois : maudits soient les extrémistes !

Ammy Saïd avait parlé d'une voix calme, sage, comme s'il ne voulait pas être, à son tour, contaminé par le mal.

Lyassine était au fait du mariage d'Amel. Un tel événement ne pouvait passer inaperçu ne dans la cité, ni dans le village. Quoi de plus normal que de s'intéresser à ce qui est considéré comme la consécration d'une vie: voir de son vivant le mariage de son fils, ou de sa fille, les voir dans leurs habits de mariés, et si possible, avoir une vie suffisamment longue pour regarder vivre et grandir leurs enfants.

Ammy Saïd avait repris son silence. Il songeait, évaluait les conséquences des « que dira-t-on ? » : Que faisait sa fille au centre-ville à une heure de grande affluence où des hommes cherchent des aventures ? Pourquoi Amel n'a-t-elle pas demandé à sa mère, ou à son fiancé, de l'accompagner ? Le vieux fermier avait de quoi être inquiet. Et si le fiancé se dérobait, ne veut plus d'Amel ? Ne se dit-on pas que les jeunes filles prennent trop de liberté, qu'elles se promènent seules, font beaucoup de choses en cachette. « La pudeur, le respect des parents, ça n'existe plus ! On laisse trop faire ! ». C'est ce qu'on entendait.

La voiture filait dans la nuit épaisse, la campagne, qui dormait, se reposait, se devinait des deux côtés de la route. La voiture faillit écraser un chien qui disparut vite dans les bosquets ; de temps à autre, les phares éclairaient des groupes d'hommes en train de discuter dans l'obscurité devant leurs maisons, de la lumière filtrait des fenêtres en bord de route, à l'intérieur, certainement, une famille qui regarde la télévision.

L'autoroute était enfin là, fortement éclairée. Quelques rares voitures circulaient encore. Lyassine, le volant entre les mains, devinait, imaginait la suite de son éxpédition au bout de la nuit. Lorsqu'il regarda sa montre, les deux aiguilles ne faisaient qu'une. Il était 1 heure, 05 minutes du matin.

Ammy Saïd reprit la parole comme si dorénavant, il lui en coûtait de rester silencieux. Il parla des cœurs qui se sont desséchés, de la medda, (biens matériels) qui a tout dévoyé et fait perdre aux gens les principes moraux les plus élémentaires, de la religion dont il ne reste plus que les apparences, de la générosité d'antan, qui n'existe plus : « On donnait même si on était pauvre. La solidarité existait. On se sentait concerné par la misère des autres, dit-il. Et pourtant, nous vivions humiliés et méprisés sous la botte de ceux qui nous ont colonisés, fait de nous des sous-hommes, on nous appelait les ratons. Dès mon enfance, qu'il pleuve ou qu'il neige, dès l'aube j'étais dans les champs du colon. Maintenant, on s'égorge, on s'entretue, on brûle la maison du voisin. Ceux qui ont mené ce peuple pour qu'il se libère doivent se retourner dans leur tombe ».

Lyassine s'était rappelé son passé quand enfant, il vivait dans la maison de ses parents haut perchée, l'oued Rhummel coulant, deux cents mètres plus bas, au milieu de gorges et de falaises à la hauteur vertigineuse. Il était convaincu que, la nuit venue, les djinns sortaient, prenaient possession des gorges. Pour contrecarrer leurs desseins maléfiques, il s'efforçait de faire le bien, descendait l'escalier de son petit immeuble plongé dans l'obscurité pour donner du pain, parfois du couscous que sa mère mélangeait avec du petit lait, aux mendiants qui attendaient, trois étages plus bas, devant la porte. En l'ouvrant, dans le noir, une femme avec son bébé dans les bras ou un vieillard, plié en deux, soutenu par sa canne. Durant des années, il avait servi fidèlement ces mendiants en faisant de son mieux. Quand ils ne venaient pas, car cela arrivait, il était malheureux, craignait que les djinns surgiraient dans l'obscurité de l'escalier et lui feraient un mauvais sort, le mangeraient, l'avaleraient ou l'emporteraient, sa mère qu'il aimait, chérissait, vénérait, il ne la reverra plus .

Après avoir laissé l'autoroute, traversé des quartiers assoupis, pris un grand boulevard, tourné à droite au carrefour de la Place de Pékin, la voiture descendit une avenue en pente. Le grand hôpital était là, Place du Ier Mai, à l'intérieur de ses hauts murs, bâtiments, rues, et allées, une vraie ville. Devant son entrée, des attroupements : on bavardait, on demandait des nouvelles des morts et des blessés, on compatissait. « Il y a plus d'une heure qu'on nous a promis l'affichage des listes des morts et des blessés, mais il n'y a toujours rien », répondit, mécontent, un jeune homme à Lyassine qui, en baissant la vitre de sa portière, lui avait demandé si les noms des victimes étaient connus.

En se tournant vers Ammy Saïd, il lui dit :

— On ne va pas passer notre temps à attendre ici, Ammy Saïd. Regardez tout ce monde . Je vais garer plus loin. Je connais une autre entrée.

Lyassine expliqua au vieux fermier qu'ils allaient accéder à l'intérieur de l'hôpital par un portail dérobé, qu'ils allaient marcher dans l'obscurité et dans l'ignorance où se trouvait Amel, (il n'avait pas parlé de morgue, ne voulant pas être un oiseau de malheur).

C'était le médecin des pauvres dont il avait lu l'avis de décès dans le journal qui le lui avait montré, Lyassine voulant rendre visite, après ses heures de travail, à un accident de la route originaire de la région de ses parents.

Dans la rue déserte, le fonctionnaire et le vieux fermier entendirent, filtrant des fenêtres et des persiennes fermées, les voix des acteurs d'un film qui passait à la télévision ensuite des coups de feu, puis une longue rafale de mitraillette, on se battait, les chaises volaient en l'air, venaient s'écraser contre les murs ou contre les protagonistes. Au fur et à mesure que Lyassine et Ammy Saïd avançaient, le bruit baissait, avait complètement cessé lorsqu'ils étaient arrivés devant le portail gris, triste d'un mur gris, haut qui prend tout un côté de l'hôpital .

Lyassine frappa le métal froid de son index recourbé, son « toc-toc » à peine audible. Ammy Saïd protégé par sa kachabia, s'était mis derrière le fonctionnaire, chef de service comme s'il voulait se mettre sous sa protection. Aucun bruit ne vint de l'intérieur. Ils attendirent un long moment puis, un autre « toc-toc » de la part de Lyassine, mais, cette fois-ci, plus fort et tant pis pour le voisinage.

Des pas se firent entendre de derrière le mur puis un : « qui est-ce ? ».

— Ouvrez, je vous prie, dit Lyassine, d'une voix basse en collant sa joue contre le métal froid.

— Passez par l'entrée principale. Vous vous êtes trompé. Je ne peux pas vous ouvrir. Vous n'avez rien à faire ici, dit le veilleur de nuit.

— Attendez, supplia Lyassine qui glissa sa carte professionnele sous le portail (ouverte, elle présentait des diagonales vertes et rouges, signe d'autorité et de respect qu'on doit à son détenteur).

Au-delà du mur, silence. Silence à ne pas en finir pour le fonctionnaire et le vieux fermier puis :

— Je ne sais pas lire, votre carte, je l'ai mise sous la porte. Je ne peux rien pour vous. Partez !...

La voix de derrière le mur était sans appel ; elle découragerait le plus tenace des hommes.

— Si, vous ne pouvez pas lire, vous pouvez voir, dit Lyassine, têtu. Cette carte dit que je suis un fonctionnaire. Il y a une raison si on me l'a donnée. Ouvrez le portail, s'il vous plait.

Après un court silence le portail s'ouvrit, lentement, comme ces ponts-levis que les gardes de châteaux forts abaissaient pour laisser entrer les soldats en armes. Le visage du gardien de nuit apparut dans la porte, éclairé par la lumière jaune du dehors, dans une main, il avait une torche dont la lumière était dirigée vers le sol. Lyassine lui expliqua qu'il était venu de loin, que lui et le vieillard qui est là, avec lui, avaient fait tous les hôpitaux à la recherche de sa fille blessée dans l'explosion de la bombe, que la mère de celle-i était désespérée, folle d'inquiétude.

Quand Lyassine avait terminé, il aurait aimé étrangler le gardien de nuit tellement il était impatient de franchir ce maudit portail qui était là, devant lui, à moitié ouvert.

Il préféra la manière douce, à faire envie au plus poli des hommes. Il fit mieux. Il se lamenta :

— Devant l'entrée il y a beaucoup de monde. Mon oncle n'en peut plus. Il est âgé. Mettez-vous à notre place... Vous êtes un bon croyant...

— On a des instructions, interrompit le gardien. Cette entrée est réservée aux médecins. Passez par l'entrée principale. Le contrôle est sévère. Même si je vous laissais entrer, comment allez-vous trouver cette jeune fille ?

En écoutant le gardien qu'il observait par dessus l'épaule du fonctionnaire, Ammy Saïd avait trouvé la faille : « Même si je vous laissais entrer... ». Là, était la faille.

Le campagnard contourna Lyassine, se planta devant le veilleur de nuit.

La voix d'une sagesse ancestrale et nécessairement le respect qu'on doit à son semblable, d'autant qu'il détient la solution de votre problème, Ammy Saïd, dit, en se lamentant à son tour :

— Regardez moi, je suis vieux. Vous avez certainement des enfants. Nous sommes des croyants. Nous craignons Dieu. Laissez-nous entrer. Dieu donnera à vous et à vos enfants santé et longue vie.

Le gardien, veilleur de nuit, ne répondit pas de suite. Il réfléchissaitt, soupesait.

La voix basse, résigné, à contrecoeur, il dit :

— Bon, entrez, mais ne dites pas que je vous ai laissé entrer, je ne veux pas avoir d'ennuis.

Le cerveau du veilleur de nuit avait fonctionné lentement mais bien. L'argument de Ammy Saïd imparable. Le veilleur de nuit ne pouvait, pour le restant de ses jours, laisser l'épée de Dieu menaçante sur sa tête, lui qui laisse entrer les personnes qu'on lui recommande.

L'hôpital dormait sous une lumière fantomatique, irréelle. La pleine lune éclairait les bâtiments et les allées où étaient rangées, en épis, voitures de particuliers et ambulances. Le fonctionnaire et le vieux fermier, après une longue allée plongée dans une demi-obscurité, tournèrent à gauche pour prendre une autre allée bordée de palmiers aux troncs courts, massifs, leurs ramures touchant presque le sol.

Ils activèrent le pas. Ammy Saïd suivait difficilement, accusait du retard par rapport au quinquagénaire plus alerte malgré une journée dont il se souviendra pour le restant de ses jours. « Je dois m'arrêter, se résigna le vieux fermier. Je suis trop fatigué », avant de se diriger vers l'escalier d'un pavillon et de s'asseoir sur une marche. Lyassine le suivit, s'assit à ses côtés. En tournant la tête, il vit la peau fatiguée, plissée, couverte de poils du vieux fermier.

— Je n'en ai pas pour longtemps, dit Lyassine en se levant tandis que Ammy Saïd s'était pris la tête dans les mains, malheureux et désespéré.

Lyassine se dirigea vers un grand bâtiment dont la façade était bien éclairée. De loin, on pouvait apercevoir sa large baie vitrée coincée entre deux colonnes hautes, géantes, devant l'escalier, jusqu'à la cour, une activité fébrile. On entrait, on sortait, on se dirigeait vers des pavillons aux entrées à peine éclairées .

Lyassine activa le pas, courut presque. Avant d'entrer dans le bâtiment, il reprit son souffle, monta lentement le large escalier du bâtiment ; il n'était qu'un visiteur parmi d'autres visiteurs venus s'enquérir de l'état d'un ami, d'un frère ou d'un parent.

— S'il vous plaît, le médecin des urgences, demanda-t-il à l'employé à la blouse blanche assis devant une table, devant lui un gros registre.

— Il n'y a pas de médecin des urgences, il n'y a que des médecins et des urgences, répondit vivement l'employé. On a dû vous renseigner à l'entrée. Quel service vous a-t-on indiqué ?

— Ah bon, je ne savais pas, répondit Lyassine, faussement étonné. Je voulais…

Il n'avait pas terminé que la sonnerie du téléphone posé sur le bureau avait retenti. « Oui, j'arrive », fit l'employé en raccrochant. On peut vous renseigner là-bas, dit-il à Lyassine en lui désignant de la tête un bâtiment à une cinquantaine de mètres de là, sa façade éclairée par une applique au dessus de son entrée. L'infirmier sortit en emportant sous le bras le gros registre.

« Là-bas », c'était le service de traumatologie où Lyassine s'était rendu pour visiter l'accidenté de la route originaire de la région de ses parents.

Au bout du long couloir, une porte en verre éclairée de l'intérieur par une lumière vive. Lyassine tourna lentement la poignée, entra. L' infirmière de service dormait, les bras pliés sous sa tête en guise d'oreiller, sur la table, devant elle, un cahier d'écolier, sa couverture brillante, multicolore. Elle leva la tête, bâilla, demanda au visiteur:

— Donnez moi la fiche de renseignements qu'on vous a remise à l'entrée…

— C'est le médecin de garde qui m'a indiqué ce pavillon. J'ai avec moi un parent âgé. Sa fille est blessée. Vous pouvez m'indiquer sa chambre ?

— Je vous ai demandé la fiche de renseignements…

— Elle est avec le père de la jeune fille. J'ai oublié de la lui demander. Le pauvre homme est bouleversé, mettez-vous à notre place. Nous vivons tous des moments difficiles.

— Donnez-moi le nom et le prénom de cette jeune fille.

— Benadel Amel.

Lyassine répéta le nom et le prénom de la fille de Ammy Saïd tout en regardant le visage de l'infirmière d'une pâleur extrême et les pages du cahier d'écolier qu'elle tournait lentement.

— C'est au troisième étage, salle 9, lit 14, finit-elle par le renseigner en levant la tête avant de refermer le cahier.

Dans le couloir, Lyassine l'entendit se lever en poussant sa chaise.

« Elle s'est certainement versée un verre d'eau du frigo. Elle en avait bien besoin !», pensa-t-il.

Le quinquagénaire sprinta dans l'escalier. Des trois étages, il n'en fit qu'une seule bouchée, lui même étonné par tant de vitalité et de prestesse. Dans le couloir, les salles se succédaient. Il s'arrêta devant la porte au chiffre 9, son noir inquiétant, porteur d'une lourde menace. Lyassine tourna la poignée, entra.

Dans la pénombre, au dessus des lits : 1, 2, 3...Le numéro 14 était le dernier, au bout de la salle, à gauche, près du mur. Sur le lit, un corps allongé, inerte, une couverture marron, épaisse couvrait le corps jusqu'aux épaules, un bandage, la tête et le front.

Lyassine s'approcha, se pencha sur la fille de Ammy Saïd. Elle avait les yeux clos, dormait d'un sommeil paisible.

Pour la première fois, il la regardait de près. D'habitude, il ne l'entrevoyait que de loin, longer sa cité avant de descendre le sentier sur le versant de la colline pour rentrer chez ses parents. Lyassine scruta le visage pâle à l'extrême ; la vie existait, était présente, dans le souffle léger qui s'échappait de la jeune fille.

Rassuré, il quitta les lieux. Ce qu'il avait vu lui suffisait. Amel était en vie, c'était là, l'essentiel. Quand il fut dehors, la nuit lui avait paru moins hostile, l'air plus frais ; Lyassine s'était dit qu'il se souviendra longtemps de cette journée, se promit de la raconter à son fils, lui dira qu'il a échappé de peu à la mort, plaisantera: « elle a cru m'avoir mais c'est moi qui l'ai eue ! », parlera de sa voiture entravée, de ses deux contrôles par le même policier, du poste de radio subtilisé de sa voiture. Il lui dira : « mon fils, tu es bien où tu es. Tu viendras une fois par an ou tous les deux ans ; ça suffirait amplement. Notre pays, il faut l'aimer de loin, il est trop dur pour ses enfants, il est difficile d'y vivre, les prédateurs et les...tueurs ne sont jamais loin, ils attendent toujours le moment propice ».

La fraîcheur de la nuit revigora le fonctionnaire quinquagénaire qui avait souri à l'idée d'annoncer la bonne nouvelle à Ammy Saïd. Et, voilà qu'il l'aperçoit venir vers lui en marchant difficilement. Le vieux n'avait pas tenu en place, avait préféré aller au devant des évènements, que de rester assis sur la marche du bâtiment à attendre. « De loin, je vous ai vu entrer dans le bâtiment, dit-il, désolé, à Lyassine. C'est l'employé à qui tu as parlé qui m'a envoyé ici ».

Lyassine anticipa la question qui taraudait le père de la jeune fille. Il lui annonça la bonne nouvelle, lui dit : « Votre fille est vivante. Amel se porte bien ». Ammy Saïd, transfiguré, heureux, au ciel. Joignant les mains et regardant les étoiles, il dit, la voix d'une extrême douceur: « Mon Dieu, je vous remercie d'avoir épargné ma fille ; je serai le plus fidèle de vos fidèles. Je jeûnerai plusieurs jours par semaine pour me purifier davantage et Vous plaire ».

Le bonheur du vieillard était dans son sourire, dans l'éclat nouveau de ses yeux, dans sa voix devenue vigoureuse, forte, claire. Lyassine venait de descendre des épaules du vieux fermier un poids insoutenable, énorme.

Ensemble, ils montèrent les trois étages du pavillon. Le père d'Amel avait décliné l'invitation de Lyassine d'utiliser le monte-charge. Ammy Saïd volait.

Lyassine s'éclipsa dès que le père fut devant le lit de sa fille et quand il fut dehors, il leva la tête vers le ciel, marmona une prière, remercia Dieu, songea : « Jamais je n'ai pensé qu'un jour, je serais dans cet hôpital, accompagnant un vieillard, sa fille blessée par l'explosion d'une bombe. J'aurais pris pour un fou celui qui me l'aurait dit. Ce pauvre Mersa qui m'a servi fidèlement dans ce pays lointain où m'avait envoyé mon administration, m'avait parlé des siens, de sa maison incendiée, de son pays ravagé par la guerre. Je ne l'écoutais pas vraiment. Il n'était qu'un réfugié. Il m'avait raconté qu'il avait marché des jours et des nuits avec sa femme qui portait leur enfant sur le dos, qu'ils étaient hantés par la mort qui pouvait surgir à tout moment, leur ennemi était partout mais ils marchaient en fixant l'horizon, leurs pieds étaient en sang mais leurs jambes restaient droites comme des béquilles. « Pour nous, il fallait résister, continuer à marcher », m'avait-il raconté. Au milieu d'un après midi brûlant, sa femme, épuisée, privée de force, le corps décharné, s'était écroulée sur le bord de la route, leur enfant sur le dos. Elle était morte. Je me souviens de ses paroles : « j'ai creusé sa tombe au milieu de nulle part. Mon enfant était tout ce qui me restait, chaque fois que je le sentais contre moi, mes forces redoublaient, je continuais à marcher. La veille dans la nuit glaciale, le vent avait soufflé, tourbillonné comme une toupie folle. A l'aurore, en voulant reprendre la route, mon enfant ne bougeait plus. Il était mort. Toute la journée, je l'ai gardé contre moi. Ce n'est qu'à la nuit tombée que je l'ai enterré. En me retournant pour regarder une dernière fois sa tombe, le vent s'était mis à souffler. Il n'avait rien laissé de la tombe ».

En faisant semblant de m'intéresser à son histoire, je me rappelle lui avoir demandé : «Mersa, tu te souviens où tu as enterré ta femme et ton fils ?

« Non, je ne m'en souviens plus », m'avait-il répondu en baissant les yeux.

Et dire que je ne m'étais pas rendu compte que je venais de le crucifier et de tuer sa femme et son enfant une seconde fois. Je n'avais jamais cru qu'un jour mon pays connaitra les destructions, la peur et la mort.

CHAPITRE 4

Le vendredi rappelait à chacun sa condition de croyant et la nécessité qui lui est faite de se conformer aux enseignements de sa religion. La prière de ce jour, quand le soleil brille à son zénith, si elle est un acte de contrition et de foi renouvelés, était mise à profit par les fidèles pour discuter des évènements de la semaine et s'informer de tout ce qui touchait au village et à la cité.

L'explosion de la bombe devant le commissarait central de la grande ville avait occupé les conversations et les esprits. On avait plaint la « pauvre » Amel, ainsi que son père, « un croyant qui ne mérite pas cette épreuve ».

C'est ce jour qu'avait choisi l'épouse d'Ammy Said pour remercier Samia de l'expédition nocturne de Lyassine en compagnie de son mari. Comme le veut la tradition, elle n'était pas venue les mains vides.

— Vous n'auriez pas dû ! S'exclama Samia en prenant des mains de la vieille fermière un vieux couffin en osier qui contenait ce que celle-ci pouvait offrir de mieux: du beurre fait maison, du fromage de chèvre, des crêpes et de la kesra (pain fait maison). Samia poursuivit après avoir invité la vieille Aldja à s'asseoir à ses côtés sur le canapé en cuir : Nous sommes très tristes pour votre fille Amel. Une fille si gentille. Elle ne mérite vraiment pas cette épreuve.

Aldja répondit, résignée :

— C'est le mektoub (le destin), qu'est ce qu'on peut bien faire ? J'ai dit à ma fille de ne pas aller en ville mais elle n'a pas voulu m'écouter. Vous connaissez les jeunes, quand ils ont quelque chose en tête, on a beau les empêcher, ils ne veulent rien savoir.

— J'ai mon fils, cela fait plus de sept ans que je ne l'ai pas vu, vous croyez qu'il s'inquiète de ce qui peut m'arriver ou ce qui peut arriver à son père? « Maman, je vous téléphone, c'est suffisant », c'est tout ce qu'il sait me dire.

Lyassine en se montrant sur le pas de la porte du salon, le visage bouffi par son sommeil prolongé, avait adressé le traditionnel : « marhaba bik », (bienvenue) à la vieille fermière avant de battre en retraite et de s'asseoir à l'endroit même où s'était assis Lotfi. En regardant de côté, posée dans une encoignure, une caisse de vin avec l'inscription en grosses lettres : CÔTEAUX DE MASCARA. Lyassine pensa à Lotfi et à sa mère, la vieille Aldja qui était juste à

ABDELKADER RACHI

côté et dont il entendait la voix. Il songea aussitôt que dans les traditions de son pays, c'est hram (péché) que d'avoir du vin chez soi, que Lotfi a dû le penser d'autant qu'il était connu dans le village pour être « traditionnaliste », « rigoriste », intraitable pour tout ce qui a trait à la religion, à « sa » religion mais Lyassine songea : « On ne va me dicter ma conduite ! Je suis chez moi ! » puis, il entendit la vieille Aldja dire à sa femme:

« Votre mari me rappelle le professeur Ferhat. Comme lui, il aime aider les autres mais Ferhat aimait surtout les livres. Ma fille m'a dit qu'il passe son temps à lire. Mon fils Lotfi n'aime pas le professeur Ferhat. Une fois, je l'ai entendu dire à sa sœur : « non seulement tu vas chez lui, mais tu ramènes des livres qui ne sont pas écrits dans notre langue. Je me demande bien ce que tu peux bien apprendre dans ces livres ? Je t'ai rarement vu prendre un livre dans notre langue ». Son père lui a dit : « Ta sœur doit s'instruire, y compris dans la langue de nos anciens colonisateurs. Il faut toujours apprendre et s'améliorer. Notre religion n'a jamais dit qu'il ne faut pas apprendre les langues des autres. Tu es un ignorant ! Mon fils, il faut changer ! ».

Il entendit Samia répondre :

— Il m'est arrivé de croiser le professeur Ferhat mais je trouve cet homme étrange, taciturne, il me fait l'impression qu'il est toujours triste.

— Je crois que c'est depuis qu'il a perdu son travail dans un lycée. Hier, il a tout cassé chez lui. Mon mari est allé le voir à l'hôpital. Il m'a dit qu'il l'a trouvé prostré, hébété. Mon mari a essayé de le faire parler mais le professeur ne disait que deux mots en fixant le sol: « cercueil, cercueil … ». Mon mari est tout malheureux, il aime bien le professeur Ferhat. Souvent, ils discutent ensemble quand ils se rencontrent. Une fois, Ferhat lui a offert un livre sur l'agriculture mais mon pauvre mari ne sait pas lire.

En écoutant la discussion dans la chambre d'à côté, Lyassine s'était rappelé l'attroupement devant le portail du dernier bâtiment de la cité et la réponse du jeune homme qu'il avait interrogé : « Le professeur Ferhat est devenu fou. On raconte qu'il a reçu le dessin d'un cercueil dans son courrier ».

Sur l'ancien professeur, Lyassine savait peu, si ce n'est qu'il s'était montré incapable, ou avait refusé, d'enseigner l'histoire, sa discipline, dans la langue officielle du pays : l'arabe littéraire, langue qu'il avait apprise, il y a bien longtemps, et qu'il maitrisait mal. Ce que Lyassine avait appris, c'est que le professeur Ferhat avait gardé une profonde amertume de sa mise à la retraite…

De retour dans le salon après le départ de la vieille Aldja, Lyassine s'entendit dire (dans la voix de sa femme de la colère) : « Hier tu n'es pas allé chercher ma sœur et son fils à l'aéroport ! Les autres tu les aides ! Tu accompagnes Ammy Saïd, tu rentres à trois heures du matin, mais ma famille, ça t'importe peu ! Tu ne changeras donc jamais ! ».

Lyassine excédé, il était resté seul, sa femme s'était réfugiée dans « sa » cuisine. Il aurait aimé quitter son appartement, quitter sa cité, quitter sa femme, quitter son pays, fuir. Que faire d'autre, si ce n'est penser à des jours meilleurs. Le quinquagénaire laissa ses pensées vagabonder, pensa au printemps, qui sera vert et ensoleillé ; comme toujours. Il se regarda en train de grimper les collines, marcher au milieu d'une herbe verte et haute, s'arrêter pour regarder les cîmes des arbres et le ciel bleu, il marchera, gonflera sa poitrine d'un air frais, nouveau, en fin d'après midi, il retournera chez lui, les sens apaisés et le corps léger.

Déçu, amer, Lyassine s'était dirigé vers la fenêtre. La lumière d'un soleil d'automne régnait sur la placette et les bâtiments. Seul, il ne le resta pas longtemps. Les commérages allaient bon train, circulaient d'une fenêtre à l'autre de son bâtiment.

Ses voisines, il les entendait se parler par voie aérienne sans les voir:

« Elle a été blessée. Quelle malchance pour une infirmière. Elle était en ville pour faire des achats, c'est ce qu'on dit. Avec ce genre de femme, on ne sait jamais ! C'était à elle que Ferhat donnait des cours de français. Pensez donc ! Chez lui ! Une jeune fille avec un homme, seuls dans un appartement! Allez savoir ce qui peut se passer !... ».

Lyassine reconnut la voix de la méchante, la femme du deuxième étage, qui de loin, lançait son venin et gare à la victime, le combat toujours inégal, en sa faveur, la victime, elle, ne se montrait plus, devenait discrète.

« Non, elle ne mérite pas ça. Elle est gentille. C'est une bonne infirmière. Elle est connue pour rendre service. Cette pauvre Amel ne mérite pas ça. Dès sa sortie de l'hôpital, j'irai la voir ».

Cette voix, c'était celle de la gentille, qui habite en face de la méchante.

« Elle devait se marier. Ammy Saïd nous a déjà invité au mariage de sa fille », fit la femme du mélomane qui habite en dessous du quinquagénaire, chef de service.

En se rasseyant, Lyassine ne pouvait plus s'accommoder de son enfermement et de ces commérages. Il voulait respirer, s'oxygéner, marcher, se promener dans les collines toutes proches. Mais, il y avait problème. En ce vendredi, jour de prière et de soumission à Dieu, on comprendrait mal cette perte de temps. Il s'était souvenu d'une expérience pénible. En croisant des fidèles de sa cité qui revenaient de la mosquée, il avait ressenti leurs regards réprobateurs, durs, l'impression, profonde en lui, qu'il venait d'être exclu de la communauté des croyants, de la « ouma », il n'était plus qu'un mécréant et un infidèle…

Pour cette matinée, Lyassine choisit une solution médiane, sage, acceptable pour tous. Au lieu de se promener dans les collines, il marchera dans sa cité ; ça ne vaut pas une promenade dans les collines, mais bon…

En bas d'un immeuble, il vit un de ses voisins en train de bêcher sa parcelle de terre courbé au milieu de ses plantes et de ses fleurs. L'homme semblait heureux, épanoui, tranquille. Lyassine se rappela qu'il l'avait vu une fois discuter avec Ferhat. Cet homme ne se promenait pas dans les collines à l'heure de la prière mais s'occupait très bien de son jardin. Il ne demandait rien, n'attendant rien de personne.

Quand Lyassine arriva à sa hauteur, le jardinier à ses heures se releva, passa la main sur le front pour essuyer la sueur, répondit à la question de Lyassine :

— Oui, j'ai connu Ferhat. Il vivait seul. Ses deux enfants vivent à l'étranger. Ça fait longtemps qu'ils ne sont pas venus le voir. Il supportait très mal sa solitude et il était malheureux qu'on le prive de son enseignement. Sa vie, c'était enseigner, transmettre ses connaissances, en faire profiter les autres.

— Mais de quoi vivait-il ? demanda Lyassine.

— De sa préretraite. Comme elle ne lui suffisait pas, il donnait des cours de français, mais avant la fin du mois il était déjà endetté. Si vous demandez, on vous dira qu'il doit de l'argent à plusieurs épiciers du village et de la cité. Il m'arrivait de le voir attendre le bus pendant des heures. Il ne pouvait pas se permettre un taxi collectif, pourtant ce n'est pas spécialement cher.

— Il devait être amer…

— Une fois j'ai assisté à une scène pénible. Un de ses anciens élèves était dans une belle voiture, et lui, là, en train d'attendre à un arrêt du bus sous un soleil de plomb. Son ancien élève l'a regardé avec mépris, il ne l'a pas invité à monter avec lui, une façon de lui dire : « qu'as-tu fait de ton savoir et de ta science ? Tu étais sévère et exigeant. Regarde où tu es et où je suis, moi ton ancien élève.

— Ammy Saïd connaissait bien le professeur Ferhat ?

— Oui, il enseignait à sa fille …

— J'aimerai lui rendre visite à l'hôpital avec Ammy Saïd. Vous pouvez venir avec nous.

— Oui, volontiers. Il faut seulement m'informer la veille.

— C'est vrai qu'il a reçu dans son courrier le dessin d'un cercueil, comme si on lui annonçait qu'il allait être tué, mourir ?…

Le jardinier à ses heures, s'était remis à bêcher. La terre, il préfère la voir sous ses pieds et non pas au dessus de son corps rongé par la vermine. Il avait lancé à sa femme : « Ouvre le robinet ! les fleurs ont besoin d'eau ! » et l'eau s'était mise à couler, abondante, un spectacle insolite dans la cité des 250 logements qui est privée des jours entiers, voire une semaine ou deux, de cette denrée rare et précieuse.

Lyassine avait compris. Les gens ne veulent pas s'occuper des affaires des autres. Trop dangereux. Chacun pour soi. Il s'était rappelé Lamine, son ancien collègue. Ses voisins avaient fermé leurs volets et fermé à double tour leur porte alors qu'il était assassiné dans l'escalier de son immeuble.

Lyassine s'était éloigné, avait continué sa promenade. « C'est à là campagne que je devrais être et non pas à marcher comme une âme en peine au milieu de ces blocs de béton », s'était dit Lyassine, mécontent, qui ne comprenat pas qu'on le prive de soleil, de vent et de lumière, qu'on l'empêche d'aller vers la nature, de marcher entouré d'arbres et de verdure. « Je ne dois pas donner de l'importance à ce que disent ceux qui se croient plus croyants que moi. Après tout, c'est moi seul qui répondrais de mes actes devant L'Eternel. Il ne suffit pas de blâmer, il faut conformer ses actes avec les préceptes et les enseignements de notre religion. La foi, c'est aussi être propre dans sa tête. Samia a eu raison de me le rappeler. Notre religion aime la propreté. Il faut se laver cinq fois par jour avant de faire sa prière. Nous avions décidé de débarrasser notre cité de ses ordures mais notre bonne volonté s'est vite effritée, victime de l'indifférence et de l'avarice de ceux-la même qui m'avaient regardé de travers parce que je ne suis pas allé faire la prière avec eux. Le trésorier avait été accusé d'avoir détourné l'argent des cotisations, lui un homme si juste, si honnête. En vérité le plus grand nombre préférait leur cité sale que la rendre propre en contribuant avec un bien modeste billet de banque ».

En traversant sa cité, Lyassine avait à l'esprit ses habitants : le fonctionnaire qui vogue au gré des décisions de son administration, l'employé au salaire modeste, qui ne peut se permettre les loyers exorbitants du privé, le commerçant qui vit de son épicerie, le médecin dont le nombre était devenu pléthorique, concurrencé par les hôpitaux et les dispensaires publics utilisés massivement malgré leurs prestations décriées ; par contre pas de pharmaciens, ou de notaires,ou de gros commerçants. Ceux là avaient leurs villas dans les nouveaux quartiers. Dans la cité de Lyassine, on pouvait apercevoir aussi des paysans chassés de leurs terres par les violencesterroristes ; ils déambulent, malheureux, citadins malgré eux, sur leurs visages les séquelles de la pluie, du vent et des morsures du soleil.

Avant de rentrer chez lui, le quinquagénaire eut un dernier caprice comme si, après avoir salué un vivant en la personne du jardinier à ses heures, il devait nécessairement se recueillir sur la tombe d'un mort.

Libre de son temps, le pas lent, il se dirigea du côté d'un cimetière abandonné, là où reposent les oubliés des leurs et de l'histoire. Avant 1962, et pendant 132 ans, cette terre était la leur, mais ils avaient ignoré l'essentiel : l'égalité avec l'autre, l'indigène qu'ils méprisaient, ignoraient. En ce début d'après midi, le cimetière était désert, silencieux. D'habitude, des adolescents y rôdaient, s'asseyaient sous les arbres, parfois sur les tombes. Ils venaient pour fumer, discuter, boire. Après leur départ, bouteilles et canettes de bière et de soda jonchaient le sol. Lyassine se pencha sur l'une des tombes, voulut déchiffrer ce qui était écrit, mais renonça : l'écriture avait été effacée par le vent, la pluie et l'oubli. N'avait résisté que la lettre L… « Tiens, c'est l'initiale de mon nom », pensa Lyassine, qui n'avait pas été du tout troublé par cette découverte.

Au bout d'une heure, le quinquagénaire, chef de service avait terminé sa récréation au milieu des morts. Devant son immeuble, une surprise de taille l'attendait. Le fils de Si Noury, son ami, était là. Zyad l'attendait. Dans le sourire de l'adolescent beaucoup de gêne…

— C'est ma mère qui m'envoie, dit-il à Lyassine, avant de passer rapidement à la raison de sa visite : on a vu des inconnus passer et repasser devant notre villa en regardant la façade. Cela a paru bizarre à ma mère. Elle a peur pour mon père. Il ne sait pas que je suis venu vous voir, il ne faut pas le lui dire.

Lyassine réussit à cacher sa surprise. C'était la première fois qu'il voyait Zyad dans sa cité. En le prenant par le bras, il s'éloigna avec lui de l'entrée de l'immeuble. Il lui dit :

— Ton père je l'ai vu avant-hier. Il ne faut pas t'inquiéter. Rassure ta mère. J'ai dit à Si Noury d'être prudent. Zyad, il ne faut pas, non plus, voir le danger partout…

— Mon père, vous le connaissez, il est fier. Il ne veut pas montrer qu'il a peur et surtout pas des siens. Ce serait pour lui la pire des humiliations. En prenant les armes pour libérer notre pays, il n'a jamais pensé qu'on viendrait à s'entretuer.

— Oui, je te comprends. Aujourd'hui les assassins sont parmi nous, ils sont des nôtres, ils me ressemblent, ils te ressemblent, ils n'ont peur ni de Dieu, ni du diable, encore moins des hommes. C'est au nom de Dieu, de leur dieu, qu'ils tuent, incendient, détruisent...

— Si Lyassine, dites à mon père d'arrêter d'écrire ! Si nous étions dans le besoin, ma mère et moi pourrions le comprendre, mais ce n'est pas le cas. Ma mère compte sur vous. Vous êtes son ami, il vous écoutera.

— Ton père est une vraie tête de mule, mais je ferai de mon mieux, je te le promets...

Le regard intense, l'adolescent reprit :

— Le plus important, c'est qu'il n'écrit plus, qu'on ne voit plus son nom en bas de ses articles. Une centaine de journalistes ont été déjà tués. Les terroristes ne sont pas prêts de s'arrêter.

— Zyad, pour ton père, écrire est un devoir sans compter que la retraite serait pour lui l'antichambre de la mort...

Lyassine n'avait pas eu le temps de regretter ce mot. Zyad n'y avait attaché aucune importance. Il s'était dirigé vers le taxi qui l'attendait avant de se retourner pour saluer Lyassine qui était vite monté chez lui, s'était fait une toilette. Les jerricans étaient toujours là, mais cette fois-ci, inutiles. L'eau avait coulé en abondance des robinets. En redescendant l'escalier, frais et parfumé à l'eau de Cologne, il avait en tête ce que lui avait dit sa femme : « Ces gens-là ne t'attendent pas ! (elle parlait de Nedjett et de son mari, Si Noury). Tu n'as pas pris le temps de déjeuner. A quoi ça m'a servi d'aller au marché et de remplir le frigo. Les autres ! toujours les autres ! Ma sœur a dormi chez ses futurs beaux-parents. Que vont-ils penser de nous ? N'oublie pas l'antenne parabolique. Dans une heure le technicien sera là. C'est une affaire d'hommes. Il faut que tu sois présent ! ».

Dans le rétroviseur de Lyassine, les minarets de la mosquée du village s'élançaient vers le ciel. Plus de place à l'intérieur. Les fidèles priaient sur les trottoirs : étaient là, l'ingénieur et le chômeur, le haut fonctionnaire et le maçon, le médecin et le commerçant, les sages et les fous, les ambitieux et ceux qui se contentent de ce que Dieu leur a donné, tout ce monde, l'échantillon idoine pour le sociologue dans son étude de cette société complexe qu'unit sa religion. Mais le sociologue n'aurait pas trouvé son échantillon aussi complet qu'il l'aurait désiré. Manquaient les femmes, on ne les voyait pas, elles étaient absentes, étaient restées chez elles ou, peut-être, sont-elles à l'intérieur de la mosquée, mais à l'écart, discrètes.

« J'aurais dû être parmi ces fidèles, avait songé Lyassine. Viendra le temps où je serai touché par la grâce mais pour le moment je n'éprouve pas le besoin d'aller prier. C'est vrai, il y a les hypocrites, ceux qui font semblant de prier pour être bien vu ou pour mieux détrousser leurs coreligionnaires, d'autres pour s'enrichir ou s'enrichir davantage. L'essentiel pour moi est d'être sincère, honnête, de ne pas faire de mal. Si certains ne me pardonnent pas, Dieu, Lui, me pardonnera ».

En arrivant devant la villa de Si Noury, Lyassine retrouva le quartier aux rues propres, bien goudronnées, pas de nids de poule, pas de chaussée défoncée, les trottoirs, nickel, les villas aussi belles les unes que les autres, difficile de choisir la plus belle, sur les balcons des fleurs qui donnent vie et couleurs au quartier de Si Noury.

Ce n'était pas la première fois que Lyassine venait rendre visite à son ami. Ce n'était pas souvent, non plus. Les rencontres au travail suffisaient, jouaient leurs rôles de moments agréables, offraient l'occasion de parler du passé, de leurs jeunes années dans leur ville natale. Mais cette fois-ci, Lyassine avait l'impression, non davantage : la conviction, qu'il obéissait à une injonction, que sa visite était importante, très importante. Il s'était souvenu d'une conversation avec Si Noury qui lui avait dit : « Nous ne sommes plus de cette génération. Le temps est venu pour nous de partir. Il faut laisser la place aux jeunes. Personne n'est sur terre pour l'éternité. Comme le disait un grand homme, les cimetières sont remplis de gens indispensables ».

La visite de Lyassine à son ami annonçait-elle des départs ? une page que l'on tourne et une autre, blanche, qu'il faut laisser à d'autres d'écrire ?

Un grand soleil baignait la villa de Si Noury. Autour de l'allée centrale, des arbres fruitiers : citronniers, orangers, mandariniers, figuiers, plus loin, un parterre de roses et plus près du mur d'enceinte : violettes, tulipes, hortensias…

— Mon père aime son jardin. Il va chercher la terre chez un pépiniériste qui a fait la guerre de libération avec lui, dit Zyad à Lyassine en l'accompagnant jusqu'à l'entrée de l'unique étage de la villa après avoir monté avec lui l'escalier.

— Son jardin, ton père va s'en occuper. Il va y passer le plus clair de son temps ; s'il veut bien m'écouter, répondit Lyassine.

En ouvrant la porte, Si Noury avait caché sa surprise, avait eu un sourire franc, sincère pour son ami qu'il n'attendait pas. Il l'accompagna jusqu'au canapé, demanda de ses nouvelles :

— Oui, ça va , répondit Lyassine.

— Tu as bonne mine. J'ai toujours envié ceux qui ont le sommeil facile.

Lyassine s'était voulu spontané, sincère.

En vieux routier de la vie, Si Noury n'était pas dupe. Les paroles de la part de son ami de étaient de circonstance.

— Le pays vit des moments difficiles, dit Si Noury en prenant place sur le canapé à côté de Lyassine. Nous sommes assiégés par les mauvaises nouvelles. Le sort s'acharne, ces morts, ces destructions. J'ai envie de prendre quelques jours de congé, peut-être même un mois ou deux...

— Ça te fera du bien ! s'empressa de souligner Lyassine. Tu pourras voyager, peindre, oui c'est ça, peindre ! revenir à ta première vocation. Trente ans de bons et loyaux services, ça suffit ! place aux jeunes ! Ils sont pleins d'énergie, les responsabilités et le travail ne leur font pas peur.

Si Noury avait froncé les sourcils. Son ami était allé trop loin. Peut-être ne l'avait-il pas compris.

— Mais Lyassine, nous avons déjà discuté de cela et tu reviens à la charge, lui répondit-il.

— Mais non, personne n'est indispensable . Tu pourrais être utile ailleurs: présider une association, enseigner à l'Université, t'occuper de ton fils Zyad, le guider dans ses choix, bientôt il commencera ses études universitaires...

— Non ! Tout cela je peux le faire sans abandonner mes activités. Le pays est à la croisée des chemins. La démocratisation de ses institutions est une nécessité, il faut le libérer de l'emprise de la peur, il y a des cercles d'intérêt qui l'étouffent, empêchent son développement, il faut dénoncer, suggérer, la situation est confuse, elle profite à beaucoup de gens qui ne veulent pas que le pays fonctionne normalement.

Lyassine n'avait pas répondu. Il était acculé, coincé. Au fond de lui-même, il savait que son ami n'avait pas tort.

Lyassine regarda le salon cossu, meublé avec goût : bibelots en ivoire : bouddhas bedonnants au rire éclatant, une tête d'un habitant des savanes à la barbe abondante, une caravane d'éléphants sur un arc ; des cornes d'éléphants géantes étaient posées à même le sol, d'autres bibelots encore sur les étagères et un peu partout dans le salon.

Pendant que Lyassine regardait, observait, n'avait plus rien à dire, Nedjett, la maîtresse de maison était apparue, s'était avancée, un plateau en argent entre les mains.

— Bonjour, jai ramené du café et des gâteaux, dit-elle en regardant Lyassine, son sourire amical et complice.

— Le café va fouetter ses idées, dit Si Noury, qui s'était penché sur le plateau, que Nedjett avait posé sur la table, une belle table, le dessus en verre, pour remplir les petites tasses en porcelaine. Je te laisse mettre le sucre, dit –il à Lyassine, avant de remplir la tasse de son épouse et de la lui donner ainsi que la sienne.

— J'ai suggéré à votre mari de prendre un congé. Il a droit à une année sabbatique. Il pourrait recommencer à peindre, enseigner. Il y a ce livre qu'il veut écrire sur les peintres de notre pays, tout ça va l'occuper. L'administration, ça suffit. Quant à écrire, il faut laisser ça aux professionnels, aux journalistes. Après tout, c'est leur métier…

— Oui, c'est vrai ce livre me tient beaucoup à cœur, observa le haut fonctionnaire.

Si Noury s'était levé. « Viens ! lanca-t-il à Lyassine en le prenant par le bras pour l'emmener dans une chambre attenante au salon.

C'était la première fois que Lyassine entrait dans cette echambre où il n'y avait aucun meuble. Ce qu'il découvrit fit grande impression sur lui : des tableaux étaient posés sur le sol, en bas des murs. Quand Si Noury avait poussé de coté le rideau qui cachait la large baie vitrée, la lumière du dehors entra en force, elle les avait animés, leur avait donné vie. Heureux, fier, il les montra à Lyassine, commenta chaque tableau, dit comment il se l'était procuré, pourquoi il l'avait acheté, ce qu'il ressentait en le regardant, Si Noury enthousiaste, transfiguré. L'inquiétude que Lyassine lisait sur son visage avait disparu.

Quand ils revinrent au salon, il lui dit : « J'accroche les tableaux dans ce salon au gré de mes humeurs. J'en enlève un et j'en remets un autre. Il reste accroché deux, trois jours, parfois davantage puis, je mets un autre. Le salon change de tout au tout. Parfois je procède par thème : j'accroche des tableaux qui ne représentent que des paysages, ou que la mer, ou que des ports de plaisance ou de pêche, ou que des natures mortes. C'est ma façon d'être heureux. A la peinture, je dois tout. Etre peintre, finalement, c'est que j'aurais dû choisir mais à l'époque, c'était une activité de dilettante. Les priorités étaient ailleurs. Donc je suis devenu fonctionnaire. Notre pays avait besoin de cadres, je venais de terminer une licence en droit que j'ai complétée avec une licence en sciencs politiques et tout de suite j'ai compris que je devais écrire car j'avais des choses à dire. Notre administration n'y a vu aucun problème, on m'a même encouragé à le faire. Mes articles étaient utiles, ça pourrait paraître prétentieux mais à l'époque je l'ai pensé sincèrement et je continue à le penser. Ce n'est pas un hasard si les terroristes s'attaquent aux journalistes. Une centaine d'entre eux sont déjà tombés sous leurs balles mais cela ne me fait pas peur. Ce serait trahir leur mémoire que de m'arrêter d'écrire. Je sais que les terroristes me surveillent, peut-être même voudront-ils me tuer. Je ne leur donnerai pas le plaisir de croire que j'ai peur d'eux en arrêtant d'écrire.

En reprenant sa place sur le canapé à côté de Si Noury, Lyassine pensa qu'il ne servirait à rien de vouloir le faire changer d'avis. Tâche impossible. Aucun espoir de résultat.

Lyassine et Si Noury parlèrent d'autre chose : des violences dans le pays, de nouveau de la mort de leur ancien collègue Lamine, puis passèrent à des sujets moins graves : l'attribution d'un terrain des réserves communales à Lyassine avait été discuté, commenté. Si Noury avait dit à Lyassine. « Tu as mis dix ans pour obtenir 200m2. J'en connais qui ont obtenu 600 m2, 800m2, parfois davantage ; certains ont eu plusieurs lots qu'ils ont revendus avec une plus value substantielle. Certains ont obtenu de belles résidences avec cours de tennis et piscine en payant des sommes dérisoires. Tu vois, avait dit Si Noury, c'est contre ces anomalies, qui n'ont que trop durer, que je veux lutter. Ce n'est pas facile, je te l'accorde ! On touche à des intérêts mais il faut en parler…

Si Noury n'avait pas terminé que la porte du salon s'était ouverte.

« Entre ! lança-t-il à l'homme qui venait de se montrer sur le pas de la porte. Viens, assieds-toi ! ». L'homme s'était avancé, s'était assis sur le fauteuil en face de Lyassine. « Je vais me changer, j'en ai pour quelques minutes », dit Si Noury au visiteur puis en se tournant vers Lyassine :

— Nous allons aux obsèques d'une étudiante qui a été tuée hier dans l'explosion de la bombe devant le commissariat central. C'est la fille du médecin que les terroristes ont assassiné dans son cabinet. Tu te souviens de lui. Tu m'as dit une fois qu'il t'avait montré la porte dérobée pour entrer dans l'hôpital de la Place du 1er Mai…

— Ah, bon, je ne savais pas qu'il a été assassiné ! dit Lyassine, étonné. Si Noury avait déjà tourné les talons pour aller se changer.

Lyassine demanda à l'inconnu:

— J'ai lu l'avis de décès mais, il ne précisait pas que ce médecin a été assassiné !…

— Si, si, il a été assassiné, vous ne le saviez-pas ? On l'appelait le médecin des pauvres. Il a eu des problèmes avec des collègues qui lui reprochaient de ne pas faire payer ses patients. J'étais d'accord avec eux…

— Ah, c'est que vous êtes aussi médecin...

Si Noury avait fait vite, était de retour dans le salon. Tout en nouant sa cravate, il dit à Lyassine :

— Fadel est le nouveau président de l'association des médecins généralistes...

— C'est très bien, s'empressa de lancer Lyassine ! Vous devez connaître Mehdi.

— C'est un rêveur. Les choses ne sont pas aussi simples. Trop idéaliste et irresponsable ce Mehdi !

— Ah, bon ! répondit Lyassine, irresponsable, je ne crois pas, idéaliste, peut-être ?

— Regardez où ça nous a menés leur médecine gratuite ! La médiocrité des soins, des hôpitaux surchargés, le gaspillage des médicaments, le laisser-aller ; nos hôpitaux sont sales et la nourriture qu'on donne aux malades, je préfère ne pas en parler. Mehdi, j'ai eu affaire à lui, il trouvait trop chers les prestations de nos médecins ! Il veut qu'on continue à être des fonctionnaires ; si au moins on était bien payés ! L'Etat toujours l'Etat, il ne lui reste qu'à marier sur ses propres deniers.

Si Noury avait souri. Sourire neutre qui signifiait : « On veut l'économie libérale, il faut laisser les gens s'exprimer, c'est leur droit et tant pis si on n'est pas d'accord».

Le quinquagénaire préféra ne pas répondre. Lyassine se leva en disant : « Je suis en retard ; ma femme m'attend. On va installer une antenne parabolique.

En longeant la large baie vitrée du salon, il entendit dans son dos Si Noury lui lancer :

— Lyassine, on reprendra notre discussion demain. Je t'attends dans mon bureau. J'ai des choses importantes à te dire. Je compte sur toi !

— Oui, bien sûr, on se verra demain, tu peux compter sur moi, fit Lyassine en se tournant vers son ami.

Avant d'ouvrir la porte du salon, il entendit Nedjett dire à son mari: « Il faut écouter Lyassine. Je suis d'accord avec lui. Il est temps que tu fasses autre chose. Pourquoi continuer à écrire et puis, trente ans dans cette administration, ça suffit ! ».

En retrouvant sa voiture Lyassine avait mauvaise conscience. A cet enterrement, il aurait aimé assister. Il s'agissait de la fille d'un médecin grâce auquel il s'était introduit dans l'hôpital avec Ammy Saïd, ce médecin était bon, généreux, il était « le médecin des pauvres » et puis sa religion ne dit-elle pas qu'en suivant le cercueil , même d'un inconnu, ou en aidant à le porter, on se rachète, Dieu récompensera ce bon croyant.

«Ce n'est pas moi mais c'est cette jeune fille que la mort a choisie, s'était dit Lyassine pendant qu'il roulait en direction de sa cité. Elle m'a précédé de quelques centaines de mètres sur le boulevard qui longe l'hôtel. Si je ne m'étais pas attablé, je ne serais plus de ce monde ». Pendant tout le trajet, Lyassine eut la vision de son cercueil porté par des inconnus, voyait l'esplanade d'une mosquée modeste, sans prétention, ses murs d'une blancheur étincelante, le taleb récitait des prières, disait des paroles de miséricorde d'une infinie sagesse écoutées dans le silence par une assistance humble, modeste. Quand il revint à lui, Lyassine esquissa un sourire, s'en voulut pour ses pensées morbides et pour mieux chasser les images qui s'étaient invitées dans sa tête, il se rassura, se dit : « Il faut garder la tête au-dessus de tragédies qui ne concernent ni moi, ni ma famille », il regretta de n'avoir pas pu évoquer le passé avec son ami, parler de leur ville natale et des dernières nouvelles. Il pensa à l'antenne parabolique, dans sa tête la crainte d'arriver en retard et d'essuyer de nouvelles récriminations de la part de sa femme. Tout le pays s'était couvert de ces disques blancs qu'on voit sur les terrasses, les balcons, les toits des maisons et des immeubles ou cachés derrière des buissons, sur des toits en zinc ou en chaume. Les images étaient regardées avec avidité, une panne du décodeur ou d'électricité et on ne savait plus quoi faire de sa soirée. Venait-on à supprimer ces images et ce serait la révolte, non, la révolution ! On descendrait dans la rue, on dresserait des barricades, on vitupérerait un gouvernement « inique, incapable, antidémocratique, ennemi des droits de la personne ».

Après avoir ouvert la porte de l'appartement et longé le couloir, Lyassine trouva sa belle-sœur Loubna et son fils Rochdi dans la cuisine. La voisine du palier qui aide avec son téléphone était là aussi. Sur le balcon, le technicien s'affairait, une immense assiette blanche était posée contre le muret. Samia était à ses côtés.

Rochdi, un géant, 1m85, au moins , s'était levé pour embrasser son tonton sur les deux joues.

«C'est la nouvelle génération, rien à voir avec nous », s'était dit le quinquagénaire qui avait tendu l'oreille lorsque sa femme lui avait lancé du balcon : « Ah, te voilà ! Le technicien est là depuis une heure! Et toi, tu es chez les autres ! ».

Lyassine embrassa sa belle soeur sur les deux joues.

Loubna, visage plus avenant que celui de sa sœur, dit, en le regardant:

« Tu as bonne mine. Ne fais pas attention à ma sœur, elle n'a pas changé, toujours de mauvaise humeur. En posant un regard tendre sur son fils, elle ajouta: « Regarde, Rochdi a grandi, il est devenu un beau jeune homme ; n'est-ce pas ? ».

Le fils n'en demandait pas tant. Il regardait le technicien en train de s'escrimer avec l'immense antenne sur la terrasse.

De retour dans « sa » cuisine, Samia déclara d'une voix peu amène en s'adressant à son mari.

— Il a installé la parabole sur le balcon. Le toit de l'immeuble ne convient pas, il déborde d'antennes paraboliques.

— J'espère qu'il va terminer cet après midi, observa le mari, la voix suffisamment forte pour être entendue du technicien qui maintenant tripotait les boutons d'un minuscule téléviseur posé à terre devant lui et qu'il regardait intensément.

Le technicien avait entendu.

— Vous allez avoir une centaine de chaînes, dit-il. Je vais essayer de terminer cet après midi.

Le géant se manifesta. Préoccupé, il dit à son tonton:

— Amou, je suis en retard. J'ai un match à disputer cet après midi. Tante Samia m'a dit que vous aviez le temps et que vous pouviez m'accompagner.

Lyassine allait protester, dire : « Rochdi, ma femme il ne faut pas l'écouter. Elle dit n'importe quoi ! Je n'ai pas encore déjeuné et crois moi, j'ai faim, très faim au point de la manger crue », mais il se ravisa ; déjà qu'il n'a pas attendu le jeune homme et sa mère à l'aéroport et ils ont été suffisamment gentils pour ne pas le lui reprocher et puis, Rochdi a tout l'air d'un garçon gentil, équilibré, bien éduqué. Par les temps qui courent ce n'était pas évident.

— Oui, oui, on va partir, répondit Lyassine, conciliant, qui avait repris son manteau qu'il avait auparavant abandonné dans le creux de son fauteuil dans le salon, là où il devait s'asseoir pour vivre les images de la miraculeuse antenne parabolique. « Ce sera pour une autre fois », s'était-il dit et de retourner à la cuisine où il prit une pomme qu'il glissa discrètement dans la poche de son manteau. La voisine qui aide avec son téléphone avait vu son geste furtif. Pour toute explication, Lyassine lui adressa un sourire contrit.

Depuis que la voiture avait quitté la cité, Rochdi était resté silencieux ; il pensait, absorbé par le match que son équipe allait disputer cet après-midi.

— Et tes études, ça marche ? s'avisa Lyassine en interrompant le jeune homme dans ses réflexions intérieures.

— Oui, ça va. Je termine cette année mes études en ingéniorat.

— Ton père, Hocine, tu as de ses nouvelles ? On ne le voit plus…

— Moi-même, je le vois rarement, on ne s'entend pas très bien.

— Je trouve que Loubna a eu beaucoup de courage de demander le divorce. Une femme qui divorce son mari, c'est très rare chez nous. Mais quelle idée de la part de ton père de faire habiter sa mère avec vous.

— Il avait ses raisons. Ma grand-mère est de l'ancienne génération. Elle croit avoir tous les droits sur son fils et encore plus sur sa belle-fille. Ma mère l'a acceptée d'habiter avec nous mais au bout de quelques mois elle a dit à mon père : Tu choisis ! c'est ta mère ou moi !

— Et…

— Il a choisi sa mère. Pour lui, il ne doit pas dire non à celle qui lui a donné la vie. Ce serait contraire à ce qu'il croit et à tout ce qu'on lui a appris.

— Je pense que Loubna aurait dû faire preuve de patience…

— C'est plus compliqué, tonton. Mon père partait deux, trois semaines sans nous laisser d'argent. Une fois, ma mère m'a dit, « je préfère la solitude et la misère que de vivre avec ton père ! » mais ce qu'elle a appris, après sa séparation avec lui, c'est que la liberté se paie. Quand on la regarde, on croit qu'elle est forte de caractère, qu'elle peut supporter beaucoup de choses, mais en réalité elle est fragile, sans compter que sa générosité lui joue des tours.

— Ah, bon, mais c'est bien d'être généreux ! La générosité ne court pas les rues de nos jours ! …

— Oui, je suis d'accord, mais il faut faire attention. Ma mère avait accueilli une étudiante qui n'avait pas trouvé de chambre ni en ville, ni à la cité universitaire. Quand, après trois mois, elle lui a demandé de l'aider à nettoyer la maison, l'étudiante a mal pris la chose. Elle est partie en claquant les portes. Une fois, ma mère l'a rencontrée par hasard. Savez-vous ce qu'elle a fait ? Elle a changé de trottoir. Voilà que d'être généreux. Une autre fois, ma mère avait reccueilli une femme divorcée que son mari a jetée dehors avec leur enfant. Au bout de quelques jours, elle a commencé à ramener ses amies ; une fois c'était un homme qui est resté tout l'après midi. J'ai dit à ma mère: nous ne sommes pas l'aide sociale, ceux qui nous gouvernent n'ont qu'à changer les lois, à commencer par le code de la famille. J'ai mis dehors cette femme et son enfant.

— Et Hocine, sa mère est toujours avec lui ?

— Oui, bien sûr. Elle reçoit une pension de La France. Mon grand-père est mort sur ses champs de bataille durant la seconde guerre mondiale. Mon père est pupille de la nation française mais la pension suffit à peine à ma grand'mère.

— Elle aurait dû réclamer, écrire des lettres. La France a une administration efficace...

— Elle l'a fait et elle n'a rien obtenu. On ne le les intéresse plus. J'ai demandé un visa pour faire mon voyage de noces chez eux, ils me l'ont refusé alors que mon grand-père est mort pour eux.

Le fonctionnaire, chef de service, garda le silence, pensa à l'ingratitude des nations, à la fonctionnaire à qui on avait refusé un visa pour voir sa fille à l'article de la mort, à Walid et à sa famille menacés par les terroristes et qui cherchent désespérément un refuge.

« Même devant la mort, les hommes sont inégaux », songea Lyassine. Un « petit » visa on le refuse à un jeune homme qui veut voir de près la Tour Eiffel, se promener sur les Champs Elysées qu'on dit la plus belle avenue du monde, voir près le Zouave, un des siens, qui regarde couler la Seine...

En se tournant vers Rochdi, le fonctionnaire, chef de service, lui demanda :

— Tu veux un visa du pays pour lequel ton grand-père est mort ?..

— Non, merci, amou. Notre voyage de noces, on le fera chez les Carthaginois, dans le pays d'à côté. C'est le seul qui nous laisse entrer sans visa...

Les larges baies vitrées de la façade du complexe sportif avaient l'architecture légère d'un bel édifice. Cet après-midi, la jeunesse sportive de la capitale s'était donnée rendez-vous pour assister au match de basket-ball entre les deux meilleures équipes du pays.

Le garçon du parking leur lança dès qu'ils avaient quitté la voiture : « Je surveille ! Votre voiture, vous la retrouverez intacte. Vous pouvez compter sur moi ! ».

En s'éloignant Lyassine et le géant Rochdi entendirent dans leur dos : « Nous sommes les plus forts ! Votre équipe, on va en faire une bouchée ! Vous allez recevoir une bonne raclée ! ...».

Ni Lyassine, ni le géant n'avaient eu le temps de répondre. « Fais-vite ! dépêche-toi ! on t'attend ! », avait crié un homme vêtu d'un survêtement aux couleurs nationales qui était venu à la rencontre de Rochdi. Tu es en retard, on commençait à s'inquiéter, et de le prendre par le bras le géant pour se diriger avec lui vers les larges baies vitrées de l'entrée. Rochdi revient, dit à son tonton : « Amou, j'ai oublié. C'est votre billet. Tribune VIP. Ne m'attendez pas.

Mes beaux parents vont venir me chercher» et l'athlète de disparaître englouti par la foule des spectateurs.

Lyassine monta un large escalier en colimaçon. Deux étages plus haut, après avoir poussé une grande porte vitrée, un espace luxueux qui donne sur le terrain, en face, d'autres tribunes. Il occupa un siège moelleux au tissu bleu, luisant. Au delà des baies vitrées, en dessous et en face, clameurs des supporters, battements de tambours, vacarme de tous les diables tandis que le terrain réverbérait de la lumière vive qui tombait des gros néons fixés au plafond.

C'était la première fois que Lyassine assistait à un match de basket-ball.

Dès le début du match, les joueurs jetèrent leurs forces dans la bataille au milieu des cris et des clameurs du public. Passes longues : le ballon volait d'un bout à l'autre du terrain, passes courtes entre deux joueurs de la même équipe, passes interceptées ; les joueurs de autre équipe partaient à l'assaut du but adverse ; balles qui rebondissent, furieux corps-à- corps, on roulait par terre, on se relevait, on repartait, on marquait contre le but adverse ; match agréable, de haut niveau.

En quittant la tribune VIP, Lyassine avait en tête la déception de Rochdi. Une courte défaite mais une défaite quand même à cause de la malchance. La balle avait tourné sur le cercle en fer du panier, incertaine puis était retombée sur le sol, un tir, qui, s'il avait été réussi, aurait donné la victoire à son équipe. « Qu'à cela ne tienne. La prochaine fois, son équipé va gagner », s'était dit Lyassine, plein de bonne volonté.

Pour chasser les lumières artificielles du complexe sportif, Lyassine s'invita à la campagne, heureux à la perspective de retrouver arbres, verdure et chant des oiseaux. Sur les lieux, déception de taille. La campagne verdoyante, les sentiedrs où il aimait se promener, n'étaient plus là, devant lui des immeubles à perte de vue, un monde de béton avait surgi, tout anéanti, on n'avait même pas pris la peine d'aménager des espaces verts, encore moins des parcs ou des aires de jeux, n'était venu à l'esprit de personne de penser à ces aménagements comme si dans ce pays vaste où la campagne s'étale à perte de vue, on avait besoin de cet espace vital qui doit impérativement être livré au dieu béton. Une nouvelle ville avait surgi, avait vite poussé, comme un champignon après un orage.

C'en était ainsi dans tout le pays, partout de nouvelles cités et de nouveaux quartiers. Sacs de ciment, de sable, gravier, fer à béton prenaient possession des bas-côtés de la route et des trottoirs ; villes, villages et bourgades bourdonnaient de vrombissements de camions écrasés par leurs chargements.

Lyassine pensa à cette scène dont il avait été témoin : un vent violent s'était mis à souffler, avait fait virevolter cartons, papiers, vieux journaux ; ciment et sable s'étaient abattus sur les hommes et les bâtiments qui se construisaient. Ce vent, Lyassine en était certain, était la vengeance de mère nature contre les hommes, qui, indifférents, insouciants, inconscients, tout à leur passion, construisaient en la détruisant, obérant leur avenir et celui de leurs enfants. « Maudits les prédateurs qui détruisent arbres, bois et forêts,avait songé Lyassine. La laideur envahit nos campagnes. Mais où sont passés nos urbanistes et nos architectes? Les a-t-on emprisonnés ou anesthésiés de leur savoir? Lyassine s'imagina un ordre de fer, une loi qui appellera au respect de la nature, un juge sévère prononcera de lourdes peines de prison et de fortes amendes, une police spéciale identifiera les coupables qui seront montrés au journal de 20 heures de l'unique chaine de télévision du pays. Ils feront leur mea-culpa, promettront, qu'à l'avenir, ils auront une passion pour la nature, les arbres et le chant des oiseaux.

Lyassine pensa à la maison qu'il compte construire et... rapidement ! Surtout ne pas faire comme ce Hichem, un de ses collègues, qui avait pris une année d'indisponibilité, puis une autre. Finalement, il avait quitté son emploi, dévoré par la construction de sa villa. Avant l'aube, il se réveillait, allait au port chercher les matériaux de construction afin de les obtenir au meilleur prix. On le voyait monter, descendre l'escalier de sa « villa » en construction, en fait un édifice de trois étages. Il admonestait ses ouvriers, se querellait avec eux, les renvoyait, engageait d'autres ouvriers. Sa « villa » terminée, le même après midi, il avait ramené ses meubles, fait monter avec son fils le frigo, la grosse télévision, la cuisinière. Epuisé, il s'était assis sur une marche puis son corps avait dégringolé jusqu'en bas de l'escalier. On avait appelé l'ambulance qui n'était arrivée que deux heures plus tard. Dans le labyrinthe de rues, il s'agissait d'un nouveau quartier, l'infirmier avait été incapable de retrouver la « villa » de Hichem. Quant au médecin, il était indisponible. C'était un vendredi, jour de fin de semaine. Avant d'arriver à l'hôpital, Hichem était déjà mort. « Non, je ne dois pas faire comme lui ; Hicham n'a pas profité de sa villa, s' était dit Lyassine. Moi, je prendrai mon temps. Un rez-de-chaussée suffirait. Il y aura un garage pour ma voiture, quatre pièces-cuisine avec le salon, le reste, 80 m2, j'en ferai un jardin ; il y aura des fleurs, j'apprendrai à jardiner, elles seront aussi belles que celles de Si Noury…».

Encore mal remis de sa déception, une autre déception attendait le quinquagénaire chez lui :

— Il n'a pas encore installé l'antenne parabolique ? s'était-il écrié, étonné. En effet, dans le salon, les deux soeurs regardaient les images anciennes, pâles, sans intérêt, de l'unique chaîne nationale de télévision.

— Le technicien nous a dit qu'il reviendra demain, se contenta de lui répondre sa femme.

— Qu'est ce qui s'est passé ? Il aurait pu terminer cet après midi ! dit Lyassine, dépité.

— Il avait besoin de faire d'autres essais. On a attendu des années, on peut bien attendre une journée, répondit sa femme, revêche et pas contente. Les chaînes que tu as demandées, ce n'est pas courant. Une façon de lui dire que c'est de sa faute si ce soir ils verront encore les mêmes images qu'il y a dix ans. Pour détendre l'atmosphère, Lyassine fit une amabilité à sa belle soeur:

— Rochdi est un grand sportif, vous devez en être fière...

— Ils ont retransmis le match à la télévision, ils ont perdu, répondit Loubna, morose.

— Ils prendront leur revanche, rétorqua, Lyassine, comme si c'était lui qui prochainement décidera de la victoire de l'équipe de Rochdi. Loubna n'avait pas eu le temps de répondre. Samia avait demandé à son mari:

— Nedjett, qu'est-ce qu'elle t'a servi ?...

— Un café. Sa pâtisserie, juste, juste..., répondit le quinquagénaire, soucieux de ne pas envenimer les choses. En effet, pâtisserie et cuisine, ce n'était pas ce que Samia réussissait le mieux. Pourtant des livres de cuisine, elle en avait et même beaucoup. Elle leur avait fait appel mais les résultats avaient été décevants. Lyassine avait insisté pour qu'elle réussisse ses plats ; elle lui avait répondu: « les épices ? Tu as pensé aux épices ? ».

Les épices ? Il y en avait, et même beaucoup : dans les marchés, sur les étals des épiciers : safran, cumin, paprika, coriandre..., on demandait et on était servi. Pour Lyassine, en définitif, cela avait peu d'importance. Ses dîners, parfois ses déjeuners, son travail y pourvoyait assez largement. En rentrant chez lui, il lançait à sa femme : « j'ai déjà mangé », et de s'assoir dans son fauteuil en cuir pour regarder l'unique chaine de télévision du pays avant de l'éteindre, excédé, pour aller se réfugier dans la pièce où il gardait son vin, passant la soirée à lire, à rêvasser, à penser à son fils Bylal. Le reverra t-il jamais ? la distance entre lui et son fils grande, un océan les séparait. Parfois il doutait de le revoir. La dernière fois, une envie de pleurer lui était venue, lui qui n'avait pas pleuré depuis bien longtemps.

Loubna regardait son beau-frère présent du corps mais absent de l'esprit. Elle lui demanda d'une voix douce comme si elle ne voulait pas le réveiller trop brutalement:

— Lyassine…, je te parle…Nedjett a demandé après moi et mon fils ?

— Oui, oui, je lui ai dit que tu te portais bien, que tu es ici avec lui, que c'est un beau garçon et un grand sportif ! que tu es fier de lui…

— Tu lui as dit que je vais le marier ?…

— Elle doit le savoir. Si Noury s'informe toujours de ce qui se passe dans notre ville. Toute la ville de Constantine doit être au courant du mariage de Rochdi.

Lyassine ne fut pas étonné par la question de sa belle sœur. Loubna attendait la reconnaissance de sa famille, de ses proches, de la société pour ce qu'elle a réussi : avoir donné naissance à un fils(une fille, c'est moins important…), l'avoir élevé jusqu'à son mariage. Rochdi, c'était « sa » réussite. Elle n'avait rien d'autre à faire valoir, son instruction avait été interrompue. Elle avait des dons pour la peinture mais ils avaient été étouffés par le grand frère et le père scandalisés à l'idée que leur fille , la passion des couleurs dans la tête et la main artiste, entre à l'école régionale des Beaux-arts de Constantine. S'en était suivi un mariage raté. Pour Hocine, sa femme était une folle qui s'éclaboussait de peinture et de couleurs, lui prenait tout son argent pour acheter pinceaux et pots de peinture.

Il avait déclaré à son beau père: « Votre fille a de la peinture rouge sur les mains, (comme s'il lui disait que Loubna avait du sang sur les mains). Elle est habitée par un djinn qui lui remplit la tête de choses bizarres » !

Une fois, Hocine avait pris le chevalet, l'avait jeté à terre, piétiné, fou de rage. Le jour même Loubna l'avait quittée et demandé le divorce.

Quoi de commun entre Loubna et Nedjett qui a été élève au lycée Laveran, un lycée prestigieux de Constantine durant l'époque coloniale française. Qui pouvait le fréquenter à l'époque? Il fallait être parmi les meilleures et issu de familles bourgeoises de la ville. Les « indigènes » étaient peu nombreux à accéder à l'instruction primaire, encore moins à être scolarisés dans un lycée. Aller à l'université, alors là, c'était demander l'impossible. « Les indigènes » étaient à peine quelques centaines à être bacheliers à la veille de l'indépendance en 1962, les seules filières qu' ils pouvaient choisir, c'était le droit et la médecine. Nedjett avait obtenu son baccalauréat avec mention et réussi brillamment ses études de droit après l'indépendance grâce à son travail acharné. Très tôt, elle savait ce qu'elle voulait : épouser un homme d'exception. Elle avait connu Si Noury dans leur ville natale, c'était lui l'homme qu'elle cherchait, il était un lycéen brillant, lui aussi issu d'une famille respectée, connue. Ils se « fréquen-tèrent » mais Si Noury à l'âge de 16 ans, rejoignit le Front de Libération Nationale (FLN), distribua des tracts, collecta des fonds, monta des médica-ments au maquis qu'il rejoignit en 1957 à l'instar d'un grand nombre d'élèves et d'étudiants. Après la libération du pays, il passa le baccalauréat en candidat libre et réussit brillamment dans ses études universitaires.

Avant de se lever, Lyassine avait éteint le petit écran. Après s'être excusé auprès de Loubna, il se dirigea vers la cuisine, réchauffa ce qu'il trouva dans la casserole : des courgettes farcies de viande, mangea de bon appétit et quand il revint dans le salon pour reprendre sa place, le salon brillait de toutes ses lumières : les douze lampes des deux lustres étaient toutes allumées.

Sa femme et sa sœur avaient déjà déterré leurs souvenirs.

— Nedjett lui a certainement parlé de sa sœur Assia, dit Samia à voix basse à sa sœur comme si elles complotaient...

Lyassine avait entendu, froncé les sourcils. Cela n'annonçait rien de bon pour le reste de la soirée. Assia, la sœur benjamine de Nedjett, il l'avait connue quand son ami Si Noury posait des regards doux sur sa sœur ainée, Nedjett avant qu'elle ne devienne sa femme. L'adolescent Lyassine avait fait preuve d'audace en abordant Assia à la sortie de son lycée. A l'époque, garçons et filles ne se parlaient pas, ne se fréquentaient pas. Assia avait accepté de le revoir. Par un après midi d'été brûlant pendant que la ville de Constantine faisait la sieste, ils avaient marché, parlé, s'étaient fait des promesses et des confidences et pendant toute cette promenade, Lyassine avait eu l'irrésistible envie de prendre la main d'Assia et quand il l'avait prise, il avait été audacieux, il l'avait trouvée douce, lisse, tendre, délicate. Après leur rencontre, les deux adolescents étaient convaincus que pour le restant de leurs jours, ils seront ensemble, heureux. Le destin en avait décidé autrement. Quelques années plus tard, Assia était morte dans un accident de voiture en se rendant dans la grande ville où vivait sa sœur Nedjett qui venait d'épouser Si Noury.

— Je te verse du café, combien de sucre ? demanda Loubna à son beau frère qui était ailleurs, pensait, vivait des moments anciens. N'écoute pas Samia, elle est jalouse, lui dit-elle.

— Mon café sans sucre. Je le veux amer, répondit le quinquagénaire, mécon-tent, et regardant de biais son épouse.

Silence dans le salon. Aucun bruit. Télévision éteinte. On entendrait une mouche voler...

— Nedjett t'a sûrement parlé de son père, reprit Samia, en s'adressant à son mari.

— Tu ne vas pas recommencer, ce n'est pas le moment, répondit Lyassine qui s'efforça de garder son calme, surtout pas d'esclandre devant la belle sœur d'autant qu'il faisait une nuit d'encre et qu'il ne pouvait aller se réfugier dans les collines qui sont juste à quelques centaines de mètres de là, en contrebas de la cité.

— Toi, Loubna, tu sais que les accusations portées contre notre père étaient fausses, reprit Samia.

— Je suis d'accord avec Lyassine. On ne va pas reparler de ces fausses accusations. Tout ça, c'est du passé, de l'histoire ancienne…

— Moi, je pense que c'est Zaouche le dénonciateur, reprit Samia, têtue…

— Tu crois que c'est ce vieil agriculteur ? L'ami du père de Nedjett ? observa Loubna, brusquement intéressée. Tu te souviens de cet homme ? demanda-t-elle à Lyassine qui écoutait malgré lui.

— Ce Zaouche qui ne le connaissait pas ? Un numéro, celui-là, répondit-il sans grande conviction .

— Moi, je me souviens très peu de lui. Lyassine, dis-moi ce que tu sais de lui.

— Ce dont je m'en souviens, c'est qu'il portait toujours un burnous blanc, son chèche de fin lainage était tenu par des cordelettes en soie brodées d'or, ses gilets étaient blancs, eux aussi brodés d'or. Je me souviens qu'il avait une montre gousset, une grosse chainette en or lui barrait toute la largeur de la poitrine. Ah, sa voiture Loubna ! Une belle voiture décapotable. Il asseyait à l'arrière, prenait tout l'espace de la banquette, il était fier de lui, hautain, regardait les gens de haut comme s'il était le seigneur de la ville. Même les Européens se faisaient petits à côté de lui. Sa voiture était rose, oui rose, Loubna. C'était une grosse Cadillac qu'il avait fait venir d'Amérique. Qui à cet époque pouvait se permettre ce luxe ! Quand il descendait la Rue Nationale, sa voiture occupait toute la largeur de la chaussée et parfois on voyait avec lui, le père de Nedjett…

Samia s'était levée. Ce que racontait son mari n'était plus à son goût d'autant qu'il prenait plaisir à raconter, dans sa tête, certainement, Assia bien qu'elle ne soit plus de ce monde.

— Tu te rappelles de sa canne ? reprit Lyassine (Loubna avait suivi du regard sa sœur qui était allée ruminer ses mauvaises pensées dans « sa » cuisine).

— Ce que je sais c'est qu'il ne sortait jamais sans sa canne…

— Mais est-ce que tu connais l'histoire de sa canne ?

— Non, je ne vois pas…

— Loubna, cette canne ne ressemblait à aucune autre canne. Elle avait été sculptée par un artisan de notre ville, c'était une œuvre d'art digne d'un homme qui ne pouvait être qu'exceptionnel !

— Ou d'un excentrique !

— Tu as raison, ou d'un excentrique. Et son artisan, tu connais son histoire ?…

— Non…Loubna dubitative.

— Cet artisan n'a jamais fait d'autres cannes. Il craignait de ne pas les réussir autant que celle de Zaouche. Le pommeau et le bout étaient recouverts d'or. Zaouche était riche, très riche, il possédait beaucoup de terres, son bétail fournissait en lait et en viande toute la région de Constantine.

Sans regarder sa femme qui venait de reprendre sa place, Lyassine demanda :

— Tu savais comment il utilisait sa canne ?

— Non, …

— Il la maniait comme si elle était le prolongement de son bras. Un léger coup sur l'épaule de son chauffeur voulait dire: « va doucement », deux coups : « conduis plus vite », trois coups : « tu vas trop vite ! Ralentis ! », ou : « attention ! Il y a danger ! », Zaouche pouvait voir très loin malgré son grand âge. Quand il voulait que le chauffeur arrête la voiture, il heurtait avec le pommeau de sa canne, la carrosserie, un bruit léger qui dans les oreilles du chauffeur devait résonner comme la sonnerie stridente d'un réveil matin. Et le père de Nedjett, tu te souviens de lui ? Demanda Lyassine.

Le silence de Loubna valant acquiescement, il raconta. Samia cachait mal son irritation.

— Il balançait sa canne en marchant comme s'il écartait devant lui des obstacles invisibles. Mais c'est le samedi soir que le père de Nedjett se mettait sur son trente-et-un. Il ne dérogeait jamais à son dîner au casino municipal. La soirée rassemblait ce que la ville comptait d'hommes influents, entre autres, le préfet, le maire et les riches agriculteurs européens de la région, « les indigènes » étaient très peu nombreux, de tous, le père de Nedjett était le plus distingué même s'il n'était pas le plus beau. Il avait toujours à sa boutonnière une œillet écarlate qui rehaussait son teint brun. Un jour il avait disparu. On avait raconté qu'il avait été arrêté par la police française, d'autres par l'armée française…

– On a dit qu'on ne parle pas des choses anciennes! Lança Samia, vindi-
cative.

Lyassine n'avait pas insisté. Il s'était levé, comme souvent lecas, il était allé
se refugier dans la pièce qu'ils utilisent peu avec sa femme où il prit un livre,
lit avant de rejoindre la chambre à coucher. Ce qu'il avait en tête, c'était sa
journée du lendemain.

CHAPÎTRE 5

La voix de l'installateur de l'antenne parabolique avait tiré Lyassine de son sommeil. En sautant prestement du lit, il en voulut à sa femme de ne pas l'avoir réveillé. « Je veux parler au technicien », lui avait-il dit la veille avant d'aller se coucher. Elle n'avait pas obéi à sa consigne. « C'est vrai que j'ai parlé du père de Nedjett et elle pense que je suis toujours amoureux d'Assia bien qu'elle ne soit plus de ce monde ; ce ne sont pas des raisons pour ne pas me réveiller ! », s'était-il dit, pas content du tout. Avant de quitter la chambre à coucher, il se regarda longuement dans la glace posée contre le mur, près de l'armoire, comme s'il voulait s'assurer que durant la nuit il n'avait pas trop vieilli. Pour s'en convaincre, il passa la main sur ses joues, son front, caressa sa barbe de deux jours. Dans le salon, sa femme était seule ; sa sœur Loubna déjà loin, certainement en ce même moment, en train de prendre le café chez elle, à Constantine. Le technicien n'était plus là. Il venait de sortir. Dans le couloir, Lyassine avait entendu le bruit de la porte de sortie qu'on fermait.

— Il a fait les essais, ça marche, maintenant, nous pouvons dire que nous avons une antenne parabolique, Il a laissé sa carte de visite si jamais on a besoin de lui, lui dit son épouse dès qu'il était entré dans le salon.

— Il est dix heures, je t'ai demandé de me réveiller, dit Lyassine, calmement, bien qu' il bouillait à l'intérieur : il avait en tête la promesse faite à Si Noury d'aller le voir.

— Tu peux te réveiller tout seul. Tu as ton réveil matin qui ne te quitte jamais. Il t'a été utile pour aller attendre Tyler mais inutile pour te réveiller et dire au revoir à ma sœur et à son fils qui est venu la chercher. Il n'a pas voulu te réveiller. D'ici, on t'entendait ronfler…

— Mais je devais parler au technicien et aller au travail !…

— La secrétaire de ton chef Faudyl a téléphoné. La voisine m'a dit qu'elle voulait savoir à quelle heure tu comptes être au bureau.

— Là, tu aurais pu me réveiller ! lança Lyassine, dépité, furieux .

Samia continuait à zapper, insensible. Le quinquagénaire se contenta d'un : « j'ai compris », résigné, s'assit dans le fauteuil, le sien tandis que Samia, à ses côtés, faisait défiler les images de la nouvelle et miraculeuse antenne parabolique : images belles, éclatantes de vie et de couleurs, rien à voir avec la chaîne locale de télévision. Lyassine avait de la peine à croire qu'il s'agit bien de son poste de télévision qui n'est pas de la dernère génération, loin s'en faut. Sous le charme des nouvelles images, il ne pensa plus à son travail, oublia qu'il a des obligations professionnelles, à l'heure actuelle, il devait être en train de rédiger, ou donner des instructions, ou téléphoner, éventuellement avoir une séance de travail avec Faudyl ; entretemps, il aurait vu Si Noury, poursuivi avec lui la discussion commencée chez lui, la veille ; peut-être son ami a-t-il changé d'avis, accepté de prendre une année sabatique ou d'indisponibilité et en profiter pour écrire le livre auquel il tenait tant sur les peintres de son pays.

Une entente cordiale s'était établie entre les deux époux en regardant les nouvelles images.

— Ton chef, Faudyl va se demander où tu es passé ? Il est bientôt midi. Appelle sa secrétaire, dit Samia pendant qu'elle fixait l'écran pour ne rien perdre du documentaire qu'elle regardait avec avidité après avoir longtemps zapper.

— Pour une fois que je m'absente. Ma mission à Talha, tu l'oublies, trois heures à attendre ce Tyler, mon réveil à l'aube, à tout ça, tu as songé ?

Samia garda le silence, s'était lassée des nouvelles images. Trois heures qu'elle avait la télécommande en main. Et puis, il faut cuisiner.

Resté seul dans le salon, Lyassine commença par caresser la lisse carapace de la télécommande, promena ses doigts sur les touches des chiffres et des lettres, appuya sur une touche, puis sur une autre. Au bout de quelques minutes, la télécommande n'avait plus de secrets pour lui. « Euronews » et d'autres chaînes d'information présentaient leur journal de la mi-journée ; sur une autre chaîne, un match de football opposait l'Inter de Milan à la Lazzio de Rome. Le quinquagénaire regarda une mi-temps. Une chaîne passait un match de basket-ball de la NBA. Lyassine pensa à Rochdi, il aurait aimé l'avoir à ses côtés, il lui aurait commenté le match, donné des détails sur le jeu subtil, aérien, acrobatique, de haut niveau, des deux équipes. Une autre chaîne montrait les secrets des fonds marins : images belles, transparentes…marines. Au bout d'une demi-heure, Lyassine passa à autre chose. La chaîne invitait aux vacances sous les tropiques. Il rêva, se regarda bronzé, couché sur le sable blanc, à quelques mètres de lui une mer turquoise, il se présent ensuite devant un grand buffet et là, des plats par dizaines, des fruits exotiques auxquels il n'avait jamais auparavant goûtés, avait l'embarras du choix. Répu, il se regarda regagner sa case noyée dans la forêt tropicale, cocotiers partout comme s'il était leur prisonnier ; il ne serait pas seul ; une belle fille des îles serait là en train de l'attendre, son regard tendre, invitant, langoureux...

Lyassine prit plaisir à regarder les nouvelles images, entendit des langues qu'il ne connaissait pas, ne comprenait pas, s'attarda sur une chaîne qui diffusait un documentaire sur une terre lointaine qui s'étendait ocre, à perte de vue. L'image s'arrêta au moment où un tigre guettait sa proie parmi un troupeau de buffles qui paissait paisiblement. Le prédateur s'approcha, lentement, silencieusement, s'élança ; une course folle s'en suivit, le troupeau de buffles fuyait, soulevait de la poussière. Le félin rattrapa un buffle, plongea ses griffes acérées puis ses crocs sur le dos de l'autre animal. Le buffle continua sa course puis la ralentit, submergé par la force du tigre. Vaincu, ne pouvant plus, il s'écroula dans un nuage de poussière, les yeux exorbités, les pattes battant l'air, ne bougea plus.

Lyassine avait regardé ces images comme s'il était directement concerné. « Au fond, s'était-il dit, la différence entre nous et les animaux, c'est qu'eux tuent pour leur survie. Mais les humains pourquoi tuent-ils? Pourquoi dans mon pays les terroristes tuent-ils des femmes et des enfants sans raison ? ».

« Je vais passer en milieu de l'après midi au bureau », s'était-il promis. Il aurait aimé appeler sa secrétaire, lui dire qu'il avait été retenu par une urgence, s'enquérir si on l'avait appelé, si Faudyl ou Si Noury avaient demandé après lui, mais son téléphone était toujours en panne ; pas question pour lui de descendre quatre étages et d'aller au village dans un kiosque multiservices, encore moins frapper chez la voisine d'en face qui est gentille mais que va-t-elle penser de lui ? Sous ces latitudes, ça ne se faisait pas; ça prêterait à équivoque...

«C'est vrai que j'ai promis à Si Noury de passer le voir. Demain, je lui expliquerai. Il sait combien Samia et moi attendions cette antenne parabolique ; en vérité une antenne bien diabolique, pour une fois, nos fanatiques n'ont pas eu tort ». Lyassine s'était senti vaguement coupable.

Un des films préférés de Lyassine passait. Pour ne pas être tenté de zapper, il éloigna la télécommande en la posant sur un meuble, loin du canapé où il était assis.

Ce film, Lyassine l'avait vu dans le cinéma de quartier de sa ville natale. « Autant en profiter », s'était-il dit. Humphrey Bogart était là, avait son chapeau rabattu sur le front, portait son imperméable mythique. Il engueulait le méchant, lui donnait des ordres, il avait une arme dans la main. Pour Lyassine cent dix minutes de pur bonheur. Fatigué, il se leva, se frotta les yeux, bâilla, s'étira. Il avait faim. Dans la cuisine, il réchauffa le steak et les frites que lui avait préparés Samia. La salade qu'il avait retirée du frigidaire avait été assaisonnée avec le seul… vinaigre, l'huile, c'était son affaire. Lorsqu'il regarda sa montre après avoir repris sa place dans le fauteuil profond et accueillant, il était 15h 30, heure à laquelle Si Noury devait être à la galerie d'art de la rue Pasteur, au centre ville. Porte et fenêtres closes, Samia fatiguée des nouvelles images, poursuivait sa sieste. Le quinquagénaire, chef de service, regarda un autre film. C'était au tour d'Ingrid Bergman de le captiver, de retenir son attention. Tout l'amour et toute la douceur du monde étaient gravés sur son beau visage ; ses cheveux coupés à la garçonne et sa blondeur juvénile avaient fait forte impression sur le quinquagénaire qui pensa à Nora, se surprit à lui demander : « Nora, coupe-toi les cheveux à la garçonne, ça t'ira mieux. Tant pis si elle me prendra pour un fou et tant pis pour ses beaux cheveux noirs. Lyassine pensa à son ami Si Noury. Lui aussi avait fait la guerre une guerre dure, sans merci qui avait duré huit longues années. Lyassine aurait bien aimé savoir si son ami avait vécu une histoire d'amour dans le maquis comme dans l'histoire qu'il était en train de regarder. Il ne le lui avait jamais demandé ; d'histoires d'amour, les films produits par son pays n'en parlaient pas non plus, « pourtant, avant d'être de braves combattants, avait songé Lyassine, nos maquisards étaient des êtres humains, avec des sentiments humains, à moins que les «je t'aime», avaient été bannis, seraient une atteinte à la révolution en marche ».

Sans qu'il s'y attendait, Assia s'était invitée dans ses pensées. Elle lui souriait, aucun reproche ne se lisait dans ses yeux tristes qui lui disaient : « tu m'as oubliée. Je t'aimais bien. D'autres ont pris ma place, occupent tes pensées. Je ne t'en veux pas. Je ne suis plus là, c'est normal, je te comprends mais pense à moi de temps à autre. Je t'aime toujours ».

Pour Lyassine, la journée avait apporté des joies mais aussi le regret de n'avoir pas dit des «je t'aime» à Assia et à d'autres femmes qu'il a connues, plus tard, le dira-t-il ? A Nora et plus tard, pourvu que Dieu lui prête vie ; une longue vie. Ne dit-on pas que l'amour n'a pas d'âge…

Lorsque Lyassine avait ouvert les persiennes de son salon, il faisait nuit. Il eut le regret de ne pas s'être rendu à son travail, ni de n'avoir discuté avec Si Noury. « Demain, sans faute, je le verrai. Je m'excuserai auprès de lui », s'était-il promis.

CHAPÍTRE 6

C'était l'une des rares fois où Lyassine était sorti suffisamment tôt de chez lui pour ne trouver aucun bouchon, ni sur la route, ni sur l'autoroute et quand il s'était assis devant son bureau, il avait (la secrète) satisfaction d'être arrivé avant sa secrétaire. Du courrier qu'elle avait déposé la veille sur son bureau, il fit un tri, le classa par ordre de priorité. Il commença par celui qu'il n'estime pas urgent, ou important, qu'il remet à ses collaborateurs avec, toutefois, un droit de regard avant qu'il ne soit expédié, mit de côté le courrier de son ressort exclusif ; c'était à lui de le traiter et de s'en référer à Faudyl si nécessaire ; dans le panier en plastique posé dans le coin de son bureau, il déposa le courrier qu'il juge du ressort de son chef hiérarchique, Faudyl.

Un envoi avec une belle enveloppe blanche attira son attention. « C'est certainement l'invitation à dîner de Georgis », pensa-t-il. Il ouvrit l'enveloppe, cette fois proprement, avec un coupe papier. Il fut confirmé dans sa prédiction.

Il lut sur le carton d'invitation: « Monsieur Georgis a l'honneur d'inviter... », les mots usuels, convenus, d'une invitation en bonne et dûe forme comme l'exige le savoir-vivre international.

Lyassine ne s'offusqua pas de cette invitation tardive. S'agissant de Georgis, il ne pouvait pas refuser et tant mieux, elle tombait bien.

« Je vais lui parler de Walid, tant pis pour Rochdi qui ne verra ni La Tour Effel, ni les Champs Elysées, ni le Zouave en train de regarder couler la Seine. C'est vrai que je dois m'occuper de son affaire d'exemption de droits de douane... ».

Tandis qu'il était occupé par son courrier, Lyassine entendit Louiza, sa secrétaire, ouvrir la porte de son bureau qui donne sur le couloir, ensuite entrer et déposer son sac sur la table, près de l'ordinateur.

Sans frapper, elle lui lança dans la porte entrouverte en montrant son étonnement de le voir si matinal :

— Vous êtes déjà là, Monsieur Lyassine ! Vous m'excusez je suis étonnée...

— Je suis venu un peu tôt, répondit le chef de service d'une voix naturelle comme s'il voulait se faire pardonner son absence d'hier.

— Monsieur Faudyl m'a appelée à la maison. Il a essayé de vous joindre à la maison mais votre téléphone est toujours en panne.

— Mais, Louiza, vous le saviez. Vous auriez dû le rappeler à Faudyl. Je n'aime pas ces situations ! Tu aurais pu appeler ma voisine ; elle m'aurait fait la commission ; c'est une femme serviable, ça aussi vous le saviez.

— Quand j'ai appelé, vous étiez déjà parti. Je crois qu'elle a parlé avec votre femme car j'ai dû attendre…

— Mais, j'étais là, dans ce bureau! Vous n'allez quand même pas me reprocher d'être venu tôt à mon travail !

— Notre directeur est chez le secrétaire général, il arrive qu'ils travaillent ensemble.

Lyassine regretta d'avoir été pris une nouvelle fois en faute ; avec son absence d'hier, ça faisait beaucoup.

Après le départ de Louiza, il s'occupa de son courrier, commença son travail quand il entendit la voix d'un de ses collaborateurs, celui qui arrive toujours avant les autres, demander à Louiza:

— Monsieur Lyassine est là ?

— Oui, il est dans son bureau.

Après le : « entrez ! », de Lyassine, le subalterne annonça (sur son visage une pâleur inaccoutumée que Lyassine remarqua):

— Monsieur Faudyl vous dit de le rejoindre chez le secrétaire général. Si Noury a été blessé ce matin en sortant de chez lui. Il a été évacué vers un hôpital. …

« Mais de quoi parle-t-il ? », avait songé Lyassine comme s'il avait perdu le sens des mots. « Tout ça n'annonce rien de bon » s'était-il dit, puis : « du calme…, pas de panique…, peut être que Si Noury s'est blessé avec son arme. Il y a eu déjà ce ministre qui s'était tué en nettoyantson arme . La presse en a parlé… ».

Lyassine s'était levé, abasourdi.. Il n'avait pas entendu son collaborateur quitter son bureau. En allant vers la fenêtre, il sentit ses jambes molles comme si d'un moment à l'autre elles pouvaient le trahir, ne plus le soutenir.

En se mettant face aux montagnes de l'Atlas, majestueuses dans le lointain, il pensa à un accident de la circulation, hypothèse qu'il écarta rapidement. «Si Noury a un chauffeur qui conduit prudemment, il lui reproche même d'aller trop lentement ». Lyassine revint à sa première hypothèse : « certainement qu'il s'est blessé en maniant son arme, il se savait menacé. Avant-hier, il m'a demandé de passer le voir, certainement qu'il avait des choses à me dire, peut-être me révéler ce qu'il savait sur les gens qui rôdaient près de sa villa, me donner leur signalement. Zyad et Nedjett avaient raison. Leurs craintes étaient fondées. Tant qu'il n'est que blessé ...» puis : « Si Noury est un homme de guerre. Des années durant, il a crapahuté dans les djebels, en armes, il s'y connaît. Non, il ne s'est pas blessé, quelque chose a dû lui arriver ». Lyassine ne douta plus. On a voulu attenter à la vie de son ami. Résonnèrent dans sa tête les paroles de Nedjett : «On a vu des inconnus en train de repérer les lieux », paroles qu'elle lui avait chuchotées lorsque son mari était allé à la cuisine chercher l'extrait de rose pour agrémenter le café qu'il venait de servir. D'autres paroles dans la tête du fonctionnaire, cette fois celles de Zyad : « Ce serait plus sage qu'il arrête d'écrire. Qu'il fasse autre chose. Nous ne sommes pas dans le besoin ».

Entre-temps, le bouche à oreille avait fonctionné à merveille. Le téléphone aussi. On s'interrogeait. « Pourquoi Si Noury ? ». Après Lamine, le danger se rapprochait. Cette administration serait-elle particulièrement visée ?

Lyassine était malheureux, désorienté, ne s'était pas rendu compte qu'il avait descendu les trois étages de l'immeuble où se trouvait son bureau, ni qu'il avait traversé la cour de son administration.

il ouvrit la porte du secrétaire général, en faisant a ttention à ne pas faire de bruit, s'assit sur la seule chaise restée libre, devant lui, les cadres de son administration convoqués par le secrétaire général qui annonça les dispositions à prendre « pour être au chevet du haut fonctionnaire Si Noury ».

La visite de Lyassine, avec son chef Faudyl, avait été programmée pour la fin de la matinée, à onze heures trente exactement.

Ce que le chef de service avait retenu lorsque tout le monde s'était levé , c'était la couleur noire qui était partout dans le bureau du secrétaire général, comme si, prémonitoire, elle annonçait d'autres deuils : les deux grands canapés, les fauteuils, la bordure du vaste bureau étaient de couleur noire, idem pour la porte qui avait été matelassée avec du cuir noir...

En regardant sa montre, Lyassine avait trois heures devant lui. Il n'avait le cœur, ni à aligner des lignes, ni à passer des coups de téléphone, ni à en recevoir. Pour avoir des nouvelles de Si Noury, on s'adressera en premier lieu au chef de cette administration, ensuite au secrétaire général, enfin à Faudyl, à moins que ce ne soient des subalternes qui l'appelleront, des fonctionnaires de son rang, peut-être le secrétaire du maire de Talha ou celui qui lui a remis sa décision d'attribution de terrain ou d'autres subalternes dont il avait oublié jusqu'aux noms et visages.

Pour mettre de l'ordre dans ses idées, le quinquagénaire, chef de srvice alla se réfugier dans la belle et grande salle réservée aux audiences. Elle était vide. Dans la pénombre, il essaya de comprendre ce qui était arrivé à son ami, regretta de n'avoir pas tenu parole . « Il va penser que je l'ai trahi. Si Noury est un homme de parole. Au fond, il est resté un militaire. Il a gardé ça du maquis. Les valeurs de notre révolution armée sont restées ancrées dans sa tête et dans ses habitudes ».

Lyassine se promit de tout expliquer, de dire à son ami que c'était à cause de cette maudite antenne diabolique, à cause des films : « Key Largo », et « Pour Qui Sonne Le Glas », à cause d'Humphrey Bogart et de la blonde Ingrid Bergman. « Piètres excuses ! », avait-il songé, lui-même pas du tout convaincu par ces arguments.

En retraversant la cour, il la trouva étrangement calme. Un grand soleil d'automne la baignait ainsi qu'arbres et parterres de fleurs ; les bâtiments d'ordinaire gris avaient pris des couleurs. Lyassine vit dans ce qui l'entourait un signe d'espoir. Si Noury n'était que blessé, sa guérison une question de jours, au plus d'une semaine ou deux, peut-être qu'après quelques heures d'hospitalisation, il regagnera sa belle villa, retrouvera sa femme et son fils Zyad, la vie reprendra son cours normal, avec son ami, il discuterait de ce qui est arrivé, en riraient ensemble ; généreux qu'il est, Si Noury lui pardonnera, Nedjett l'accueillera avec le sourire, comme toujours. En la regardant lui ramener son café, il se rappellera Assia, sa sœur, à qui il n'a pas cessé de penser ces derniers jours.

On n'avait pas hospitalisé le haut fonctionnaire Si Noury n'importe où. L'hôpital était loin, dans une périphérie valonnée et boisée. Cet hôpital, on l'avait construit sur une colline qui domine des champs et la campagne ; de loin, on pouvait apercevoir ses deux bâtiments en équerre d'une dizaine d'étages et si on venait à s'approcher, on verrait les larges baies vitrées de son entrée.

Louiza avait arrangé avec la secrétaire de Faudyl pour que le chef et son subalterne se retrouvent dans la cour, à 11heures précises, où les attendra une voiture de service.

Faudyl avait été en retard ; une dizaine de minutes qui avaient paru très longues à Lyassine qui n'avait pas dit mot, s'était contenté de se mettre à l'arrière pendant que son chef s'installait à l'avant (dans ce pays les chefs se mettent toujours à côté du chauffeur).

La voiture de service traversa les hauteurs de la grande ville, un moment elle emprunta l'autoroute qu'elle quitta au bout d'une dizaine de kilomètres, prit une route de campagne autourée de champs qu'on dirait abandonnées, monta une route qui longe un versant de colline. Après quelques kilomètres et une large courbe, l'hôpital était là, imposant. Pendant tout le trajet, Lyassine avait regardé la nuque de Faudyl, une nuque énorme, les cheveux étaient teints en noir, un noir brillant, artificiel que le soleil avait fait briller en leur donnant un reflet blanchâtre.

La voiture de service stationna dans le parking quasi désert. Lyassine allongea le pas derrière son chef qui semblait pressé. Après que Faudyl se fut adressé à la réception, ils traversèrent le vaste hall, franchirent une porte, au dessus, l'enseigne : URGENCES MEDICALES ET CHIRURGICALES. Au début du long couloir, à leur gauche : une porte, au dessus l'inscription: BUREAU DU CHEF D'EQUIPE puis, chambres 1, 2, 3..., au bout, une autre porte, au dessus : REANIMATION. Lyassine s'arrêta, il était essoufflé ; son cœur battait, il aurait aimé s'adosser au mur mais une force le poussait, lui disait de continuer et lorsqu'il entra dans le couloir sombre, Faudyl l'attendait devant la chambre de Si Noury.

Elle n'était pas spécialement grande ou spacieuse : murs blancs, brillants, peints au vinyle. Deux de leurs collègues étaient encore là. Ils se levèrent, quittèrent la chambre pour leur laisser leurs deux chaises.

Le corps de Si Noury était recouvert d'un drap blanc qui avait été ramené jusqu'aux épaules ; corps long à ne pas en finir, au bout la saillie des pieds.

Lyassine peinait à reprendre ses esprits mais il constatait la mort de son ami. Deux jours plus tôt, dans sa belle villa, Lyassine se souvint que Si Noury était enthousiaste en lui montrant ses tableaux, parlait de l'avenir, était heureux à l'idée d'écrire un livre sur les peintres de son pays et le voilà, là, allongé, sans vie. Lyassine fixa le bandage qui couvrait la tête, regarda les yeux clos du mort, les cils et les sourcils qui étaient noirs, couleur charbon, étaient devenus blancs, les lèvres s'étaient étirées comme si, avant de mourir, Si Noury voulut lancer un dernier défi à ses assassins, leur dire: « Vous m'avez tué, vous avez réussi, c'est très bien mais vous ne sortirez pas vainqueur de ce combat. Le monde a changé, vous, vous êtes en retard, très en retard. A votre âge, moi aussi j'ai pris les armes mais si j'ai combattu et tué, c'était pour libérer mon pays. C'est vrai, les promesses n'ont pas été tenues mais est-ce une raison ces violences, ces égorgements, ces destructions, ces morts ? Notre religion est pacifique. En quoi ma mort fera-t-elle avancer

votre cause ? Votre Etat théocratique vous ne l'aurez pas ! Vous êtes des assassins ! Pire : des utopistes !».

Lyassine n'avait pas cessé de regarder le visage qu'il avait connu expressif,
les yeux qui se plissaient, rieurs, ou s'affichaient sarcastiques. Il s'était souvenu
des propos moqueurs ou sentencieux de son ami, de sa façon de marcher, de
lui tendre la main, de sa haute silhouette qui se découpait dans le couloir dans
la lumière du soir.

Lyassine pensa à Nedjett, à Zyad, son fils. Où se trouvaient-ils ? Que
faisaient-ils ? Dans quel état sont-ils? Qui les avait accompagnés à l'hôpital?
Nedjett, désespérée, folle de douleur, l'a t-elle appelé chez lui ? Malheureux,
il se souvint que son téléphone était en panne. Lyassine s'était maudit, avait
maudit l'administration des téléphones, il aurait aimé frapper sa tête contre le
mur qui est là, juste près de lui, se prit la tête dans les mains, submergé par un
regret immense, incommensurable. Il aurait aimé s'excuser, obtenir de son ami
son pardon. Il se consola, l'entendit lui dire : «Je ne t'en veux pas, Lyassine.
L'antenne parabolique, ton épouse et toi, vous l'attendiez depuis bien longtemps et puis, je sais que tu aimes Humphrey Bogart, le dur mythique et la
blonde Ingrid Bergman. Je te comprends. Ne t'inquiète pas. Je serai toujours
ton ami ».

Midi sonna, douze coups brefs, qui dans la tête de Lyassine, avaient annoncé la mort de son ami et son le départ définitif de ce monde.

Faudyl s'était levé comme s'il était de connivence avec la mort, attendait
ces douze coups brefs, sinistres, pour partir, quitter au plus vitre la pièce mor-
tuaire. Lyassine et lui regardèrent une dernière fois le mort puis sortirent ;
dans le couloir. Faudyl avait déjà pris de l'avance, allongeait le pas, laissait
derrière lui son subalterne. Lyassine s'arrêtta quand il vit, ostentatoire, l'enseigne : CHIRURGIEN EN CHEF. Il hésita un moment puis frappa. Aucune
réponse de l'intérieur. Il ouvrit la porte, devant lui, à quelques mètres, un
homme grand, cheveux noirs, traits réguliers, beau visage venait de sortir d'une
pièce attenante. Il lança à Lyassine :

— Entrez ! Ne restez pas sur le pas de la porte ! En lui serrant la main, il
lui dit : Je penque que vous êtes un ami du défunt Si Noury. C'est moi qui l'ai
opéré ce matin. Vous êtes venu pour savoir davantage, n'est-ce pas ?

— Oui, je voulais savoir...

— Il a été admis dans notre service vers huit heures du matin. Sa femme
nous a expliqué que c'était au moment où son mari ouvrait le portail de sa villa

qu'un jeune homme, selon un témoin il s'agirait d'un adolescent, lui a tiré une balle dans la tête. Le tireur a plaqué le canon de l'arme contre la nuque de sa victime et a tiré. Ce sont les seules précisions que je peux vous donner pour le moment. Je suis à la disposition de l'épouse du défunt si elle veut davantage de précisions.

Devant le silence de Lyassine qui l'interrogeait du regard, le chiurgien en chef poursuivit :

Si Noury n'a jamais repris connaissance. Une dizaine de minutes après le début de l'opération, son cœur s'est arrêté de battre. Même si l'opération avait réussi, Si Noury aurait gardé de graves séquelles. Voilà, j'espère que vous êtes satisfait.

Lyassine n'avait pu s'empêcher d'en vouloir à son chef Faudyl. « Cet homme a un cœur de pierre. Il ne s'est pas même pas donné la peine de s'enquérir de la mort de son supérieur hiérarchique ».

Dehors, la vie suivait son cours, en fait, une journée comme tant d'autres. La mort était devenue banale. Plus personne ne la prenait plus au sérieux. Elle pouvait frapper mais aucun ne se sentait concerné comme s'il pensait que ça ne pouvait arriver qu'aux autres, ou qu'elle ne lui faisait pas peur.

Dans la voiture de service qui les ramenait au siège de leur administration, il n'était pas venu au chauffeur, ni à Faudyl d'éteindre la radio qui diffusait une chanson que Lyassine connaissait bien. Il ne s'en offusqua pas. C'était Cheb Hasni qui chantait l'amour, l'étreinte, sa belle, semblait dire aux terroristes : Vous avez voulu éradiquer de ce pays la joie de vivre et le bonheur. La vie pour vous ne peut être qu'une vallée de larmes, de souffrances et de privations. Vous avez tué Si Noury. C'est tellement facile. Il était créatif, servait son pays, écrivait, aimait la vie ; à juste titre, il a dénoncé votre barbarie, votre ignorance du monde qui nous entoure, de notre religion, vous avez une fausse interprétation, vous ne la connaissez pas ! Moi, je n'étais qu'un chanteur. En quoi, je vous dérangeais ?

Lyassine était bouleversé tant la voix de Cheb Hasni était belle, prenante. D'outre-tombe, il chantait encore l'amour, il chantait l'espoir, il chantait la vie.

Ni les montagnes de l'Atlas, ni les condoléances de ses collègues n'avaient effacé la tristesse qui se lisait sur le visage de Lyassine. Quand sa secrétaire lui avait annoncé : « monsieur Georgis vient de téléphoner ; il veut s'assurer de votre présence demain à son dîner », le chef de service s'était rebellé, avait protesté dans sa tête, étonné qu'après la mort d'un haut cadre d'une administration à qui il avait à faire, Georgis, homme de culture s'il en est, savoir-vivre irréprochable, ne reporte pas son dîner ou l'annule tout simplement. En effet, et si les invités s'avisaient de ne pas répondre à son invitation ? non pas par respect à la mémoire du défunt, mais parce que la mort rôdait, cherchait une nouvelle victime. A qui le tour ? Il y avait eu la bombe devant le commissariat central, d'autres meurtres avaient été commis dans cette capitale, sa périphérie et dans la Mitidja, outre que le pays connaissait son lot quotidien d'exactions, d'embuscades et de faux-barrages.

Après mûre réflexion et un long silence, Lyassine se résigna à répondre à sa secrétaire qui attendait toujours sa réponse: « Dites à Georgis que j'assisterai à son dîner », finit-il par répondre, résigné.

Louiza s'en était allée mais pas pour longtemps. De retour, sur le pas de la porte, elle lui dit :

— Monsieur Faudyl vous demande d'assister à la réunion de cet après-midi avec le secrétaire général. Il vient d'être désigné pour veiller au bon déroulement des obsèques de si Noury. «Ah, bon, voilà un choix bien étrange. Décidemment, les desseins de cette administration sont impénétrables » s'était dit Lyassine après le départ de sa secrétaire.

Excédé, désespéré, il s'était levé, submergé par une colère sourde, soudaine ; il aurait aimé crier, frapper, étrangler Faudyl et toute personne qui se trouverait devant lui. Les montagnes de l'Atlas dans le lointain ne pouvaient rien faire pour lui et voilà que le soleil qui brillait souverain dans le ciel, s'était mis de la partie, s'était ligué contre lui, il s'était caché derrière les nuages qui avançaient lentement mais résolument dans le ciel, on aurait dit une armée déterminée qui monte au combat. Tout ce que regardait Lyassine était devenu gris, désespérément triste : grisaille des bâtiments, grisaille des arbres, grisaille des montagnes, grisaille dans sa tête. Pour s'occuper, il regarda en direction de la cour. Les fonctionnaires étaient nombreux en train de discuter et lui, là, seul dans son bureau, à se ronger le foie. « Et dire que j'ai passé plus de vingt ans de ma vie dans les murs de cette administration à la disposition et aux ordres des autres », s'était-il révolté. En regagnant son fauteuil laid, en skaï, noir, un immense regret l'avait submergé : il n'était plus qu'un fonctionnaire sans importance, ballotté par sa femme, par Faudyl, par la vie. Après s'être assis, il fixa la table, les trois chaises et l'armoire devant lui, trouva son bureau abominable, laid, tout ce qui l'entourait était devenu dérisoire, sans importance. Il aurait aimé fuir, retrouver la campagne, une herbe haute et foisonnante, écouter le gazouillement des oiseaux, marcher dans la lumière d'un soleil éclatant qui serait si brûlant qu'il s'y consumerait volontiers. Il songea : « Ah, si je pouvais retrouver une autre vie, vivre dans un autre pays, sur un autre continent et qu'importe que je sois un Indien de l'Amazonie ou des plaines du pays de Tyler, ou un mendiant de quelque ville poussiéreuse et misérable . Vivre en d'autres temps, en d'autres lieux, oui mais voilà, pour moi, c'est trop tard ».

« J'en ai pour une heure », lança-t-il à sa secrétaire.

Devant la villa de son ami qui n'est plus, il n'était pas seul : une trentaine de personnes était là, dont des journalistes qu'il avait vus à l'aéroport lors de l'arrivée de Tyler. Quatre agents de sécurité à l' uniforme sombre, leur grosse arme de poing sous le ceinturon, étaient devant la villa. En jouant des coudes, et malgré ses « pardon, excusez-moi », Lyassine n'alla pas bien loin. Il était coincé. Top de monde ; on lui jetait des regards furtifs, mécontents. « Pour qui se prend-il celui-là devaient se dire certains. « Ça ne sert à rien de rester devant cette porte qui n'est pas prête de s'ouvrir pour moi », s'était dit le quinquagénaire, chef de service qui préféra rebrousser chemin. Il retrouva son bureau plus lugubre, plus sombre et plus triste que lorsqu'il l'avait quitté. Avant de fermer sa porte à double tour, il lança à Louiza, sa secrétaire : « Je ne suis là pour personne ! Surtout ne me dérangez pas !».

Durant deux heures, Lyassine resta calfeutré, dans l'obscurité, indifférent à la vie et à la rumeur de la grande ville que laissaient filtrer les persiennes qu'il avait fermées, mécontent et hostile.

Peine perdue. Le téléphone n'avait sonné ni dans son bureau, ni dans le bureau de sa secrétaire. Son repos lui avait fait du bien et il avait mis plus d'ordre dans sa tête. A la réunion à laquelle il doit assister sur l'ordre de son chef Faudyl, il n'était pas enthousiaste d'y aller, son cœur n'y était pas et c'est le pas lent qu'il longea le couloir, descendit les trois étages, traversa la cour, entra dans un autre bâtiment.

Dans la vaste salle, directeurs et directeurs généraux l'avaient reconnu. Il n'était pas des leurs mais ils lui avaient souri, c'était leur façon de lui sou-haiter la bienvenue, que pour un court moment, il sera leur égal. Le chef de service, ils le connaissaient, souvent il lui était arrivé de leur serrer la main, il avait même sympathisé et pris des consommations dans les nombreux cafés du quartier avec certains d'entre eux.

Une lumière artificielle éclairait la salle. Elle tombait des néons accrochés au plafond. Pas de fenêtres mais des vasistas, les murs nus, seule une grande mappemonde occupait une bonne partie d'un mur. Elle invitait à l'aventure comme si cette administration voulait que chaque fonctionnaire s'inspire de l'enthousiasme des capitaines courageux d'antan dont on voit les galions qui voguent au milieu des océans, leurs oriflammes claquant au vent.

Dès qu'il prit place au bout de la grande table, le secrétaire général dit en regardant intensément les fonctionnaires de son administration :

« Si nous sommes ici, c'est pour rendre hommage à notre ami et collègue Si Noury. Il était le meilleur de nous tous. Il a servi longtemps, fidèlement, avec dévouement et compétence son pays et cette administration. Il nous a quittés prématurément. Après le fonctionnaire Lamine, notre institution est de nouveau la cible des terroristes. Qu'ils sachent une chose : S'ils croient nous intimider, ils se trompent. Ils peuvent continuer à tuer mais nous ne céderons pas, nous ne fléchirons pas ! ».

Le secrétaire général évoqua la participation du défunt à la guerre de libération nationale, rappela qu'il avait repris ses études après ses années passées au maquis, poursuivit: « Nous sommes là pour assurer la continuité du service public. Nous sommes la pérennité de l'Etat et de la République une et indivisible. Il ne peut y avoir une autre République. Les terroristes se trompent et trompent les naïfs ou ceux qui veulent bien les croire. La seule République que nous reconnaissons est celle qui émane de l'exercice libre et sans contrainte du suffrage universel. Notre religion fait partie de notre vie, chacun la vit intensément, dans la tolérance et le respect de l'autre. Nul ne peut imposer sa vision et ses croyances par la violence et la barbarie. Notre religion ne l'a jamais dit. Je le répète. On ne brisera pas notre volonté. Nous n'oublierons pas Si Noury. Son sacrifice sera toujours dans nos cœurs et nos mémoires ».

Un long silence avait suivi l'intervention du secrétaire général. La rumeur de la ville arrivait, lointaine. Elle rappelait à chacun que dehors la vie continuait.

Le secrétaire dit encore : « Nous nous reverrons au cimetière où sera inhumé notre ami et collègue Si Noury ».

On s'était levé, on s'était adressé des sourires désolés. Tandis qu'on remettait les sièges à leur place, Lyassine était resté attaché au sien. Il fixait la mappemonde en face de lui, en lui un besoin de voyager, de respirer un air autre, nouveau, frais. « Ah, si j'étais plus jeune, avait-il songé. Qu'importe l'exil si les matins sont paisibles, qu'importe de vivre dans des villes tristes, froides et grises si les cœurs sont en paix et les esprits libres ».

Tandis qu'il rêvait, il n'avait pas vu venir vers lui le secrétaire général qui lui annonça :

— Monsieur Lyassine, demain vous serez de permanence. Ce n'est pas la peine que vous assistiez à l'enterrement du défunt Si Noury. C'est ici qu'on a besoin de vous. On va téléphoner de partout pour présenter les condoléances à notre administration et à son chef. Je compte sur vous.

Réponse évasive, polie, respectueuse, en fait un balbutiement de la part du chef de service :

— Si Noury était un ami, monsieur le secrétaire général, moi aussi j'aimerais assister à son enterrement, je ...

— Si Noury a été un ami pour nous tous ! coupa le secrétaire général, cassant. A ce que je sache, vous avez pas l'exclusivité de son amitié ! C'est à la permanence qu'on a besoin de vous ! En fixant son chef de service, il ajouta : C'est votre chef Faudyl qui vous a proposé. La présence des directeurs et des directeurs généraux est indispensable à l'enterrement.

Sans attendre la réponse de son subalterne, le secrétaire général avait tourné les talons et quitté la salle.

La grande salle était maintenant vide, plongée dans la pénombre. Le planton avait éteint les lumières. « Non l'obscurité ne me gêne pas », lui avait répondu Lyassine assis dans son fauteuil, abasourdi, plein de haine, désemparé.

« Vraiment un salaud ce Faudyl! », s'était-il exclamé en serrant les dents.

Lyassine se leva, contourna la grande table oblongue, se mit devant la mappemonde comme si, faute d'escrimer ses chefs et de leur enfoncer son épée dans le cœur, il voulait confronter les capitaines courageux dont les galions voguent poussés par un vent favorable. Mais, les intentions de Lyassine étaient pacifiques. Ce dont il avait besoin, c'était partir, aller à la rencontre de son continent, l'Afrique, redécouvrir ses beautés, ses mystères, ses chaleurs tropicales, ses forêts, sa savane, ses fleuves qui ne ressemblent pas aux autres. Si on savait qu'ils finissent dans la mer, on ne sait jamais où ils prennent leur source.

Il commença par se détourner du vaste désert de son pays, le Sahara, qu'on dit le plus vaste du monde. Il préféra suivre le Nil dans son évolution sinueuse, s'imagina des déserts arides, des terres verdoyantes, des montagnes et des hauts plateaux que le fleuve géant, sacré, traversait dans sa marche lente, majestueuse, de toute beauté, vers la mer.

Le Soudan, ah, le Soudan ! Que de souvenirs pour Lyassine qui pensa à la canicule qui assiégeait dès l'aube ce pays immense, à sa terre fertile mais délaissée, à ses chèvres qui se nourissaient sous un soleil de plomb des detritus abandonnés sur des terrains vagues et poussiéreux. Ah, Khartoum, la brune Khartoum. Que de souvenirs ! Promenades après que le soleil se fut délesté de ses ardeurs, vaste et accueillante terrasse d'un hôtel qui avait connu les splendeurs de l'empire britannique, marché à ciel ouvert, coloré, immense, tous les épices du monde étaient là, dans des sacs en jute posés sur le sol poussiéreux, couleurs de la beauté du monde : des rouges, des jaunes, des bleus... : couleurs belles, extraordinaires, on se croirait revenu au temps des Mille et une nuits, de Shéhrazade et du voleur de Baghdad. D'autres réminiscences pour Lyassine, mal dans sa peau, malheureux: la masse sablonneuse d'Omdurman, la ville sacrée où le Nil blanc et le Nil bleu se rejoignent dans des noces calmes et blanchâtres, felouques silencieuses qui glissent sur l'eau claire , bâteaux à aubes qui passent, silencieux incertains, dès que la nuit tombait, dans la soirée, il dormait avec Samia et leur enfant Bylal dans le jardin car la nuit, les murs de leur maison devenaient des radiateurs qui rejetaient la chaleur emmagasinée durant la journée, à l'intérieur une fournaise qu'on dirait importée de l'enfer. A éviter absolument si on ne voulait pas griller.

Quand Lyassine s'était rassis, le temps des escapades était terminé, ces temps heureux ne reviendront plus. La salle sombre, sans vie lui était devenue insupportable, un vrai, un grand tombeau. En hâtant le pas, il se retrouva dans la cour, en lui, un besoin de verdure, d'air frais, de bois et de forêts. Il se rendit là où il avait rencontré Walid ; ce n'était pas loin de son lieu de travail.

La forêt anciennement Borgeaud était calme, exhalait paix, tranquilité et... volupté. Le quinquagénaire croisa des couples qui se tenaient par la main et avaient de la tendresse dans les yeux. Avant qu'il ne soit à sa hauteur, un couple avait disparu, s'était « réfugié » dans les bosquets et lorsque Lyassine avait pris un chemin de terre qui traversait la forêt, il avait entendu des chuchotements et des soupirs et des voix qui se faisaient des confidences, se disaient les mots tendres, ...bruissements de feuilles, bruits étranges ...Le quinquagénaire préféra s'éloigner.

Bien étrange ce couple que Lyassine avait regardé. Elle, grande, belle, adossée à un arbre, lui, en face d'elle, à sa hauteur, un tête-à-tête de tous les dangers, un dernier règlement de comptes avant la rupture finale ou le besoin de se noyer dans l'âme de l'autre. Lyassine ne le savait pas, se souvenant de cette histoire qu'on lui avait raconté, ne se souvenant pas par qui : « j'ai quitté mon quartier du centre ville trop bruyant et pollué . C'est dans la forêt de Borgeaud que je pouvais trouver la fraicheur et la verdure. J'ai pris par des sentiers, cueilli des fleurs, salué quelques promeneurs. J'étais heureux. J'avais beaucoup marcher. Fatigué, je me suis adoddé à un arbre, peut-être me suis-je assoupi ? je n'entendais que le bourdonnement des insectes et le léger bruit du vent puis j'ai senti comme une présence derrière moi: j'ai tourné la tête : c'était un adolescent qu'on aurait dit posé là par quelque divinité dans un dessein maléfique, peut-être était-il le diable lui-même ? Il avait le visage brûlé par le soleil et de grands yeux sombres, noirs, peints avec du kôhl. De sa voix douce, il commença à me parler de sa solitude, de son besoin d'aimer, de l'amour qu'il porte à son prochain ; des paroles dites pour séduire ; il s'était approché de moi en me disant des mots interdits, indécents, des paroles que dirait une femme à l'homme de sa vie. J'ai compris dans ce champ inondé de soleil et de lumière que le diable a voulu me tenter ou me provoquer ? Je me suis levé et quitté cette forêt en maudissant le diable d'avoir mis cet adolescent, ce diable ! sur mon chemin.

Lyassine avait souri à l'évocation de cette histoire ; il avait bien eu besoin de cette récréation. Des choses plus graves trottaient dans sa tête. Son ami venait d'être tué, assassiné. Ce n'était pas le moment de rester là, à rêvasser au milieu des arbres de la forêt ex Borgeaud. Homme de bonne volonté et fidèle à la mémoire de son ami, il devait faire quelque chose.

CHAPITRE 7

Le commissariat central avait son aspect coutumier d'une fin d'après-midi ordinaire. Un passant non averti aurait eu de la peine à croire que quelques jours plus tôt une bombe destructrice avait explosé devant son entrée. Ce qui avait été détruit avait été reconstruit et pour narguer les terroristes, leur dire qu'ils ne vaincront pas, des plantes géantes avaient été mises devant son entrée.

— Je veux parler au commissaire principal, demanda Lyassine qui, pour cette visite, avait mis son costume sombre, ce qu'il avait de meilleur dans sa garde robe. Le policier en faction, n'en avait cure. Lui, portait un bel uniforme bleu-azur et au costume de quinquagénaire, il n'attacha aucune importance.

— Le commissaire est absent, répondit-il, tout en tournant et retournant la carte professionnelle que lui avait tendue Lyassine. Montez au premier étage, c'est le premier bureau à votre droite, poursuivit-il, en regardant par dessus l'épaule du quinquagénaire, chef de service, comme s'il s'adressait à quelqu'un d'autre.

Le fonctionnaire, au plus la quarantaine, visage lisse, imberbe, chemise à manches courtes malgré la fraîcheur de l'après midi, était assis devant son large bureau. Il était seul, ne semblait pas occupé. Dehors, on le prendrait pour un employé d'une banque ou le courtier d'une compagnie d'assurances. Au premier coup d'œil, Lyassine pensa qu'il avait à faire à un professionnel qui allait l'écouter attentivement.

— Je m'appelle Sofyane ; je suis le commissaire-adjoint. Que puis-je faire pour vous ? dit-il en tendant la main à Lyassine qui s'empressa de la prendre. Lyassine l'avait sentie forte, capable d'étrangler quelqu'un sans avoir besoin de l'autre main.

— Je travaille dans la même administration que le haut fonctionnaire Si Noury qui a été assassiné ce matin, dit-il en s'asseyant sur la chaise que lui avait désignée de la main le commissaire-adjoint. Nous avons grandi dans le même quartier, je peux dire que Si Noury était un ami...

— Venez à l'essentiel, je vous en prie. Je ne veux pas vous faire perdre votre temps...

— Voilà, j'ai vu Si Noury quelques jours avant sa mort. Il semblait inquiet. Sa femme avait remarqué une présence suspecte devant leur maison et son fils est venu me voir pour me dire la même chose...

— Qu'est ce que vous entendez par présence suspecte ? Demanda le policier en déposant sur son bureau la carte professionnelle du fonctionnaire Lyassine après l'avoir bien examinée.

— Des gens qui rôdaient..., des inconnus qui regardaient la façade de la villa...

— Vous croyez que c'est suffisant pour qualifier cette présence de suspecte ? Beaucoup de gens construisent, ils veulent s'inspirer des villas des autres qui leur plaisent...

— Non, je ne crois pas, c'était autre chose. Ni la femme de Si Noury, ni son fils, ne se seraient aventurés à m'en parler s'ils étaient sûrs que cette présence n'était pas suspecte. Je vous le dis, monsieur le commissaire, ils étaient inquiets.

En poussant le torse contre son siège et se croisant les bras, le commissaire-adjoint demanda :

— Vous, vous avez vu ces hommes ? Si Noury, vous a-t-il dit qu'il se sentait menacé ?

Lyassine hésita, embarrassé :

— Non, il ne me l'a pas dit...

— Et pourquoi ne vous l'a-t-il pas dit ? Vous avez dit qu'il était votre ami.

— Il avait son caractère. Il ne voulait pas montrer qu'il avait peur. Il était officier dans l'ALN (Armée de Libération Nationale). Avoir peur des siens, ce serait la pire des... humiliations pour lui ; s'il avait pris les armes, c'était pour que ce peuple vive libre, sans peur...

Lyassine allait dire qu'il avait passé la journée à regarder des documentaires et des films mais il se ravisa. « Ce Sofyane va penser que je suis un farfelu... ». Il ajouta en se voulant convaincant : La femme de Si Noury et son fils Zyad peuvent vous renseigner...

Le policier reprit l'examen de la carte professionnelle de Lyassine qui était restée posée sur le bureau, la regarda comme si son titulaire n'était pas un inconnu de ses services ; dans les yeux de Sofyane, Lyassine lisait des interrogations. Un vent de panique souffla dans la tête du quinquagénaire, chef de service qui avait à l'esprit ses deux infractions. « Le policier qui m'a contrôlé m'a fiché, c'est certain », s'était-il dit, assailli par la même honte, que quelques jours plus tôt sur l'autoroute et dans la ruelle du centre ville plongée dans une semi-obscurité .

Le commissaire adjoint reprit comme si de rien n'était :

— La femme de votre ami, vous a-t-elle dit si les personnes qu'elle a vues étaient jeunes, agées, avaient des signes particuliers : une cicatrice sur le visage, une couleur particulière des cheveux, s'ils étaient petits, grands, s'ils portaient des vêtements qu'on pourrait remarquer : une casquette, un survêtement...?

Lyassine hésita, puis :

— Non, elle ne m'a rien dit...

— Et son fils ? Vous m'avez dit qu'il était venu vous voir...

— Non, il ne m'a rien dit. J'aimerais bien vous aider, monsieur le commissaire, mais je ne vois pas comment. Croyez-moi, je suis sincèrement désolé.

Le policier semblait insatisfait. Comme s'il venait d'être appelé par une urgence, il se leva, alla vers l'armoire métallique dont il ouvrit les deux battants, chercha dans les chemises cartonnées, compulsa des documents, chercha encore, ouvrit d'autres chemises cartonnées, lit ce qu'elles contenaient puis revint, bredouille.

En reprenant sa place, il dit à Lyassine :

— Vous, vous n'avez rien remarqué de suspect, d'anormal, dans votre cité ? Des personnes qui allaient, venaient, levaient la tête sur les façades des bâtiments comme s'ils étaient en reconnaissance . Votre collègue Lamine a été assassiné, lui aussi habitait une cité...

— Non, je n'ai rien d'observer d'anormal, observa Lyassine, étonné par cette question. Les gens qui y habitent dans ma cité sont de condition modeste, dit-il, ils n'ont rien de spécial et puis franchement, monsieur le commissaire, me comparer à mon ancien collègue Lamine qui passait pour avoir des relations et être débrouillard...Moi, j'ai mis dix ans pour obtenir un terrain des réserves foncières. En vous disant cela, ne croyez surtout pas que je veux insinuer quoi que ce soit. Lamine était un fonctionnaire tout à fait honorable et j'en suis sûr honnête. Je n'ai aucune raison de le critiquer. C'est vrai qu'il était aussi un peu mystéreux, mais cela ne veut rien dire ; après tout, chacun a son caractère.

Lyassine garda le silence. Il avait suffisamment parlé, peut être avait-il trop dit. Pendant que le commissaire adjoint le regardait, il avait détourné les yeux puis s'était mis à réfléchir. Sans grande conviction, comme s'il se devait de dire quelque chose, il ajouta :

— Il y a ce fils d'un vieux fermier... Il s'appelle Lotfi...

— Et qu'est ce qu'il a de spécial ce Lotfi ? demanda vivement Sofyane.

— Je ne sais pas..., dans la cité et le village, il passe pour être rigoriste, conservateur... Ce garçon est un peu particulier...

— Que voulez- vous dire par rigoriste..., particulier?

— Il a sa propre façon de voir les choses, d'interpréter notre Livre saint et les paroles du Prophète...

— Pouvez-vous me donnez un exemple !

— Sa sœur prenait des cours de français chez un vieux professeur.., il n'aimait pas ça...

— Mais qu'il y a t-il d'extraordinaire à s'instruire ! dit le commissaire-adjoint en fronçant les sourcils.

— J'ai pensé que c'était un détail qui pourrait vous interesser...Il y aussi qu'il a vu du vin chez moi ; je suis sûr que pour lui, c'est interdit, c'est contraire à notre religion...

— Est-ce qu'il vous l'a dit...

— Non...

— Est-ce qu'il vous a menacé ou a-t-il eu un comportement menaçant envers vous ?

— Non pas du tout ! S'offusqua Lyassine. Lotfi est un adolescent comme les autres. Il y a des gens qui sont religieux, appliquent à la lettre les enseignements de notre religion et sont foncièrement pacifiques. Je dirais même que l'un ne va pas sans l'autre.

— Maintenant, je vous demande de faire un effort. N'avez-vous rien oublié ? Réfléchissez bien., c'est important, s'il le faut, prenez-votre temps.

— Non, je ne vois pas, répondit Lyassine, évasif. Après un court silence :

— Si, il y a Walid qui habitait notre cité, les terroristes ont incendié son usine...

— Monsieur le chef de service nous cherchons des suspects ! Je ne crois pas que ce Walid pourrait être un suspect ! vous êtes d'accord avec moi ! Je vous en prie, cherchez encore.

— Oui, vous avez raison, je n'y ai pas pensé. J'ai discuté avec le chirurgien qui a opéré Si Noury. Il m'a parlé d'un adolescent qui serait l'assassin de Si Noury...

— Quel âge aurait cet adolescent ?

— Je ne sais pas, je n'ai pas été témoin du meurtre, monsieur le commissaire. La veuve de Si Noury peut vous renseigner...

— Ecrivez-moi le nom de famille de ce Lotfi. Une enquête peut amener parfois des surprises .

Le commissaire adjoint glissa en direction de Lyassine une feuille de papier qu'il avait tirée d'un tiroir de son bureau.

Après que Lyassine se soit exécuté, Sofyane put lire, en grosses lettres d'imprimerie : (écriture appliquée, ferme) : BENADEL. Sofyane se leva, ouvrit la porte de son bureau, disparut dans le couloir en la laissant entrouverte.

Resté seul, Lyassine courba le torse, fixa le sol, submergé par la honte et le doute. Que faisait-il dans ce bureau, dans ce commissariat où il n'aurait jamais dû mettre les pieds. Que va penser de lui Ammy Saïd ? « Un quinquagénaire qui passe pour être son ami qui accuse son fils ». A cause de cette déposition, Lyassine était convaincu que Lotfi sera fiché comme suspect. Le darek le contrôlera sur les routes, saisira sa marchandise, peut-être sa camionnette, il perdra son gagne pain, la vie du fils de Ammy Saïd deviendra impossible.

Plongé dans ses réflexions, Lyassine entendait la rumeur de la grande ville qui entrait par la fenêtre entrouverte. Les lampadaires s'étaient allumés. Dehors, il faisait nuit.

Un bon quart d'heure depuis que le commissaire adjoint avait quitté son bureau. Lyassine, seul, entouré de murs gris, tristes ; il était leur prisonnier, dans sa tête, il était un délateur, lui vint ce mot terrible : « balance ». Oui, il était une balance, lui, un quinquagénaire, père d'un jeune homme dont il était fier, mais maintenant? En regardant l'armoire en fer à quelques mètres de lui, plaquée contre le mur gris, il songea qu'après son départ, Sofyane fera son rapport, citera son nom, dira qu'il s'agit d'un fonctionnaire quinquagénaire, chef de service dans une administration honorable; le rapport sera mis dans des chemises cartonnées ; des policiers, peut-être des stagiaires, prendront connaissance de sa déposition, liront son nom ; un chef de service dans un commissariat ce n'est pas courant ; ils en parleront entre eux, diront que cet homme n'a pas eu honte d'accuser un adolescent qui aurait pu être son fils.

Le commissaire adjoint lui annonça après avoir repris sa place :

– J'ai trouvé trois noms dans l'ordinateur. Les mêmes noms et prénoms que ceux que vous m'avez fournis. Deux de ces personnes ont moins de trente ans. L'autre est beaucoup trop âgé. Votre Lotfi nous intéresse. Ecrivez-moi son lieu et sa date de naissance ainsi que les noms de ses parents. Nous avons besoin de ces renseignements.

Lyassine aurait voulu se lever, quitter la pièce et advienne que pourra. Tant-pis pour sa carrière, qu'il devienne chômeur ou qu'on le mette à la préretraite ; sa honte, il la sentait profonde, elle s'était incrustée dans sa tête, avait pris possession de son être et de son corps ; il suffisait qu'il allonge le bras pour la toucher, la palper.

En disant d'une voix molle qu'il n'avait aucune idée de la date et du lieu de naissance de Lotfi, le quinquagénaire écrivit sur le même feuille de papier, sous : BENADEL : SAÏD et en dessous : ALDJA BENADEL puis glissa la feuille sur le bureau pour la mettre sous les yeux du commissaire-adjoint Sofyane.

En lisant le renseignement, celui-ci lança, en fronçant les sourcils et fixant Lyassine:

— Il a épousé une cousine ?...

— Je ne sais pas, monsieur le commisaire ! Je ne connais pas le nom de jeune fille de la vieille Aldja ! Lyassine impatient, dans sa tête, il était un homme indigne.

Lyassine aurait aimé lancé, furieux: vous me demandez trop ! Je ne suis pas à votre service mais il se contrôla, renonça.

— Leur âge ? Vous avez une idée de leur âge, lui demanda le policier Sofyane.

— Ammy Saïd, je ne sais pas... 60, 65 ans..., sa femme, la vieille Aldja, 55, 60 ans...

En quittant son bureau, Sofyane avait pris, cette fois-ci, le soin de refermer la porte de son bureau. Lyassine entendit ses pas s'éteindre dans le couloir.

Resté seul, le geste audacieux, il prit l'éphéméride posé sur le bureau, s'efforça de lire sur ce qui était écrit en faisant défiler les feuilles rapidement avec ses doigts fébriles, agiles. Rien de bien intéressant..., il lut des noms de personnes, il y avait là aussi des numéros de téléphone, des croix barraient des dates, il y avait beaucoup de ratures. Il fit defiler les feuilles plus lentement, s'arrêta au mois de novembre de l'année en cours au cours duquel avaient été assassinés Lamine, le médecin des pauvres et le policier qui réglait la ciculation non loin de l'autoroute, près de la cité de Lyassine. Et là,... grande surprise. Trois cercles rouges entouraient les dates de leur assassinat. Troublé, Lyassine remit rapidement l'éphéméride à sa place. En fixant l'armoire metallique en face de lui, il était convaincu qu'une nasse venait de se refermer sur lui.

Le contentement du policier n'avait pas échappé à Lyassine quand Sofyane fut de retour.

— Nous allons faire l'enquête d'usage sur ce jeune homme, lança-t-il. En esquissant un sourire, il ajouta, changeant de sujet: La prochaine fois on parlera de notre ville natale. Moi aussi je suis natif de Constantine.

— Oui, bien sûr, répondit Lyassine qui se leva promptement, heureux que tout soit terminé. Après avoir serré mollement la main du commissaire-adjoint, il dévala l'escalier, se promit de ne plus remettre les pieds dans un quel-conque commissariat de police quel que soient la raison ou le motif et qu'il préfererait plutôt s'adresser au diable. Pour donner suite à sa promesse, il ne salua pas le policier en faction qui lui avait indiqué le bureau du commissaire-adjoint, alors qu'il voulait voir le commissaire principal...

CHAPÎTRE 8

En se rendant à l'aéroport de la grande ville, on ne peut s'empêcher de regarder un mur haut et tout en longueur qui entoure un grand espace boisé. A l'intérieur, il ne s'agit ni d'une propriété de quelque seigneur des lieux, ni d'une forêt qu'il faut absolument protéger de prédateurs. Non ! Il s'agit du plus vaste cimetière de cette capitale, plusieurs hectares qui s'enfoncent très loin, avant de s'arrêter à quelques centaines de mètres de l'aéroport. Après l'immense grille de son entrée, à gauche, sur l'esplanade surélevée, en marbre blanc, altière et imposante, la tombe toute blanche, du père de la nation : Abdelkader ; derrière, dans un ordonnancement parfait, les tombes des chefs historiques de la révolution armée qui a soulevé cette nation de 1954 à 1962: Didouche Mourad, Larbi Ben M'Hidi, Abane Ramdane, Zirout Youssef, Ben Boulaïd. Autour de leurs tombes, modestes et dignes, les tombes de grands commis de l'Etat qui ont mérité de la nation.

Si Noury aurait pu être enterré là, mais sa femme avait préféré le carré des moudjahiddine, les combattants qui étaient morts durant la guerre de libération nationale. S'il était discret, il n'en était pas moins prestigieux. Situé à droite de l'allée centrale qui coupe en deux le vaste cimetière, il présente un aspect bien pastoral avec ses arbres, ses bosquets, ses haies, son gazon taillé avec soin. En cet après midi pluvieux et sombre des feuilles mortes jonchaient le sol ce qui n'enlevait rien à la propreté méticuleuse de ses allées tirées au cordeau, devant soi le travail méticuleux de jardiniers patients qui aiment leur travail.

Resté à l'intérieur de sa voiture qu'il avait stationnée au pied du mur d'enceinte, Lyassine, que ses chefs n'avait pas autorisé à assister aux obsèques, regarda l'imposante procession de voitures franchir lentement la grille du cimetère tous feux allumés.

La grille avait été laissée grande ouverte comme si on encourageait les vivants à visiter les morts, à se recueillir sur leurs tombes souvent abandonnées.

Lyassine ne connaissait pas ce cimetière. Aucune raison pour lui de s'y rendre. Les siens étaient enterrés dans celui tout en pente de sa ville natale et depuis qu'il est au service de son administration, la seule fois où il avait assisté à un enterrement, c'était dans un cimetière de quartier, beaucoup moins grand que celui-là, mais tranquille ; les morts reposaient en paix bien qu'ils étaient souvent oubliés.

En franchissant le grand portail, Lyassine voyait au loin une foule compacte et silencieuse. Du temps, il en avait devant lui avant qu'il n'aille se recueillir sur la tombe de son ami ; il y aura l'oraison funèbre qui sera dite par un parent ou un collègue, (la prière des morts avait été déjà récitée dans la mosquée du quartier du défunt), ensuite la prière qui sera dite par un imam afin que le Tout Puissant accorde sa miséricorde au défunt, enfin la mise en terre et les condoléances qui seront présentées à la famille.

Lyassine prit sur sa gauche. Des deux côtés de l'allée, des tombes solitaires, nombreuses ; parfois, elles étaient anonymes ; aucune inscription n'identifiait les morts, d'autres, par contre, étaient bien entretenues, fleuries, le mort identifié : ses dates de naissance et de mort gravés sur la tablette en bois ou en marbre, en dessous un verset de Livre saint d'une belle écriture ; plus loin, un carré particulier, présence inattendue : sur les tombes des croix ostentatoires, couchées sur le granit noir qu'avait envahi un humus verdâtre, elles semblaient regarder le ciel, tout autour, une herbe sauvage et épaisse qui avait poussé dans tous les sens. Ces tombes n'étaient pas seules. Non loin de là, d'autres tombes avec étoile à cinq branches et croissant de lune accompagnaient leur solitude. Pour Lyassine, toutes ces tombes se tenaient par la main, cohabitation paisible, dialogue de civilisation et de paix dans le silence du grand cimetière.

Lyassine s'était promené, avait pris son temps. Il s'était penché sur d'autres tombes, certaines étaient cachées par la broussaille. Un orage s'annonça, puis, une pluie drue, battante, soudaine, s'était mise à tomber comme si le ciel déversait toute son eau sur la terre. Il courut pour se protéger, se mit sous un arbre. L'obscurité s'était faite autour de lui. Lorsqu'il leva la tête, le ciel était plombé, couvert de nuages noirs, lourds, menaçants. De loin, il pouvait apercevoir les montagnes noyées dans le brouillard et de suite, il pensa à Talha, aux morts de Talha, à la vieille de Talha avec son petit fils. Grondements de l'orage qui roulent en venant du fond de l'horizon, un éclair stria le ciel, des grondements se firent plus forts, plus proches ; la pluie redoubla de violence, le cimetière soudainement plongé dans l'obscurité. Entouré de tombes, Lyassine était seul, la pluie s'égouttait sur sa tête, ses vêtements trempés, les branches de l'arbre sous lequel il s'était réfugié, une bien imparfaite protection. Il attendit que l'orage passa. En aucun moment, il n'eut peur ou sentit la peur, la compagnie des morts en rien une menace, il était là, solitaire, entouré par les tombes et les morts au milieu d'une végétation noyée dans la brume. Après un long moment, il se décida à prendre le chemin du retour. En allongeant le pas, au bout d'une demi-heure , il avait en vue la foule qui entourait encore la tombe de son ami. Il s'approcha, entendit l'oraison funèbre. Etait-ce un imam ou un haut fonctionnaire ? Pour s'en assurer, il s'approcha, craigna d'être reconnu par Faudyl, ou le secrétaire général, ou par quelque autre fonctionnaire de son administration.

La voix, il l'entendit maintenant clairement, distinctement. Elle était celle du secrétaire général, mais Lyassine ne pouvait apercevoir ni ce dernier, ni le cercueil de son ami, ni la tombe qui sera dorénavant celle de « Si Noury, haut fonctionnaire, assassiné lâchement par les terroristes ». « Voilà ce qu'est la vie, s'était dit Lyassine. On ambitionne, on espère, on maudit pour se retrouver finalement dans un trou. Quelle dérision, la vie ! « C'est comme passer devant l'ombre d'un arbre ». Lyassine ne s'était pas souvenu du nom du sage qui avait prononcé ces…sages paroles.

Dans la foule qui se dirigeait vers la sortie, Lyassine ne reconnut personne. Zyad n'était pas là, du moins, il ne l'apercevait pas. Il crut reconnaître Ammy Saïd mais il renonça à aller à sa rencontre : une nouvelle averse venait de s'abattre. Il courut en se protégeant la tête de son manteau de pluie, se mit de nouveau sous un arbre qui, cette fois-ci, avait des branches denses, épaisses (il n'était pas venu à l'esprit de Lyassine de prendre son parapluie alors que le ciel était bas et gris depuis le matin). Devant lui, encore des tombes, serrées les unes contre les autres ; elles étaient seules, craintives et abandonnées.

Une tombe était en face de lui comme si elle voulait se signaler à lui, au dessus, un livre en marbre blanc ouvert qui disait au quinquagénaire de lire ce qui était écrit. Le verset parlait de commisération, de l'au-delà, de miséricorde. Le nombre 53 était gravé en grosses lettres et était de couleur noire. «Cet homme avait mon âge quand il est mort. Quelle coincidence ! », s'était dit Lyassine qui avait souri à cette découverte.

Maintenant plus personne autour de la tombe de Si Noury. Il se dirigea vers la tombe, se recueillit un long moment, regarda longtemps le monticule de terre brune, insignifiant, trempé de pluie. « Il faut des semaines, voire des mois, pour pouvoir construire la tombe, s'était-il dit. Il faut laisser la terre se tasser ; si on ne prend pas garde, la tombe peut disparaître ensevelie par les pluies et les intempéries. J'en parlerai à Nedjett. Elle acceptera que je veille à sa construction. Ce sera une belle tombe recouverte de marbre ». Lyassine sentit une présence derrière lui. Quand, il se retourna, c'était la vieille Aldja.

– Que faites-vous au milieu des morts ? s'écria-t-elle. C'est parmi les vivants que vous devez être ! Lyassine eut l'impression qu'il avait devant lui un mort sorti de quelque tombe tant le visage de la femme de Ammy Saïd était crevassé, labouré de rides, son tient couleur jaunâtre d'une momie qu'on venait de déterrer .

— J'ai cru voir votre mari. C'était donc lui, dit Lyassine tout en s'efforçant de cacher sa surprise.

— On est là depuis ce matin, répondit la vieille femme. Le malheur a voulu que mon mari et moi voyons mourir de notre vivant Si Noury. Regardez la tombe de ce pauvre homme. Ce sont toujours les meilleurs qui partent. J'ai travaillé cinq ans chez Nedjett et jamais un mot méchant ni d'elle, ni de son mari. Pauvre Nedjett, son fils Zyad, un garçon si gentil ! mais que faire ? C'est le mektoub(destin). Il faut accepter la volonté de Dieu ! C'était écrit ! A Lui nous appartenons, à Lui nous retournons.

En regardant la mère de Lotfi, les pensées de Lyassine allèrent à sa déposition devant le commissaire adjoint Sofyane.

Le quinquagénaire désireux de parler d'autre chose, de ne plus penser à sa déposition, répondit :

— La vie est peu de chose. Tôt au tard nous rejoindrons Si Noury dans l'au delà. Et Amel, comment va-t-elle ?

— Elle va mieux. Je remercie Dieu de l'avoir protégée. Elle a été triste d'apprendre la mort de Si Noury. Elle, blessée dans cette bombe qui a tué beaucoup de personnes, Si Noury tué devant sa maison. Elle ne comprend pas. Jusqu'à quand cette guerre qui ne veut pas s'arrêter ? des morts, toujours des morts. Nous vivons des temps difficiles. Les parents ne peuvent plus demander des comptes à leurs enfants. J'ai entendu l'histoire d'un fils qui a tué son père parce que pour lui son père n'est pas un bon croyant. Vous voyez les temps que nous vivons !

— Tout s'arrangera, venez ! je vous ramène chez vous. A l'heure actuelle, je devrais être à mon travail (Lyassine avait en tête le téléphone qui avait dû sonner sans arrêt dans le bureau de la permanence)...

— Non, je veux me recueillir sur la tombe de Si Noury. Je rentre avec mon mari ; il va venir me chercher.

Lorsque Lyassine s'était débarrassé de son manteau de pluie en le jetant à l'arrière de sa voiture, il n'avait en tête qu'un seul besoin : aller vers les vivants, aller vers la vie, aller vers Nora, la revoir, lui prendre la main, la regarder, l'embrasser s'il le peut et ainsi prendre sa revanche sur Gary Cooper et Ingrid Bergman qui lui avaient joué un sale tour en l'empêchant de voir son ami avant sa mort. «Ces gens là n'ont pas le monopole de l'affection et de l'amour, avait-il songé. Nous leur avons appris le baiser, la chanson courtoise, l'art de l'amour et de la séduction. C'est vrai qu'avec nos fanatiques, les choses ont bien changé. Adieu Omar Khayyam et consorts... ».

L'escalier abrupt que descendit Lyassine lui était devenu familier. Lorsqu'il passa sous l'enseigne: BAR, à sa grande déception, la petite salle était déserte, sinistre ; seul un couple était là dans la pénombre. Il n'y avait ni Nora, ni musique. Il ressortit vite. En marchant sur le large boulevard, il songea à sa déposition au commissariat central, à Lotfi, à sa mère, la vieille Aldja, à son mari Ammy Saïd. Il avait toujours mauvaise conscience. Il regretta d'avoir mis les pieds au commissariat central de la grande ville. A son vif regret, c'était trop tard. Absorbé par ses réflexions, il n'avait pas vu Omar le serveur du bar venir vers lui et planter devant lui comme s'il lui barrait la route.

Il lui dit, bref et sec :

— Nora vous a attendu. Son père est mort...

— Ah !.. fit Lyassine , surpris.

Omar tira un portefeuille d'une poche de sa veste, l' ouvrit. Avec ses doigts agiles qui ressemblaient à des pattes d'un gros insecte tant ils étaient longs et maigres, il fouilla parmi des bouts de papier. Voilà, j'ai trouvé ! dit-il en souriant et satisfait de lui et de déplier le petit bout de papier qu'il avait dans les mains.

En le lisant, Lyassine avait de la peine à le déchiffrer : l'écriture était hésitante, les lettres mal formées. En levant la tête pour remercier le serveur du bar, Omar était déjà loin. Lyassine ne vit que son dos avant qu'il ne disparaisse dans l'escalier du bar-restaurant.

Lyassine avait une vague idée de l'adresse indiquée par Nora. Il s'agissait d'un quartier précaire en dehors des faubourgs de la grande ville. Avec les violences et l'exode des populations rurales, ces quartiers avaient poussé un peu partout, chacun pourvoyant comme il pouvait à son toit.

Lyassine gara sa voiture dans une allée en terre battue. Des deux côtés, des maisons construites à la hâte, certaines avaient un étage et une terrasse où pendait du linge, beaucoup de linge de familles nombreuse, des maisons avaient des murs non cimentés, on apercevait leurs briques rouges, leurs toits en ciment, au-dessus des pneus comme si leurs occupants craigaient qu'un vent quelque peu violent les emporterait. Toutes ces maisons avaient des fenêtres minuscules qu'on prendrait pour les défenses dérisoires contre un ennemi qui pouvait attaquer à tout moment.

En s'engageant dans une ruelle en terre battue, Lyassine avait au dessus de sa tête des fils élecriques au parcours incertain, certains fils pendaient parfois touchaient le sol. Le quinquagénaire n'avait aucune idée où se trouvait la maison de Nora malgré l'adresse qu'il avait en mémoire. Il pressa le pas, enjamba de grosses flaques d'eau, poursuivit son chemin en évitant les ruelles en cul de sac ou qui semblaient ne mener nulle part. De temps à autre il s'arrêtait pour reprendre son souffle car il empruntait des rues et ruelles en forte pente ne cessant de « contempler » l'environnement précaire où le piéton est rare.

« Pardon amou, je ne vous ai pas vu ! lui lança le garçon qui avait dévalé la pente et qui avait failli le renverser au moment où il débouchait sur une autre rue.

« Attends, tu ne connais pas une fille, elle s'appelle Nora. Son père…, lança Lyassine mais c'était trop tard. L'adolescent avait disparu au tournant d'une rue.

Lyassine allait abandonner, il était fatigué, découragé, les rues n'avaient pas de noms et les maisons n'avaient pas de numéros. Pourtant le bout de papier mentionnait: Chemin Hocine Tellal, no 38. Pour le moment, ce chemin introuvable. Lyassine était sur le point de regagner sa voiture quand, au milieu de la rue, à sa gauche, en grosses lettres sur une baie vitrée: COIFFURE POUR DAMES. Au milieu : CHEZ NAILA. En bas : ESTHETIQUE ET SOINS DE BEAUTE. SUR RENDEZ-VOUS SEULEMENT.

Lyassine poussa la porte du salon de coiffure. Une jeune fille était là, brune, ses cheveux noirs, si noirs qu'on pouvait penser qu'ils étaient teints ; elle était assise, inoccupée, un magazine ouvert sur les genoux.

— Bonsoir, fit Lyassine. Je cherche une jeune fille, elle s'appelle Nora…

— Oui, je la connais, elle a travaillé ici. Ses parents habitent plus haut, au bout de la rue, c'est la maison à votre droite ; vous ne pouvez pas la manquer. Ils reçoivent beaucoup de monde, son père vient de mourir.

Lyassine ressortit vite, reprit sa marche, pressant le pas dans le chemin qui monte en pensant que c'était dans ce salon de coiffure que Nora avait rencontré le père de son enfant. En s'approchant de la maison, son cœur se mit battre ; il n'était plus qu'un jouvenceau qui courait à son premier amour. Devant la porte de Nora, il marqua une pause, reprit son souffle puis, un « toc toc » qu'il voulut aussi discret que possible mais assez fort pour être entendu de l'intérieur. Il attendit un long moment, allait frapper de nouveau quand la porte s'ouvrit, doucement, lentement, en grinçant.

— Ah, c'est toi ! fit Nora, pâle, son teint brun privé de sang s'était comme desséché. Je suis contente de te revoir, ajouta-t-elle en fixant Lyassine de ses grands yeux noirs qui brillaient malgré son sourire forcé qui ne pouvait cacher sa tristesse.

— J'ai appris la mort de ton père Nora, (c'était la première fois qu'il la tutoyait). Omar ...

— Oui, je sais, Lyassine, je ne peux pas rester sur le pas de la porte et je ne peux te faire entrer. Il faut faire vite, tu connais nos traditions, parler à un inconnu, ici ça ne se fait pas...

A ce moment, un bruit se fit entendre venant du fond de la cour.

— Qui est-ce ? demanda une voix forte.

— Ce n'est rien, maman ! C'est Omar qui envoie le monsieur pour savoir quand je reprendrai mon travail.

Nora reprit, quelque peu impatiente :

— Mon père était très malade. Il est mort le lendemain de notre rencontre. Lyassine, comprends-moi, je ne peux pas rester comme ça sur le pas de la porte ; je dois rentrer ! On reprendra notre discussion une autre fois...

— Quand peut-on se revoir ? interrompit le quinquagénaire, impatient.

— Je ne sais pas, donne-moi le temps. Nora sortit la tête dans l'embrasure de la porte, regarda à droite puis à gauche dans la rue, puis dit, d'une voix ferme

— Je dois refermer la porte, Lyassine. Mes deux frères vont arriver d'un moment à l'autre ; c'est l'heure de sortie de leur école et je ne veux pas qu'ils me voient discuter avec toi...

— Oui, quand peut-on se revoir ?

— Lyassine, il faut me donner le temps ; mon père vient de mourir ; on pourrait se voir après les quarante jours de deuil.

— Quarante jours, mais c'est beaucoup ! s'exclama le quinquagénaire, surpris et déçu.

Nora s'était retournée pour tegarder à l'intérieur de la cour, si jamais sa mère était là ...

— Donne moi un numéro de téléphone où je pourrai te joindre, fais vite !

— Je n'ai pas de numéro en tête, répondit Lyassine, confus(il avait pensé : surtout pas celui de la voisine !). On pourrait se voir dans deux semaines. A onze heures, c'est un lundi, comme aujourd'hui. On se retrouvera dans le hall de l'ancien palace Aletti ; ce n'est pas loin de l'endroit où tu travailles. J'aurai beaucoup de choses à te raconter, grâce à cet hôtel...

Nora l'interrompit, pressée :

— Lyassine, je dois te quitter…, je ne te promets rien ; maman et moi continuons à recevoir du monde et ma mère a besoin de moi ! On se reverra. Je te le promets.

Après que Nora eut refermé la porte, Lyassine était heureux. Il n'avait pas erré pendant deux heures dans ce quartier de nulle part pour rien. Il aurait aimé siffloter, crier sa joie, sauter en l'air. Lorsqu'il était passé devant un café, deux pierres de dominos s'étaient entrechoquées, comme si quelque inconnu signalait son passage et informait de son départ de ce quartier pauvre ; misérable, peut-être pas.

Lyassine s'était senti un autre homme. La permanence qu'il n'avait pas faite, la mort et l'enterrement de son ami Si Noury, sa visite au commissariat central, Lotfi, tout cela paraissait bien loin, n'avait plus aucune importance. Dans l'escalier de son bâtiment après avoir garé sa voiture à l'emplacement qui lui est réservé, (il avait pensé que c'était de bon augure : sa place n'avait pas été prise), il avait senti la faim qui le tenaillait depuis qu'il avait quitté le quartier de Nora. Sur chaque palier, il savait ce qui se cuisinait dans les deux appartements qui se faisaient face. Après le rez de chaussée, (l'appartement de Walid toujours vide), au premier étage, des émanations de couscous flottaient dans l'air ; c'est ce que mangeait très souvent le vieux couple,(en face, l'hôtesse de l'air ; aucune odeur de cuisine ne sortait de chez elle, certainement qu'elle se contentait des plats surgelés de la compagnie nationale d'aviation). Au deuxième étage, les odeurs de fritures de « la gentille » se mêlaient aux bonnes odeurs qui sortaient de chez « la méchante ». Quel cordon bleu « la méchante ». Le Tout Puissant lui avait donné un don : la cuisine. Elle savait doser, connaissait ingrédients, épices, viande rouge et viande blanche, le temps de leurs cuissons, comment en tirer le meilleut goût ; son mari était gras, bien nourri ; les locataires l'enviaient. Autant sa femme était méchante avec les autres, autant elle était gentille avec lui, jamais un éclat de voix entre eux, ils s'entendaient très bien, étaient faits l'un pour l'autre. La « gentille », sa voisine, par contre, une piètre cuisinière, à côté d'elle, la femme de Lyassine était, elle aussi, un cordon bleu, comme quoi Dieu, ou « La Nature », ne mettait pas toujours toutes les bonnes qualités dans la même même personne et dans le même …sac.

Au troisième étage, sur le palier du mélomane, c'était plutôt les odeurs de poisson. En merlan, en daurade, en poisson des mers, des océans et des rivières, il s'y connassait très bien comme il s'y connait en Mozart, en Wagner ou en Offenbach. De chez le locataire qui habite en face de lui, aucune odeur, on dirait que pour lui et sa femme, la nourriture était la moindre de leurs préoccupations, d'ailleurs, ils étaient maigres comme des clous...

Sur son palier, Lyassine avait à sa droite l'appartement de celle qui l'aide avec son téléphone. Elle excelle plutôt dans les gâteaux traditionnels ; elle aurait pu très bien ouvrir une école de pâtisserie orientale. Elle damait le pion à Samia pourtant native de Constantine, ville connue pour ses gâteaux au miel, entre autres : baklava, ktaïf, mekroud. A part ça, il ne fallait pas trop lui demander. Ce qu'elle servait à son mari, très souvent, c'est les boulettes de viande dans leur sauce et là, il y avait toujours trop de cumin ou de poivre ou de...sel. « Tu n'as qu'à apprendre de la méchante du 1er étage », lui disait son mari qui, souvent, sortait de chez lui en maugréant, dévalait l'escalier du bâtiment pour aller remplir son estomac chez le gargotier du village à la réputation, par ailleurs, excellente. La pauvre femme « du téléphone » pleurait, inconsolable et c'était Samia qui la consolait, lui, donnait des conseils de cuisine, lui prêtant, à l'occasion, des livres de cuisine, mais rien n'y fit. Sa cuisine ne s'améliorait pas. A partir du quatrième étage, une frontière invisible avait été tracée entre les locataires des quatre étages du dessous et ceux des deux derniers étages du bâtiment. Les familles qui occupaient les quatre appartements des deux derniers étages étaient en fait une même et seule famille qui ne se « mélangeait » pas avec les autres locataires, comme si elle était d'extraction aristocratique et ne devait pas « frayer » avec la « populace » des autres étages. De chez eux jamais ne sortait une odeur de cuisine. Pourtant, autant les adultes que les enfants étaient bien nourris, en bonne et éclatante santé. On raconte dans la cité et le village que les pères de famille de ces deux derniers étages étaient de riches commerçants, qu'ils avaient une chaîne d'épiceries et des supérettes qui avaient poussé un peu partout dans le pays.

En voyant son mari rentrer tard, Samia, n'était pas contente, mais pour le mari deux alibis de taille : Il était aux obsèques de « son ami Si Noury » et « il avait assuré la permanence que lui avait collé ce maudit Faudyl »...

« Tu aurais dû la refuser ! », lui avait lancé son épouse, en le regardant dans le blanc des yeux. « Tu ne crois pas si bien dire. Cette permanence, je ne l'ai jamais faite ! Faudyl et mes autres chefs qu'ils aillent au diable ! », avait songé le quinquagénaire, chef de service, content de lui. En guise de dîner, il mangea des courgettes farcies accompagnées de riz ; le plat que cuisinait volontiers sa femme bien que chaque fois trop de sel ou de poivre, ou pas assez de sel ...ou de poivre. Lyassine pensa à la locataire d'en face. Cette fois, il avait senti sortir de chez elle comme une odeur de…courgettes farcies. Peut-être que c'est sa femme qui a lui a appris à cuisiner ce plat ? Il se promit de le demander à Samia, mais il renonça ; « ça ne ferait que compliquer les choses ! s'était-dit. Elle va croire que c'est le seul plat qu'elle sait cuisiner.

CHAPITRE 9

Etre parmi les invités de Georgis ne flattait en rien l'orgueil de Lyassine. Il aimait surtout se retrouver au milieu de gens sympathiques, diserts et durant les réceptions auxquelles il était invité, il se faisait de nouvelles connaissances qui, en général, ne duraient pas mais qu'importe ! Il rentrait chez lui satisfait, heureux. Cette soirée, ni la mort de Si Noury, ni les paroles de son épouse : « la secrétaire de Faudyl a téléphoné, ton chef veut savoir pourquoi tu n'as pas assuré la permanence, hier, tu m'as menti ! », n'avaient altéré pour Lyassine la perspective de moments agréables.

Ce quartier sur les hauteurs concentrait un grand nombre de résidences pour étrangers et de l'extérieur de leurs hauts murs, on pouvait les imaginer cossues, avec des jardins qui surplombent la mer, des cours de tennis et des piscines. En ces temps de violences, on les prendrait pour des forteresses : fils de fer barbelés au dessus de leus murs, mirador, caméras vigilantes...

A l'entrée de la résidence de Georgis, Lyassine montra son invitation puis, stationna sa voiture sur un parking quasi désert, avant de se faire accompagner jusqu'en bas de l'escalier par des gardiens étrangers en tenue militaire.

La grande terrasse de la résidence de Georgis surplombait un bois et plus loin, la mer. Comme il faisait nuit, on pouvait voir les lumières des bâteaux en rade scintillant dans le noir.

Souriant, chemise blanche, cravate jaune pâle et costume sombre, Lyassine portait beau. Il salua les deux invités en train de discuter sous la lumière blanche d'une applique fixée sur le mur et à côté d'une porte-fenêtre qui donne sur le salon de la résidence.

— Alors, c'est toujours toi qui vas à la corvée de bois ! lui lança Nadir, journaliste et directeur de publication que Lyassine avait entrevu à l'aéroport lors de l'arrivée de Tyler. Ton supérieur Faudyl ne s'est pas donné la peine d' accompagné Tyler à Talha, c'est pourtant son travail. Je ne savais pas qu'il était de ces gens qu'on paie pour parader uniquement devant les caméras de notre unique chaine de télévision (Nadir avait prononcé le mot unique sur un ton sarcastique).

— Avec Nadir, on ne sait jamais quand il parle sérieusement et quand il plaisante, observa Lyassine tout en serrant la main d'un sexagénaire qui conversait avec le journaliste.

— Depuis sa retraite, Si Lyès occupe le plus clair de son temps à son jardin, reprit celui-ci. A l'occasion, il collabore avec notre journal. Avec l'état de notre économie, il a beaucoup de choses à dire ! Si Lyès a quand même terminé directeur des finances extérieures de notre Banque Centrale. Ce n'est pas rien !

Le vieux monsieur s'était contenté d'un sourire timide et d'un hôchement de tête, sa façon de dire à Nadir : « ça va, n'en fait pas trop ! » ou : « Arrête de te moquer ! ». Avant que Lyès ne réponde, car ce fût son intention, une femme, la quarantaine, s'était jointe au petit groupe. Malgré la fraîcheur de la soirée, elle portait un décolleté. Pour rehausser son teint brun, elle avait mis un collier de perles blanches autour de son cou. Pareillement à une femme du monde habituée aux égards, elle tendit la main, gracieusement, à chacun comme si elle voulait qu'on s'y penche et qu'on la frôle des lèvres.

Ces messieurs la regardèrent respectueusement. Sur le visage de Lyassine, un sourire indulgent et... discret.

— Mon nom est Mérièm, dit-elle. Je suis la députée des quartiers de la vieille ville. Je sollicite les missions étrangères pour nos enfants nécessiteux. On dit que cet hiver sera rude. Notre association a besoin de toutes les bonnes volontés ; monsieur Georgis nous a aidé et nous le remercions.

Nadir et Lyès s'étaient regardés, étonnés, Lyassine, lui, compréhensif.

— Nous avons un ministère de la solidarité, répondit Lyès. Je ne comprends pas que vous sollicitez les missions étrangères ; dans notre pays les bonnes volontés ne manquent pas ! Les dons qui nous viennent de l'étranger restent en souffrance dans le port ; il faut savoir ce qu'on veut !

— Nous le savons, monsieur Lyes, répondit la députée. Nous essayons de régler ce problème. Mon parti a déjà fait savoir que les droits de douane ne devraient pas s'appliquer aux dons venant de l'étranger !

Se tournant vers Lyassine, elle lui demanda :

— Monsieur vous êtes fonctionnaire ; peut-être, pourriez-vous nous éclairer.

— Je vous avoue, madame la députée que j'ignore tout des questions de douane. Une seule fois, on m'a sollicité (il n'avait pas dit par Georgis) et je n'ai rien pu faire.

— Au fait, votre administration paye un lourd tribut aux terroristes, reprit la députée. C'est terrible ce qui est arrivé à Si Noury ! Après ce pauvre Lamine, voilà maintenant qu'ils s'attaquent à un haut fonctionnaire, un ancien officier de L'ALN (Armée de Libération Nationale). Jusqu'où ces assassins vont-ils aller ? Ce n'est pas possible !

— Vous le connaissiez ? demanda Lyassine, vaguement satisfait qu'on parle de son ami qui n'est plus.

— Oui, bien sûr que je connaissais Si Noury. Je l'ai rencontré à un vernissage. C'est lui qui a pris la parole pour féliciter un jeune peintre. Je crois même qu'il lui a acheté trois de ses tableaux. Au fait, comment les terroristes choisissent-ils leurs victimes, monsieur Lyassine ? Vous croyez qu'ils ont une liste de fonctionnaires à assassiner ou les tuent-ils, comme ça, au hasard ? Si Noury était un haut fonctionnaire, mais Lamine n'avait aucun grade. C'était un simple fonctionnaire. Je me perds en conjectures, je ne trouve aucune logique derrière ces assassinats. Peut-être pourriez-vous nous donner des explications, monsieur Lyassine.

Lyassine répondit, évasif :

— Je ne suis pas plus avancé que vous, madame la députée. Si Noury était un haut fonctionnaire et écrivait dans les journaux, il disait haut et fort ce qu'il pensait...

— Lui, on le laisse écrire ! coupa Nadir, vindicatif. Si Noury était un ancien officier de l'ALN mais les autres, les vrais journalistes ...

Lyassine reprit comme s'il n'avait pas été interrompu

— Vous avez raison, madame la députée. Pourquoi Lamine ? Franchement, j'ignore les raisons de son assassinat. Je ne sais pas plus que vous. Je regrette de ne pouvoir vous aider.

— Si Noury s'était toujours mis au devant de la scène, dit Nadir. Nous n'étions pas toujours d'accord avec ce qu'il écrivait mais nous lui reconnaissions beaucoup de courage. Dénoncer les terroristes et leur projet de société théocratique, parler de la nécessité de redonner la voix au peuple, de moderniser nos institutions, ce n'est pas rien. « Moi je me suis battu pour la souveraineté du peuple et une République une et indivisible. Ce projet d'ouma qui va de l'Océan Atlantique à l'Océan Indien, moi, je n'y crois pas beaucoup. Pour construire un espace prospère et solidaire, il faut davantage qu'une communauté de religion ». C'est ce que Si Noury avait écrit dans l'un de ses derniers articles. Il avait aussi parlé de ces gouvernements « frères » qui ont les mots de solidarité et de fraternité à la bouche mais qui placent leurs capitaux à l'étranger au lieu de les investir chez « leurs frères ». C'est sûr que Si Noury avait du courage. Nous regrettons sincèrement sa mort.

— Vous monsieur Lyassine, vous avez peur ? Demanda Myriam.

— Non, pas du tout ! Je ne vois pas en quoi ma mort pourrait intéresser qui que ce soit. Les veulent que leurs victimes soient connues afin que leur crime fasse beaucoup de bruit. Ma mort, vous savez…, je ne crois pas qu'elle interesserait beaucoup de monde…

— Vous devez quand même faire attention. Avec les terroristes, on ne sait jamais, intervient Lyès. Beaucoup de gens ont pensé comme vous. Ils s'étaient trompés et ils sont morts…

Lyassine n'avait pas eu le temp de répondre. Le serveur s'était annoncé, entre les mains un plateau rempli de verres de boissons non alcoolisées. Dans la lumière blanche de la terrasse, il présentait un visage avenant et sympathique.

— Pour moi une bière, demanda Lyassine au moment où les mains s'étaient tendues pour se servir.

— Pour moi, un whisky, avait lancé Lyès.

Nadir et la députée optèrent pour des boissons douces.

Une inquiétude sourde avait gagné Lyassine. Ce n'était pas qu'il avait peur mais la mise en garde de Lyès, un sexagénaire donc sage, l'avait troublé. C'est quelque peu absent qu'il entendait ce qui se disait. Et ce qu'il entendait ne le rassurait pas.

«Oui ils ont beaucoup de complices ; c'est la raison pour laquelle notre profession a décidé de loger les journalistes dans un hôtel, disait Nadir. On ne pouvait pas faire mieux pour assurer leur sécurité. Les terroristes ont tué près d'une centaine des nôtres, mais ils ne nous font pas peur ! Nous les combattrons ainsi que leur idéologie jusqu'à ce qu'ils soient éradiqués. Leurs crimes sont de droit commun ; ça n'a rien à voir avec notre religion, c'est le pouvoir qu'ils veulent par le couteau et la kalachnikov. Nous notre combat est pour une démocratie authentique et surtout pas de république rétrograde de rêveurs et de criminels. Nous continuerons à le dire de vive voix et à l'écrire clairement !

Mériem observa :

— Monsieur Nadir, nous sommes dans l'opposition et nous nous sentons aussi menacés que vous. Pour le moment, les terroristes nous ont épargnés et on se débrouille comme on peut alors que les députés de la coalition gouvernementale sont bien protégés dans les résidences de l'Etat. Ils ont des gardes armés et leurs villas sont entourées de hauts murs…

— Nos députés on les voit rarement ! je ne vois pas pourquoi ils se se sentiraient menacés ! ce sont des fonctionnaires de l'Etat qui sont payés grassement ! Vous croyez qu'ils représentent le peuple ? C'était Lyès qui donnait son avis et il n'allait pas de main morte.

Lyassine avait repris le fil de la discussion lorsqu'il entendit la députée répondre, indignée, au retraité, ancien haut fonctionnaire du ministère des finances:

— Vous exagérez, monsieur Lyès !. A votre âge, on ne doit pas dire n'importe quoi !...

— Mais, enfin, madame la députée, l'hémicycle est tout le temps vide. Pourtant on discute de dossiers importants : du budget de l'Etat, de la relance de l'économie , du chômage , de la sécurité nationale ! Nos députés sont les seuls au monde qu'on ne voit pas aller à la rencontre de leurs électeurs ! On ne les voit jamais dans leurs circonscriptions pour écouter les doléances des électeurs, ni discuter avec ceux qui sont censés les élir et qu'ils sont censés représenter !

— Non je ne ne peux pas laisser passer ça ! Ce que vous dites est injuste. Vous faites le jeu des ennemis de la démocratie et des terroristes qui veulent nous imposer un régime totalitaire. Ce n'est pas croyable !

La députée s'était animée. Ses yeux brillaient d'indignation. Elle n'était plus la personne courtoise et belle de tout à l'heure mais une femme qui défendait bec et ongle son gagne-pain. Elle fit un geste de la main en direction du serveur ; quand celui-ci se présenta, elle prit un verre d'eau qu'elle but d'un seul trait.

Pour Lyassine, la discussion ne menait nulle part. Ce qu'il entendait n'était pas nouveau. Entre Nadir, la députée et Lyès tout passait: les violences terroristes, la démocratie, les droits de l'homme. Chacun y allait de ses arguments, tous d'accord, toutefois, qu'avec la rente que généraient les hydrocarbures, le pays aurait pu mieux se porter, aurait pu devenir une grande nation car il en avait les moyens. Lyès avait soutenu le paradoxe que c'était à cause de cette rente que le pays allait mal. « Ceux qui nous gouvernent ont fait de nous des fonctionnaires, alors que notre peuple était entreprenant et créatif. Maintenant, on ne sait plus entreprendre et on ne sait plus créer. On attend tout de l'Etat et nous consommons ce que produisent les autres », soutenait-il.

— Je vais saluer Georgis, dit Lyassine qui s'était éloigné avant de franchir le seuil de la porte fenêtre qui donne sur le salon .

Grand, élancé, costume sombre, chemise phosphorescente plaquée contre sa large poitrine, nœud papillon bien en évidence, Georgis était venu à la rencontre de son invité.

— Bonsoir, fit-il, un large sourire sur ses lèvres, avant de lancer:

— De bien mauvaises nouvelles que nous avons là, monsieur Lyassine ! Ce pauvre Si Noury, quelle mort terrible ! sa mort est si brutale !

— Il m'a dit qu'il vous connaissait, fit Lyassine après avoir salué son hôte.

— Il n'est venu chez moi qu'une seule fois, répondit Gergis d'une voix attristée. Je lui avais donné des explications sur les œuvres et les objets d'art qui vous voyez là dans la pénombre…

— Il avait la passion de la peinture…

— Non seulement cela ! Si Noury était un homme très cultivé. Ce qui m'avait frappé chez lui, ce sont ses connaissances de l'art. Il m'a parlé de Miro, de Kandinsky, de Bruguël ; il connaissait l'art de la Grèce antique, de Rome ; une fois, il m'a parlé de la civilisation étrusque avec beaucoup de précisions, m'a cité des œuvres que je ne connaissais même pas. En voyant les statuettes de bronze que j'ai ici, il m'a parlé longuement et avec détail de la civilisation khmer, birmane, indienne. Au fait, il m'avait aussi dit qu'il comptait écrire un livre sur les peintres de votre pays …

— Malheureusement, il n'est pas dit que ce livre verra le jour, interrompit Lyassine.

— Venez ! lança Georgis, en prenant celui-ci par le bras pour lui montrer un tableau de grandes dimensions, souverain au milieu des autres tableaux accrochés au mur immense du vaste salon. Si Noury aimait particulièrement ce tableau, dit Georgis. Savez-vous quel a été son commentaire ?

— Non, répondit Lyassine.

« J'aime bien la mélancolie qui s'en dégage. C'est tellement différent des tableaux que j'ai l'habitude d'acheter. Dans mon pays la lumière est insoutenable et les couleurs sont trop vives. On ne sait quoi faire de ces bleus, de ces verts, de ces jaunes qui nous assiègent du matin au soir ! Et ce ciel éternellement bleu ! Vous y avez pensé, monsieur Georgis ? C'est fatigant à la fin ! ». C' était ses commentaires, je m'en souviens très bien.

Lyassine s'était contenté de sourire. Son ami, il ne le connaissait. Les paradoxes ne le dérangeaient pas quand ils étaient pertinents et justes.

Lyassine aurait aimé prendre son temps, admirer meubles, sculptures, statuettes dans la belle pénombre. En prenant une statuette dans ses mains, son hôte lui dit :

— C'est une sculpture de Giacometti. Ne croyez surtout pas que c'est une copie. On me l'a offerte et Georgis de la remettre à sa place aussi délicatement qu'il l'avait prise avant d'entraîner son invité vers le groupe qu'il avait quitté pour venir à sa rencontre.

Entre-temps, il dit à Lyassine:

— Je vous remercie pour votre intervention. Farid m'a confirmé que nous pouvons retirer le véhicule blindé destiné à notre chef de mission. On ne veut prendre aucun risque d'autant qu'on ne sait pas si les assassinats de Lamine et de Si Noury ainsi que l'explosion de la bombe devant le commissariat central sont des actes isolés ou font partie d'une stratégie de la terreur de la part des terroristes pour intimider les populations et faire partir les étrangers. Notre décision est prise de rester et de ne pas fermer notre mission. Monsieur Lyassine, votre intervention nous a aidés à prendre cette décision. Mon gouvernement a vu beaucoup de bonne volonté de la part de votre pays.

Lyassine pensa aussitôt que la demande de visas pour Walid et sa famille a quelque chance d'aboutir. La veille, il avait adressée une lettre explicative à son hôte dans laquelle il avait sollicité son aide. La dernière fois que Walid l'avait appelé, il était resté moins d'une minute au bout du fil. « Je dois raccrocher ! Je ne veux pas que les terroristes localisent mon appel ! » s'était-il excusé, pris de panique.

— Vous connaissez notre ami Lyassine! lança Georgis au groupe de quelques personnes qui était en discussion. Je n'ai pas besoin de vous le présenter. Il ne se dérobe jamais quand on le sollicite et il peut compter sur mon aide si jamais il a besoin de moi ! (tu ne crois pas si bien dire ; je vais te mettre à l'épreuve, songea le chef de service).

Après un : « bonsoir » à la ronde, Lyassine n'avait reconnu personne si ce n'est un membre influent du parti politique au pouvoir, un ancien chirurgien qui avait fait de la politique sa passion. Tandis que Lyassine tendait la main à un étranger, il entendit Georgis lui dire : « monsieur Antolino est en mission dans votre pays. Le commerce international est sa spécialité. Il est venu ici pour prospecter et signer des contrats, ne soyez surtout pas surpris qu'il vous sollicite ».

— Heureux de faire votre connaissance, fit Antolino qui en serrant la main de Lyassine, avait mis un sourire discret sur son visage sévère.

Georgis reprit :

— Mlle Radia est professeur d'université. Elle travaille à temps partiel chez nous. Elle m'est très utile. Elle me fait apprendre aussi votre langue. Je ne peux plus me passer de ses compétences.

Après que les présentations se furent faites, Antolino demanda, très intéressé, au chef de service Lyassine:

— Comment s'est passé le séjour de Monsieur Tyler ? A-t-il parlé de relations commerciales avec vos responsables? A-t-il signé des accords ou discuté des tarifs douaniers. Nous vivons dans un monde de plus en plus globalisé ; les frontières nationales n'ont plus leur importance d'autrefois.

— Les entretiens se sont limités aux questions politiques, répondit Lyassine comme si c'était lui qui avait dirigé la délégation de son pays, avant d'ajouter avec la même assurance : monsieur Tyler est convaincu que la situation sécuritaire va s'améliorer. Il a compris que ce qui se passe ici ne peut laisser la communauté internationale indifférente et qu'il est de intérêt de tous de nous aider à combattre le terrorisme. Mon pays lui a déjà payé un lourd tribut. Plus de 100 000 morts en six ans et ce n'est encore pas terminé…

— Ce qui intéresse Monsieur Antolino…

Georgis n'avait pas terminé sa phrase qu'un invité s'était joint au groupe. Georgis le présenta :

— Monsieur Fethi a été député, ensuite ministre. Maintenant il écrit et et je lis avec un intérêt ses articles ; j'avoue qu'il m'apprend beaucoup de choses…

— Ah, vous êtes là! Dit le nouvel arrivant, surpris et fronçant les sourcils. Il venait de reconnaître Aziz, le chirurgien politicien…

Ce dernier prit les devants :

— Monsieur Fethi, j'ai lu votre dernier article mais sans y attacher trop d'importance. S'attaquer à notre parti, dire que ce sont les mêmes qui sont au pouvoir depuis quasiment notre indépendance nationale, vous allez un peu fort! Dire aussi que les investisseurs étrangers ne viendront pas tant qu'il n'y aura pas de réelles réformes c'est aussi absurde que de mauvaise foi. Vous êtes loin de la réalité ! Je veux bien croire que vous voulez augmenter votre capacité de nuisance mais quand même !…

— Mon cher Aziz, quand on a des convictions, il faut les dire, moi, je les dis simplement, haut et fort. Il n' y a pas si longtemps c'était interdit, on pouvait même aller en prison pour moins que ça. Ce que j'écris est de bonne guerre et beaucoup de personnes pensent comme moi. On nous laisse un peu de liberté, eh, bien, j'en profite.

En tirant sur sa cigarette qui se consumait à sa place, Aziz répliqua:

— C'est vrai que quand on a été ancien ministre et ancien député, on peut dit beaucoup de choses. Vous avez raison, c'est de bonne guerre mais vous avez beau vous agiter, les fondations de notre édifice sont profondes et solides.

Le propos n' ébranla en rien Fethi. En esquissant un sourire, le ton conciliant, il répond:

— Cher Aziz, notre pays fait face à de grands défis. Alors croyez- moi, si on veut le défendre, chacun doit mettre du sien. J'ai appris ce matin la mort de Si Noury, un haut fonctionnaire et un bon journaliste à ses heures. Il disait les choses avec beaucoup de courage et de talent. La liste des victimes du terrorisme est déja longue: journalistes, homme de lettres, sociologues, médecins, artistes ; ce pays est saigné à blanc. Les plus instruits sont partis et ce sont les autres pays qui profitent de leurs compétences. Alors, je vous en prie…

Les yeux s'étaient braqués sur Fethi qui venait de parler avec beaucoup de franchise et de conviction. Son corps de petite taille dégageait soudainement une force et une énergie qu'aucun invité n'avait soupçonné. Que répondre ? Les deux étrangers, Georgis et Antolino, ce n'était pas leur affaire. Aziz avait préférégarder le silence. Les regards de Radia et de Lyassine s'étaient croisés mais eux aussi n'avaient rien à dire. Le silence fut interrompu par le bruit de la porte coulissante de la salle à manger que la préposée aux cuisines venait de pousser de côté. Georgis pas du tout mécontent de cette diversion. « Chers amis, il est temps de passer à table ! », lança-t-il, en invitant ses hôtes à le précéder dans la salle à manger.

Nadir, Lyès et la députée qui étaient sur la terrasse avaient rejoint les autres invités en occupant les sièges laissés libres.

Bien austère la salle à manger de la résidence de Georgis pour seul décor sur un mur un tableau au motif champêtre : un paysan du siècle passé était penché sur sa charrue, ses gros sabots dans une terre sombre et grasse ; tout autour de lui, une campagne terne, triste et au loin une rangée d'arbres au milieu d'un ciel gris et bas. Lyassine avait détourné les yeux de ce tableau qui dégageait tristesse et désolation, se souvenant de la forêt sans vie où il était entré bien malgré lui. Un vrai tombeau …

Les invités avaient déplié et mis sur leurs genoux leurs serviettes blanches, luisantes, bien repassées. Une nappe blanche assortie recouvrait la grande table oblongue. Pour donner plus d'intimité au diner, des petits pots peints mis devant les invités jetaient une lueur rougeâtre qui faisait de ces derniers des adeptes d'une secte occulte qui allait commencer son rituel et évoquer le diable et les forces maléfiques de ce monde.

— Est-ce qu'on va connaître bientôt le nom du successeur de Si Noury ? lança Nadir, en s'adressant à Lyassine qui avait pris place à côté de Georgis. J'espère qu'il va coopérer avec notre journal. Nos lecteurs s'intéressent aux relations internationales et souvent on nous cache des choses…

Aziz intervient comme s'il avait été désigné pour veiller au grain :

— Pourquoi voulez-vous des informations qui ne vous sont pas destinées ni sont de vos compétences ! Vous avez les informations de l'agence nationale de presse et des agences internationales. Elles vous suffisent, non !

— Non, elles ne nous suffisent pas ! Nous n'avons qu'une seule chaîne nationale de télévision et une seule chaine de radio et toutes les deux sont gouvernementales ! Les agences internationales ne s'intéressent à nous que lorsqu'il y a des tueries. A part ça...

On était resté silencieux après cette passe d'armes. La pluie sur le toit et le grondement d'un tonnerre dans le lointain se firent entendre comme s'ils étaient les annonciateurs d'autres épreuves et d'autres malheurs.

La députée qui souriait mystérieusement se décida :

— Les chaînes étrangères que nous regardons nous suffisent, dit-elle, d'une voix volontariste. On a autorisé les antennes paraboliques, c'est une grande avancée pour notre pays. On ne peut pas avoir tout et tout de suite ; il faut laisser le temps au temps ; les pays qui se disent démocratiques ont mis des siècles pour arriver là où ils sont ; il n'y a pas si longtemps ils avaient des dictateurs : Franco, Mussolini, mon Dieu, pensez à Hitler ! Et avez-vous pensé à leurs guerres ? Des dizaines de millions de morts, des camps de concentration, des destructions de pays.L'horreur la plus totale !...

Nadir interrompit, mécontent :

— On dit n'importe quoi pour justifier n'importe quoi et continuer à faire de nos concitoyens des mineurs. Les journalistes sont traînés devant les tribunaux et on fait payer de fortes amendes à nos journaux. Notre révolution était ambitieuse pour ce peuple. Didouche Mourad et Ben M'hidi doivent se retourner dans leurs tombes !...

— Et vous monsieur Lyassine, que pensez-vous de tout ce qu'on dit autour de cette table ? demanda Georgis en se tournant vers le quinquagénaire, chef de service qui jusqu'ici était resté discret.

Le visage quelque peu écarlate, pris de court, Lyassine dit (le serveur, celui-là même qui avait officié sur la terrasse, avait rempli plusieurs fois son verre de vin :

— La vérité est quelque part, entre les extrêmes. Pas d'excès. Dieu, la nature n'aiment pas les excès, ni les extrêmes. Il faut toujours choisir le juste milieu,la modération, voilà ce qu'il faut. La vie nous l'a appris, nos parents nous l'ont dit et notre religion nous le recommande.

Les paroles du quinquagénaire avaient fait forte impression. Le silence s'était prolongé. Aziz enfin demanda à Lyassine qu'il avait jusqu'ici ignoré :

— Comment s'est passée la visite de Tyler, monsieur le chef de service?

Le regard vague, Lyassine répondit :

— Il a parlé à une vieille femme qui tenait par la main son petit fils. Toute sa famille a été décimée par les terroristes. Elle ne comprenait pas que la commune ne lui vienne pas en aide. Tyler a visité Talha mais il n'a rien vu...

— Comment, il n'a rien vu ? Que voulez –vous dire ? demanda Aziz, mécontent qu'une visite de cette importance produise un résultat aussi maigre.

Le chef de service ne répondit pas de suite. On le fixait, on attendait sa réponse. Le silence se prolongeait puis sa réponse vint. En fixant Aziz de ses yeux vagues, il dit :

— L'étranger n'a pas entendu les cris et les supplications des victimes que les terroristes égorgeaient ; il n'a pas vu les enfants terrifiés tremblant de peur, il n'a pas vu leurs pieds dans la boue, il n'a pas discuté avec les veuves des victimes qui ont échappé aux égorgements ; il n'a vu qu'un maire qui n'est jamais dans son bureau et qui n'a pas d'argent pour venir en aide aux victimes ; alors cette pauvre vieille femme et son petits fils, c'est le moindre de ses soucis...

Les invités s'étaient regardés. On avait pensé : « quel courage ! » ou : « enfin, on entend des vérités Ces choses-là doivent être dites ! » ou : « il exagère ! Ce fonctionnaire quel effronté! Quelle imprudence ! ».

Aziz et Fethi étaient scandalisés et ça se voyait sur leurs visages qui s'étaient assombris . Radia avait mis la main devant sa bouche pour ne pas s'esclaffer, la députée Mérièm surprise, décontenancée, Nadir, lui, souriait, il était aux anges ; Georgis était surpris par l'audace de son invité, craignait que l'administration de ce Lyassine ne revienne sur sa décision d'exempter de droits et taxes le véhicule blindé qui se trouve encore au port.

Radia vint au secours du quinquagénaire dont elle avait entendu le cri dans le désert. Elle dit : (les invités s'étaient tournés vers elle) :

— C'est une bonne chose qu'on ait laissé Tyler se rendre à Talha. Monsieur Lyassine a raison de parler de choses qui sont importantes. On peut ne pas être d'accord avec lui, mais j'ai trouvé beaucoup de sincérité et de vérité dans ce qu'il a dit. La condition des petites gens lui importe, on parle en leur nom mais très souvent on les ignore !

Mérièm et Aziz voulaient intervenir mais Georgis décida autrement en lançant :

— Mesdames, messieurs, on passe au salon ! On va vous servir du café, des liqueurs et des cigares que j'ai faits venir spécialement de mon pays! Vous m'en donnerez des nouvelles !

Dans le salon plongé dans la pénombre, Lyassine eut l'impression qu'il se trouvait dans un musée. La tête lui tournait. Il la sentait lourde, ses idées confuses, pas très claires. Du canapé où il avait pris place il pouvait apercevoir tableaux, sculptures, masques, statuettes. Il regretta que son ami Si Noury ne soit pas à ses côtés, il l'aurait écouté, appris de lui.

Lyassine s'était limité à une liqueur après avoir décliné le cigare que lui présentait le serveur dans une belle boite venue des tropiques. Pour ne pas refuser une seconde fois, il prit une boule de chocolat enrobée dans un emballage brillant.

« Je peux m'asseoir à côté de vous ? », entend-il Radia lui demander. Antolino qui était debout près d'elle prit place sur le canapé sans attendre l'autorisation de Lyassine. Il l'entendit lui dire :

— Moi aussi, je voulais devenir professeur mais mon père a voulu que je reprenne son affaire. Je voyage beaucoup et je n'ai jamais manqué une exposition internationale dans votre capitale...

Lyassine entendit Radia répondre mais le propos lui venait de loin, incertain, à peine audible :

— Vous avez de la chance de voyager comme vous le faites ; c'est agréable de voir le vaste monde. Et vous, monsieur Lyassine vous avez beaucoup voyagé ? demanda Radia en se tournant vers le quinquagénaire plongé dans des réflexions intérieures profondes .

— Oui, oui répondit celui-ci, évasif, mais j'aurais aimé voyager davantage. Mon fils vit à l'étranger et j'aimerai le revoir. Il me manque beaucoup mais que faire ?

Lyassine s'était levé avec quelques difficultés, ses pensées étaient dorénavant à son retour dans la nuit épaisse : les rues désertes qu'il doit prendre, ensuite l'autoroute puis la route, avec de part et d'autre ses arbres et ses collines fantomatiques, les chiens qu'il y a lieu éviter car la voiture pourrait terminer sa course contre un arbre, ou dans un fourré, s'il ne faisait pas attention et il ne voulait pas mourir stupidement, on dira qu'il a bu, qu'il méritait son sort. Lyassine eut aussi en tête un barrage qu'il verrait dans la lumière de ses phares, les papiers qu'il faut présenter à des militaires vigilants, sur le pied de guerre, (à un faux barrage, Lyassine préféra ne pas y penser, pourtant, c'était arrivé sur cette route...) ; ses pensées allèrent à sa femme qui l'attendait, à l'escalier plongé dans les ténèbres qu'il doit monter, l'ampoule du 6ème étage ayant expiré, peut-être entendra-t-il le chœur d'un opéra filtrant de chez le mélomane ou des senteurs de cuisine tardifs de chez « la méchante »...

Dans la lueur de ses phares, Lyassine fixait la route ; visages qui se succèdent dans sa tête : Radia, Nora. Assia, l'adolescente morte depuis bien longtemps le fixait de ses yeux tristes, Ingrid Bergman, toujours jolie, ses beaux cheveux blonds coupés à la garçonne puis, des images plus tristes, plus sombres, plus tragiques : il revit le cortège funéraire de Si Noury, tous feux allumés alors qu'il faisait jour, la vieille Aldja toute rabougrie. Ammy Saïd et son fils Lotfi le fixaient d'un regard vide, terne, sans expression et sans vie. Lotfi avait des petits yeux ; il avait mauvaise mine ; il n'était pas content, son regard le disait clairement . Nedjett avait surgi, habillée de noir, son fils Zyad se tenait à ses côtés, immobile, silencieux, sans dire mot ; visages sombres de Fethi, de Aziz, de Mérièm qui n'étaient pas contents et ils le lui faisaient savoir. Il s'entendit leur répondre : « allez au diable ! Ce peuple aura le dernier mot ! ».

En stationnant sa voiture dans l'emplacement qui lui est réservé, Lyassine avait poussé un « ouf » de soulagement. Il était arrivé à bon port malgré sa tête qui lui tournait. Pas de contrôle sur la route, pas de vrai, ni de faux barrage. De l'autoroute, jusqu'au village puis à sa cité, il n'avait croisé que quelques voitures ; il avait failli écraser un chien mais il avait bien contrôlé sa voiture.

— Tu somnoles et avec ça tu conduis ! lui dit sa femme après lui avoir ouvert la porte avant de reprendre sa place pour continuer à suivre le film qui passait sur une chaine étrangère, câblée et... piratée. Après un tour à la cuisine et un verre d'eau, les idées du quinquagénaire devinrent moins brumeuses. En s'asseyant aux côtés de sa femme, il pensa à la soirée chez Georgis mais en s'allongeant sur son lit ses dernières pensées furent pour Nora...

CHAPÌTRE 10

N'eut été Radia qu'il avait à l'esprit à son réveil, Lyassine aurait pensé que le dîner chez Georgis n'avait jamais eu lieu et qu'après la mort de Si Noury, c'était son imagination qui lui jouait des tours. Au réveil sa tête était encore lourde et il avait soif. La moitié d'une bouteille d'eau minérale lui avait suffit à peine.

Lyassine s'habilla lentement ; il n'était pas pressé d'aller à son travail.

Sur son palier, sa voisine, lui dit dans la porte entrouverte de son appartement: « monsieur Lyassine, votre secrétaire vient de téléphoner. Votre administration a besoin de vous. Le directeur Faudyl a demandé après vous, il vous attend ». La voisine était en robe de chambre. Le quinquagénaire s'efforça de ne pas remarquer cette négligence.

Dehors, un vent sinistre sifflait. Pour le chef de service qui commençait sa journée, l'appel de sa secrétaire n'annonçait rien de bon ; il lui fallait s'éloigner, mettre de la distance entre lui et son administration. Il pensa au port balnéaire aménagé des dizaines d'années plus tôt quand son pays s'était lancé dans la construction de complexes touristiques étatiques. S'ils étaient magnifiquement construits, la mauvaise gestion et le laisser-aller avaient fait leur œuvre et si on s'avisait à y passer des vacances, il ne fallait surtout pas s'étonner de ne pas trouver de l'eau dans les salles de bain ; quant aux draps et couvertures, ils étaient d'une couleur douteuse, grisâtre.

« De quoi te mêles-tu ? Ça appartient à la dawla ! (Etat), lui avait répondu un jour le serveur parce qu'il lui avait demandé de changer la nappe de sa table trouée par des brûlures de cigarettes. Il s'en était mordu les doigts, se jurant qu'à l'avenir, il se taira…à l'instar de chacu.

Le port de plaisance n'offrait qu'un semblant de son ancienne beauté. Les embarcations se déhanchaient sinistrement dans la grisaille du jour et tout l'endroit respirait la tristesse.

« J'aurais dû aller du côté des montagnes, s'était-il dit ; là-bas, j'aurais respiré l'air frais et regardé le panorama magnifique des montagnes ».

Lyassine s'était détourné de cette solution. Un mois auparavant, alors que sa voiture grimpait allègrement la côte en lacets, sa tête avait été envahie d'une panique soudaine. Il s'imagina des assassins sortis de la forêt qui s'étend à perte de vue des deux côtés de la route, arrêter sa voiture, l'en faire descendre et après le contrôle de ses papiers, fonctionnaire, donc « taghout » (ennemi de Dieu), ils le coucheraient par terre comme s'ils avaient affaire à un mouton et l'égorgeraient en le laissant baigner dans son sang sur le bas côté de la route.

Lyassine fit un choix moins risqué et tant pis si la route qui serpente entre mer et versants de collines n'avait pas la beauté sauvage des montagnes où il comptait s'y rendre.

Attablé sur la vaste esplanade du quartier de Bab El Oued qui regarde la mer, le quinquagénaire, chef de service était bien dans sa peau, heureux au milieu de couples et d'amis entre eux qui parlaient du prochain derby de football entre les deux meilleures équipes de la grande ville : le MCA et l'USMA. Les pronostics allaient bon train dans une confusion bien méditerranéenne, chacun pronostiquant la victoire de son équipe.

En dépliant son journal, Lyassine avait en tête sa désertion de son administration. A cette heure Faudyl devait le chercher, se demander où il était passé. Pour Lyassine, puisque ses chefs ne l'avaient pas autorisé à assister aux funérailles de son ami et qu'ils s'étaient ligués contre lui, eh, bien, ils allaient voir ce qu'ils allaient voir...

En parcourant les titres du journal qu'il avait déplié, à sa grande surprise, pas d'embuscades, pas de faux barrages, pas de ratissages, pas de bombes, comme si troupes gouvernementales et terroristes avaient convenu d'une trêve avant de reprendre un combat qu'ils s'étaient promis au « finish ». Plus étrange encore, la rubrique nécrologique était des plus minces et des plus maigres : un seul avis de « décès » et un autre de « remerciements ». De fines goutelettes de pluie s'annoncèrent. Elles disaient au chef de service de retourner à son travail.

« Je ne pouvais pas manquer l'enterrement d'un ami », répondit Lyassine à Faudyl qui l'avait foudroyé du regard après avoir écouté son explication bien sommaire. En arrivant chez lui pour le déjeuner, l'accueil qui lui fut réservé ne fut pas meilleur. Sa suggestion d'aller, ensemble, rendre visite à Nedjett fut très mal accueillie par sa femme.

En fronçant les sourcils, elle lui répondit, mécontente:

— Nedjett, tu peux aller la voir tout seul ! Tu sais bien que je ne fais pas partie de ses amies ! Avons nous compté pour elle et son mari, autant que Si Noury a compté pour toi ? T'es-tu jamais posé cette question ?

Lyassine surpris et déçu. Il ne comprenait pas l'acharnement de son épouse alors que son ami venait d'être assassiné, Nedjett, dorénavant une veuve et son fils un orphelin, et voilà que sa femme parle du passé, jette le doute. « Un peu de décence ! », aurait-il aimé lui lancer.

— Je trouve que tu es injuste, finit-il par dire, calmement. Pour Si Noury, j'étais un ami et je l'étais aussi pour Nedjett. Peut-être qu'elle pense différemment de toi. Après tout, il s'agit de son père...

— Je ne veux pas reprendre cette discussion ! asséna Samia qui se leva pour aller ruminer ses mauvaises pensées dans « sa » cuisine.

Lyassine quitta l'appartement où il n'était plus le bienvenu, dévala les quatre étages, faillit renverser un enfant qui passait devant le portail de son bâtiment, traversa sa cité, se dirigea vers la campagne en contrebas.

Avant d'entamer la descente, il s'assit à même le sol, devant lui, à ses pieds, des vallons, des collines et des bois ; dans le lointain, une herbe verte, haute, toute la nature s'abandonnait à un soleil d'automne timide qui manquait de vigueur tandis qu'un vent léger faisait bouger les feuilles des arbres en parcourant toute la campagne qui se perd jusqu'à venir toucher l'horizon.

Lyassine descendit le chemin de terre, longea un vallon, dépassa d'épais fourrés qui plongent leurs racines dans l'eau des pluies, marcha suffisammment longtemps pour s'assoir et se reposer un peu. Au loin, s'offrait à sa vue, après les champs, une route. Il la regarda longuement comme si elle lui était d'un intérêt particulier ... Il se releva, marcha encore jusqu'à à arriver devant une clairière.

Ammy Said était là, en train de ramasser du bois. Il se redressa au : -« Bonjour » ! sonore de Lyassine .

Sans attendre le retour de politesse du vieux paysan, il lui dit d'un ton enjoué :

— Vous travaillez trop Ammy Saïd. Le temps est venu de vous reposer. C'est au tour de votre fils de prendre votre place.

Le vieillard ne montra aucun étonnement à l'intrusion du fonctionnaire quinquagénaire. Ils se rencontraient souvent au milieu des champs, ou sur le sommet d'une colline où il trouvait Lyassine allonger sur l'herbe en train de regarder les nuages passer lentement dans le ciel.

Mais ce que Lyassine découvrait, c'est que cette clairière était la reproduction fidèle du tableau qu'il avait vu dans le bureau de Si Noury. Il ne s'en étonna guère. Après tout l'inspiration d'un artiste pouvait rejoindre la réalité. Il lui trouva une ressemblance avec la clairière tombeau éclairée par la seule clarté d'une lune pâle...

— Ça me fait du bien de travailler, avait répondu le vieillard. Un malheur nous frappe après l'autre. Après ma fille, voilà que c'est le tour Si Noury, il y a ce pauvre professeur Ferhat, un homme si gentil, si serviable, qui reçoit le dessin d'un cercueil ; cela ne m'étonne pas qu'il soit devenu fou ! Qu'avons-nous donc fait de ce magnifique pays alors que Le Tout Puissant l'a pourvu de tout...

— Oui, vous avez raison, un malheur après un autre ! On ne sait pas à qui sera le tour ?

Le vieux fermier s'était remis à l'ouvrage en jetant les branchages sur le tas qui prenait du volume.

— Au cimetière avec tante Aldja, nous avons discuté, reprit Lyassine qui avait mauvaise conscience, dans sa tête sa déposition devant le commissaire adjoint Sofyane. Lotfi, je ne l'ai pas vu à l'enterrement de Si Noury, pourtant, il le connaissait.

— Des policiers en civil sont venus tôt ce matin demander après lui. Ils m'ont dit qu'ils voulaient lui parler et qu'il doit se présenter au commissariat du village. Je ne sais pas de quoi il s'agit ...

«J'ai ma part de responsabilité», avait songé Lyassine pris de remord.

Il observa, lui même, pas du tout convaincu :

— Sa sœur a été blessée, il connaissait Si Noury, les policiers veulent certainement lui poser quelques questions...

— Que Dieu vous entende. Je lui ai dit de faire attention ; sa religion, il doit la vivre paisiblement et ne pas trop en parler. Nul croyant ne répond des actes d'un autre. Dieu seul est juge. Une fois, il m'a dit: «on doit fermer tous les zaouias. Elles font tomber nos populations dans l'ignorance et l'idolâtrie ! ». Excédé, je lui ai dis : « Notre Livre saint est clair: « nulle contrainte en religion ». Lyassine, que voulez-vous que je vous dise ? Lotfi est suffisamment grand. Je ne peux rien faire pour bien qu' il reste mon fils. Quand il était petit, il était si gentil, il nous écoutait.

Après avoir salué Ammy Saïd, Lyassine s'éloigna rongé par sa mauvaise conscience. « Accuser le fils de ce brave homme, le signaler à l'attention de la police. Un délateur, voilà ce que je suis. Lotfi aurait pu être mon fils, le frère de Bylal que je n'ai pas eu. Je me demande ce qu'a pu pensé de moi Sofyane qui est natif de la même ville que moi ; il doit bien me plaindre ! ».

Pour se punir, le visage près du sol, s'aidant de ses mains, Lyassine entreprit l'escalade du versant de colline abrupt qui conduit à sa cité et pendant toute l'escalade, il s'en voulait à mort, refusa d'interrompre son ascension malgré son souffle court comme s'il voulait tester son cœur et tant pis si d'épuisement il mourait. Son cœur battait très fort contre sa poitrine. Il aurait aimé continuer son escalade mais il ne pouvait aller plus loin ; sa cité était à sa gauche, à quelques centaines de mètres. Il s'allongea sur le sol humide, en lui, l'envie de se calmer et reprendre ses esprits ; vrombissements de moteurs et cris d'enfants venaient de loin, lui disaient que l'espoir était permis, qu'il ne fallait pas désespérer, que la vie continuait . Il somnela, combien de temps, il ne le savait pas, quand il rouvrit les yeux, il regarda longuement le ciel et les nuages immobiles qui semblaient le fixer et l'interroger. La honte qui l'avait submergé ne l'avait pas quitté. Ah, songea-t-il, s'il pouvait faire qu'un avec la nature, devenir un arbre, une plante, un insecte et même un moustique ; il sentait sur son visage le souffle tiède, léger du vent qui lui disait qu'il était un être humain, qu'il existait dans ce monde en tant qu'être humain et que c'était Le Tout Puissant qui en avait décidé ainsi, peut-être que dans un autre monde, il sera différent et ainsi son vœu sera exaucé… En s'abandonnant à ses pensées, Lyassine partit à la recherche du temps passé. Claude, la belle Claude, lui vint, elle se penchait sur lui, le consolait, il la voyait, la sentait très bien, elle le caressait, lui touchait le front, le regardait tendrement de ses grands yeux bleus.

«Claude, qu'es-tu devenue ? songea-t-il. Penses-tu à moi ? Est-ce que j'existe encore pour toi ? Ah, si je pouvais te revoir ! Accepteras-tu de me prendre la main, de m'embrasser comme autrefois ».

«Tout ça ce sont les boniments d'un vieux. Les temps heureux de la jeunesse ne reviendront plus », s'était consolé Lyassine. Comme s'il voulait se punir d'être de ce monde, il alla du côté du cimetière abandonné qui se trouvait tout près de sa cité ; on ne venait plus se recueillir sur ses tombes et comme toujours Lyassine était le bienvenu.

L'allée centrale se montra, longue, rectiligne ; des deux côtés, des cyprès longilignes, hauts, majestueux, touchant le ciel ; jusqu'à la sortie, Lyassine aperçut de loin le portail entrouvert de l'autre côté, à la sortie du cimetière. Il quitta l'allée centrale, bifurqua à droite, marcha au milieu de tombes et de caveaux aux murs défraichis, certains avaient leurs grilles défoncées, leur fer rouillé par l'oubli et les intempéries. Il se dirigea vers une tombe qui se trouvait sur une hauteur, grimpa le versant, s'avança, lit : Dartagua Claude 1893-1946, l'unique inscription sur la tombe. « Cet homme est mort à mon âge : 53 ans ». Cette fois-ci, Lyassine fut troublé. C'était la seconde fois que cela se produisait. Pour conjurer le mauvais sort, il marcha entre des tombes, passa devant des caveaux. En se penchant sur une autre tombe, il put lire : Vial… Le temps avait effacé le prénom. En dessous: 1902-1957, plus bas, en latin : Hic Est Requies Pastorum. Lyassine se promit d'éclaircir cette énigme ; il comprit que l'inscription disait: ici repose un berger...

N'entouraient le quinquagénaire que le silence des morts et le bruit du vent. Lyassine eut soudainement froid, un long frémissement parcourut son corps. Il se dirigea à pas pressés vers la sortie mais le portail était fermé, cadenassé. « Tout à l'heure, ce portail était ouvert, s'était-il dit. Je n'ai vu personne le fermer. Je n'ai quand même pas rêvé ». Il retourna sur ses pas, se sentit soudainement prisonnier dans ce cimetière où il n'y avait aucune âme qui vive. Il s'arrêta, leva la tête, regarda longuement les cyprès comme fas ciné tandis que dans le ciel de lourds nuages noirs avançaient lentement. Après la sortie, quelques centaines de mètres plus loin, il était devant le bâtiment de sa cité. Il était chez lui, rassuré.

CHAPÎTRE II

La mort de Si Noury avait ému l'opinion publique et les condoléances avaient afflué au domicile du défunt et chez le chef de son administration. On s'était posé deux questions : la première concernait la facilité avec laquelle l'assassin ou les assassins avaient opéré, la seconde était de savoir si l'assassinat de ce haut commis de l'Etat allait ouvrir la voie à des assassinats ciblés ou s'il s'agissait d'un acte isolé?

Il n'y avait pas que cela. Au sein de l'admistration du défunt, on s'attendait à des changements. Il fallait bien remplacer celui qu'on venait d'assassiner !

Lyassine apprit la nomination du successeur de Si Noury dans son bureau. Elle lui confirma une tradition dans ce pays qui ne s'est jamais démentie: le nouveau venu ramenait toujours dans ses bagages sa secrétaire, son chauffeur, son chargé d'études et de synthèse et son chef de cabinet car avant la compétence, on exigeait la loyauté.

Les fonctionnaires furent unanimes à dire que l'homme choisi pour remplacer Si Noury passait pour être cassant et qu'après une longue traversée du désert, il ne fallait pas s'étonner qu'il exerçat une autorité aussi abusive qu'inutile.

Dans la perspective des changements qui s'annonçaient, Faudyl était gagnant. Lyassine observa chez lui un contentement discret ; sur le visage de son supérieur hiérarchique beaucoup de satisfaction et une joie intérieure que Faudyl cachait mal. Comme un maitre devenu indispensable, il recevait dans son bureau, faisait attendre le solliciteur, disait à sa secrétaire qu'il est absent ou qu'on le rappelle en fin de matinée ou dans l'après midi.

Alors que les couteaux s'aiguisaient et qu'une activité fébrile mais discrète régnait dans son administration, les coups de téléphones plus nombreux que jamais, Lyassine avait lancé à sa secrétaire :

« Je vais voir la veuve de Si Noury. Si on me demande, vous direz que je serai de retour dans une heure ».

Le quartier de Si Noury avait son aspect habituel. Sa mort n'était déjà plus d'actualité , une tragédie remplaçant une autre ; il est vrai qu'il y aussi cette capacité d'oubli propre à ce pays et que chacun trouvait normale et allant de soi.

— Est-ce que vous êtes attendu ? demanda la policière au regard sévère, sanglée dans son uniforme bleu azur. Elle se tenait, droite, devant la villa de feu Si Noury.

— Oui, je suis attendu. Je suis un ami de la famille, répondit Lyassine en montrant sa carte professionnelle qu'il présenta ouverte.

— Monsieur est déjà venu, s'avisa un autre policier qui s'était approché et qui se tenait non loin de sa collègue.

Avant de monter l'escalier qui mène à l'étage de la villa, Lyassine regarda le jardin dorénavant privé des soins de son maître et d'un jardinier ; les fleurs s'étaient fanées, des feulles mortes couvraient le sol, le jardin était devenu triste ; les oiseaux qui gazouillaient n'étaient plus là ; ils étaient partis, avaient quitté les lieux.

En poussant la porte du salon, Lyassine n'avait devant lui que du blanc. Tels des linceuls, des draps blancs couvraient les meubles à l'exception de deux fauteuils laissés libres par la maitresse de maison pour accueillir son visiteur. Les cornes en ivoire, les tapis en soie venus de Perse, les bouddhas bedonnants, l'homme des savanes africaines avaient été enlevés et les murs étaient vides, blancs, quelconques, les tableaux : paysages, portraits, natures mortes, ports de plaisance, leurs couleurs belles, vives, n'étaient plus là. Lyassine avait de la peine à croire qu'il s'agissait du même salon qu'il a toujours connu.

Nedjett était sortie de la chambre du fond du couloir pour venir à sa rencontre. Elle était pâle, avait maigri, pour Lyassine, c'était davantage une apparition qu'un être humain en chair et en os. La veuve de Si Noury n'avait plus ses bijoiux ; ses bras, son cou étaient nus, sans ornements ; elle avait seulement gardé son alliance.

— C'est terrible, Nedjett. Qui aurait pensé ? balbutia Lyassine en prenant les mains de Nedjett et qui ne savait pas quoi ajouter...

— La vie continue, répondit Nedjett résignée . Il ne faut pas que je détruise ma vie et celle de mon fils. Ce serait tué mon mari une seconde fois. Je vais rester fidèle à sa mémoire, me consacrer à mon fils. C'est ce qui m'importe désormais.

Nedjett avait parlé, reconstitué la soirée de son mari la veille de sa mort, dit que c'était un adolescent qui l'avait tué. « Je n'ai pas pu le voir, ça a été si rapide ! Quand je suis descendue, il était déjà loin. J'ai attendu une heure avant que l'ambulance ne vienne, pendant ce temps Noury était inconscient dans mes bras, du sang coulait de derrière sa tête ...».

Lyassine présenta ses condoléances et celles de sa femme, dit qu'il regretta de n'avoir pas vu Si Noury la veille de sa mort, ne trouva pas très élégant de dire que c'était à cause de l'antenne parabolique, révéla qu'il s'était rendu au commissariat central, avait parlé du jeune Lotfi comme d'un éventuel suspect mais que finalement il l'avait regretté car il est convaincu que le fils de Ammy Saïd n'a rien à voir avec l'assassinat de Si Noury.

— Il n'y a aucune raison de penser qu'il serait le tueur, lui confirma Nedjett. Noury n'a plus revu Lotfi depuis qu'il n'a pas pu le faire entrer à l'école de police. Mon mari n'aimait pas intervenir pour les autres, « ce sont toujours les médiocres qu'ont choisis parce qu'ils ont des connaissances », me disait-il. Non, il ne faut rien regretter Lyassine. Noury m'a dit la veille de sa mort : « Je préfère mourir sous les balles de l'un des miens que d'avoir peur de lui. J'ai fait la guerre pour que ce peuple vive libre et tant pis si les espoirs ont été déçus ».

Lyassine parla de la soirée avec Loubna, dit à Nedjett qu'ils avaient évoqué son père et le vieux propriétaire terrien, Zaouche. Nedjett avait souri. Son visage avait retrouvé quelques couleurs.

— Le passé nous aide à vivre, observa-t-elle. Après son retour des obsèques de l'étudiante, j'ai parlé avec mon mari du passé. Nous en avons beaucoup parlé comme s'il savait qu'il allait mourir. La veille de sa mort, il avait invité un jeune artiste peintre. Pendant toute la soirée, j'avais l'impression qu'il discutait avec la personne qu'il aurait aimé être, j'avais senti qu'il regrettait de n'avoir pas été ce jeune homme. Noury avait parlé du déjeuner sur l'herbe du peintre français Manet, un tableau que le jeune peintre admirait aussi. Mon mari s'était souvenu des pique-niques au bord du lac de Djebel Ouach à l'ombre d'un grand chêne. Je me souviens très bien, c'était le pique nique d'un dernier printemps. C'était en 1957. Nos parents se connaissaient, je savais que Noury sera mon mari et lui savait que je serai sa femme. Noury était le meilleur élève de sa classe, il était un élève brillant. Quelques jours plus tard mon père était arrêté par l'armée d'occupation française et Noury rejoignait le maquis à l'appel du FLN. Il était en classe terminale. Il n'avait pas pu passer son baccalauréat…

— Lorsque j'ai parlé de ton père, Samia n'était pas contente, elle m'en a voulu…

— Oui je la comprends. Cette histoire, moi, je l'ai oubliée, mais ta femme est rancunière, elle ne pardonne pas et elle n'oublie pas facilement. Mon père fréquentait le casino municipal de notre ville natale où il s'était lié avec des officiers français. Il était au fait d'informations militaires qu'il communiquait à nos maquisards et personne ne savait qu'il était à la tête de la cellule FLN de notre ville. Ce sont les mêmes officiers qu'il côtoyait au casino municipal qui l'avaient arrêté…

— Nedjett, tu sais que ce bel édifice a été rasé ? interrompit Lyassine.

— Oui je sais. Noury en était malade. L'incompétence, et le ressentiment, quoi de plus facile…

— Tu m'excuses, tu parlais de ton père…

— Oui, ils l'ont arrêté un dimanche, à l'aube, avant la fermeture du casino. Toute la communauté de notables qui fréquentait ce lieu s'était sentie trahie. Mon père était l'exemple même de la réussite de ce que les Français appelaient l'intégration et ça leur a été d'autant plus intolérable qu'ils avaient découvert que le grand propriétaire terrien, Zaouche avait lui aussi trahi. Il versait un impôt de guerre au FLN et ça faisait beaucoup d'argent, Zaoueche était riche, très riche, ses terres s'étendaient sur des centaines d'hectares. Plus intolérable encore pour les Français, Zaouche avait fait la première et la seconde guerre mondiale sous leur drapeau, il fut un bon soldat puis un bon sous officier, à l'époque, ce n'était pas mal pour un indigène.

— Après la guerre, ton père est allé vivre chez ceux-là mêmes qu'il avait combattus…

— Il avait fait son devoir ; son pays était libre ; il a même renoué avec certains des officiers français qu'il avait connus. Pour lui, une page d'histoire commune venait d'être tournée. Ce qui importait, c'était regarder vers l'avenir, devant soi, bâtir ensemble, sans oublier le passé bien entendu. C'est ce qu'il voulait ; malheureusement, les rancoeurs et les haines ont eu le dessus.

— Quand je pense à cette mission qu'il m'avait envoyé faire en France. J'avais seize ans, j'étais un lycéen…

— C'était quelques mois avant qu'il ne soit arrêté par l'armée française. C'était Noury qui t'avait proposé. La police française ne pouvait pas te soupçonner ; tu étais un adolescent et puis tu étais un lycéen ; tu étais un garçon vif, intelligent ; ton âge importait peu, tu pouvais circuler librement, traversé la Méditerranéene bien que tu sois un mineur ; à l'époque, notre pays et la France ne faisaient qu'un seul et même pays. Noury avait réussi à convaincre mon père pour que ce soit toi qui accomplisse cette mission…

— Mais on m'avait donné peu d'argent, j'ai dormi dans des hôtels borgnes, j'ai eu faim, heureusement …

— Cette mission était importante, interrompit Nedjett. Tu devais remettre une lettre à un chef de région de la Fédération de France du FLN…

— Jusqu'à maintenant je ne sais pas ce qu'il y avait dans cette lettre…

— Moi, non plus ! Noury ne le jamais su, non plus ! Mon père est mort en emportant son secret. Peut-être que c'était pour exécuter un traitre ou pour contacter des marchands d'armes en Allemagne pour les livrer à nos maquis qui en avaient bien besoin. Il y avait à l'époque les opérations militaires françaises de grande envergure Pierres précieuses et Jumelles …

— Tu m'excuses, on parlait de ton père…

— Oui, il est est revenu mourir dans son pays. Toi, tu m'as parlé de ton épouse. On ne l'a su que plus tard. Ce serait ton beau-père qui aurait dénoncé. mon père aux militaires fançais…

— Ma femme s'en est toujours défendue ! Elle m'a toujours dit que c'était faux, que c'étaient des calomnies !

Indigné, Lyassine ne l'était pas. Son beau père, il l'avait connu et jamais il ne l'avait vu rongé par un quelconque remord et personne n'avait apporté la preuve de sa traitrîse.

— C'est cette accusation qui a fait que mes relations avec Samia n'ont jamais été bonnes, reprit Nedjett. Pour moi, tout ça c'est du passé !

Lyassine hésita, puis :

— Peut-être que ma femme a d'autres raisons de t'en vouloir ?

— Oui, tu as raison ; je pense que c'est à cause de l'amour que tu portais à ma sœur Assia. Elle a entendu dire qu'entre elle et toi il y a eu un grand amour, un amour fort comme peut l'être un amour d'adolescence. Samia croit que je suis à l'origine de ces rumeurs. Tu me connais, tu sais que j'en suis incapable.

— Je regrette ce qui est lui arrivé. Sa mort dans cet accident de la route… Assia était belle, très belle. Quand elle descendait la Rue Nationale nous la regardions tous mais moi, une fois, j'ai osé. Je l'ai attendue à la sortie de son lycée et je lui ai parlée ; plus tard, je me suis même étonné de mon audace.

— Assia m'en avait parlé. Elle savait que tu la regardais. Elle t'aimait bien mais elle ne devait pas te le montrer ; nos traditions voulaient que les garçons ne parlent pas aux filles et surtout que les filles ne parlent pas aux farçons. Très tôt, on nous a appris que les garçons sont des prédateurs, qu'ils veulent nous prendre ce que nous avons de plus précieux et que seul leur mari pouvait prendre. Chaque fille doit absolument arriver vierge au mariage !

— Les jeunes de nos jours ont changé et heureusement !…

— Oui, mais quand je regarde Zyad, je me demande si de mon temps on n'était pas plus heureux. Certes, il y avait les carcans propres aux sociétés qui évoluent peu, il ne faut pas oublier qu'à l'époque, sous l'occupation coloniale, il y avait la misère, l'école était rare…, mais on avait des certitudes, on savait ce qu'on voulait. Ton frère Abdeslem, mon mari avaient des principes. Ils ne transigeaient pas. Dernièrement j'ai lu dans un journal qu'un ancien haut responsable, toute honte bue, avait accepté une haute fonction de la part de ceux là mêmes qui l'avaient traîné dans la boue. Le pouvoir, l'argent, les honneurs, voilà ce qui importe de nos jours. Ce que je regrette, finalement, c'est que mon mari n'a pas pu écrire ce livre auquel il tenait tant sur les peintres de notre pays. Je suis très malheureuse pour lui. Il en avait discuté longuement avec le jeune artiste la veille de sa mort.

Ce qui restait à Lyassine, c'était de partir, de quitter ce salon endeuillé, couvert de blanc, de dire adieu à Nedjett. Lyassine savait qu' une page venait d'être tournée et le livre définitivement fermé.

En se dirigeant vers la porte de sortie, il jeta un dernier regard sur le salon qui était devenu sombre au passage d'un nuage qui avait caché le soleil comme si l'obscurité qui s'était faite était annonciatrice d'autres malheurs.

Dans l'administration de Lyassine les tractations de l'ombre se poursuivaient, des destins avaient été scellés.

S'éloigner du négoce obscur, aller vers la lumière, aller vers la mer, se diriger vers la cité de ses ancêtres, ensuite se sentir fort et apaisé pour affronter l'adversité ; c'était ce que s'était dit Lyassine qui avait pris la direction de l'ancienne Césarée à qui on a donné le nom de Tipaza. Pendant tout le trajet, la mer l'avait accompagné en se tenant à sa droite et en ce début d'après midi ensoleillé, elle s'était parée de ses atours des beaux jours.

Quand Lyassine se présenta devant ce que furent les remparts de la cité antique, dans son minuscule bureau à l'entrée, le caissier était libre de son temps. Somnolait-il ou rêvait-il ? Lyassine aurait bien aimé le savoir. Pour lui remettre le ticket d'entrée et lui rendre la monnaie, il avait mis beaucoup de temps. A l'intérieur du mur d'enceinte, peu de monde. De l'étranger, on ne venait plus. On disait que cette terre était retombée dans la barbarie et connaissait de nouveau la cruauté des guerres puniques.

Entouré d'oliviers et de pins, sur le sentier qui monte, Lyassine retrouva les dieux de ses ancêtres : Melgart, Ashmoun, Tanit, Ba'al Hammon ; il sentit leur présence, ne put s'empêcher de penser à Juba II et à son vainqueur romain, Claudius. Deux mille ans plus tard, les ruines que le quinquagénaire retrouvait témoignaient encore des vies, des croyances, des conquêtes, des empires et du génie de ses ancêtres.

Lyassine prit ce qui fut la rue principale de Césarée, sous ses pieds, les dallages usés par le temps, à sa droite, ce qui restait d'un temple ou d'une basilique. Lyassine flâna en faisant crisser le sable sous ses pas. Il arriva à la hauteur d'un bois aux arbres trapus, troncs contorsionnés, oliviers millénaires présents pour accueillir l'enfant du pays. Il descendit les marches usées d'un ancien escalier ; elles étaient si hautes qu'il eut de la peine à les monter. Sur la terre ferme, des colonnes majestueuses, si hautes qu'elles semblaient toucher le ciel, plus loin, une amphore dont il ne restait que le fond. Lyassine rêva. En ces temps-là, aurait-il été un agriculteur, un commerçant, un prêtre de Tanit ou un soldat d'Hannibal combattant les troupes de l'orgueilleuse et impériale Rome ? Il s'imagina à cheval, n'en descendre qu'a la nuit tombée, au dessus de sa tête un ciel étoilé, et à ses côtés, repos du guerrier oblige, une belle brune locale, fière, ses yeux sombres, immenses, il vivrait une vie d'exaltation , d'héroïsme… Désolé, il reprit sa marche, découvrit ce que furent d'anciens thermes, ce que fut un théâtre, une tour, des canalisations…

« Vous aviez de l'eau ! aurait-il aimé crier à ses ancêtres. Nous, de l'eau, on n'en a qu'une ou deux fois par semaine ! ». Il pensa à sa femme qui monte ramenant le précieux liquide et montant péniblement quatre étages. Il aurait aimé se plaindre davantage, mais pourquoi déranger ses ancêtres?

Au milieu des ruines, il retrouva quelque sérénité, respira les senteurs qui s'exhalaient des pins et du maquis, aperçut la mer, se dirigea vers elle ; à son étonnement, sous le promontoire où il se trouvait, deux corps étaient allongés, enlacés sur le sable de la petite crique ; la jeune fille et le jeune homme épris l'un de l'autre n'entendaient que le doux clapotis des vagues, au dessus de leur tête, un ciel bleu, serein, sans taches. La scène invitait à l'exaltation des corps, mais sa tête de Lyassine était ailleurs d'autant que ses amours n'étaient plus d'actualité. A part Nora, qui d'autre aurait-il à l'esprit ? Assia morte, Claude, une lointaine réminiscence ; il avait oublié jusqu'à son visage et au parfum de son corps. Samia, sa femme, c'était autre chose, une autre histoire. Il chercha dans sa mémoire mais ne trouva aucune femme qui lui a laissé le souvenir de son nom ou de son parfum.

Lyassine franchit l'enceinte de la vieille cité, déambula dans les rues de la ville de Tipaza, regarda le travail de l'artisanat local, prit dans ses mains quelques bibelots en terre cuite ou en émail ou couverts de coquillages. De cette promenade, il s'en lassa vite. Il eut faim, s'attabla sur la terrasse d'un restaurant à l'ombre de son toit en roseaux. Personne ne fit attention à lui, si ce n'est une quadragénaire, assise avec un couple et leur enfant dans une table à côté de lui.

Elle l'avait fixé, dans ses yeux qui brillaient, il avait lu : « un homme seul, en plus pas mal de sa personne, c'est étonnant et…dommage ».

« Un plateau de poisson grillé, une salade variée avec beaucoup d'huile d'olive et du vin, « les Côteaux du Telagh », demanda le quinquagénaire en se protégeant du soleil avec la main. En attendant qu'on le serve, il ferma les yeux, se laissa envahir par la douce chaleur de l'astre solaire que ses ancêtres vénéraient. Il ne les rouvrit que lorsque l'enfant du couple avait crié : « maman ! ». Le chérubin avait soif, avait allongé le bras pour prendre la bouteille d'eau minérale posée sur la table et que que sa mère avait vite écartée.

Lyassine, le dernier à quitter le restaurant. Il avait bien mangé et bien bu. Excellent le poisson ! Excellent le vin « Côteaux du Telagh ». Avant de partir, la quadragénaire lui avait adressé un sourire bienveillant. Il n'avait pas été indifférent à ses rondeurs. L'inconnue avait la quarantaine radieuse mais il s'était fait une raison. Le musée de Tipaza, il voulait le visiter depuis bien longtemps. Les vestiges de ses ancêtres et de leurs vainquaueurs romains y étaient enfermés.

La plaque cimentée sur le mur disait en grosses lettres:

MUSEE DES ANTIQUITES

Ouvert de 9 h 00 à 12 h 00 et de 13 h 30 à 16 h 30

Ce musée, Lyassine ne l'avait jamais visité, ni fait visiter à Samia, à Loubna ou à une autre personne. Le professeur Ferhat, alors enseignant à l'école d'infirmières du village, avait emmené Amel, la fille de Ammy Saïd et les autres élèves. Le directeur n'avait pas été du tout content de l'affront que ce Ferhat venait de lui faire. A dire vrai, un double affront. Il ne l'avait pas informé de la visite et, plus grave encore, cet impertinent d'enseignant de la langue du dernier colonisateur prétendait que l'histoire de son pays remontait loin dans le temps, bien avant l'arrivée des conquérants venus des déserts, l'épée à la main et le Livre saint dans l'autre.

Ferhat avait dit à ses élèves : « Notre pays peut s'enorgueillir d'avoir donné naissance à un grand homme. Son Nom est Saint-Augustin. Il est né à Tagaste, notre Souk-Ahras actuelle. Son pays l'a oublié. Ce sont les autres qui usurpent sa naissance et son génie ».

Ce que disait Ferhat était vrai. Lyassine avait entendu un politicien d'un pays voisin lancer à son auditoire: « Saint-Augustin est natif de mon pays et nous en sommes fiers. Il n'est pas le seul... ». Le fonctionnaire Lyassine avait avalé l'injure. Les temps étaient durs pour son pays, les nouvelles aussi mauvaises les unes que les autres. Ce n'était pas le moment de se faire de nouveaux ennemis. Si on s'intéressait encore à son pays, c'était pour son pétrole et son gaz et si les siens se trucidaient entre eux avec sauvagerie et détermination, les étrangers n'en avaient cure.

« Nous allons fermer », s'entendit dire Lyassine par le gardien des vestiges de ses ancêtres et de leurs conquérants. Lyassine aurait aimé entrer, visiter le musée. Venus était là, il aurait aimé regardé ses rondeurs même si la déesse romaine ne pouvait rien faire pour lui. Mars, le dieu de la guerre était là aussi ; comme quoi ces sacrés Romains avaient de la suite dans les idées. Que faire pour Lyassine, déçu et dépité si ce n'est rebrousser chemin. Les mosaïques, les céramiques, les statues, les vieilles pierres voulaient de lui mais les siens, comme toujours, ont décidé autrement.

Lorsque le chef de service quitta Tipaza, le soleil n'était pas loin de disparaître derrière l'horizon. En retournant dans sa cité, il avait volé à l'Etat employeur une bonne partie de la matinée et tout l'après-midi.

CHAPITRE 12

Pendant qu'une pluie battante assiégeait sa cité, Lyassine ne fut étonné de voir du balcon de sa cuisine, ses voisins courir vers leurs voitures en se couvrant la tête de leurs vestes.

« Une matinée à rester chez soi, bien au chaud dans son lit », avait songé Lyassine en retournant dans la chambre à coucher où il ouvrit les fenêtres mais pas les persiennes qu'il laissa fermées afin de laisser entrer l'air purifié par l'eau de pluie.

Allongé sur le lit, il entendit sa voisine du téléphone dire à sa femme :

« La secrétaire de votre mari vient d'appeler. Son administration a désigné le remplaçant de Si Noury. Il veut rencontrer votre mari ce matin à 10 heures ».

« Tiens, on s'intéresse à ma petite personne », pensa Lyassine.

Sans se presser, il s'habilla, se regarda dans la glace posée contre le mur près de l'armoire, ajusta sa cravate.

Dans le vestibule, il dit à sa femme:

« Si on me demande, c'est qu'il y a du nouveau pour moi » mais lui ne pensa pas à une promotion ; tant que Faudyl est directeur, il serait le dernier à être promu , outre que ces derniers jours, son administration avait noté ses retads et ses absences comme si, malgré lui, un dieu méchant l'empêchait de se rendre à son travail.

En courant sous la pluie, protégé par son manteau de pluie, Lyassine évita des flaques d'eau et les gros trous sur le trottoir. Un enfant, son lourd cartable sur le dos, l'avait dépassé ; il courait vite ! lui aussi était en retard.

Les bâtiments de son administration avaient pour le chef de service une autre apparence que d'habitude. De grosses taches avaient assombri les façades tandis que la pluie continuait à sévir par rafales.

« La pluie a lavé ma voiture », c'est toujours ça, s'était dit Lyassine. Lorsqu'il voulut la garer, sa place était prise, un signe qui ne le trompa pas, les pratiques de son administration, il les connaissait bien. Le lourd silence qui régnait dans la cour, non plus, ne lui disait rien de bon. Quand il regarda les arbres, leurs feuilles s'égouttaient en de grosses larmes.

Sa secrétaire n'avait pas fait briller ses yeux quand le quinquagénaire, chef de service, avait franchi le seuil de son bureau. Elle continuait à faire courir ses doigts sur le clavier comme si toute interruption de son travail lui amènerait une catastrophe.

D'une voix résignée, elle l'informa :

— Le nouvel inspecteur principal a avancé pour 9 heures l'heure de votre rencontre. Je vous ai cherché mais vous n'étiez pas dans votre bureau. (elle n'avait pas osé dire : comme d'habitude).

— Ma voisine m'a fait la commission. Elle a parlé de 10 heures, protesta Lyassine.

— Monsieur Faudyl m'a dit que c'est Monsieur Ghoul, le remplaçant de Si Noury, qui a avancé l'heure !

— Bien, je descends le voir, dit le chef de service en s'efforçant de garder son calme.

Lyassine ne se rappela pas avoir monté les escaliers jusqu'à l'étage où se trouvait le bureau de Ghoul, anciennement celui de son ami Si Noury.Les secrétaires de ce dernier n'étaient plus là. Elles avaient reçu d'autres affectations...

— Ah, c'est vous Lyassine! Monsieur Ghoul vous a cherché ! Il est occupé maintenant ! lui lança la nouvelle secrétaire, dans ses yeux beaucoup d'inimitié et de l'indifférence. Sans attendre la réponse de Lyassine, elle avait baissé la tête pour reprendre son travail en collant ses yeux contre l'écran de l'ordinateur.

Le bureau des secrétaires de Si Noury avait changé. Plus de photos de mode, de villes étrangères, de paysages de pays lointains. N'étaient plus là, les belles photos de la muraille de Chine, du Taj Mahal et d'une pyramide Maya, ni celles les cartes postales de villes de ce pays à lui seul un continent. Parfois Lyassine regardait ces photos, rêvait à des voyages lointains et dans son pays tout en pensant à sa ville natale.

Le bureau s'était couvert d'autres photos. Elles ne représentaient que le désert dans tous ses états : ôcre, brun, pierreux, rocailleux, des photos de désolation et de mort, n'était absent que le crâne d'une vache dans ces immensités qu'on imagine la nuit balayées par un vent glacial et le jour brûler sous un soleil ardent. De ce magnifique pays, Ghoul, ou sa secrétaire, n'avaient choisi que le désert de ce pays . « Peut-être, est-ce une passion ? s'était dit Lyassine. La passion du désert existe. Elle est louable et des plus nobles. Combien de poètes, de savants, de scientifiques, d'exaltés de l'âme et de l'esprit, de prophètes n'ont-ils pas chanté, loué et exalté sa fascination, sa beauté et ses en-chantements». Mais à cet instant précis, pour le quinquagénaire, ces photos avaient une autre signification, elles ne pouvaient représenter que la sécheresse du cœur et l'esprit aride.

Las d'attendre, Lyassine alla dans un salon, celui la même où il s'était réfu-gié une semaine plus tôt après qu'on lui eut annoncé l'attentat contre son ami. En cette matinée pluvieuse, il était sombre, silencieux et désert. L'ameublement n'avait pas été changé ; les mêmes canapés, moquettes, fauteuils et tables.

Lyassine pensa à son entretien avec Ghoul. Cet homme est-il affable ? Mo-deste ? Ouvert ? Ou au contraire, comme on le prétend, impulsif et cassant.

L'attente s'éternisait. Il se souvint de ses attentes dans le salon V.I.P de l'aéroport, dans le hall de l'hôtel après l'attentat à la bombe, dans le bureau de Sofyane, dans la forêt ex Borgeaud . Il se promit de ne plus se trouver dans des situations similaires. « Ce n'est plus de mon âge d'attendre, et ce Ghoul me fait attendre, il est bien mal élevé » .

« Il reçoit toujours », lui répondit la secrétaire quand il s'était enquis de son entretien.

« Je suis dans le salon des audiences », informa-t-il d'une voix résignée (comme si la secrétaire ne le savait pas).

La pluie ne s'arrêtait pas. Une rafale de vent suivie d'une averse vinrent s'abattre contre la porte-fenêtre du salon. Plutôt que de s'asseoir, Lyassine marcha, impatient, un vrai fauve en cage puis se laissa choir dans le fauteuil. Il était indigné, il bouillait mais que faire ? Pris d'une colère soudaine, il ramassa son poing et l'écrasa contre l'accoudoir de son fauteuil. Il était seul à entendre le bruit sourd dans le salon silencieux où on n'entendait que le crépitement de la pluie venant du dehors .

Enfin la porte s'ouvrit.

« Monsieur Ghoul vous attend », lui lança l'appariteur qu'on avait fait descendre de deux étages plus haut.

Dans son bureau, le haut fonctionnaire qu'on venait de nommer en rem-placement de Si Noury avait la mine sombre. Il était resté assis lorsque Lyas-sine s'était présenté. Il n'avait pas répondu à son :

«Bonjour monsieur l'inspecteur principal. Je vous félicite pour votre no-mination ». Ghoul continuait à écrire sur la feuille posée sur son bureau puis appela sa secrétaire.

« C'est urgent, lui dit-il. Pour le titre, utilisez le 16. Pour le texte le 12 ».

Dès qu'elle avait quitté son bureau, il lança un regard distant sur son subalterne, quinquagénaire, chef de service.

— Je vous écoute, dit-il à Lyassine, dans ses petits yeux et sur son visage plat, teint brun jaunâtre beaucoup de malice ; une grosse moustache faisait comme une grosse tache noire au dessus de sa bouche où on chercherait en vain les lèvres.

— Vous avez demandé à me voir, il y a eu un malentendu sur l'heure, fit Lyassine, animé de bonne volonté et esquissant un sourire qu'il voulait le plus amical et avenant possible.

La voix peu amène, faisant briller ses yeux, le nouvel inspecteur principal lui dit:

— On m'a parlé de vous. Vous n'êtes pas un fonctionnaire commode. On vous reproche beaucoup de choses...

— Ah, bon, répondit Lyassine sur la défensive. Pourtant je fais de mon mieux, se précipa-t-il d'ajouter. J'ai toujours fait ce qu'on me demande et au mieux de mes capacités...

— C'est ce que vous dites. Vos supérieurs ne sont pas de cet avis.

Lyassine ne savait pas quoi dire. La voix sentencieuse du Ghoul l'avait déjà poussé dans ses derniers retranchements. Il savait qu'un combat inégal l'opposait au nouveau chef. Vous défendez mal les intérêts de notre administration, poursuivit celui-ci. Vous manquez de conviction dans ce que vous dites et dans ce que vous faites. Vous devez faire preuve de réserve ! tonna-t-il. C'est un principe cardinal dans notre profession ! je n'ai pas besoin de vous le dire !

Lyassine balbutia :

— Vous pouvez me citer un exemple...

— Durant la visite à Talha, on ne vous a pas entendu ! Vous étiez plus bavard quand vous étiez dans la voiture avec Tyler ! Ne me demandez surtout pas de détails ! Vous savez ce que vous lui avez raconté !

— Je peux vous donner ma version, je ...

— Ce n'est pas la peine! Et ce Georgis ? A cause de vous, chaque étranger va demander une exemption des droits de douane avec les mêmes arguments : « la sécurité..., on n'a pas rempli notre quota... », et quoi encore ? Vous croyez qu' eux nous font des cadeaux !

— Je peux vous donner des explications...

— Je n'en ai pas besoin ! et votre ami Walid. Vous êtes intervenu pour lui, pour des visas ! Il a laissé derrière lui une lourde ardoise d'impôts impayés. Les visas, c'est Georgis qui les lui a procurés ! Tout ça, ce n'est pas clair !

— Mais ...

— Et la permanence ? Vous étiez de permanence le jour des obsèques de Si Noury. Notre secrétaire général vous en a parlé ! Cette permanence, vous ne l'avez pas faite ! Vous n'allez pas le nier ! Ne prenez surtout pas la peine de me donner des explications ! Autre chose encore. Aziz, Fethi et la députée Merièm m'ont téléphoné pour se plaindre. Vous avez dit n'importe quoi chez ce Georgis.

Lyassine réussit à articuler :

— Les choses ne sont pas aussi simples..., je peux vous donner des explications..., donnez-moi le temps...

— Epargnez moi vos explications ! Elles ne feront qu'aggraver votre cas. ! Maintenant sortez de mon bureau !

Lyassine mis k.o. au premier round ; les coups de Ghoul avaient pleuvé, avaient été entendues par sa secrétaire. Dans la cour, à moitié assommé, la pluie battit le visage du quinquagénaire, elle lui avait fait du bien mais ne l'avait pas lavé de l'humiliation que lui avait fait subir le nouvel inspecteur principal bien qu' elle ruisselait longtemps sur son visage.

« Ce salaud ne m'a pas laissé le temps pour me défendre », songea Lyassine, humilié.

Sous l'averse, il broya du noir. Pour refuge, il ne trouva que son véhicule qu'il avait stationné en prenant une place restée vide. De l'intérieur, il voyait la pluie ruisselait sur le pare-brise et s'abattre dans la cour, tout en crépitant férocement sur le toit de la voiture . Sans qu'il s'y attende, Nora, lui était apparue souriante et gracieuse, une bouée de sauvetage inespérée dans sa tête et le désarroi qu'il vivait. « Demain je la verrai. Elle viendra, j'en suis sûr », se consola-t-il.

CHAPÍTRE 13

Le lendemain, dès son réveil, Ghoul occupa les pensées de Lyassine et en se levant, il avait la tête aussi lourde que si elle contenait du plomb. De l'incident de la veille, il n'en avait pas parlé à sa femme ; il avait besoin d'une main amicale et secourante, et non d'une main qui lui plongerait la tête sous l'eau jusqu'à mort s'en suive.

«Je vais en parler à Nora, se consola-t-il. Ce n'est pas que j'aie besoin de sa compassion, non, elle a ses propres problèmes, et puis son père vient de mourir. Je vais quand même me confier à elle, elle va m'écouter, peut-être me conseiller. Nora a l'air d'une fille bien ».

— Tu as l'air pensif et tu as mauvaise mine, lui dit sa femme qui l'attendait dans « sa » cuisine. Le mari n'avait pas répondu et pendant une bonne dizaine de minutes, le seul bruit qu'on entendait, c'était le café qu'on versait dans les tasses et les tranches de pain qu'on tartinait de beurre et de confiture.

— Ton manteau, tu ne l'as pas ramené, je ne l'ai pas vu, fit Samia en interrompant le silence qui n'avait que trop durer.

— Je l'ai laissé dans le bureau de la secrétaire du nouvel inspecteur principal. Je vais le retrouver dans mon bureau en train de m'attendre, répondit Lyassine, évasif et absent.

— Tu as toujours la tête ailleurs. Il faut te ressaisir. Tu ne m'as rien dit de ton entretien avec ce nouveau chef. Comment s'appelle-t-il déjà ?

— Ghoul, répondit Lyassine, bref et sec.

Il se leva, il n'avait plus rien à dire à sa femme, en se contentant d'un : « Je suis en retard, je dois retourner à mon travail », et le quinquagénaire de disparaître de la vue de sa femme après avoir refermé derrière lui la porte de l'appartement au bout du couloir.

Lyassine ne se sentit pas bien, n'était pas bien dans sa peau. Bien calé dans sa voiture, il s'efforça de prédire ce que sera sa journée quand une voiture de forte cylindrée le dépassa, s'adonna devant lui à de périlleux zigzags, doublant d'autres voitures sans aucun respect pour le code de la route avant de disparaître après la boucle que faisait l'autoroute. « Ce n'est pas les fous qui manquent ici! Content de son jouet ce nouveau riche », avait pensé Lyassine, mécontent de lui et des autres humains.

Il parqua sa voiture loin du siège de son administration comme s'il craignait d'être contaminé par quelque virus dangereux. Il ne se sentit plus aucune affinité avec elle et pour signifier son divorce, il fit claquer les persiennes en ouvrant la fenêtre de son bureau, un bruit certainement entendu jusque dans la cour. Le bureau n'avait plus la même apparence : les journaux et les parapheurs que sa secrétaire déposait chaque matin n'étaient plus là, un autre signe qui ne trompait pas. Lyassine avait compris. « Son » administration ne voulait plus de lui. « Monsieur Faudyl vous dit d'assister à la réunion à 10 heures dans son bureau », lui annonça sa secrétaire dans l'embrasure de la porte et de la refermer vite comme si elle avait déjà trop dit.

Ils étaient tous là dans le bureau du directeur Faudyl. Si on n'avait pas oublié les secrétaires de la direction, par contre, on n'avait pas convoqué les femmes de ménage. Et pour cause ! Pour toute la direction, il n'y en avait qu'une seule et ce jour-là, elle n'était pas venue. Peut être ne voulait-t-elle pas assister à « l'évènement » qui concernait le chef de service, quinquagénaire, cheveux gris et clairsemés, qu'elle trouvait poli et fort bien sympathique qui prenait plaisir à sauter les marches comme s'il était un jeune homme.

Le bureau de Faudyl avait son aspect habituel, c'est-à-dire inamical pour Lyassine. Son supérieur hiérarchique avait mis un beau costume clair d'été et une chemise mauve ; sa cravate, de loin, brillait et beaucoup de belles couleurs. Faudyl portait fier, visage épanoui, yeux rieurs, sourire large. Il annonça à l'assistance toute ouïe, Lyassine à ses côtés. Il dit:

« Si on est réuni ce matin, c'est pour remercier Si Lyassine pour le travail qu'il a accompli au service de cette administration. Sa contribution a été précieuse etc ... ». Faudyl avait discouru comme savent discourir les chefs qui sont heureux de se débarrasser d'un adjoint plus compétent, gênant, indiscipliné et qui traine les pieds, il avait parlé de « dévouement », de « disponibilité », de « compétence », « de travail bien fait » mais aussi de retards, d'absences, « mais ce n'était le plus important, avait-il insisté, puisque son travail a toujours été irréprochable. Nous lui souhaitons beaucoup de succès et un avenir meilleur...puis, sans transition, en promenant son regard sur l'assistance Faudyl ajouta : Demain, l'inspecteur principal, monsieur Ghoul viendra installer le remplaçant de monsieur Lyassine. Je vous remercie ».

Pendant que son chef discourait, Lyassine regardait ceux qui furent ses collaborateurs. Certains cachaient mal leur surprise, d'autres souriaient, certains étaient tristes, d'autres avaient le visage froid, impassible. La blonde qui l'avait accusé parce qu'il n'avait pas répondu à ses avances était là ainsi que la brune qui avait réussi à obtenir un stage à l'étranger, malgré son avis défavorable. Un coup de téléphone de l'extérieur avait suffi…

Celui qu'on venait de remercier ne voyait pas, ne sentait pas les mains qu'il serrait, il affichait un sourire mais le cœur n'y était pas. On venait de piétiner les meilleures années de sa vie et les lendemains ne peuvent être qu'incertains et périlleux.

En lui serrant la main, le fonctionnaire qui lui parlait en aparté en se dérobant au regard de ses collègues, lui dit, la voix basse d'un comploteur : « Je vous souhaite beaucoup de chance, monsieur Lyassine. Le système ne veut plus de vous. Pour lui, vous avez manqué de loyauté. Vous payez le prix »…

La partie de chasse était terminée, la proie débusquée et mise à mort.

De retour dans son bureau, Lyassine rangea ses affaires dans des cartons, vida les tiroirs, fit un tri dans l'armoire qui l'avait accompagné cinq longues années et prit ce qui lui revenait. Sa tête bourdonnait mais paradoxalement, il avait senti son corps léger comme si on venait de le décharger de 25 ans de servitude. Des souvenirs lui vinrent : réunions, entretiens, réceptions, auxquels il avait assistés ; visages, sourires avaient envahi ses pensées ; il se regarda heureux, souriant, disert ; il eût comme une envie de pleurer. En quitter son bureau, une grande tristesse l'avait envahi. Il en voulut à son administration, à son pays qui se débarrasse de ses cadres sans état d'âme, « des règlements de compte de bas étage », avait-il songé…

La journée étant belle, Lyassine prit sa voiture, descendit le boulevard qui va jusqu'au centre ville, stationna en laissant sa voiture aux bons soins d'un jeune homme « gardien » qui portait un survêtement de grande marque. Il portait beau. Le quinquagénaire, anciennement chef de service, se promena, prit un café au milieu de jeunes étudiants, entra dans une librairie pour acheter un livre, peut-être deux, ne trouva pas ce qu'il voulait : pas de Musil, pas de Scott Fritzgérald, pas de Georges Simenon, pas d'Antonin Artaud. Ces deux derniers auteurs, Lyassine aurait aimé les lire, les découvrir ; maintenant qu'il a le temps…

Il reprit sa voiture pour aller se promener sur le terre-plein qui fait face à la mer, là où il avait eu la frayeur de sa vie. Peu de promeneurs. Quand Lyassine regarda sa montre, il était 10h 30. Encore une demi-heure avant sa rencontre avec Nora. A la seule pensée de la revoir, il se sentit rassuré, apaisé. Il s'assit sur un rocher, regarda la mer. Les oiseaux blancs étaient toujours là, tournaient dans le ciel, se posaient sur les rochers puis reprenaient leur envol ; comme lui, ils étaient libres.

Sur le large boulevard où se trouve l'hôtel, circulation fluide. Lyassine gara sa voiture. Il évita le boulevard où on l'avait délesté de son poste radio. De toute façon, il n'avait plus rien à craindre ; le caisson était désespéremment vide donc aucune tentation pour un voleur potentiel.

La terrasse de l'hôtel où il avait bu sa bière salvatrice baignait dans une lumière vive, éclatante, magnifique. Lyassine avait choisi la terrasse et non le bar trop obscur. Après s'être assis il s'était souvenu de la bombe à laquelle il avait échappé ; un vrai miracle ! l'étudiante qui l'avait précédé de quelques centaines de mètres n'avait pas eu cette chance.

— Un café, s'il vous plait, demanda-t-il au serveur rasé de près, portant chemise blanche et nœud papillon, tandis que ses pensées étaient à Nora.

— La machine est en panne, s'entendit-il répondre. « La dernière fois c'était le téléphone », songea Lyassine, pas du tout content des prestations de cet hôtel qui appartient à l'Etat, donc à personne.

Résigné, il demanda une bouteille fraiche d'eau minérale.

— On n'a que des bouteilles tièdes. On vient de nous les livrer, répondit le serveur, impassible.

— Eh, bien, une bouteille d'eau minérale tiède, fit Lyassine, contrarié mais calme.

Attendre, toujours attendre. Nora tardait. Attente éprouvante pour Lyassine. « Et si elle ne venait pas. Elle m'a averti », songea-t-il.

Pour se rassurer qu'elle viendra, Lyassine s'était posé des questions: « comment sera-t-elle habillée ? Comment sera son maquillage ? ». Un vent de panique avait soufflé dans sa tête : « Mon Dieu, pourvu qu'elle ne se mette pas trop de rouge à lèvres et de poudre sur le visage ! Je ne veux pas me promener avec une excentrique ! On va nous regarder de travers ! Peut-être, vais-je rencontrer des gens qui me connaissent ! ». Tandis que son attente perdurait, Lyassine revint à de meilleurs sentiments : « Pourvu qu'elle vienne ; les habits qu'elle portera ou son maquillage, ce n'est pas le plus important. De nouveau dans sa tête : « Vingt minutes de retard, ce n'est pas beaucoup ; ici l'heure n'est jamais l'heure. Nora fait partie de notre pays » puis : « et si elle vient et je suis déçu, celle qui est devant moi n'est plus la Nora qui me plaisait ! ».

On venait de pousser la grille d'entrée de l'hôtel.

Grande, teint ambré, quelque peu ronde, Nora était là, belle, plus belle que Lyassine ne se l'était imaginée. En la regardant venir vers lui, il avait de la peine à croire qu'il s'agit de la jeune fille qu'il avait vue dans la pénombre d'un bar et dans l'embrasure de la porte d'une maison d'un quartier qui avait poussé dans l'urgence au milieu de nulle part. Elle l'embrassa sur les deux joues.

— Je suis en retard, dit-elle. Ce n'est pas dans mes habitudes d'arriver en retard. Je t'expliquerai plus tard. Partons, je préfère marcher...

En se levant, Lyassine laissa un billet de banque sur la table, n'attendit pas que le garçon lui rende la monnaie. Ce que Nora constatait c'est qu'elle n'avait plus à faire à un fonctionnaire sérieux, grave, quelque peu distant, pâlot mais à un autre homme qui serait un enseignant distingué d'une école distinguée venu d'outre Manche et qui porte un blazer bleu sombre, un pantalon gris foncé, une chemise blanche et une cravate à rayures. Nora était flattée et agréablement surprise.

Après s'être sortis de l'hôtel, sur le grand boulevard, à leur gauche, le siège imposant du siège de la wilaya (préfecture), un leg de la colonisation française, ensuite des fonds de commerce se suivaient : cafés, librairies-papeteries, restauration rapide, derrière les vitres, dans des assiettes blanches : brochettes de viande, de foie, rognons rouges et blancs, merguez, tranches de steak, viande hachée. Devant un restaurant, Lyassine demanda à Nora si elle avait faim et voulait déjeuner.

— Non, marchons, j'ai envie de me promener, répondit-elle en lui prenant le bras.

Midi libéra bureaucrates, étudiants et élèves qui vinrent se joindre sur le grand boulevard, aux oisifs, chômeurs et retraités, un monde disparate qui va, se bouscule, circule sur les trottoirs bondés et jusqu' au milieu du flot de voitures car on traversait la chaussée sans utiliser les passages pour piétons. En passant devant le commissariat central, Lyassine se rappela qu'il avait échappé de peu à la mort, qu'il avait fait une déposition devant le commissaire adjoint Sofyane mais tout cela était loin ; il ne voulait pas gâcher son plaisir. Quand il regarda le sol plus rien n'était resté après l'explosion de la bombe ; le trottoir et la chaussée avaient été refait ; ils étaient propres, nickel.

—Viens regarde! s'écria Nora. Tu vois ce qu'il y a dans cette vitrine ; c'est le même habit que je porte. J'aime cette veste qui tombe en dessous des genoux et le pantalon aéré, bien coupé, qui va avec ; c'est confortable, c'est fait avec du coton.

Le couple s'arrêta devant la vitrine d'une bijouterie.

Nora plongea son regard dans la caverne d'Ali Baba. L'or brillait de tout son éclat, il y avait là: anneaux, bracelets, pendentifs, broches, gourmettes, bagues... exhibés à la vue du chaland sur du velours rouge-grenat. Si on ne trouvait pas ce qu'on voulait dans la vitrine, on entrait, on demandait et on était servi.

— Il n'y a que ma mère qui porte encore ces gros anneaux ; moi, je préfère les bijoux légers, discrets. Nora plia son buste, admira un collier mis en évidence au milieu de la vitrine et qui brillait de ses mille feux. « C'est le même qu'a porté ma cousine quand elle s'est mariée avec un entrepreneur. Son mari gagne beaucoup d'argent, précisa t-elle, dans la voix de l'admiration , peut-être, de la ... jalousie.

— Viens, lui dit Lyassine. En les voyant entrer, le vendeur délaissa les deux femmes qui étaient en train d'essayer des bagues et demanda à la vendeuse debout à ses côtés de s'occuper d'elles.

— Je peux vous aider ? demanda t-il, en souriant à Lyassine.

— C'est pour le bracelet, à gauche de la vitrine...

— Je ne vois pas lequel. Vous pouvez me le montrer ?

Le nez contre la vitrine, Lyassine montra le bracelet. Le bijoutier avança son buste à l'intérieur de la vitrine, retira le bracelet avant de refermer la vitre coulissante avec une petite clé qu'il laissa dans la serrure.

Lorsque le quinquagénaire regagna l'intérieur de la bijouterie, Nora s'efforçait de faire rentrer son poignet dans le bracelet.

— J'aime bien, murmura-t-elle à Lyassine qui s'était mis à ses côtés.

— Oui, il te va bien, confirma-t-il en s'efforçant de cacher le trouble qui l'avait envahi et qui n'avait pas échappé à Nora.

Ils reprirent leur marche. Lyassine se découvrait une nouvelle jeunesse. Il avait le port et le cœur d'un jeune homme ; qu'importait la différence d'âge avec Nora qui venait de lui prendre la main, qu'importait qu'il ait 53 ans et elle au plus vingt-cinq ans. En quoi serait-il différent d'un jeune homme qu'il viendrait à croiser puisque le sourire de Nora le rassurait chaque fois qu'il se tournait vers elle.

« Tu as bonne mine », lui confirma-t-elle. Ça ne déplaisait pas au quinquagénaire de se l'entendre dire. Tout ce qu'il voyait : la chaussée défoncée, l'eau qui suintait d'une canalisation crevée, les sachets noirs éventrés sur le trottoir ou à l'entrée d'entrées d' immeubles, tout cela n'avait aucune importance pour lui ; Lyassine était un homme heureux, jeune, comblé.

Une heure depuis qu'ils se promenaient ensemble. Ils étaient arrivés à destination quand ils se retrouvèrent devant la haute grille du jardin botanique de la grande ville.

— Non, vous ne pouvez pas entrer, il y a des travaux à l'intérieur, répondit le gardien à Lyassine qui voulait faire découvrir à sa compagne qui, pensa-t-il, passe le plus clair de son temps dans l'obscurité d'un bar, le jardin botanique qu'on venait de loin pour admirer. Pensez donc, à l'intérieur, derrière la haute grille, trois mille essences ramenées des quatre coins du monde.

Lyassine insista. Des travaux, il n'en apercevait pas ; par contre, sur l'une des allées de l'immense jardin, un couple se promenait en se tenant par la main.

— N'insistez pas, je vous ai dit que c'est interdit ! », lança de nouveau le gardien à Lyassine, qui, têtu, voulait faire admirer à Nora les fleurs, les arbres et les autres plantes du grand jardin.

Nora s'était mise de côté pour laisser cette affaire d'hommes se régler entre hommes. Elle vit son compagnon retirer d'une poche de sa veste une carte noire qu'il déplia, montra au gardien puis entendit la complainte du gardien qui tenait son arme dissuasive, un bâton, dans la main :

— Mais, monsieur, il fallait me le dire ! Je ne pouvais pas deviner ! C'est que nous avons à faire à des enfants destructeurs et à des adultes peu recommandables! Et le gardien de leur ouvrir le portail du grand jardin comme s'ils étaient ses invités...

Le quinquagénaire et la jeune fille ne furent pas déçus par ce qu'ils découvraient. Après l'entrée, une grande allée bordée de magnifiques platanes, plus loin, des bancs vides couverts de feuilles mortes. Plus loin encore, à gauche d'une allée longiligne, une végétation abandonnée qui avait poussé dans tous les sens. N'étaient plus là, avec leurs inscriptions latines, les plantes ou des pousse de plantes venus de déserts ou de terres opulentes, n'étaient plus là, les fleurs qui égayaient le jardin de leurs belles couleurs, seuls séquoias, bouleaux, noyers, cyprès, ginkos, palétuviers, épiceas avaient survécu malgré l'abandon des hommes, leurs branches denses, lourdes, touchaient le sol. Plus loin encore, plus à l'intérieur du jardin : dragonniers, cycas, ficus, bambous, palmiers, eux aussi délaissés, abandonnés ; une herbe mauvaise montait à l'assaut de leurs troncs. Quand ils arrivèrent dans une clairière, un rideau de fer était tombé sur le restaurant de la placette entourée de platanes majestueux ; plus de grillades, plus de vin, plus de bière, plus de boissons douces, plus rien comme si un deuil national venait d'être décrété et tout ce qu'offrait cet endroit idyllique désormais interdit.

A son compagnon qui s'était plaint de cette désolation, Nora avait répondu:

— Pourquoi t'étonner? J'ai rarement vu des fleurs sur les balcons de nos maisons et si on aime les oiseaux, on préfère les admirer dans leurs cages. Alors, Lyassine , ne t'étonne de rien...

Il s'était contenté de sourire. Lui-même, s'il aimait la nature, c'était Samia qui s'occupait des quelques plantes de leur balcon. Faire entrer dans son appartement des plantes d'intérieur, il n'y avait jamais songé.

Ils s'étaient assis sur le rebord du vaste bassin au milieu de l'allée centrale qui coupe en deux l'immense jardin, son eau recouverte d'une végétation dense, verdâtre ; incertaine, elle avait poussé dans tous les sens. Ils entendirent des coassements, mais qu'importe ! ils étaient heureux, heureux de regarder la mer dans le lointain, son bleu aussi beau que le bleu du ciel au dessus de leur tête.

Lyassine et Nora se promenèrent encore se se tenant par la main ; on les prendrait volontiers pour un châtelain et une châtelaine qui retrouvent leur domaine délaissé après un long exil mais qui allaient s'atteler à lui redonner sa magnificence d'antan.

— C'est la première fois que je viens dans ce jardin, révéla Nora à Lyassine. Promets- moi qu'on reviendra, qu'on s'y promènera et quoi qu'il arrive nous resterons toujours ensemble.

Lyassine promit, dit à la jeune fille qu'il ne la quittera plus, dit encore qu'il est un homme de parole.

A l'autre bout de l'immense jardin, Lyassine se pencha sur une pensée. Bien étrange ce parterre de fleurs bien entretenu qui a échappé au désintérêt général. Lyassine offrit la fleur à sa compagne. Nora l'avait regardé intensément, n'avait rien dit, l'avait remercié d'un sourire puis sentit la pensée avant de la mettre dans son sac.

Après avoir franchi le portail, de l'autre côté de l'immense jardin botanique, elle lui dit, souriante et reconnaissante :

— Lyassine, j'ai passé un après-midi agréable, maintenant, je dois rentrer puis, sans qu'il s'y attende, elle passa la main sur son front, s'exclama : Lyassine ton front est tout glacé ! et tu tu as le visage tout rouge !

Lyassine ne fit pas attention à cette remarque, dit :

— Nora, écoute moi bien. Ça fait longtemps que je ne me suis pas rendu dans ma ville natale. Veux-tu m'accompagner ? Je dois me recueillir sur les tombes de mes parents. Ce voyage est important pour moi…

— Mais, Lyassine, on vient de se connaître et puis…, on n'est pas mariés ! Ce que tu me demandes là est contraire à nos traditions, j'ai un fils et puis tu as pensé à ma mère ? Que va-t-elle dire ?… ce que tu me proposes n'est pas si simple !

En lui prenant les deux mains, le quinquagénaire insista. Silence de Nora, puis :

— Quand est-ce veux-tu partir ?

— Je ne sais, pas…, dès que tu seras prête. Nora, je t'en prie, ne me déçois pas.

— Tu as oublié que mon père est mort il y a à peine dix jours, il y a les quarante jours de deuil qu'il faut observer …, ça aussi tu sembles l'avoir oublié. Je ne te promets rien Lyassine.

Nora tira de son sac un calepin dont elle détacha une feuille puis plongea sa main pour tirer un stylo à bille. En s'appliquant, elle écrivit un numéro de téléphone.

En levant la tête, elle dit à Lyassine :

— Appelle ce numéro ; c'est le numéro d' Omar, le serveur du bar…

— Mais pourquoi pas celui où tu travailles ? (le quinquagénaire n'avait pas prononcé le mot de « bar », le trouvant inconvenant).

— Je n'y travaille plus. C'est ter-mi-né, (Nora avait haché les mots). J'en ai parlé au patron, c'est la raison pour laquelle je suis arrivée en retard.

— Ah bon, et pourquoi Omar ?

— C'est un parent. C'est lui qui m'a trouvé ce travail. Il me fera la commission. Appelle-le. D'ici là, j'aurai le temps de réfléchir.

Nora se précipita, disparut vite de la vue de Lyassine bien qu'il lui ai crié : « Nora, attends, j'ai quelque chose à te dire… ».

Trop tard. Nora était loin. Elle avait regardé à droite, à gauche, avait traversé la chaussée. Lyassine la vit s'engouffrer dans le taxi qui venait de s'arrêter à sa hauteur.

En la voyant disparaître de sa vue, Lyassine ressentit une profonde solitude, le sentiment profond que Nora venait de l'abandonner.

Il retraversa l'immense jardin. Devant la haute grille, le gardien était toujours là avec son bâton. Quand Lyassine l'avait dépassé, il le regarda s'éloigner, étonné de le voir seul et si triste.

CHAPITRE 14

La mort de Si Noury avait créé un vide autour de Lyassine que la connaissance de Nora n'avait pas comblé tandis que sa femme Samia ne pensait qu'à
sa personne.

«Je suis fatiguée. Il n'y a qu'un seul guichet. Il y a toujours beaucoup de
monde. Je n'aime pas attendre ! », lui disait-elle quand il lui demandait d'aller
retirer de l'argent du service des chèques postaux du village, ou : « Va toi-
même au marché. tu ne fais rien de la journée. Je suis trop occupée avec le
ménage. Et l'eau que je vais chercher, les quatre étages avec deux jerricans au
bout des bras, tu y as pensés ? ».

La journée s'annonçait sans obligations pour l'ancien chef de service qui
aurait aimé rendre visite au professeur Ferhat à l'asile psychiatrique, mais tout
seul c'était quasi impossible. D'abord, aller dans un hôpital l'incommodait
ensuite, on ne rend pas visite à un interné d'un asile psychiatrique comme à un
autre malade, il fallait être accompagné et si possible recommandé.

«La prochaine fois j'en parlerai à Ammy Saïd ; il pourra m'accompagner
avec le jardinier à ses heures avec qui j'ai discuté », s'était-il promis. Au fur
et à mesure que les jours passaient, l'ancien chef de service s'ennuyait. On ne
passe pas aussi facilement d'une vie active à l'oisiveté. N'y avaient remédié ni la
lecture des livres qu'il achetait, ni l'écoute des stations de radio étrangères, et
là, rien que des mauvaises nouvelles comme si l'état normal du monde était de
s'embraser et d'envoyer dans l'autre monde des milliers de ses habitants. On ne
parlait que de guerres civiles, d'inondations catastrophiques, de dérèglement
du climat, de tremblements de terre...

Pour s'occuper, il lisait les journaux, achetait trois, quatre titres différents,
les lisait goulûment, attentivement. Rien ne lui échappait. Il ne se confina plus
à la rubrique nécrologie, aux pages sportives et aux informations internationales. Tout passait : les nouvelles du pays profond : vols, détournements de
fonds publics par ceux-là mêmes qui étaient censés les protéger et en faire bon
usage, les crimes crapuleux, les atteintes aux bonnes mœurs. Les massacres et
les attentats ne connaissèrent pas de répit bien qu'ils devinrent sporadiques.

Lyassine pensa souvent à Talha, à Tyler, à la vieille femme avec son petit-fils ; il n'arrivait pas l'oubler, elle lui rappelait trop sa mère. Libre de son temps, il prit plaisir à lire les romans feuilletons que publiaient certains journaux, à jouer aux mots croisés qu'il s'efforça de réussir en ayant recours à un dictionnaire mais les journées étaient trop longues. Alors, il allait en ville à la recherche de quelque livre ou pour découvrir un auteur. Une fois, une perle. Le Portrait de Dorian Gray d'Oscar Wilde, une vraie merveille qu'il trouva dans une librairie d'une ruelle qui vendait des livres édités depuis bien longtemps. Lyassine aimait les feuilleter, prenait plaisir à regarder leurs pages jaunies et usées par le temps et les doigts, leur texte, toutefois, parfaitement lisible. Il lut goûlument L'Ile au Trésor, Le Comte de Monte Cristo, 20 000 Lieux Sous Les Mers, des livres de jeunese qu'il n'avait jamais lus auparavant mais James Joyce, Allan Edgar Poe, Hermann Melville, William Faulkner, Dos Passos avaient sa préférence. Il lut un livre de chacun d'eux, veillait tard la nuit, parfois jusqu'à deux, trois heures du matin. Las de ses lectures, il regardait la télévision mais pas n'importe quoi. King Vidor, John Ford, Orson Welles, John Huston, Howard Hawks, avaient sa préférence d'autant que leurs films lui rappelaient le cinema de quartier de son enfance qu'il fréquentait assidûment en des temps bien anciens.

Parfois, tout cela ne lui suffisait pas alors il restait seul dans le salon, rêvant, remuant le passé, s'efforçant de prédire de quoi seront faits ses vieux jours. Ammy Saïd qu'il ne voyait plus, « il va penser que ne suis qu'un chômeur » , avait-il songé. Lotfi, Si Noury, la vieille femme de Talha avaient reflué dans sa mémoire, n'étaient quasiment plus d'actualité. Ce que craignait le plus Lyassine, c'était la solitude. Il y a de cela plus d'un mois, il l'avait ressentie profondément lorsque Nora s'était engouffrée dans le taxi ; il ressentit qu'il n'était plus qu'un quinquagénaire sans intérêt, d'aucune utilité pour son pays ou la société ; il était un oisif, un chômeur, un « individu » parmi les 32 millions d'habitants de son pays. En se penchant sur son passé, il retrouvait quelque réconfort, ne se rappela pas avoir fait du mal, du moins intentionnellement, ou pris l'argent d'un autre ou manqué de générosité. Cela le réconfortait, lui donnait une raison de vivre, de continuer avec sa vie.

Un jour, alors qu'il tournait en rond dans l'appartement, sa femme dans « sa » cuisine, ne restait au quinquagénaire que la campagne en contrebas de sa cité mais, en descendant l'escalier de son bâtiment, il changea d'avis. Pourquoi, ne pas aller voir le versant qui l'avait toujours intrigué et qu'il longeait avec sa voiture quand il se rendait à son travail. En une vingtaine de minutes, il était sur place. Après le talus, qu'il enjamba rapidement, il entama l'ascension du versant presque à pic en s'efforçant de se se frayer un chemin dans la broussaille. Après une demi-heure d'une escalade pénible, (il se serait cru perdu dans une jungle), arrivé sur la crête, il ne crut pas ses yeux : des cerisiers en fleurs s'étendaient à perte de vue, leurs pétales couvraient le sol, elles scintillaient au soleil dans une lumière diaphane, rare, extraordinaire ; un monde magique, irréel s'ouvrait devant lui. Subjugué, il s'assit, convaincu qu'il était l'invité d'une nymphe des bois ou de quelque divinité de la nature, convaicu que ce qu'il découvrait ne se montrait qu'aux audacieux, à ceux qui veulent aller au delà des apparences. Il descendit le versant, longea le creux du vallon ; il était entouré de cerisiers en fleurs, sur le sol les pétales faisaient comme un grand tapis uniformément blanc. Une vraie merveille. Ivre de bonheur, il s'allongea de tout son long, regarda les cerisiers en fleurs qui se découpaient sur un ciel bleu, sans taches ; il rêva puis s' endormit. Combien de temps, il ne le savait pas ; sa montre, il l'avait oubliée chez lui mais il savait que c'était le milieu de l'après-midi car la lumière du soleil avait baissé d'intensité, n'était plus vive. En rentrant chez lui, Samia, sa femme admirait les prairies, les pâturages et les montagnes de l'antenne parabolique. Elle zappait, découvrait la cruauté de la savane : hyènes, lions, gnous et zèbres s'entredéchiraient, victimes ou prédateurs, c'est selon. Dès que Lyassine s'était assis aux côtés de sa femme, elle lui lança : « Il y a des œufs et du fromage dans le frigidaire. Je n'ai pas eu le temps de cuisiner » tout en regardant un zèbre qui subissait les assauts répétés et cruels d'un lion.

Puisque sa femme ne voulait pas de lui, le quinquagénaire alla se refugier dans la pièce que lui et sa femme utilisaient peu.

Du dessous du canapé, il tira un carton où il gardait les photos de sa famille : trois albums volumineux, épais qui relataient les moments privilégiés du passé. Il regarda longuement chaque photo comme s'il savait que ses jours étaient comptés, que pour dernière faveur il pouvait emporter avec lui, dans l'au- delà, les instants privilégiés de son existence terrestre.

Dans le dernier album qui avait sa préférence, il regarda longuement chaque photo, chacune lui rappela des souvenirs agréables, toutes avaient la particularité d'avoir été prises dans le jardin d'une maison, dans un parc, sur la terrasse d'une villa ou sur le bord d'une piscine ou en bord de mer.

En refermant l'album, il choisit les quatre photos qui évoquaient le mieux les instants privilégiés de son existence. Sur la première photo, Samia tenait leur fille sur ses genoux quelques jours après sa naissance. Il s'était souvenu de son expérience extraordinaire de la paternité que la remarque de sa femme n'avait pas altérée : « Tu aurais aimé un garçon, je le sais, lui avait-elle dit. Tu aurais été plus heureux, je le lis sur ton visage. Tu es déçu, ne me dis surtout pas le contraire ». Lyassine s'en était défendu, avait répondu qu'il était heureux de la naissance de leur fille et que cela n'avait aucune importance que ce ne soit pas un garçon.

Lyassine avait menti. Il n'avait pas dit la vérité. Sa femme avait raison. Il voulait un garçon. Une préférence par rapport à une fille ? Non ! Simplement, c'était dans la tradition des siens que de commencer par un garçon ; les raisons n'en manquaient pas: le garçon pourrait apporter une aide à ses parents dans leurs vieux jours, protéger ses soeurs, -last but not least-, il sera le gardien de l'honneur de la famille, ça c'est important. La fille de Lyassine et Samia était morte quelques jours après sa naissance. Samia n'avait jamais pardonné à son mari cette mort comme s'il en était responsable car il voulait un garçon. Bylal était resté leur unique enfant. Il ne naîtra que six ans plus tard, comme si Samia avait voulu punir son mari d'un infanticide.

Sur la deuxième photo, il était avec son fils ; couché sur une chaise longue, il le serrait tendrement dans ses bras par un bel après midi d'été au milieu d'une plage pleine de monde sur fond de têtes qui émergeaient de l'eau.

Sur la troisième photo, il y avait le même fils, mais plus âgé ; il avait neuf ou dix ans, visage brun, cheveux noirs et frisés, il regardait droit devant lui au milieu de beaucoup de têtes blondes. La photo avait été prise dans la cour d'une école en France où Lyassine avait été envoyé en mission de longue durée.

Le quinquagénaire avait souri en se rappelant l'esclandre de son fils qui avait déclaré, sans l'ombre d'un doute, alors que la classe préparait la fête de la Nativité, que le Père Noël n'existait pas, que c'étaient les parents qui faisaient les cadeaux à leurs enfants. Quelle catastrophe ! Quel choc ! Quel blasphème ! « Mais où est allé chercher ce mensonge cet enfant d'immigré ? », s'étaient demandé les élèves, les parents, l'institutrice et la directrice de l'école, pas contents du tout de cette offense.

Lyassine clama son innocence. Samia jura qu'elle n'a rien dit à son fils. Lyassine la chargea de donner des explications à la directrice. Malheureusement, des explications il n'y en avait pas. Le conseil de classes s'était réuni. Bylal n'avait pas été renvoyé. Il avait été grondé. Quand la maîtresse l'interrogea une nouvelle fois, il répondit que le père Noël n'existait pas parce qu'il n' jamais reçu de lui de cadeaux...

Dans la quatrième photo, la famille était réunie avant l'exil du fils. Les trois : le père, la mère et Bylal souriaient à l'objectif après la réussite de Bylal au baccalauréat. Une photo prémonitoire, car le fils partira quelques mois plus tard ; prise sur le boulevard du front de mer sur fond de navires en partance.

En regardant une dernière fois, les quatres photos, Lyassine avait senti le poids du passé et ses vingt ans de mariage avec Samia. Il rêva à ce qu'aurait pu être sa vie s'il avait choisi l'exil et le mariage avec une étrangère qu'il aime et qui l'aime, qui aime la nature, les oiseaux, les plantes, les voyages, la pluie, le vent, les bourrasques, les tempêtes, tout ce que Dieu a créé ; elle serait une artiste qui, le soir venu, lui jouera du piano : du Chopin, du Rachmaninov ou de la musique de son pays dans une interprétation personnelle, innovée qui reflèterait leur passion commune pour la musique d'origine du mari. Lyassine pensa à Claude, la lointaine Claude que sa mémoire n'avait pas effacée.

Il glissa les quatre photos dans la poche intérieure de sa veste. Avant de descendre l'escalier de son immeuble, il dit à son épouse que le lendemain, il partait pour leur ville natale.

Samia n'avait pas été surprise par la nouvelle. Son mari mettait enfin à exécution sa promesse de visiter les tombes de ses parents et par la même occasion sa sœur Loubna. « Si tu as oublié où elles se trouvent, elle pourra te les montrer », lui avait-elle dit.

CHAÎTRE 15

Lyassine fit une révision générale à sa voiture. Pendant deux bonnes heures, il regarda les employés de la station service changer les plaquettes de freins, les bougies, l'huile du moteur et passer au souffleur le filtre à air. D'autres employés avaient pris la relève pour laver la carosserie et passer à l'aspirateur l'intérieur du véhicule et le coffre.

C'était Nora qui avait fixé le jour et l'heure du départ sans lui donner d'explications: « c'est à cause de son oncle, lui avait dit Omar ». Lyassine avait vite accepté, l'oisiveté lui pesait trop.

Cette fois-ci, c'était son tour d'arriver en retard. Alors qu'il était à la moitié du trajet, il rebroussa chemin, monta les quatre étages de son bâtiment en sautant les marches, un vrai sprint. Il avait oublié les quatre photos dans une poche de ses vestes, l'occasion pour lui de prendre d'autres billets de banque : « nous allons prendre des chambres séparées », avait-il justifié sa décision.

La voiture fila de nouveau jusqu'à arriver devant l'hôtel où l'attendait l'ancienne « serveuse de bar ».

Nora se leva pour l'accueillir, mais elle n'était pas dans ses meilleurs jours ; son visage était aussi sombre que ses yeux. En fronçant les sourcils, elle lui dit :

— J'ai cru que tu n'allais pas venir ! Ça fait une demi-heure que je t'attendais ! Je commençais à m'inquiéter !

— La circulation, Nora, la circulation ! Il n'y a qu'un seul parking ici au centre ville et il est complet ! J'ai garé ma voiture devant l'entrée de l'hôtel ; il faut faire vite !

Tandis que le quinquagénaire et Nora échangeaient quelques propos, deux jeunes filles assises à leur gauche, les regardaient intéressées tout en continuant à parler entre elles.

« Elles pensent sûrement que je suis trop vieux pour Nora », songea Lyassine qui n'aime pas qu'on le regarde de biais. En buvant son jus d'orange, il les ignora bien qu'il se sentit mal à l'aise. « Elles pensent que Nora a l'age de ma fille, à moins qu'elles me trouvent séduisant pour mon âge » et Lyassine de sourire « à sa bêtise ».

— Pourquoi souris-tu ? lui demanda Nora, intriguée.

— Non, rien, répondit le quinquagénaire, gêné.

— Réponds, je veux savoir.

— Quand je te regarde, j'ai des idées qui me passent par la tête...

Nora avait souri ; contentement sur son visage ; au fond de ses yeux comme un feu de brindilles.

Le temps était venu de partir pour ce couple pas comme les autres.

Lyassine mit la valise de Nora dans le coffre et lui ouvrit la portière, côté passager. En se tournant vers lui, elle lui dit:

— C'est la première fois qu'on porte ma valise et qu'on m'ouvre la portière d'une voiture...

Lyassine n'avait pas répondu. Sa tête était au long trajet, à la route entre plaines, montagnes et ravins qui l'attendait.

Au début de l'indépendance, circuler en ville était un exercice facile. Posséder une voiture était rare. La circulation était fluide, agréable. Vingt ans plus tard, le pays avait changé, évolué, le pouvoir d'achat avait augmenté, une classe moyenne était née, avait pris de l'importance. On recrutait dans les administrations , les sociétés nationales poussaient comme des champignons après un orage. Comme partout ailleurs, posséder une voiture était la preuve de sa réussite sociale, un signe extérieur de richesse qu'on se devait d'exhiber. Au milieu des années 80, la circulation dans les villes était devenue pénible. Le réseau routier laissé par l'ancienne puissance coloniale, suffisait à peine. Quatre cents kilomètres d'autoroutes avaient été construits, ce qui était peu compte tenu des recettes pétrolières des années 70 et 80. Au lieu de se lancer dans de grands travaux d'infrastructures, on avait préféré importer ananas, corn flakes, mangue, fromages, œufs... Le programme antipénurie, le fameux PAP, fit beaucoup d'heureux et les comptes à l'étranger avaient grossi...L'embellie fut de courte durée. Avec l'écroulement des prix du pétrole, le pays s'était appauvri d'autant qu'il produisait peu, l'économie « socialiste » un vrai échec, aucun transfert de technologie, les étrangers venaient, réparaient l'appareil de production devenu obsolète, puis repartaient payés généreusement sonnantes et trébuchantes, on allait jusqu'à râcler les fonds des caisses de l'Etat. En 1988, ce fut la révolte, un « basta !» qu'avaient vociféré jeunes et moins jeunes qui étaient descendus dans la rue, avaient incendié bâtiments administratifs, entreprises appartenant à l'Etat donc à personne, voitures. Lyassine savait quelque chose de ces « évènements ».

Sur une autoroute jusqu'ici congestionnée, la voiture de Lyassine arrivait à se frayer un chemin puis maisons et bâtiments s'étaient faits rares et une route sinueuse entre des flancs de collines verdoyants avait pris la relève ; des dizaines de kilomètres plus loin, un relief accidenté, tourmenté ; aussi loin que le regard portait, il était arrêté par une colline ou une montagne puis, comme si on venait de changer de pays ou de continent, un paysage sec, nu, ocre. Si tout à l'heure il pleuvait, le brouillard prenant possession des sommets des montagnes, maintenant c'était la lumière d'un soleil chaud, éclatant qui se réverbérait sur le pare-brise en faisant cligner les yeux de Lyassine et de sa passagère.

— Ça fait bientôt deux heures que nous roulons, observa Nora qui n'avait pas cessé de tourner la tête pour regarder les paysages aussi variés les uns que les autres.

Le couple avait évoqué leur rencontre dans le bar du centre ville, avait parlé de miracle.

— Pourquoi as-tu accepté de me revoir ? demanda Nora. Tu aurais pu très bien ne pas venir me voir, ça n'a pas été facile pour toi de trouver la maison de mes parents.

— Je ne sais pas ; je ne peux pas l'expliquer, je voulais te revoir, c'est tout.

Ils avaient parlé du destin. « Moi j'y crois », avait affirmé Nora. Lyassine répondit qu'il n'avait jamais songé faire une rencontre, qu'il voulait seulement étancher sa soif et oublier quelque peu son travail. Il parla de coincidences, du hasard, de la forêt privée de lumière où il était entré et d'où il n'était jamais ressorti, du tableau qu'il avait vu dans le bureau de Si Noury trois jours avant la mort de son ami, de l'arbre qui s'était effrité à ses pieds en un amas de cendre, des deux inconnus qui étaient morts à son âge, à 53 ans ...

Nora l'avait rassuré :

— Moi, je ne crois pas beaucoup à ces choses-là, lui dit-elle. Ce n'est pas le cas de ma mère. Il arrive qu'elle me raconte ce qu'elle a rêvé et tout de suite elle me donne l'interprétation de son rêve. Elle y croit. Et toi, tu crois aux rêves ? demanda Nora en se tournant vers Lyassine.

Il ne répondit pas. Il conduisait en fixant la route. Les vrombissements des voitures qui le dépassaient entraient en force à l'intérieur de sa voiture dont les vitres étaient à moitié baissées à cause de la chaleur.

— Je ne sais pas. J'ai voulu connaître ton avis, finit-il par répondre quand un plus grand calme s'était fait dehors. Nous vivons dans une société superticieuse qui est confrontée au mal. J'ai connu un certain Ghoul qui se prétend être un chef. Cet homme respirait la haine. Cela ne m'étonne pas que des gens se tournent vers des croyances qui semblent absurdes. Les gens sont désespérés, ils veulent se protéger du mal car de quelque côté qu'ils se tournent, ils ne trouvent que la méchanceté et le mensonge. Ce qui me fait peur, moi, c'est la sorcellerie. Dans mon enfance, je me rappelle qu'on égorgeait un coq devant la tombe d'un saint pour demander la santé ou pour que le malheur frappe une ennemie. On avait une voisine qui a toujours pratiqué la sorcellerie alors qu'elle était instruite. Ses enfants ont réussi à tous leurs examens, y compris après qu'ils soient entrés à l'université...

— Et que faisait-elle, demanda Nora, intriguée.

— Elle se rendait tôt le matin devant la tombe d'un saint et elle égorgeait un coq ensuite, elle prononçait des incantations, ne me demande pas ce qu'elle disait, je ne sais pas ! elle se mettait en transe comme si elle était possédée par le diable ; au bout de deux heures, elle redevenait une femme ce qu'il y a de plus normale. Lorsqu'elle rentrait chez elle, on avait de la peine à croire qu'elle venait de s'adonner à la sorcellerie.

— Pour se faire désirer ou garder son mari, une femme peut faire beaucoup de choses, ça tu le sais Lyassine, observa Nora quelque peu provocatrice.

— Ah, bon, et que fait-elle?

— Elle prend par exemple la peau d'un serpent ou d'un lézard qu'elle broie avec une pierre qu'elle trouvera dans un cimetière, elle verse la poudre dans une boisson que son mari boira en toute innocence, elle peut aussi mettre cette poudre dans la nourriture de son mari qui ne se rendra compte de rien.

Le quinquagénaire avait souri pendant que sa voiture négociait montées et virages, à sa droite des collines aux versants rocailleux, à pic, à sa gauche des précipices.

Lyassine avait demandé, intrigué et inquiet :

— Et ça marche ?...

— Ça marche, mais pas toujours. Je connais une femme qui dû mettre la mauvaise dose. Elle était convaincue que son mari lui était infidèle. Elle avait peur de le perdre. Il s'était douté de quelque chose parce qu'il n'avait plus d'appétit. Elle a fini par lui avouer : « Si j'ai fait ça, c'est parce que je t'aime. Je veux te garder. », lui avait-elle dit. Il l'a divorcée et pris une femme plus jeune et plus belle avec qui il a eu plusieurs enfants, alors que l'autre ne pouvait lui en donner. Elle s'était trompée car son mari lui était fidèle et l'aimait. Il n'était pas le genre à le montrer, c'est tout. Tu vois en sorcellerie, il faut s'y connaître, surtout savoir doser !

Lyassine pensa à Samia, sa femme, incapable d'appliquer une recette de cuisine donc incapable de sorcellerie. De ce côté-ci, il était tranquille, n'avait rien à craindre.

— Il y a une autre histoire, reprit Nora. L'histoire d'une femme qu'on disait pieuse. On venait de loin pour la consulter. Elle mariait, faisait divorcer, pouvait trouver un homme à une femme et une femme à un homme et d'un homme sain, elle en faisait un fou mais aussi elle guérissait les fous. Tu sais ce qui est arrivé à cette croyante qui était en vérité une sorcière ?

— Non, je ne sais pas, je t'écoute, fit Lyassine, intéressé.

— C'est son propre fils qui l'a tuée. Il ne pouvait plus supporter les pratiques de sa mère. Le pauvre, elle l'a fait divorcé trois fois. Chaque fois, il avait cru trouver la femme de sa vie et chaque fois sa mère n'était pas contente de sa belle fille. Il a fini par se retourner contre sa mère. Il a pris une hache et s'est acharné sur elle. Pour lui, il ne tuait pas sa mère mais la sorcière qui est la cause de ses divorces et de ses malheurs. Il a été acquitté. Il s'était juré de ne plus se remarier et de n'avoir plus d'enfants de crainte que sa mère se venge après sa mort et lui cause des malheurs ; il avait surtout peur de donner naissance à une sorcière ou... à un sorcier.

Les yeux rivés sur l'asphalte, pendant que la voiture filait dans l'immensité déserte, Lyassine demanda :

— Et toi, Nora, tu crois que tu m'as ensorcelé ? Voilà que je suis là, avec toi, sur cette route, aucune personne ou voiture en vue, il n'y a que des montagnes qui nous entourent, il suffit d'une fausse manœuvre et nous voilà précipités au fond du précipice à ma gauche ; on nous retrouvera morts et on se demandera ce qu'on faisait ensemble au milieu de nulle part, moi un homme marié, et toi une jeune fille avec un quinquagénaire qui est...marié.

Nora le regarda, contrariée, garda le silence, puis :

— Lyassine, tu oublies que c'est toi qui m'as demandé de t'accompagner et je ne sais même pas si tu as parlé de moi à ta femme ?...

Lyassine garda le silence. Sa vie, sa femme, son passé, pourquoi en parler à Nora? Question de pudeur, de décence. Se plaindre, discourir sur le temps qui passe, tue les sentiments, fait de vous un homme infidèle, à quoi ça servirait ? et puis, à côté des tragédies à répétition que connaissait son pays, sa vie était peu de chose...

Ce que Lyassine ignorait, c'est que sa passagère attendait sa réponse en continuant à le regarder.

— Non, de toi, je n'ai pas parlé à ma femme, dit-il. C'est difficile à t'expliquer. En te demandant de venir avec moi, je voulais avoir à mes côtés une femme qui s'intéresse à ma personne, qui me dit que j'existe, peut-être davantage. Avec ma femme, ça aurait été différent. Elle se serait cloîtrée dans la maison de ses parents, j'aurais vagabondé seul dans ma ville natale comme une âme en peine, malheureux, peut-être pas, mais pas heureux, non plus. Avec toi à mes côtés, ce sera différent.

Sur le visage de Nora un sourire vague, mystérieux que le quinquagénaire ne chercha pas à déchiffrer. Il remit à regarder la route, dans le lointain des montagnes, derrière une région au relief tourmenté : montagnes enneigées jusqu'au printemps, vallées profondes, forêts de cèdres et de chêne-liège. Lyassine aurait été heureux de se retrouver derrière ces montagnes, en terre de Kabylie, fière, farouche, terre de héros et de tradition, connue, entre autres, pour son artisanat : tapis savamment noués, bijoux en argent ornés d'émaux et de corail, coffres délicatement ouvragés...

Midi était passé. Les villages que la voiture traversait s'étaient assoupis après une matinée fébrile. La sieste avait repris ses droits. Elle ne les abandonnera qu'au milieu de l'après- midi lorsqu'un air plus clément aura fait sentir sa fraîcheur.

Lyassine et Nora s'arrêtèrent aux pieds d'une montagne, une halte connue sur cette longue route qui est mise à profit pour se restaurer, prendre un café ou un thé ou des boissons fraîches ; jamais d'alcool, ni dans l'unique restaurant, ni dans les gargottes dans les alentours. Vin, bière etc..., il faut aller les chercher dans le bar de quelque hôtel ou dans un coin retiré et clandestin. On se restaurait en se racontant ce qui s'était vu sur la route : accidents, barrages de l'armée et faux barrages des terroristes descendus des montagnes qu'ils regagnent vite aussitôt leurs forfaits accomplis et après avoir égorgés, et souvent brûlés, les corps de leurs victimes; on s'informait sur l'état des routes, des déviations, des accidents. Sur le parking à ciel ouvert où Lyassine avait garé sa voiture à l'ombre d'un eucalyptus géant, voitures, autocars, camions étaient là, stationnés en épis, les uns à côté des autres, bien rangés, bien sages comme s'ils se reposaient avant d'affronter montées, descentes, route sinueuse, parfois étroite coincée entre des montagnes et des falaises qui descendent à pic, donnent le vertige. Des chauffeurs étaient là, sur le vaste parking, en train de converser en bas des portières ouvertes de leurs camions.

Ils s'attablèrent au milieu du brouhaha de clients insensibles à l'air chaud que brassait le gros ventilateur qui pend du plafond de la vaste salle du restaurant.

Le serveur n'avait pas tardé. Le geste rapide et précis, il couvrit la table d'une nappe en papier blanc. Cinq minutes plus tard, il était de retour, dans les mains deux assiettes de côtelettes d'agneau grillées et deux assiettes de riz qu'il posa sur la table. Il revint avec une grande bouteille d'eau minérale, deux verres et des couverts.

Lyassine prit son verre, le regarda contre la lumière pour évaluer son degré de propreté, un geste récurrent quand il doutait. Nora avait souri à cette manie.

— Ça va, le verre est presque propre, commenta le quinquagénaire.

Quand ils reprirent la route, c'était le milieu de l'après midi. La lumière était restée vive, aveuglante. Une heure à rouler et rien que des montagnes et des montées à ne pas en finir. Prisonnier des hautes parois d'un précipice, un oued les accompagna un moment en cherchant son chemin entre rochers et gros cailloux. Quand Lyassine s'était tourné vers sa passagère, Nora dormait paisiblement en reposant sa tête contre la vitre de la portière.

« Il y a des gens qui peuvent dormir n'importe où et n'importe comment, ce n'est malheureusement pas mon cas. », regretta-t-il tout en continuant à regarder droit devant lui. Un vent chaud s'était fait brusquement sentir. Il était entré dans la voiture par la vitre côté conducteu laissée ouverte par Lyassine.

Après une grande boucle d'une route qui grimpe le flanc d'une colline, une terre brune, riche qui s'étend jusqu'à horizon et qui, l'été venu, deviendra des champs de blé, leurs épis hauts, ondulant au vent chaud de journées caniculaires. Les deux passagers venus de la grande ville étaient en terre de céréales, capitale Setifis entrée dans l'histoire comme ville martyre. Des dizaines de milliers de morts en 1945 parce que « les indigènes » réclamaient la liberté et l'égalité ; la fraternité, ils ne l'exigeaient pas ; ils ne demandaient pas tant, le fossé était trop large avec le « autres », les « Européens ».

La montagne qui surveille l'immense plaine était là, à leur gauche ; durant toute l'histoire, elle était refuge et protectrice ; de là partaient les assauts contre l'envahisseur, ou l'occupant, ou le pouvoir central injuste et arbitraire. Depuis la nuit des temps, des chefs avaient surgi du peuple, avaient appelé à la résistance et à la guerre, les derniers en date : Krim Belkacem, Abane Ramdane, Amirouche …

Nora rouvrit les yeux, bâillant aux corneilles.

Son esprit à la prochaine escale, Lyassine lui dit:

— L'hôtel a été construit récemment. Il a tout le confort. : eau chaude 24 heures sur 24, douche, baignoire, c'est ce qu'on m'a dit au téléphone…

— Lyassine, ne prends pas pour argent comptant ce qu'on te dis. Dans nos hôtels, c'est plutôt les jerricans dans les salles de bains…

Lyassine avait souri, convaincu que la femme qu'il avait au bout du fil lui disait la vérité ; elle était si convaincante ! Après six heures de route, et quelle route, il se voyait déjà sous la douche, se lavant à grande eau, le savon plein le corps, il quittera la douche, frais, revigoré. De ce bain de jouvence, le quinquagénaire ne douta pas. N'est- ce- pas que toute la région de Sétifis est connue pour ses sources abondantes et ne vient-on pas de loin pour soigner rhumatismes et arthrite.

Lyassine et Nora n'eurent aucune difficulté à trouver l'hôtel. Il trônait sur une large avenue et on ne pouvait le manquer en venant de l'ouest par la route. Première déception pour le quinquagénaire qu'il garda pour lui. L'entrée de l'hôtel était modeste, en rien celle d'un grand hôtel. Si l'employé de la réception était tout sourire, quand Lyassine leva les yeux, tout en remplissant les fiches de police, il avait devant lui, à portée de la main, des petites cages en bois qui contenaient les clés d'un autre âge qu'on dirait faites pour un géant qui se serait hasardé dans cet hôtel.

Autre déception de taille pour le couple qui venait de parcourir 400 kilomètres d'une route tourmentée : collée sur la vitre de l'ascenseur, une feuille blanche avec l'inscription au feutre noir: EN DERANGEMENT. Trois étages à monter pour Lyassine et Nora, leurs valises au bout des bras. A chaque étage, ils s'étaient arrêtés, à bout de souffle, s'étaient regardés, résignés. En arrivant à leur étage, Lyassine s'était conformé aux traditions de son pays : ne pas entrer dans la chambre desa compagne ; ça risquait de faire croire à des choses…

Il le regretta. En sortant dans le couloir pour aller chercher une bouteille d'eau minérale, Nora était toujours plantée devant sa porte, penaude et embarrassée.

« Je n'arrive pas à l'ouvrir », lui dit elle, désolée. Lyassine essaya de l'ouvrir. En vain. Avant qu'il ne descende l'escalier pour aller chercher de l'aide, le réceptionniste était déjà là ; il avait monté l'escalier en courant comme s'il avait un tueur à ses trousses. Il était arrivé devant la porte de Nora essoufflé et gêné.

Aussi désolé que sa cliente, il expliqua :

« Je ne vous ai donné pas la bonne clé. Ce matin on a changé les serrures. En s'excusant, il ajouta : l'hôtel va disposer de cartes magnétiques ; ces serrures, on aurait dû les changer depuis longtemps.

Il donnait ces explications en se tournant alternativement vers Nora et Lyassine tout en s'escrimant avec la serrure sur laquelle il était penché.

La porte s'ouvrit enfin. Le réceptionniste avait disparu aussi vite qu'il avait monté les trois étages.

Après avoir poussé de côté le rideau de l'unique fenêtre et laissé entrer la lumière du jour, Lyassine entendit sa compagne qui s'était précipitée dans la salle de bain, se lamenter, son visage dans l'embrasure de la porte :

— Il n'y a pas d'eau ! Il n'y a que des jerricans !...

— Ta valise est sur le lit, je descends les voir ! Répondit Lyassine. Il s'en était voulu d'avoir été naif et de s'être fait berner. Il ne serait pas étonné que dans sa chambre, non plus, il n'y avait pas d'eau, à moins d'un miracle, mais les miracles ici...

— Ils m'ont dit que de l'eau, il y en aura le soir de 18 heures à 20 heures et le matin de 6 heures à 9 heures. Il n'est que 17 heures. C'est trop tôt, lança-t-il à Nora qui se « lavait » dans la salle de bains.

En s'asseyant sur le bord du lit, il n'était pas certain qu'elle l'avait entendu.

Nora était sortie de la salle de bains fraîche et pimpante et elle avait eu le temps de se maquiller et de se faire belle. Lyassine n'en croya pas ses yeux. « Mais, cette fille est une vraie sorcière », avait-il songé mais n'osa pas le lui dire.

Elle lui lança tout en se peignant les cheveux, dernier caprice d'une belle jeune fille:

— J'ai envie de voir ta chambre. Tout à l'heure je t'ai suivi des yeux dans le couloir. Mais Lyassine ne me regarde pas comme ça ! Tu sais moi, l'eau courante, chaude, je n'en ai pas l'habitude !

Comment Lyassine avait trouvé sa chambre ? ce qu'il y a de plus conventionnel. Ce n'était pas l'avis de Nora.

— Elle est jolie ta chambre, lui dit-elle, pleine de gaité. De la belle faïence et une belle dalle de sol dans la salle de bain ! Elle avait été indulgente : sa chambre et celle de Lyassine étaient absolument les mêmes : un lit à deux places, au dessus, sur le mur tapissé d'un papier peint uniformémént bleu, la reproduction du tableau de Van Gogh : Les Tournesols (chez Nora, c'était les Iris), à droite du lit, une chaise et une table basse en bois blanc, en face du lit, contre le mur, une armoire à double battant, sur l'un d'eux, à l'intérieur, un miroir qui en couvre toute la surface. Dans la salle de bain de Lyassine traînaient aussi des jerricans et il n'y avait pas d'eau...

Vrombissements, klaxons, les bruits de Sétifis entrèrent en force dans la chambre de Lyassine après que Nora eut ouvert la fenêtre et de se pencher dehors. Elle lui lança en se tournant vers lui :

« Ta chambre donne sur le boulevard. L'entrée de l'hôtel est juste en dessous. Avec ce bruit, je ne sais pas sûre que tu vas pouvoir dormir cette nuit ».

En venant dans sa direction, elle sentit son regard ; en s'asseyantprès de lui , elle lui prit la main, lui dit :

— J'aimerais bien visiter cette ville. Ma mère adore les robes traditionnelles de cette région. Je veux lui acheter une ou deux robes. Il faut faire vite la nuit va tomber.

Rien de plus facile pour Lyassine que de vider sa valise et de ranger ses affaires dans l'armoire et lorsqu'ils furent dehors, le couple en voyage, découvrit des artères larges d'une ville à la propreté étonnante, outre, un air frais, sec, et les gens qu'ils croisaient, étaient souriants, rien à voir avec la grande ville qu'ils avaient quittée le matin , humide, sale, ses habitants renfrognés, suffisants parce qu'ils habitent la capitale.

Lyassine et sa compagne entrèrent dans plusieurs boutiques, Nora exigeante. Elle tâtait le tissu, tournait et retournait les robes, posait des regards critiques, palpait la dentelle, ne cessait pas de poser des questions. Pourtant elles étaient belles ces robes ! du moins c'était l'avis de Lyassine. Couleurs vives, variées, belles. Les vendeurs répondaient aux questions deNora, lui laissaient le temps de se décider. Lyassine se contenta d'observer ; dans son esprit, les vendeurs pensaient que Nora était sa jeune femme, ce qui expliquerait sa patience…

Le dernier magasin sous des arcades fut le bon. Il avait une particularité : en entrant, à droite, une vitre était collée au mur, derrière, des flacons de parfum et d'eau de Cologne bien à la vue du client. A gauche, sur les étagères, ce n'était pas les robes traditionnelles qui manquaient. Nora chuchota à Lyassine comme si elle le mettait au courant d'un secret : « C'est ce genre de robes qui plaisent à ma mère ».

Derrière le comptoir officiait une jeune fille du même âge que Nora

— Vous pouvez me montrer les robes qui sont sur les étagères lui demanda Nora.

Pendant que Nora faisait déballer les robes à la vendeuse, Lyassine regardait chaque flacon de parfum et d'eau de Cologne dans la vitrine.

Dans son dos, il entendit Nora marchander fermement. Après des concessions mineures de sa part, les négociations s'étaient conclues à son avantage. Son choix se porta sur un flacon comme si le parfum qu'il avait choisi devait nécessairement aller de pair avec la robe que Nora était en train de régler avec des billets de banque tout en comptant et recomptant la monnaie que lui avait rendue la vendeuse.

Après que celle-ci eût terminé d'emballer la robe dans un papier lisse et au rouge brillant, Lyassine lui montra le flacon.

La vendeuse contourna le comptoir, regarda, lui dit :

— Je ne sais pas si nous l'avons encore en stock. On en a beaucoup vendu cette semaine.

En un rien de temps, elle était de retour de l'arrière boutique. Elle dit, tout sourire, à Lyassine : «Vous avez de la chance, c'est le dernier qui nous reste », ne voulant pas décevoir « ce quinquagénaire et sa jeune femme qui se tient à ses côtés ».

— C'est un cadeau, le même emballage que pour la robe, dit Lyassine.

Dehors, en reprenant leur marche, sur le large boulevard, se tournant vers Nora, il lui dit :

— C'est pour toi. Nora s'arrêta, tourna et retourna le flacon de parfum dans son bel emballage comme si elle cherchait une quelconque imperfection puis embrassa chastement sur la joue le quinquagénaire avant qu'ils ne reprennent leur marche.

« C'est trot tôt pour rentrer », décida Nora tandis qu'ils déambulaient libres de leur temps.

Ils regardèrent d'autres vitrines, entrèrent dans d'autres magasins. Intrigués par un vaste esplanade, ils s'y dirigèrent, s'y promenèrent, ensuite la quittèrent pour emprunter des allées propres, entourées de parterres de fleurs. En poussant plus loin leur promenade, une autre esplanade mais plus petite que la première. Malgré la nuit qui allait tomber, ce parc d'attraction attirait encore beaucoup de monde.

— Oh, le beau manège ! s'écria Nora en regardant des enfants qui tourbillonnaient sur des chevaux de bois, se tournaient les uns vers les autres, s'interpelaient, poussaient des cris comme s'ils galopaient sur de vrais chevaux. Ils étaient heureux, exhaltés, comme peuvent l'être des enfants.

En les regardant, Lyassine eut un pincement au cœur. En son temps, lui aussi avait chevauché des chevaux de bois dans des fêtes foraines. Il ne se rappela pas y avoir emmené son fils Bylal et il en fut attristé.

Le couple en visite quitta le manège pour aller voir de plus près la grande roue qui tournait lentement contre un ciel crépusculaire où des étoiles blanches venaient de se montrer.

— Non, je ne veux pas monter dans cette roue ! les hauteurs me donnent le vertige ! répondit Nora à Lyassine qui voulait retrouver une nouvelle jeunesse et revivre les émotions d'autrefois.

Lyassine n'avait pas insisté. Plus loin, sur la piste des autos tamponneuses, ils regardèrent un combat acharné qui se déroulait entre deux adolescentes et deux adolescents. Un combat à armes égales. Ils se donnaient des coups furieux avec leur autos. Les cris des garçons et les poings qu'ils levaient en direction des filles, n'y firent rien. Ces dernières restaient de marbre, imperturbables ; elles se concentraient sur leur combat, poussaient leur poitrine en avant, pour heurter violemment les autos des garçons puis se tournaient l'une vers l'autre en s'esclaffant de rire. La scène se répéta plusieurs fois. Malgré leur acharnement, les garçons n'eurent jamais le dessus. La sonnerie électrique mit fin à un combat par trop inégal. Telles des abeilles qui venaient de laisser leur dard sur les corps de leur ennemi, les deux fillettes quittèrent le champ de bataille en riant. En descendant de l'estrade, elles se donnèrent la main en balançant leurs bras ; leurs yeux brillaient de plaisir, étaient fières d'avoir infligé à ces prétentieux de garçons une leçon dont ils se souviendront longtemps.

Retour à l'hôtel des plus agréables dans la fraîcheur de la soirée. Il se faisait tard. Tout le monde était entré chez soi. Les lampadaires s'étaient allumés et aucune ampoule défectueuse. Alors qu'ils s'apprêtaient à regagner leur hôtel, un véhicule de la commune passa. Il arrosait la large rue qui longe l'hôtel alors qu'à l'intérieur de ce même hôtel, l'eau était rationnée. Une anomalie dans ce pays parmi bien d'autres.

La salle du restaurant flamboyait de toutes ses lumières. Hormis deux tables, les autres étaient occupées. On avait déjà dîné et on prenait le café entre hommes... Aucune femme !

Pour le quinquagénaire et la jeune fille, un choix limité mais suffisant après que le serveur se soit présenté à leur table.

Tandis que l'homme à la blouse blanche servait la soupe rouge et épaisse, au dessus du persil, Nora commenta:

— C'est ce que nous prenons souvent à la maison en hiver, mais là, je vois beaucoup de viande !

Le serveur avait esquissé un subreptice sourire. Lyassine n'en eût cure. Après son départ, il prit la main de Nora, la garda un long moment tout en lui souriant tendrement. Devant le serveur ce geste aurait été inconvenant. Ici, sous ces latitudes, la tendresse, les effusions amoureuses, il faut la manifester ailleurs, de préférence chez soi.

Ils ne furent pas déçus par le ragoût.

— Je vais commencer bientôt la construction de ma maison, révéla Lyassine. Quand je terminerai le premier étage, j'inviterai des amis, peut-être un étranger, il s'appelle Georgis. La viande, je la ramènerai d'ici, la région de mes ancêtres, cette viande est connue, elle est la meilleure du pays.

Nora dînait de bon appétit. De temps à autre, elle levait la tête, regardait Lyassine de ses grands yeux noirs, Si elle ne disait rien, ses yeux disaient tout ; Lyassine heureux, comblé.

Après avoir déposé une corbeille de fruits: oranges, mandarines, pommes et dattes, le serveur s'était éclipsé, non sans avoir lancé à Lyassine :

— Nous avons une télévision dans le salon. Si vous avez besoin de moi, je suis à la réception. J'ai mis une bouteille d'eau minérale dans vos chambres. Bonne nuit.

Ils s'intéressèrent à un débat de l'unique chaîne de télévision nationale. On parlait d'économie, plus précisément du Fond monétaire international et de ses exigences de réformes. Un débat technique et les mêmes arguments des tenants du statu quo : « il ne faut pas brader ce qui reste de notre appareil de production », disait le ministre. Son adversaire, un économiste, répondit : « nos usines sont de vrais tonneaux des Danaïdes ; tout l'argent du monde ne suffirait pas ; l'appareil de production est obsolète et personne ne veut des murs de nos usines. Nous avons à faire à un système qui ne veut pas se réformer. Le rôle de l'Etat n'est pas de produire mais de réguler l'économie et de protéger les plus démunis.

— Près de ma ville natale, ils ont construit une cimenterie qui a dévasté les champs et les vergers, dit Lyassine à Nora avant qu'elle se lève et change de canal. En se rasseyant, elle dit à Lyassine, excédée:

— Ils ont fermé l'usine où travaillait mon père, ceux qui nous gouvernent sont incompétents et ça fait trente six ans que ça dure !

Nora avait croisé les bras, pas contente du tout. Dans l'obscurité Lyassine devinait ses yeux qui brillaient de rancune, peut-être de haine.

En appuyant sur une touche de la télécommande, elle s'était transportée de l'autre coté de l'océan, était entrée par effraction dans l'intimité d'un couple aisé, riche, leur salon somptueux. Pendant cent dix minutes, Lyassine et sa compagne suivirent la vie agitée de ce couple qui se termina avec l'assassinat du mari infidèle et ...quinquagénaire. Lyassine s'était vaguement senti concerné mais en montant les trois étages, (le panneau EN DERANGEMENT n'avait pas bougé de sa place) il avait vite oublié cette sombre histoire...

Arrivés devant la porte de Nora, il lui expliqua qu'il voulait visiter un village, non loin de Sétifis, du nom de Aïn Oulmène. Quand il était enfant, lui a-t-il dit, sa mère remplissait une cruche de la fontaine de ce village car elle était convaincue que cette eau porterait chance et épargnerait maladies et malheurs à sa famille jusqu'au prochain voyage mais, avait précisé Lyassine, sa mère pensait aussi que cette eau avait un pouvoir maléfique si on ne faisait pas attention. C'est important pour moi de visiter cette fontaine et ce village, avait insisté Lyassine.

— C'est la première fois que tu me parles de ta famille, je veux tout savoir, ne me cache rien !

— Pas maintenant, il est près de minuit, nous avons fait 400 kilomètres, dit Lyassine, épuisé, à bout de forces et désireux de regagner sa chambre au plus vite.

— Non, on n'a encore le temps, on reste ensemble! dit Nora et de prendre le bras de Lyassine pour qu'il s'asseye à côté d'elle sur la dernière marche de l'escalier de leur étage. « Elle n'a pas l'habitude de dormir avant minuit, c'est à cause de son travail dans ce bar », avait songé Lyassine.

Nora était à l'écoute, attentive. Pour Lyassine pas d'autre choix que d'acquiescer. Il s'agit de parler de sa famille ; il ne faut pas se faire prier.

— Notre voyage, ma mère le préparait des mois à l'avance, commença-t-il. Dans l'autocar, on était impatient d'arriver à Aïn Oulmène. On savait que non loin de là, on allait retrouver une ferme, un ruisseau, beaucoup de verdure et beaucoup d'arbres, des chevaux, du bétail, tout ce que Nora peut avoir une ferme. Pour nous qui venons de la ville, c'était chaque fois un enchantement. On était tellement impatients d'arriver qu'on lançait dès qu'on avait quitté Constantine : Ferdjioua ! Oued Athménia ! Saint Arnaut ! Ici, à Sétifis, l'autocar s' arrêtait près d'une statue en pierre. On prenait un autre autocar pour Aïn Oulmène où tante Zakia nous attendait. Ma mère était toute contente de remplir la cruche de la fontaine de ce village, pour elle, elle accomplissait un rituel, comme des pélerins vont à Bénarès en Inde ou à Lourdes, en France.

— Et à qui appartenait cette ferme ?

— A ma tante, la sœur de mon père...

— Mais la ferme de ta maman ?

— Elle a été vendue après son mariage avec mon père. Mon grand-père est mort quelques mois plus tard. Ma mère en a voulu à mon père comme s'il avait été à l'origine de tous les malheurs de sa famille. Enfant, je l'entendais lui dire : « j'aurais dû ne pas t'épouser et rester dans la ferme de mon père, il serait en vie et mon frère n'aurait pas vendu la ferme et nos chevaux. Ta sœur Zakia est gentille mais j'aurai préféré passé les vacances avec mes deux garçons dans la ferme de mon père ! ».

— Je ne savais pas que tu avais un frère...

— Je te raconterai plus tard...

— Et ta maman, elle s'entendait-elle avec ta tante Zakia ?

— Elles s'entendaient très bien ! Parfois, elles se liguaient contre mon père qui travaillait trop et délaissait sa famille. Il partait en tournée pour vacciner et revenait très tard la nuit, parfois il ne rentrait pas...

— De ton père, tu ne m'as rien dit.

Lyassine poursuivit, comme s'il n'avait pas été interrompu.

— Ma tante était mariée à un riche notable qui avait beaucoup de terres. Plus tard, l'administration coloniale française l'a nommé caïd. C'était l'un des rares qui s'était efforcé d'être juste et de faire quelque chose pour ses coreligionnaires. A l'époque, il y avait beaucoup de misère ; les épidémies tuaient beaucoup de monde, le typhus, c'était assez courant, au début de ce siècle, on était à peine 2 millions, sans la foi en notre religion, on aurait connu le destin des peuples d'Amérique. Notre pays était une colonie de peuplement, tout pour les « Européens » !

Lyassine avait encore parlé du passé mais la fatigue avait eu raison de lui. Il n'arrivait plus à se concentrer.

— Ta tante Zakia, elle t'aimait...

— Elle avait un fils, reprit-il, malgré lui. Il est mort au maquis durant notre guerre de libération nationale. Il a laissé une veuve ; elle s'appelle Akila. Leur fils est né après la mort de son père. On laisse la suite pour demain Nora, je suis fatigué.

Nora se leva, embrassa, chastement Lyassine sur les deux joues puis ferma sur elle sa porte. En s'allongeant sur son lit, Lyassine avait songé à Shéhérazade et à son sultan. Pourquoi ? Lui-même ne le savait pas...

CHAPITRE 15

Dure, dure fut la nuit pour Lyassine qu'il avait espérée réparatrice. Il n'avait pas cessé de se tourner et se retourner dans son lit. Sa nuit, à Sétifis, il l'avait passée avec les morts, avec Si Noury, avec le médecin des pauvres, avec sa fille tuée dans l'explosion de la bombe devant le commissariat central, avec Lamine, son ancien collègue ; sa tante Zakia, morte depuis bien longtemps, était aussi venue lui rendre visite dans sa chambre d'hôtel, ses traits aussi nets que si elle était debout devant lui ; elle lui souriait affectueusement. Il s'était vu au début d'un cortège funèbre de plusieurs milliers de personnes et il savait que c'était celui de son père ; tout indiquait que son père était aimé, regretté. Mais ce qui avait troublé et fait forte impression sur Lyassine, c'était sa mère. Il avait senti son souffle dans sa chambre plongée dans l'obscurité ; ses cheveux s'étaient dressé sur sa tête. Emu, il l'était, mais il avait ressenti aussi de la peur. S'il croyait aux revenants, il serait convaincu que sa mère était tapie dans un coin de la chambre en train de le regarder. « Tu m'as oubliée ! » l'a-t-il entendue lui dire en le fixant de ses grands yeux sombres. Elle avait ajouté, le regard des mauvais jours : « ça fait longtemps que tu n'es pas venu te recueillir sur ma tombe pourtant j'étais affectueuse et je vous aimais beaucoup toi et ton frère. Quand tu iras à Constantine, tu mettras des fleurs sur ma tombe. C'est toujours le vieux Lakhdar qui s'en charge. Il fait du bon travail. Il fleurit ma tombe de bon cœur. Il faut lui donner quelques sous. Je sais aussi que tu as oublié ton père. Tu es injuste avec lui.

— Mais mère, il était violent avec toi. Je me cachais dans ta gandoura ; j'étais un enfant ; je ne comprenais pas…

— Ton père n'était pas que violent. Moi aussi j'avais mon caractère. Je lui tenais tête, j'avais mon mot à dire sur la conduite de la maison, sur ton éducation et celle de ton frère…

— Mère, pourquoi l'avoir épousé, mère ?…

— Je l'ai épousé à la demande de mon père qui l'avait choisi parmi plusieurs de mes prétendants. Ton père avait réussi dans ses études, était devenu adjoint technique de la santé publique. A l'époque, c'était rare pour un indigène. Mon père l'avait choisi parce que sa mère était morte du typhus, une épidémie qui a ravagé notre pays au début du siècle. Il a voulu donner sa fille à quelqu'un qui sait guérir. Ça n'a pas été facile pour lui de me convaincre. De ton père, je n'en voulais pas ! Je voulais rester libre, enfourcher mon cheval, partir au galop ; j'aimais les grands espaces, arrêter mon cheval et regarder les nuages marcher dans le ciel ensuite les voir se déverser derrière l'horizon. Un jour, alors qu'il pleuvait, j'ai désobéi à mon père , je suis partie quand même avec mon cheval. Après avoir longtemps galopé, il s'est arrêté au milieu de la plaine, brusquement, sans raison, il tirait la tête vers l'arrière, se cabrait, ses yeux lui sortaient de la tête. Le ciel s'est mis à gronder, les éclairs ont commencé à zébrer le ciel, la pluie s'est mise à tomber violente et drue, on aurait pensé que des djinns étaient montés sur les nuages et les vidaient de leur contenu ; l'eau se déversait sur la terre par torrents. J'étais trempée jusqu'aux os. Mon cheval est parti au galop comme s'il avait été piqué par un djinn. Rapidement, il a disparu de ma vue ; un bruit d'enfer s'était alors fait entendre comme si la terre allait s'ouvrir et engloutir humains, animaux, montagnes et arbres, les nuages ont ensuite commencé à quitter le ciel, la pluie a diminué d'intensité avant de s'arrêter. J'étais seule, trempée ; j'étais une feuille morte, écrasée, piétinée. Quand je suis rentrée à la ferme, il faisait nuit. Mon père ne m'a rien dit mais dans ses yeux, je voyais beaucoup de colère. Le lendemain, il m'a appelée. Il m'a dit que mon cheval a été retrouvé foudroyé, calciné sous l'arbre à l'ombre duquel lui, mon père aimait s'asseoir. En me regardant intensément dans les yeux, il m'a dit : « ma fille, tu as échappé de peu à la mort ! Epargne-nous le malheur ! Obéis-moi ! Il faut te marier ! »…Père, lui ai-je répondu, je ne veux d'aucun homme, je suis heureuse comme je suis…

— Non ! Il faut te marier ! s'était-il écrié. Une vieille femme nous a jeté un sort ! On l'a vue se rendre à l'aube sur la tombe d'un saint, tuer un coq et répandre son sang sur le sol en faisant sept fois le tour de la tombe. Son fils te voulait pour femme, mais moi, j'ai refusé. Il était riche mais inutile pour moi. Il ne savait pas guérir. Ma fille, tu as été épargnée parce que je suis un homme pieux ; je fais mes cinq prières de la journée, je fais l'aumône, j'observe le mois sacré du Ramadhan. Il faut te marier ! Il faut nous épargner le malheur !

— Alors, mère ?…

— J'ai épousé ton père…

— Tu aurais dû refuser quand même…

— Tais-toi, impertinent ! Désobéir à mon père ! Défier les djinns ? S'il faut se marier, autant épouser ton père !

— Mais mère, tu n'étais pas heureuse…

— Ton père savait guérir comme le voulait mon père. Il vaccinait, soignait, apprenait l'hygiène à nos populations livrées à la maladie, au froid et à la misère. A mon époque, il y avait le typhus, le choléra... Le soir, quand ton père rentrait, il était épuisé. Pour un oui, pour un non, il se mettait en colère, ne se contrôlait plus. C'est vrai, il est arrivé qu'il lève la main sur moi. Tu étais petit, tu as assisté à ces scènes mais moi aussi, j'avais mon caractère, j'étais têtue... Nous avons quitté la région où tu te trouves pour aller vivre à Constantine. Ton père avait suffisamment travaillé. Il a été nommé dans cette ville par l'administration coloniale française. Ton frère Abdesslem faisait de la politique. Il n'avait que Messali Hadj dans la tête. Il animait les meetings du parti PPA-MTLD qui réclamait l'indépendance pour notre pays. L'administration coloniale française disait à ton père qu'il encourageait en sous-main son fils ; la nuit, la police venait arrêter ton frère et le jour, elle interrogeait ton père. En ces temps là, tu n'étais qu'un enfant. Ton père n'a pas tenu longtemps. Son cœur a lâché. Il est mort dans son bureau. Il avait 53 ans...

— Mère, c'est mon âge !...

— Des milliers de gens ont suivi ses obsèques, tout le monde reconnaissait ses mérites...

— Ça c'est le passé mère. Nous vivons des temps durs, cruels pour celui qui est pauvre, n'a pas de relations, les nouveaux maîtres...

— On t'a offensé, je le sais. Ils ont oublié d'où ils viennent. Sois droit, juste, honnête. Ils finiront dans la solitude et le mépris. Eloigne-toi d'eux ! Ils sont fourbes et méchants. J'allais oublier. Achète une cruche. Remplis-la de l'eau de la fontaine de Aïn Oulmène. Elle te portera chance. N'oublie pas, j'insiste !...

— Oui, mère, je n'oublierai pas. Je suis toujours ton fils.

Les coups répétés sur la porte de sa chambre avaient tiré Lyassine de sa nuit agitée. C'était seulement après l'aube qu'il dormit d'un sommeil paisible, un repos qui n'avait pas eu son effet réparateur. C'est les jambes lourdes et la tête embrumée qu'il ouvrit à Nora.

— Tu dors encore ! il est 9 heures ! Il ne va plus avoir d'eau dans la salle de bains ! Je suis réveillée depuis deux heures, j'ai déjà pris mon petit déjeuner ! lui lança-t-elle. Nora se dirigea vers la fenêtre, poussa de côté le rideau et ouvrit la fenêtre et les persiennes. La lumière d'une belle journée ensoleillée envahit la chambre.

En retraversant la chambre, elle lui dit :

— Je t'attends, je suis dans le petit salon. Fais vite, nous avons beaucoup de choses à faire !

Journée ordinaire à Sétifis. Le couple en visite longea la cité universitaire de jeunes filles qui se trouve sur l'une des artères principales de la ville, les bâtiments récents d'une université récente. Pour les étudiants de la région, plus besoin d'aller dans la capitale de l'est, à Constantine, pour entamer leurs études universitaires.

Ici, la nature n'a pas fait dans la dentelle. Si elle a été généreuse avec la terre qui continue à être le grenier à blé du pays, elle n'a pas pour autant oublié les humains. Qu'un habit importé du lointain Orient cache le corps des jeunes filles ou qu'un pantalon, ou une jupe, enserre leur taille, on ne peut rester indifférent à leur beauté et si l'été aplatissait de sa canicule humains et bêtes, les premiers restaient chez eux, fermant leurs volets, la sieste de rigueur, les bêtes, elles, assommées par la chaleur, ruminaient, couchées sur le flanc, leurs pattes sous le ventre. Ce n'est qu'en fin d'après midi, quand le soleil perdra de son ardeur, que les humains se hasarderont dehors et les bêtes se lèveront pour paître encore avant de regagner leurs étables dès que le soleil disparaîtra derrière l'horizon.

Lyassine fixa quelques beaux visages tandis que Nora marchait à ses côtés, fière et altière. Le quinquagénaire ne s'étonna guère du teint clair, parfois laiteux de certains visages, ni des peaux brunes qu'on dirait nourries du soleil des tropiques. En regardant une jeune fille, il avait retrouvé la chevelure couleur de jais et le teint olivâtre de sa mère et l'inconnue avait les mêmes yeux couleur charbon quand sa mère se mettait en colère.

Une place entourée de bâtiments à arcades accueillit le couple en visite. On déambulait, on bavardait, on était insouciant comme si la ville n'était pas concernée par la guerre civile qui rongeait le pays. La statue en pierre devant laquelle, dans les temps anciens, l'autocar s'arrêtait était toujours là ; elle avait défié le temps et continuait à regarder une humanité qu'elle ne voit pas, sur son épaule une cruche qui verse une eau invisible, qu'on ne voit pas. En cette matinée, elle n'était pas seule. Un photographe, son appareil en bandoulière, lui tenait compagnie.

« Mettez-vous devant la statue ! », était-il en train de lancer à un couple de jeunes mariés qui se tenait par la main, elle belle, très maquillée, lui, beau, fringant dans son costume sombre. « Voilà, c'est ça ! Ne bougez plus. Souriez », dit le photographe.

Lyassine s' avança, Nora à ses côtés ; c'était leur tour de prendre une photo sur l'insistance de Nora .

— Prenez-nous en entier, vous êtes trop près, dit Lyassine au photographe qui recula.

— Mettez vous plus près l'un l'autre ! cria-t-il. C'est ça, ne bougez plus. Souriez. Non, un grand sourire monsieur, s'il vous plait ! C'est ça, c'est très bien !

— La photo sera prête dans cinq minutes, dit-il en s'approchant de Lyassine puis se confia : Vous êtes parmi mes premiers clients ; le printemps et l'été, je travaille mieux ; l'automne comme ci, comme ça ; l'hiver, je fais uniquement les mariages.

Après qu'il eut terminé avec un militaire qui s'était fait photographier dans son uniforme impeccable, Lyassine lui demanda:

— Par où faut-il passer pour aller à Ain Oulmène ?

— Vous remontez le boulevard, ensuite vous tournez à droite, vous allez tout droit puis vous tournez à gauche, là, vous êtes sur votre route. Faites attention ! Tôt ce matin, il y a eu un faux barrage. Une famille entière a été dé-cimée ;ils étaient six, les parents et leurs leurs enfants. Vous voyez cette statue, ils ont voulu la détruire ! Les terroristes ont mis une bombe, heureusement qu'elle n'a pas explosé. Ils s'en prennent aux pierres comme s'ils n'avaient pas tué suffisamment d'innocents. Regardez cette belle jeune fille avec sa cruche, n'est ce pas qu'elle est belle ? Et son sourire ? C'est vrai, elle a un magnifique sourire ! Et dire qu'ils ont voulu la détruire ces assassins de terroristes.

Le photographe ventila la photo comme si les personnes qui étaient de-dans avaient besoin d'air pour renaître à la vie.

En la montrant à Lyassine, il lui dit :

— N'est-ce pas que cette photo est belle ? J'en ai rarement réussi comme celle là ! C'est vrai que votre dame est belle et vous, monsieur, vous êtes beau et si élégant ! »...

Lyassine et Nora s'étaient regardé, avaient souri, puis se penchèrent sur la photo : ils souriaient, étaient heureux. Les couleurs avaient donné une nou-velle jeunesse au quinquagénare mais le temps était venu pour eux de quitter Sétifis.

Lyassine raconta à Nora que sa mère était venue lui parler la nuit, lui avait demandé d'acheter une cruche, de la remplir de l'eau de la fontaine du village de Aïn Oulmène où ils doivent maintenant se rendre.

« Ma mère m'aurait dit de suivre ce conseil, lui répondit Nora. Je sais que tu n'es pas supersticieux mais il faut obéir à ta maman. Cette cruche, on va l'acheter et c'est toi qui va la remplir de l'eau de cette fontaine ».

La cruche, le couple n'eut aucune peine à la trouver ainsi que la route qui mène à Aïn Oulmène qui, après une avenue et quelques rues puis des maisons disséminées sur des terrains vagues, s'allongeait devant eux, noire, rectiligne, de part et d'autre, un sol gris, poudreux, dans le lointain, des montagnes contre un ciel bleu, sans nuages. Sur la route un barrage. Vrai ou faux barrage, on ne le sait jamais. Les terroristes portent toujours l'uniforme de l'armée régulière. Quelques klaxons timides ne firent rien pour activer le contrôle des véhicules et des passagers. De son sac, Nora tira un mouchoir, essuya la sueur qui perlait du front de Lyassine qui tenait le volant, patient et résigné.

Ce fut un vrai barrage. Les militaires contrôlaient. Ils ne disaient mot, contournaient les véhicules, vérifiaient les documents qu'ils avaient dans les mains avec les plaques minéarologiques puis laissaient repartir. Ni véhicule immobilisé, ni arrestation. Tout le monde était en règle.

Circulation aisée ; de part et d'autre de la route, maisons basses, anciennes, datant de l'époque coloniale, mais aussi villas récentes, certaines belles avec de grands balcons et des terrasses qui regardent une plaine immense, sèche, blanche, sans arbres.

Le voyage ne fut pas long. Une trentaine de kilomètres. Aïn Oulmène que retrouvait Lyassine avait disparu, n'existait plus ; elle était devenue une ville sans charme, ni attrait. Le béton avait tout envahi. Lorsqu'il avait voulu remplir la cruche qu'il avait entre les mains, la fontaine était là mais sèche, poussiéreuse. Son eau n'avait pas coulé depuis bien longtemps. Adieu eau fraîche, limpide, cristalline des temps qui ne sont plus. Sur le visage de Lyassine une déception immense, abyssale. Il était là, penaud, déçu, désespéré, dans sa tête la trahison envers sa mère. Le contrat qu'il avait passé avec elle, il ne pouvait l'honorer. Autour de lui, ce qui ajoutait à son désespoir, des citadins vaquaient tranquillement à leurs occupations ; n'étaient plus là, les visages burinés par le soleil, la pluie et le vent. Les burnous, les kachabias avaient disparus, démodés, plus de ce monde. Les jeunes gens portaient des blue-jeans et de méchantes vestes et les adultes costumes et pardessus, même si sur les visage, Lyassine retrouvait quelques séquelles de l'air vif du matin et des morsures du soleil cruel des hauts plateaux.

Nora avait compris en regardant Lyassine:

— Tu es déçu, n'est ce pas ? lui dit-elle.

— Je n'aurais pas dû venir et cette cruche que j'ai dans les mains. A quoi, va-t-elle me servir?...

— Garde là coupa Nora ! On va visiter la ferme de ta tante Zakia. Le ruis-seau doit être là, ils ne l'ont quand même pas asséché ! Ne t'en fais pas, on va remplir cette cruche de son eau ! Elle vient sûrement de la même source !

Après la ville de Aïn Oulmène, la campagne d'un climat tempéré. Les pluies avaient été abondantes. Elles avaient fait reverdir la terre. Beaucoup d'arbres, leurs feuillages d'un vert vif, brillant qu'on pouvait observer de loin. Silence pesant dans la campagne qui somnelait. Au bout de quelques kilomè-tres, un nouveau barrage qui obligeait les conducteurs des quelques véhicules qui s'étaient engagés sur cette route déserte à patienter. Des militaires étaient postés des deux côtés de la route. Ils n'avaient qu'une seule consigne : faire rebrousser chemin à quiconque se présentait.

Les explications du fonctionnaire, autrefois chef de service, d'une visite familiale urgente n'y firent rien.

— Je suis venu spécialement de la capitale ! Je ne peux pas retourner sans voir ma famille ! Comprenez-moi ! C'est important ! Je vous en prie ! avait insisté Lyassine.

— Non, Monsieur ! Les instructions sont fermes, fit le soldat d'une voix lente, tranquille, mais ferme. Il avait son arme en bandoulière et semblait avoir quitté sa famille citadine que récemment. Nous ne sommes pas prêts à lever le barrage. Revenez demain, ajouta-t-il tandis que Lyassine continuait à le fixer :

— Mais demain..., fit celui-ci.

— N'insistez pas ! coupa sèchement le militaire. C'est pour votre sécurité ! Une opération militaire est en cours. Nous traquons les terroristes à l'origine d'un faux barrage tôt ce matin à quelques kilomètres d'ici.

Le militaire s'éloigna, alla rejoindre ses camarades qui se protégeaient du soleil à l'ombre de leurs véhicules rangés l'un derrière l'autre le long de la route qui fendait l'immense plaine tandis qu'un hélicoptère, couleur sable, survolait la région. Les montagnes n'étaient pas loin. On les apercevait, à l'horizon, menaçantes.

Lyassine dit àNora :

— C'est dans cette plaine que ma mère galopait. Les chevaux étaient sa vie. La ferme de ses parents est quelque part entre cette route et les montagnes que tu vois là-bas. Cette ferme doit être en ruines. Nora, tu entends le canon tonner. L'armée est en train de bombarder la montagne où se sont refugiés les terroristes. Ils se sont certainement tapis derrière quelques rochers ou dans les tunnels qu'ils creusent sur les flancs de la montagne. Ils ont de tout à l'intérieur, ils peuvent y rester des semaines, voire des mois.

— Nous sommes tombés sur un mauvais jour. Peut-être devions-nous revenir une autre jour, dit Nora qui était aussi triste et désolé que Lyassine.

Ils retournèrent au village devenu une ville. La visite à la veuve du maquisard, que ni sa mère, ni sa femme n'avaient plus revu depuis qu'il était monté au maquis, s'imposait. Lyassine gara sa voiture le long du trottoir de la rue centrale de Aïn Oulmène, en fait la route qui conduit à Sétifis.

«Je vais me renseigner, j'en ai pour quelques minutes », dit-il à Nora qui s'épongeait le front à cause de la chaleur.

Lyassine entra dans un magasin de vêtements dont la vitrine donne sur la route.

« Viens! On laisse la voiture ici, dit-il à Nora, de retour. On m'a montré la maison de Akéla. C'est elle qui fournit ce magasin en robes ; les mêmes que celle que tu as achetée hier ».

En ouvrant sa porte en fer, passée à l'anti-rouille, Akéla montra un visage vieilli ; des cheveux blancs dépassaient du foulard gris qui lui couvrait la tête ; les yeux vifs que lui connaissait Lyassine avaient perdu de leur éclat. C'est certain, pour la quinquagénaire la vie n'avait pas été un long fleuve tranquille.

« Entrez ! », lança-t-elle à Lyassine qu'elle avait de suite reconnu ; surprise, Akéla affichait un sourire timide, reconnaissante à ce cousin venu de loin qui ne l'avait pas oubliée, elle, une veuve... « Mon Dieu, vous avez perdu une bonne partie de vos beaux cheveux ! c'est bien dommage », ajouta —t-elle.

— Oui, c'est bien moi, dit Lyassine et d'embrasser sa cousine quatre fois sur les deux joues. En entrant, lui et Nora découvrirent une cour en terre battue qu'ils traversèrent puis un salon plongé dans la pénombre, son ameublement des plus sommaires ; en guise de canapés, deux matelas sur des supports en bois recouverts d'un drap qui se faisaient face ; au milieu un guéridon au dessus duquel un plateau en cuivre qui luit malgré la pénombre ; les volets étaient fermés à cause de la chaleur ; dans une encoignure un ventilateur dispensait un air étonnément frais que la maitresse de maison avait dirigé vers le centre du salon, là où s'asseyent ses hôtes qui ne doivent pas être nombreux.

« Tante Akéla, je suis avec Nora, dit Lyassine en prenant place sur l'un des deux canapés. C'est une amie de la famille. Elle a accepté de m'accompagner

à Constantine. Elle doit rendre visite à des parents qui habitent non loin de
là ».

La veuve restée debout, embrassa Nora qui s'était assise à côté de Lyassine,
sage et quelque peu intimidée.

Akéla et son hôte parlèrent du passé. La veuve du chahid, une mémoire
vivante, était au fait de tout ce qui s'était passé dans la région, de ce que sont
devenus les uns et les autres ; elle révéla à Lyassine que certains étaient morts,
d'autres s'étaient exilés, que depuis le début des violences, six ans plus tôt, ne
venaient plus ou très rarement, ceux qui étaient restés au pays s'étaient mariés,
avaient eu des enfants qui sont devenus des jeunes gens, d'autres avaient divorcé, lui dit que chez les nouvelles générations, on divorçait beaucoup trop,
le mariage n'était plus une institution sérieuse, sacrée, que souvent la mariée
restait 2, 3 mois chez son mari puis, sans explication, ni raison, il la divorçait,
prenait une autre femme et puis rebelote…

Lyassine parla de son cousin disparu. Akéla avait baissé la tête, était restée
silencieuse puis lui avait dit : « parfois, je me demande si le père de mon fils a
vraiment existé. Jusqu'à ce jour, aucune trace de lui. J'ai perdu tout espoir de
retrouver son corps. Les autorités m'ont aidée, j'ai interrogé ses compagnons
d'armes, rien. Mais que faire, c'est le mektoub… ».

Quand le quinquagénaire demanda au sujet de sa tante Zakia, Akéla lui
répondit : « Je visite régulièrement sa tombe mais plus ces dernières années ; il
y a des opérations militaires tout le temps, il y a aussi les faux barrages. Les
terroristes sont toujours là où on les attend le moins, la nuit, on entend le
canon tonner. On ne voit pas la fin de cette guerre comme si 150 000 morts
ne suffisaient pas ».

Lyassine parla de la fontaine, de la cruche, de la tradition qui veut que sa
mère la remplisse de l'eau de la fontaine à chacun de ses voyages à Aïn Oulmène.

Akéla avait souri, un sourire mystérieux que le quinquagénaire n'avait pas
réussi à déchiffrer mais qui semblait dire qu'il s'agit d'un rituel important, que
si sa mère s'y soumettait, c'était qu'il y avait une raison. Mais pour Lyassine
laquelle ?

Akéla prit un air grave puis lui répondit :

— Après la naissance de ton frère Abdeslem, ta maman désirait une fille.
Une fois, à l'un de ses voyages, la cruche lui est tombée des mains alors qu'elle
venait de la remplir de l'eau de cette fontaine ; la cruche s'est brisée en morceaux et l'eau de la fontaine s'est répandue sur le sol. Ta maman était toute

malheureuse. Elle était certaine qu'à cause de sa maladresse, elle venait de sceller le sort de l'enfant dont elle était enceinte. Ta sœur Guarmia est morte quelques jours après sa naissance. Ta maman ne t'a donné naissance que six ans plus tard...

— C'est la première fois que j'entends parler de cette histoire ! dit Lyassine perplexe. La maladresse de maman, comment l'expliquer ? Ce n'était pas la première fois qu'elle remplissait cette cruche !

— La veille, ton père lui a reproché de donner de l'argent à ton frère Abdeslem. « Mon père n'a pas le sens des priorités, avait dit ton frère à ta maman. Cet argent, le parti en a besoin pour imprimer son journal et les tracts qu'il faut imprimer et distribuer ! ». Ton père avait grondé ta maman parce que son salaire suffisait à peine, il fallait aussi payer les avocats, l'administration coloniale française mettait souvent ton frère en prison et il fallait le faire sortir de là. Quand ta maman a voulu remplir la cruche, elle était toute retournée. La cruche lui était tombée des mains.

— Je voulais remplir une cruche...

— L'eau de cette fontaine ne coule plus, coupa Akéla. La source a été détournée pour alimenter Aïn Oulmène en eau dont elle a bien besoin. Notre village est devenu une ville.

Lyassine était troublé. Lui, sa famille, seraient-ils confrontés à des forces malfaisantes, mauvaises, méchantes. Il resta un long moment, silencieux, absorbé par ses pensées.

Nora n'avait fait qu'écouter. Voudrait-elle dire un seul mot que cela ne fera que compliquer les choses.

Akéla s'était levée, était allée dans la cuisine séparée du semblant de salon par un rideau de couleur verte. Aisément on pouvait imaginer que « la cuisine » était exiguë ; trois personnes s'y tiendraient à peine, debout.

Les deux visiteurs prirent le temps de se restaurer : côtelettes d'agneau cuites dans la poêle et des petits pois versés d'une boite de conserve locale, firent l'affaire.

— Mangez, vous êtes chez vous, c'est peu, je le sais, leur dit Akéla, la voix d'une générosité ancestrale.

— C'est très bon ! complimenta Nora qui mangeait de bon appétit.

Lyassine n'était pas en reste comme si cette nourriture de la terre de ses ancêtres l'avait revigoré, remis dans la chaîne de ses origines depuis la nuit des temps.

— Alors, toujours dans la confection des robes et on n'a toujours pas donné suite à ton dossier de femme de chahid, dit-il à Akéla qui les regardait manger de bon appétit, sur son visage la fierté de recevoir convenablement ses hôtes bien qu'elle ne les attendait pas.

— J'ai renoncé. Pour qu'on donne suite à un dossier, il faut faire une intervention. Chacun va de ses connaissances comme si chacun a participé à la guerre de libération. Après tout, c'est peut-être vrai, chacun y a participé à sa façon.

— Vous êtes comme mon père, lui aussi n'a rien eu, intervient Nora. Des dossiers, il en a fait mais au bout, rien. Après il n'en a plus parlé.

— Je me suis adressée à quelqu'un qui a fait la guerre avec mon mari, reprit Akéla. C'est lui qui m'a dit qu'il ne faut pas faire de notre guerre de libération un fonds de commerce. Il m'a trouvé ce travail. C'est moi qui fournis en robes traditionnelles des magasins de notre ville. Elles sont très appréciées mais je vais bientôt m'arrêter. Ma vue a beaucoup baissé. L'ophtalmologiste m'a dit que je risque de devenir aveugle…

— Vous avez votre fils, c'est un jeune homme, dit Lyassine. Il pourra vous aider.

— Il est à son travail. Il enseigne dans un collège. Je vais le marier (le quinquagénaire pensa que c'est le troisième mariage qu'on lui annonce un mariage). Je vous invite avec Samia. Nora est aussi la bienvenue. Je compte sur vous !

Nora s'était versée un grand verre de la bouteille de limonade posée sur le plateau, but d'un seul trait comme si elle venait d'être saisie d'une soif inextinguible .

Lyassine la regarda, ne dit rien, avait senti qu'il rougissait.

Akéla se leva, se dirigea vers une pièce dont l'entrée, elle aussi, était cachée par un rideau tandis que Nora et Lyassine s'étaient regardés, intrigués.

De retour, le sourire timide, en s'adressant à Nora, elle lui dit en lui mettant dans les mains un paquet à l'emballage commun et fermé d'une ficelle grossière :

— C'est pour toi Nora. Il y a deux robes à l'intérieur, une pour toi et l'autre pour Samia…

— Non, il ne fallait pas ! s'écria Nora. Hier j' ai acheté une robe pour ma mère puis se tourna vers Lyassine pour solliciter son accord.

— Prends ! dit-il. Akéla te les offre de bon cœur. Samia sera contente d'avoir une robe aussi belle que celle de ta maman.

— Je compte sur vous pour venir au mariage de mon fils avec Samia, répéta Akéla en s'adressant à Nora. Vous connaissez nos traditions, plus on a de la famille, plus on est considéré et respecté ! Se tournant vers Lyassine, elle lui dit : Vous me promettez que vous viendrez. J'insiste !

— Oui, bien sûr ! répondit le quinquagénaire qui s'était senti une nouvelle fois rougir bien malgré lui.

Avant de disparaître derrière le rideau qui sépare le salon de sa chambre, Akéla leur lança :

« Reposez vous, la route est encore longue ».

La sieste fut réparatrice pour Lyassine et sa compagne. Après des cafés agrémentés d'eau de rose (les alambics ont toujours cours ici ; au printemps les marchés se couvrent de monticules de roses), ils reprirent la route. Le soleil n'avait toujours pas baissé sa garde, ses rayons dardaient la campagne déserte.

Peu de voitures sur la route. A leur droite, dans le lointain, les montagnes de Sidi Kebir, leurs cimes plaqués contre un ciel blanchâtre et au milieu d'une terre qu'on dirait couverte de sel, seul l'asphalte rappelait la présence des hommes.

Une heure de conduite et aucune agglomération au loin en vue.

Nora, silencieuse, ne quittait pas des yeux la route qui s'allongeait devant elle, hormis de temps à autre pour regarder le paysage sec et désolé qui l'entourait. En prenant la main que lui tendit le quinquagénaire, elle lui montra un sourire contrit.

— Je ne sais pas ce que tu penses de moi, lui dit-elle, tout en continuant à regarder droit devant elle. Chez ta cousine Akéla, la vérité, nous a rattrapés. Tu avoues que notre situation n'est pas courante. Nous voyageons ensemble sans être mari et femme...

Lyassine ne fut pas étonné par ce rappel à l'ordre, consensuel dans son pays. A dire vrai, il s'y attendait. En entendant Akéla inviter Nora, il était conscient de l'embarras que cela causait à sa compagne et lorsque Nora s'était versée un verre de limonade, c'était cet embarras qu'elle voulait cacher.

Après avoir mûri sa réponse, il se décida :

— Je pense le plus grand bien de toi Nora et j'ai de l'affection pour toi, ça de toute façon tu dois le savoir.

— Seulement de l'affection ! demanda Nora en se tournant vers lui.

— Davantage..., sûrement ! Je t'aime d'amour comme un homme peut aimer une femme. Voilà ce que je peux te dire. Oui, je t'aime d'amour.

Nora n'avait pas répondu. Les mots qui venaient d'être prononcés, elle les attendait depuis longtemps. Elle les avait écoutés avec ravissement et si son visage était resté impassible, une joie intérieure, intense, l'avait envahie. Elle était heureuse. Ils lui confirmaient ce qu'elle savait déjà. Oui, l'homme assis à ses côtés l'aimait. La « serveuse de bar » était d'autant plus heureuse que ces mots étaient prononcés rarement ici comme si c'était le pire des péchés qu'on puisse commettre et ils avaient été dits sans que le ciel ne s'ouvre dans un fracas de fin du monde et sans que la terre ne s'ouvre et les engloutisse, elle et Lyassine.

Nora finit par dire:

— Tu as dû te poser des questions sur mon travail. On ne s'est quand même pas rencontré dans un endroit convenable, du moins dans nos traditions. Autre chose : dans ce bar, je faisais boire ceux qui ne regardaient pas à leur dépenses : trabendistes, employés, fonctionnaires ...

— Merci de me mettre dans le même sac...

— Hommes d'affaires, hauts fonctionnaires...

— Ça ne change rien, tu sais...

— Ne m'interromps pas ! laisse moi t'expliquer ! Je travaillais avec Omar. Ce qu'il me servait ressemblait à de la bière. C'était à lui de me montrer du regard les clients avec lesquels je devais m'asseoir. Toi je t'ai remarqué de suite, dès que tu étais entré...

— Nora, tu me donnes des explications. Je ne t'ai rien demandé.

Nora tourna la tête pour regarder en direction d'une ferme solitaire dans le lointain au pied d'une chaîne de montagnes tandis que près de la route un troupeau de moutons broutait une herbe sèche, maigre, à ras d'un sol blanc, ingrat.

— Je voulais que tu le saches, reprit Nora. Tu dois croire ce que je vais te dire. A part, le père de mon fils, il n'y a eu qu'un seul homme dans ma vie. Il s'appelait Ali. Il venait régulièrement au bar. Un soir, son ami m'a apprit que sa voiture était entrée en collision avec un camion qui tranportait du fer à béton. Ali est mort décapité.

— Mon Dieu mais c'est terrible ! s'écria Lyassine, pris d'effroi comme s'il avait vu la mort habillée de noir, la faux dans la main.

— Il n'y a plus eu d'autres hommes dans ma vie, avait poursuivi Nora.

Silence à l'intérieur de la voiture qui filait solitaire sur la route rectiligne, tracée au cordeau ; le moteur ronronnait, son bruit obsédant, régulier ; on pourrait penser qu'il tournerait pour l'éternité si on le lui demandait.

Lyassine prit sur lui de reprendre la discussion :

— Tu m'as parlé de cet homme avec détachement mais ta voix me disait que cet Ali, tu l'as aimé et tu continues à l'aimer…

— Mais Lyassine, serais-tu jaloux ? S'exclama Nora. Tu sais, je n'aime pas les hommes jaloux ! Le fils de la coiffeuse était jaloux et je n'en ai pas garde un bon souvenir de cet homme et des hommes jaloux, j'en ai rencontrés dans le bar! Il fallait écouter ce qu'ils me racontaient si jamais leur femme venait à regarder ou à parler avec un autre homme. Une liaison ? Mon Dieu, ils la tueraient ! Certains m'ont dit qu'ils l'égorgeraient !..

— Non je ne suis pas jaloux, coupa Lyassine, je veux savoir, c'est tout.

— Mais Lyassine comment peux-tu être jaloux d'un homme qui est mort et entérré deux mètres sous terre !…

— Je te le répète, je ne suis pas jaloux ! Contrarié, peut-être. De toute façon, mariées ou non, des femmes ont eu plus d'hommes dans leur vie que toi…

Au moment où Lyassine parlait, un camion les dépassa. Bruit d'enfer et nuage de poussière. Lyassine ferma vite sa vitre. Nora fit de même. Lyassine ralentit, laissa passer le camion qui s'éloigna, sur sa plate-forme du fer à béton, au bout, un chiffon rouge pendait…

Lyassine reprit :

— Nora, je trouve que tu as beaucoup de mérite. Je t'ai bien observé. Tu as une grande force de caractère et tu sais ce que tu veux. Résister aux hommes dans ce bar, résister à leur argent… L'argent commande tout, surtout dans les relations entre hommes et femmes. Tu vois je pense du bien de toi et je t'aime, tu le sais. Maintenant, dis-moi, ce que je suis pour toi.

Nora pudique, gênée :

— De suite, j'ai vu que tu étais incapable de méchanceté. J'ai appris à connaître les hommes là où je travaillai ; il y a deux catégories d'hommes : ceux qui sont habités par le mal, je veux dire qu'ils sont prédisposés à faire du mal. Faire du mal, ça ne les gêne pas, au contraire, ils en tirent un plaisir vicieux. Ces gens-là sont aussi menteurs et fourbes, puis, il y a les autres, beaucoup moins nombreux. Ces hommes-là sont naturellement bons, toujours disposés à aider, à faire le bien. Toi tu en fais partie. Ne me demande surtout pas comment je le sais ? Je le lis dans tes yeux, sur ton visage ; je peux même lire dans ta tête et dans ton cœur. Lyassine, tu dois me croire !

— Mais Nora, tu es une vraie sorcière ! S'écria Lyassine.

— Tu es l'homme rare, la pépite que les chercheurs d'or trouvent dans des vallées profondes, inaccessibles…

— Et lui ?

— Et lui qui ? quoi ?...

— Comment était-il ? Je parle de Ali...

— Il était généreux. C'était lui qui avait activé le dossier de préretraite de mon père. Je t'avoue que je regrette sa mort, pas pour moi mais pour lui. Une mort si atroce, avoir la tête tranchée ! Tout ça c'est du passé ; parlons maintenant de toi. Je veux tout savoir sur les femmes que tu as connues, tu n'es pas mal de ta personne, tu es discret, les femmes aiment les hommes discrets. Des femmes, tu as dû en connaître !...

— Oui, comme tout un chacun j'en ai connues et même assez tôt. La toute première était une adolescente et moi j'étais un adolescent, j'avais à peine seize ans mais Nora, quel volcan elle était mais quand on la regardait, on dirait qu'elle était faite de glace !

— Et comment tu l'as connue...

— C'était en France, on m'a envoyé là-bas pour remettre une lettre. Je l'ai connue par hasard dans le hall de la gare d'une ville où je venais d'arriver ; j'avais très peu d'argent. Je suis restée près de trois semaines chez ses parents, c'étaient les vacances de Pâques...

— Et ses parents, comment étaient-ils ?

— Ils étaient très gentils ! pas du tout les « Européens » qu'on avait l'habitude de côtoyer chez nous. Ils étaient enseignants. Ils m'ont vite adopté. Parfois, on discutait de politique : « mais sans la France, vous allez mourir de faim et ce sont les Russes ou les Américains qui vont nous remplacer. Vous ne serez pas plus avancés », me disait le père, et il était convaicu de qu'il disait et dire Nora qu'on m'avait envoyé en mission et ni Claude, ni ses parents ne s'étaient doutés de rien. Ce qui était nouveau pour moi, c'est que le soir, ils jouaient de la musique et en regardant Claude jouer du piano, parfois du violon, crois-moi, je n'étais pas peu fier de moi ; c'est vrai que je l'aimais bien et elle me le rendait bien, très bien même ...

— Et...

— Et quoi ?

— Entre vous, comment ça se passait ?

— Ses parents sortaient, alors on restait seuls. Une foix, ils étaient partis toute la fin de semaine. Il fallait voir, Claude et moi comme si les autres jours ne nous suffisaient pas...

— J'ai compris. Comment était cette Claude ?

— Une belle jeune fille ; elle avait des cheveux longs, blonds, on dirait des fils d'or et des yeux verts...

— Elle n'a pas été la seule dans ta vie, j'imagine.

— L'autre dont je garde un souvenir, qui ne me quittera qu'avec ma mort, s'appelait Assia. Elle, c'était un amour platonique. Je me suis promené qu'une seule fois avec elle. Elle est morte dans un accident de la route en rendant visite à sa sœur qui avait emménagé avec son mari dans la capitale. il y a de cela deux mois, il a été assassiné...

— Tu as dû connaître d'autres femmes...

— Oui, malgré que notre société soit bien complexe et compliquée. On ne peut manifester un sentiment amoureux sans être accusé d'être indécent. J'ai désiré des femmes, j'aurais aimé leur dire des mots gentils, tendres mais ils restaient inutiles au fond de ma tête...

— Mais à moi Lyassine, tu n'as jamais dis de mots tendres. Je les aurais écoutés avec plaisir, j'aurais aimé que tu me les murmures. Parle moi maintenant des femmes que tu as aimées ou désirées...

— Certaines étaient hardies, mais je me voyais mal embarqué dans une liaison compliquée aux conséquences désastreuses...

— Désastreuses? Pourquoi le seraient-elles?

— Eh, si cette femme avait des frères ? Tu imagines, ce qu'ils auraient fait à leur sœur et si on était au fait de sa liaison, plus personne ne voudrait d'elle.

— Mais il y a des filles et des femmes qui n'ont pas de frères,... ou de pères ! Je crois que tu exagères ! Il y a des mariages qui se font après que l'homme et la femme se soient fréquentés, connus. Les temps ont changé, tu dois le savoir Lyassine.

— Mais moi Nora, j'étais marié ! Où emmener ma dulcinée ? Aller à hôtel et monnayer l'infraction en même temps que décliner mon identité et celle de ma compagne ! et puis aller à l'hôtel, ça ne se fait pas, du moins chez nous.

— Mais, nous sommes bien descendus dans un hôtel...

— Ce n'est pas la même chose ! Nous, nous sommes en voyage et puis, nous avons pris des chambres à part. Cette serrure qui ne voulait pas s'ouvrir, c'était pour s'assurer que nous occupions bien deux chambres séparées !

— Mais parfois on ne résiste pas à la personne qu'on aime, insista Nora, pugnace.

— C'est vrai. Une fois, peut-être deux, j'ai cédé, la tentation trop forte et la femme trop belle ! Qu'aurait-elle pensé de moi si je n'avais pas répondu à ses avances? Un dégonflé ? que j'ai certains penchants... Mais où cacher notre amour ? là était le problème. Finalement je renonçais. Ma dulcinée, je la déposais suffisamment loin de chez pour ne pas attirer l'attention sur elle. Quand je rentrais tard le soir, je mentais à ma femme, je lui disais que j'étais à mon bureau, que j'avais un travail urgent et elle me croyait.

— Quand je t'écoute, tu n'as pas été très heureux en amour Lyassine!

— Parfois, ça c'est mal terminé parce que je ne répondais pas aux avances de certaines.

— Tu parles de toi comme si tu étais un vieillard ; tu es encore jeune. J'ai un parent qui s'est marié à 75 ans et il est devenu père d'une jolie petite fille et je connais un homme qui a 65 ans qui s'est marié six fois et il vient d'épouser une jeune fille de 18 ans !...

— Non, ce n'est pas ce que je voulais dire, tu ne m'a pas compris. Je veux dire que ce qu'on éprouve pour l'autre n'est pas toujours réciproque. Ces femmes comprenaient mal mes dérobades. Pour elles, c'était une insulte que de ne pas les désirer. Une femme qui travaillait avec moi est allée raconter des vilenies sur mon compte. Elle avait renversé les rôles en disant qu'elle ne comprenait pas qu'un chef de service courtise une subalterne. Finalement, à bien penser, il aurait mieux fallu que je réponde à ses avances que de me dérober, le résultat ne pouvait être plus désastreux !

Nora poussa un soupir de soulagement en apercevant au loin une station d'essence reconnaissable à ses murs jaunes. Les derniers dizaines de kilomètres, elle n'avait pas cessé de regarder l'aiguille de l'essence qui s'était couchée à droite du petit cadran.

La casquette vissée sur la tête, l'employé, mine morne, s'était approché en demandant à Lyassine: « normale ou super ? ». « Normale », répondit ce dernier qui, à l'instar des autres automobilistes, ne demandait plus : « essuyez le pare-brise » ou «s.v.p. vérifiez les pneus », ce serait s'exposer à un rire sarcastique. Que l'employé de la station service vous souhaite bonne route, alors là, c'est demander l'impossible. Ce serait de la provocation de la part du client.

Lyassine redécouvrit la ville d'El Eulma, anciennement Saint-Arnaut. Elle avait poussé dans tous les sens jusqu'à escalader les collines et dans le centre ville qui n'avait pas changé depuis l'époque coloniale, il y avait beaucoup de monde. Visages burinés, tannés par le soleil. Les anciens campagnards étaient venus habiter la ville et parmi eux, les paysans descendus de leurs montagnes pour commercer ou chercher un emploi qui déambulaient vêtus de leurs kachabias, la capuche pendante derrière leur tête. En ce milieu d'après midi, les femmes étaient nombreuses, têtes et corps recouverts par des habits amples, de temps à autre, des jeunes filles qui transcendent la norme, portent jupes ou pantalons, coexistence paisible, pacifique malgré le conservatisme ambiant, palpable dans l'air.

Après la sortie de la ville, la voiture de Lyassine prit la route de Djemila, anciennement Cuicul l'antique. Sur la route qui monte, ils avaient ignoré les enfants qui offraient poteries, lampes à huile en terre cuite et pièces de monnaie « millénaires ». « Elles ont été fabriquées par nos ancêtres », disaient les enfants marchands à qui voulait bien les croire.

Dans la lumière d'un ciel pur, Lyassine fixait les ruines posées au milieu de la verdure, délaissées par les hommes et qui étaient là indifférentes au temps qui passe. A gauche, des murs bas, leurs briques apparentes, ce qui restait d'anciens thermes ou de maisons ou de quelque temple. Plus loin, entourées par une herbe haute et vigoureuse, des colonnes majestueuses, millénaires, éternelles au pied des collines qui ondulent jusqu'au lointain horizon.

Aucune âme qui vive dans les alentours lorsque Lyassine stationna dans le parking désert. Nora à ses côtés, ils marchèrent sur des dalles usées, couvertes d'herbe, arrivèrent sur ce qui fut l'artère principale de Cuicul et là, dalles géantes parfaitement alignées, foulées il y a deux mille ans par les légions romaines victorieuses sur les troupes numides, les ancêtres des deux visiteurs. Rome si lointaine et si proche.

Nora découvrit Cuicul pour la première fois. Elle posa des questions, écouta les réponses de Lyassine qui l'avait convaincu de visiter « cette ville ancienne où ont vécu, il y a plus de deux mille ans, nos ancêtres ».

Nora lui dit :

Seuls au milieu des ruines, Lyassine lui demanda:

— Tu connais l'histoire de ces pierres ? Pourquoi elles sont là ? Qui les a mises là ?

— Notre pays a connu tellement d'envahisseurs, répondit Nora, incrédule. Je sais que nous sommes les descendants des Numides. On a fait la guerre à Carthage, à Rome, aux Phéniciens, aux Vandales ; les Arabes sont venus, ont fait de nous des Arabes, ensuite les Espagnols nous ont pris Oran mais pas pour longtemps, ensuite les Turcs sont venus puis les Français qui n'ont plus voulu repartir; on leur a fait la guerre : des centaines de milliers de morts de notre côté et beaucoup de destructions et de souffrances. Mon père a participé à cette guerre mais il est mort pauvre, sans le sou, souvent, je lisais dans ses yeux de la colère, parfois de la résignation, beaucoup de regrets aussi.

— Tu connais bien ton histoire Nora. Tout autour de nous, ce que tu vois c'est ce qui reste de bains publics, de temples et de greniers à blé. Les sièges en pierre, là près de toi, c'est leurs toilettes publiques. Oui, Nora, il y a deux mille ans, les Romains avaient des toilettes publiques! Un peu loin après cette allée, sur la colline, c'est l'arc du Cardo, l'autre, à droite, c'est l'arc de Caracalla. Derrière, il y a des colonnes en marbre ; c'est un peu loin mais tu peux les voir, c'est ce qui reste d'un ancien temple construit pour leurs dieux.

— J'ai appris que les Romains avaient créé un grand empire, ils ont conquis le monde, dit Nora qui regardait, impressionnée.

— Oui, leur orgueil était si fort qu'ils voulaient que leur civilisation ne s'oublie pas, qu'elle reste dans toutes les mémoires et pour l'éternité. La colonisation romaine a été très dure avec les peuples conquis. Les Romains crucifiaient, pendaient. Nos rois Jugurtha, Massinissa, Takfarinas ont été pourchassés et tués. Mais comme les autres colonisations, la colonisation romaine a apporté des choses...

— Et qu'est ce qu'ils ont apporté nos colonisateurs ? répondit vivement Nora, mécontente.

— Je ne sais pas..., une autre culture, une autre civilisation. On peut toujours apprendre des autres...

— Comme ils peuvent apprendre de nous, répondit Nora qui, au milieu des ruines, faisait attention où elle posait les pieds.

Lyassine avait repris :

— Les Romains ont gouverné un empire, ils ont édicté des lois, ils ont construit des aqueducs, ont fait venir l'eau de très loin, ils savaient cultiver la terre, construire des routes, de belles maisons, des palais, des temples...

— Les palais, les belles maisons et les mosquées, nous aussi on sait les construire et beaucoup mieux que les Romains ! Il y a El hamra (la rouge : l'Alhambra), des palais, il y en a à des milliers à Damas, à Kairouan, au Caire, en Asie Centrale, à Samarcande, à Tashkent, en Inde, en Chine. Nous avons les belles coupoles bleutées et les immenses esplanades de nos mosquées, il suffit de voyager pour les trouver...

— Je suis d'accord avec toi Nora mais je parlais de temps très anciens, il y a deux mille ans... La civilisation, la nôtre, l'arabo-musulmane, elle est venue mille ans plus tard !

Nora s'était éloignée, pas du tout convaincue ; elle s'était dirigée vers un buste en pierre posé à même le sol, la tête était intacte, les yeux grands ouverts comme s'ils étaient d'un être vivant, on attendrait qu'ils cillent.

Nora passa la main sur la pierre lisse du mur géant de l'Arc de Caracalla.

Elle se tourna vers Lyassine mais il n'était plus là, il s'était éloigné, s'était enfoncé dans les ruines ; de loin, elle le voyait regarder l'intérieur d'un puit puis reprendre sa marche ; il flânait, prenait son temps comme s'il venait de se transporter dans les temps anciens qu'il vivait intensément, s'imaginant, peut-être, que d'un moment à l'autre, un légionnaire romain, sa poitrine couverte d'une armure brillante et dans la main une grosse épée, allait surgir et venir à sa rencontre ou un patricien romain, altier et fier qui lui dira ce qu'il pense de la condition faite par sa Rome orgueilleuse, impériale et impérialiste à la colonie numide, peut-être, pour le quinquagénaire en visite dans les lieux où ont vécu ses ancêtres, espère-t-il rencontrer l'un des siens qui se lamentera, lui dira ce ce qu'il pense de la Rome, conquérante, impériale et impérialiste, maîtresse de sa terre.

— J'arrive ! avait crié Lyassine à Nora qui l'avait appelé. Les collines avaient renvoyé son écho qui ne s'était éteint qu'au bout d'un long moment après avoir voyagé à travers la campagne et les collines .

L'après midi était largement entamé ; le ciel était devenu plus sombre ; Nora et Lyassine étaient deux nains au milieu des ruines de Djemila, Cuicul, l'antique.

— Il se fait tard, il faut penser à partir, dit Nora tandis qu'elle escaladait les hautes marches d'un amphithéâtre intact, impressionnant qui avait gardé sa séduction d'antan malgré son vieil âge ; Nora se retournait de temps à autre pour s'assurer que Lyassine la suivait. Il montait les escaliers géants sans se presser, regardant à droite, à gauche, s'arrêta pour contempler l'immense campagne à ses pieds.

— Tu imagines les anciens assis en train de regarder la scène et les acteurs en contrebas, dit-il à Nora en arrivant à sa hauteur. Les Romains aimaient le théâtre. Les acteurs mettaient des masques pour exprimer leurs sentiments ; ils…

— Ah, bon, interrompit Nora, étonnée ; il y a beaucoup de sentiments humains, donc ils avaient beaucoup de masques.

— Oui, ils mettaient les masques de la jalousie, de la méchanceté, de la peur, de la haine, de l'envie, de la vengeance. Ils étaient convaincus que c'étaient les dieux qui décidaient du destin des hommes, qu'eux les humains n'étaient que des marionnettes entre leurs mains. Les Romains avaient un dieu de la guerre, une déesse de l'amour, un dieu du vin, en leur honneur, ils organisaient de grandes fêtes. C'était leur façon de les vénérer. En retour les humains demandaient la santé, les richesses, la gloire. Ils ne faisaient pas de sacrifices humains mais …

– Chez nous, on fait des sacrifices humains, interrompit Nora. Sans raison, les terroristes tuent d'autres hommes. Notre religion n'a jamais dit qu'il faut tué les innocents ; ils ont tué des femmes, des enfants, des nouveaux nés, des journalistes, des chanteurs, des fonctionnaires, sans raison, comme ça...

Lyassine regarda Nora, troublé. Elle venait de lui rappeler qu'il était dans un pays en guerre, qu'il est encore un fonctionnaire. Il pensa à son ami, Si Noury, à Lamine. Une peur diffuse l'avait envahi ; les révélations de sa cousine Akéla lui étaient venues à l'esprit et il pensa à sa sœur Guarmia et à sa fille mortes en bas âge, son fils Bylal était né six ans après la mort de sa petite sœur, idem pour lui après la mort de sa sœur Guarmia. Lui et sa famille seraient-ils maudits et damnés ? Une malédiction en raison de la cruche tombée des mains de sa mère ? Et ces deux tombes : les morts avaient son âge : 53 ans ; son père était mort aussi à cet âge. Lyassine se promit de parler à Nora de ces étranges coincidences ; pour le moment, elle marchait devant lui au milieu des vestiges du passé, absorbée par ce qu'elle voyait et découvrait. Lyassine fixa la belle peau brune de Nora, son cou long et gracieux, ses cheveux ramassés en chignon. Un désir brusque l'avait envahi ; il se sentit troublé, des idées folles assiégèrent sa tête puis un désir sauvage, animal. A l'instant, il aurait aimé la coucher Nora sur la terre de leurs ancêtres, la déshabiller, la posséder vite, rapidement, brutalement, prendre de sa force, de sa jeunesse pour déjouer, vaincre, annihiler la malédiction qui les poursuit lui et sa famille. Nora marchait, ne se doutait de rien, entourée des vestiges du passé.

Ils redescendirent l'escalier deux fois millénaire, laissèrent derrière eux les collines qui ondulent sans fin. Pour le retour, ils reprirent le même chemin. Lorsque les enfants faux- monnayeurs virent la voiture du quinquagénaire, sa jeune passagère à ses côtés, ils se précipitèrent. Le plus rapide avait devancé ses camarades et déjà, il collait son visage contre la vitre de Nora.

« Combien coûte cette lampe à huile ? lui demanda celle-ci, après avoir baissé sa vitre. A l'annonce du prix : « 500 dinars », Nora s' écria : « Mais c'est trop cher ! »...

– Combien vous me donner ? lui demanda l'enfant après avoir repris son bien. S'en était suivi un long marchandage.

La dernière offre de Nora : « 100 dinars ! ». Le ton de sa voix ne laissa aucune place à une autre concession.

– Non, je ne peux pas, dit l'enfant. Cette lampe à huile m'a coûté 150 dinars. Je vous la laisse à 180 dinars.

— Non, j'ai dit 100 dinars ! C'est mon dernier prix ! asséna Nora, son offre non négociable et une nouvelle fois, elle avait mis le ton.

— Bon, d'accord, prenez là, dit l'enfant, résigné. Un cœur tendre aurait pleuré sur sa détresse.

— Et l'emballage ! s'écria Nora. Ma lampe à huile, vous me la donnez comme ça !

L'enfant avait déjà bondi, avait rejoint une fillette de son âge restée à l'écart. Nora et Lyassine les virent regarder le fruit de leur vente. A leurs sourires, elle n'avait pas été à leur désavantage.

Lorsque la voiture était repartie, la nuit était tombée sur Cuicul. Se tournant vers Lyassine, Nora lui murmura : « ce souvenir ne me quittera plus. Je le garderai pour le restant de mes jours et toi, tu seras dans mon cœur pour le restant de ma vie ».

CHAPÎTRE 17

Lyassine était arrivé en milieu de l'après midi dans sa ville natale. Il n'avait pas reconnu l'ancienne Cirta ; si on lui avait dit qu'il s'était trompé de route, qu'il s'agissait d'une autre ville, il l'aurait crû volontiers. Des bâtiments à ne pas en finir avaient pris le dessus sur les collines et les bois, des ponts enjambaient des routes, une autoroute à double voie débouchait sur des faubourgs non loin du centre de la ville, enfin une foule disparate traversait la chaussée dans tous les sens en ignorant les passages pour piétons.

La place de La Brèche si grande, si immense autrefois, était là, mais méconnaissable : circulation chaotique, intense, bruyante, foule compacte, nombreuse, incertaine qui va, circulecomme elle peut.

L'hôtel éponyme du nom antique de la ville n'avait pas changé. Il avait gardé la façade pseudo-mauresque qu'avaient voulu ses concepteurs français. Lyassine n'avait pas trouvé facilement où stationner ; le seul parking près de l'hôtel était complet ; le gardien, débonnaire, en affichant un sourire désolé, lui lança : « je regrette monsieur, il n'y a plus de place, il y a trop de voitures dans cette ville ». Que faire pour Lyassine si ce n'est garer sa voiture le long du trottoir devant l'hôtel quitte à ralentir le flot de voitures qui descendaient vers le Bardo, un quartier, à l'époque, craint, on l'appelait « Chicago », c'était le quartier de la pègre . Quand le quinquagénaire en visite dans sa ville natale, poussa la porte à double battant de l'hôtel, Nora en retrait derrière lui, il avait à sa droite, un salon de coiffure, à l'intérieur quelques femmes, la tête sous le casque tandis que d'autres femmes, assises sagement ou un magazine dans les mains, attendaient patiemment leur tour, ensuite la réception, son comptoir copie conforme de celui de l'hôtel de Sétifis, c'est à dire sans prétention.

« L'hôtel est complet. C'est la seule chambre qui me reste. Une chambre avec un grand lit », déclara le réceptionniste à Lyassine, le ton d'un juge qui prononce une sentence de peine capitale .

Nora acquiesça de la tête lorsque Lyassine se tourna vers elle pour connaître son avis.

Dans le hall modeste de l'hôtel, de nouveau, pas de porteur.

«Il est congé », répondit le réceptionniste, son visage impasible. Trois étages à monter pour le couple qui venait d'arriver ce n'était pas son affaire. Comme l'ascenseur refusait de descendre du huitième étage, Lyassine prit sur lui de prendre la valise de sa compagne et la sienne malgré « mais Lyassine, c'est trop pour toi ! » de Nora.

La chambre n'était pas spacieuse. Le mobilier : armoire, commode, table et deux chaises, l'oeuvre des artisans locaux, à dire vrai, du beau travail d'ébénisterie, le bois savamment sculpté, un travail rare qui demande beaucoup de savoir faire et beaucoup de patience. En ouvrant la porte fenêtre que cachait un rideau rouge, lourd, épais, Nora découvrit la vieille ville : masse compacte de maisons basses aux murs décrépis, sur des terrasses du linge sèchait ; mais le plus étonnant, c'était le viaduc qui était là, à une centaine de mètres, long, impressionnant, sa trentaine d'arches s'enfonçant profondément dans les gorges de l'oued Rhummel qui coule en contrebas encastré entre de hautes falaises.

« Ta ville est belle. Quel spectacle ! j'ai rarement vu un pont pareil ! », dit Nora en se tournant vers Lyassine qui rangeait dans l'armoire ce que contenaient les deux valises.

Après que Nora eut enlevé les épaisses couvertures du grand lit, (les nuits ici sont fraîches), le couple s'allongea sur le drap blanc. Les yeux grands ouverts, regardant le plafond, Lyassine parla de sa ville, anciennement capitale des rois numides, les plus connus et les plus illustres : Massinissa et Jugurtha, apprit à Nora que l'historien romain Salluste avait écrit sur la résistance de Jugurtha à la Rome impérialiste un livre au titre éloquent : La lutte héroïque de Jugurtha, que savants, philosophes et artistes avaient séjourné dans « sa » ville, que Saint Augustin y venait, que les Arabes avaient aimé cette ville, avaient construit palais et mosquées, qu'après les Turcs, les Français l'avaient agrandie, faite sortir de son nid d'aigle en construisant ponts, passerelles et viaducs.

La fatigue fut la plus forte pour le quinquagénaire et la jeune fille. Deux jours sur la route ce n'était pas rien. Ils s'étaient tournés l'un vers l'autre, s'étaient longuement regardés, s'étaient embrassés, étreints, enfin s'étaient rassasiés l'un de l'autre.

Ses sens apaisés, Lyassine renoua avec sa ville natale. Visages, lieux et voix avaient surgi dans sa tête. Souvenirs de ses amis et de ses camarades du quartier et du lycée. Qu'étaient-ils devenus ? Etaient-ils en vie ? Ont-ils une vie heureuse ? Où vivaient t-ils ? Que faisaient-ils ? Se souviennent-ils de lui ? Un souvenir singulier s'était invité dans la tête du quinquagénaire. Elèves bruyants, indisciplinés : « Indigènes », « Européens » et « Israélites », ensemble dans la même classe, jetaient la craie contre le tableau noir, poussaient des cris d'oiseaux ; pourtant ce professeur, monsieur Fisher, venu de sa lointaine Alsace, était plein de bonne volonté, faisait de son mieux, enseignait bien, ne faisait aucune différence entre les élèves.

Ce maître, Lyassine l'aimait bien. Fisher ! quel nom prédestiné ! Le pauvre homme avait à faire à des poissons rebelles, récalcitrants et... ignorants. Le billet qu'il avez remis à Lyassine pour le récompenser de ses efforts, c'était quelque chose ! Pensez donc ! Assister à une représentation de la Comédie Française au théâtre de la ville qui trône, noble, aristocratique, Place de la Brèche. Pour l'adolescent, la découverte d'un monde nouveau, inconnu, magique : la salle plongée dans l'obscurité, les trois coups qui résonnent, le rideau qui se pousse de coté, la scène qui s'anime et là, des personnages habillés de drôles de costumes qui monologues, dialoguent, discourent, s'invectivent. Tiens donc ! On peut être amoureux d'une jeune fille tout en étant vieux, on peut être jaloux de son fils, on peut avoir de l'argent et priver sa famille, on marie sa fille contre son gré. « Pardi ! ça ne se passe pas que chez nous », avait songé l'adolescent Lyassine. Pendant toute la représentation, quelle magie ! Quel bonheur ! Souvenir impérissable. Lyassine le gardera pour le restant de ses jours.

Le lendemain, on était au mois de juin, on respirait l'air des vacances, sur la même place de la Brèche, des camions militaires étaient garés à la queue leu-leu, l'adolescent Lyassine passait par là. « Vos papiers et fissa ! », lui cria le soldat au regard peu amène, son fusil en bandoulière, ses vêtements amples, couleur kaki.

On était en temps de guerre, une guerre qui avait commencé six années plus tôt, le premier novembre 1954. Lyassine n'avait pas sur lui sa carte d'identité avec la mention : « français-musulman ». Il l'avait oubliée chez lui. Le militaire n'était pas content, avait fouillé méticuleusement «l'indigène ».

« Suivez- moi ! », lui ordonna-t-il. Direction un escalier, ensuite une grande terrasse inondée d'un soleil déjà chaud bien qu'on était en début de matinée, l'obligation faite à l'adolescent de s'asseoir à même le sol, les mains derrière la tête. Des dizaines d'autres « indigènes » étaient déjà là. Trois heures plus tard, le soleil était à son zénith, était devenu de plomb, un vrai soleil d'enfer. Lyassine n'avait pas cessé de regarder les doigts longs, décharnés d'un vieil homme assis devant lui qui brusquement pencha de côté puis se coucha sur le sol, le corps recroquevillé. Le militaire debout près du muret de la terrasse avait vu la scène. Il se précipita en lançant d'une voix haute, impatiente aux « indigènes » qu'on veant de rafler: « Poussez-vous ! Ecartez-vous, bon Dieu! Laissez donc-moi passer ! ». La masse humaine faisait de son mieux pour se pousser de côté et le laisser passer. Le militaire traîna le corps inanimé. Un autre militaire prit la relève, évacue le vieillard enveloppé dans sa kachabia de paysan qui était venu de sa lointaine mechta pour vendre quelques poules ou... quelques œufs.

Après que la nuit eut envahi la ville, Lyassine pensa à sa mère qui doit être folle d'inquiétude. Son autre fils avait été arrêté au début de la guerre et il ne lui restait que celui-là.

Un officier, ses trois barrettes de capitaine brillantes dans la nuit se montra sur la terrasse éclairée d'une applique posée sur le muret:

« Levez vous et fissa !»(faites-vite !), lança-il au troupeau humain privé d'eau et de nourriture depuis le matin. On s'était levé, on s'était ébroué, on avait mis de l'ordre dans ses habits, certaient avaient titubé, leurs jambes les portaient difficilement. L'adolescent Lyassine avait tenu bon ; il avait faim, il avait soif, il se sentait tout drôle, mais dans l'ensemble, il ne devait pas se plaindre par rapport à d'autres.

Après l'escalier, les raflés avaient été entassés dans des camions militaires. Lyassine écrasé, immobilisé, respirait difficilement mais arrivait à dégager sa tête, à regarder défiler les faubourgs de sa ville à travers la bâche entrouverte ; la campagne était plongée dans l'obscurité mais de temps à autre quelques lumières qui disparaissaient rapidement. Le ronronnement du moteur ajoutait à l'angoisse de l'adolescent qui pensait à sa mère ; à l'heure actuelle, elle devait être morte d'angoisse, durant toute la journée, elle l'a cherché dans les commissariats de la ville et à cette heure-ci, certainement, elle devait être au commandement militaire de la ville dans l'espoir de retrouver son fils.

Destination inconnue pour la file de camions militaires qui traversait la nuit épaisse ; dans la tête de chaque raflé, la ferme Améziane, ferme redoutée au nom sinistre où les « suspects » étaient torturés. On en parle en ville. Mieux vaut ne pas s'y trouver...

Quand les camions militaires s'étaient rangés dans la cour d'une ferme éclairée d'une lumière sinistre, on y était.

«Vérification d'identité ! », lança l'officier aux trois barrettes qui avait prestement sauté du siège avant du premier camion.

Un militaire du contingent avait fait longer à l'adolescent un couloir plongé dans l'obscurité ; au bout une pièce sombre, à gauche, des hommes cagoulés assis sur un banc, derrière une table, le dos contre un mur de grosses pierres.

Tous firent « non » de la tête lorsque l'adolescent passa devant eux. Quand il les avait dépassés, il entendit dans son dos : « Toi par là ! ». L'ordre avait été

aboyé sans aucune humanité. Il avait été lancé par un officier de police habillé
en civil connu dans la ville qui se tenait, debout, près de la table. Dans la tête
de Lyassine, l'ordre avait résonné comme le couperet d'une guillotine qui dé-
capite un condamné un mort.

Une heure plus tard , dans la cour, l'officier de police, sa « besogne » terminée, avait regardé, reconnu Lyassine. Il habite l'immeuble cossu : « La Dépêche de Constantine », du nom du journal de la ville. Lyassine est du quartier.
L'officier aux trois barettes était là, lui aussi, debout, jambes écartées, mains
derrière le dos. Dernier contrôle pour les raflés, ceux qui avaient échappé à
« la corvée de bois », c'est à dire à une mort certaine, et pour Lyassine.

« Lycéen », répondit-il à l'officier qui l'avait questionné sur ce qu'il faisait
dans la vie et Lyassine de lui montrer le talon du billet du théâtre qu'il avait
gardé précieusement dans son minuscule portefeuille.

« Fous- moi le camp d'ici ! et qu'on ne te retrouve pas sur notre chemin ! »,
lui lança l'officier et de lui donner un coup de pied dans l'arrière-train.

En quittant la ferme, ils n'étaient plus qu'une vingtaine d' « indigènes » à
regagner la Place de la Brèche. Il était près de minuit. La ville dormait ; pour
les « indigènes » dans la peur des arrestations de nuit et de « la corvée du
bois »…

D'autres réminescences, images floues, incertaines pour le quinquagénaire
qui n'arrivait pas à mettre un visage sur les noms dont il s'était souvenus ;
il chercha encore dans sa mémoire, ne trouva rien, ne restait plus rien si ce
n'est des images fugaces de sa mère qu'il avait tant aimé, de son frère, de son
père : éclats de voix, une porte qui se ferme violemment, des pleurs : images
vieillies, anciennes. Lyassine se tourna vers Nora comme si, en la regardant,
il retrouverait les moments heureux du passé. Elle ouvrit les yeux, lui sourit,
l'embrassa tandis que la rumeur de la ville filtrait des persiennes fermées. Pour
le quinquagénaire et la jeune fille, moments heureux, paisibles ; joie intérieure,
grande, intense.

Lyassine entendit sa compagne se lever et fermer derrière elle la porte de
la salle de bains ; bruit de l'eau qui coule sur le corps de la jeune fille, du rideau en plastique de la salle de bains qu'elle pousse de côté, du robinet qu'elle
ouvre. De retour, Nora s'allongea, se poussa contre Lyassine, écrasa sa poitrine
contre son dos. Une sensation que le quinquagénaire ressentit forte, unique,
elle était l'offrande d'une soirée d'automne.

Huit coups brefs à l'horloge du couloir. Lyassine se leva, fit de la lumière
dans la chambre.

« Ramène-moi une bouteille d'eau minérale », lui lança Nora, qui s'était mise sur son céans, avait ramené sur elle le drap blanc qui avait fait ressortir son beau teint ambré et rendue plus belle encore ; elle était rayonnante.

En descendant l'escalier dont, jadis, il ne voyait que les premières marches, Lyassine se souvint, qu'il imaginait l'intérieur de cet hôtel d'un luxe extraordinaire. A l'époque, il était hors de portée des « indigènes », exceptés les Zaouche et consorts. Trente six ans plus tard, l'hôtel Cirta n'avait plus de secrets pour lui.

Salle du restaurant vaste, murs hauts, nappes blanches sur les tables, couverts mis mais des clients, point ! En dépliant sa serviette bien repassée, luisante, le quinquagénaire pensa à l'Oued Rhummel en contrebas de la porte-fenêtre que cache le rideau haut, couleur rouge- vermeil, à ses déchaînements quand, l'hiver, les pluies faisaient gronder ses eaux qui venaient s'écraser contre les hautes parois des falaises dans un bruit assourdissant qu'on entendait jusqu'aux faubourgs de la ville.

Le serveur, âge mûr, cheveux blancs, portant l'habit de sa profession, interrompit Lyassine parti à la recherche des temps anciens.

Il lui présenta la carte, lui dit : «La cuisine va bientôt fermer. Une entre-côte grillée avec des pommes sautées et des petits pois, c'est ce que je vous conseille ; pour le dessert, une glace maison mais nous n'avons que fraise et vanille ».

Dîner gargantuesque pour le quinquagénaire qui retrouvait sa ville ? Non. Avant le plat principal, il s'était servi: salade verte, artichauts, olives, radis, tomates, fenouil, du chariot que lui avait ramené le serveur. Pour le plat principal, il avait opté pour …l'entrecôte, pour dessert : corbeille des fruits de saison : oranges, mandarines, pommes, dattes, dernier caprice pour Lyassine : une glace maison…, fraise et vanille.

« Non, pas de café », répondit Lyassine au serveur ; une vieille habitude à laquelle il ne dérogeait jamais.

Le bar qu'il retrouvait avait gardé son charme d'antan. Dans la pénombre, comptoir d'un beau bois brun, fauteuils profonds, en cuir, murs couleur de terre cuite, plantes d'intérieur le long des murs, bière fraîche, verre propre, service impeccable ; Lyassine heureux, paisible, préféra redécouvrir « sa » ville dans la lumière du jour, quand le soleil brille, les couleurs pleines de vigueur, éclatantes.

Ils furent réveillés par les bruits de la ville. Dans la salle du restaurant, le serveur de la veille les attendait. Petit déjeuner frugal : café et lait dans deux pots en inox, tranches de pain et croissants dans une assiette creuse, confiture et beurre dans deux sous tasses, jus d'orange frais, pressé ».

Les abords de l'hôtel regorgeaient de monde ; voitures, camions avancent lentement, péniblement pour se diriger vers le quartier du Bardo .

— La place de La Brèche où nous sommes, c'était difficile pour moi d'imaginer qu'il en existait plus grande, dit Lyassine à Nora qui marchait à côté de lui, regardait avidement.

— Mon Dieu, quelle foule ! Tous ces gens qui déambulent, ne font rien! Mais de quoi vivent-ils ?

— Le chômage Nora, le chômage ! Beaucoup vivent d'expédients. Un étranger, Tyler, m'a dit que plus de la moitié de notre population a moins de vingt ans et qu'on a beaucoup de chance. Tu parles !

— Et qu'est ce que tu lui as répondu ?

— Qu'on ne fait pas suffisamment pour les jeunes, qu'ils sont délaissés, qu'on n'encourage pas le tourisme, nos plages et nos côtes sont sales, la vie culturelle est au point mort , il n'y a plus de cinémas, on a dilapidé notre secteur des textiles et on préfère importer de la fripe et ce que fabriquent les autres. Ce Tyler ne voyait qu'un pays jeune, c'est plutôt le chômage qui attend nos jeunes !

Ils descendirent l'ancienne Rue Nationale, rebaptisée Larbi Ben M'Hidi, du nom d'un combattant contre la colonisation française, l'égal de Jugurtha. Pour le quinquagénaire, la large avenue, qui se perdait du côté du pont d'El Kantara, n'était plus qu' une rue étroite, insignifiante et les immeubles hauts qui touchaient le ciel, s'étaient réduits à quelques étages bien modestes et pour pouvoir circuler, Nora était obligée de quitter le trottoir, de marcher sur la chaussée, l'ancienne Rue Nationale engorgée, pleine de monde.

Arrivés en bas de la rue, Lyassine dit à Nora :

«Tu vois cet escalier ; il conduit à une placette qu'on ne voit pas. Elle est à gauche, elle est cachée par les maisons qui le longent. C'est dans l'un des petits immeubles qui entourent cette placette que je suis né. Durant dix-huit ans, mon quartier, c'était cette placette et la rue Ben M'hidi où nous nous trouvons.

«Viens ! », dit-il à Nora en la prenant par le bras. Ils descendirent l'escalier assez large et abrupt avec quelque difficulté surtout pour Nora qui regardait attentivement où elle mettait les pieds.

Les petits immeubles n'étaient plus là. Ils s'étaient écroulés, ne restaient que les murs derrière des monticules de terre solidifiée et ça et là, sachets noirs, éventrés, leurs détritus à l'air libre.

— Mais ta placette est minuscule ! Elle tient dans un mouchoir de poche !
S'étonna Nora.

Le quainquagénaire avait du mal à cacher sa déception et son amertume.
Les maisons qui donnaient, de l'autre côté, sur les gorges du Rhummel, à leur place, un mur, long, haut, aveugle, à côté des escaliers et une porte en fer fermée qui semblait condamnée. « Après cette porte, il y a un petit immeuble, c'est là que j'ai habité dix-huit ans, dit Lyassine à Nora qui le regarda, indulgente. Cette placette pour moi c'était un grand terrain et là, sur ce sol de pavés, on affrontait les équipes des autres quartiers. Crois-moi Nora, ça cognait dur, parfois jusqu'au sang. Le ballon en cuir usé on le rembourrait avec des chiffons…

Lyassine poursuivit tandis que Nora le regardait, désabusée mais attentive:
— A côté de cette porte, il y avait un escalier qui conduisait à un moulin. Son propriétaire était un Maltais. On l'appelait ainsi parce qu'on a jamais connu son nom. On le voyait peu, il vivait dans son moulin entouré de ses sacs de farine et de ses mulets. Parfois notre ballon s'égarait chez lui ; il nous le jetait par dessus la porte sans jamais se montrer. Une fois, il était sorti, furieux. On ne l'avait pas laissé faire sa sieste. Il était tout enfariné, on dirait qu'il sortait d'un sac de farine, on ne voyait que ses yeux ! D'habitude, il était gentil avec nous, « les yaouleds »(enfants des rues) car on pouvait être méchants, mais cette fois-ci, il était vraiment furieux, nous avait grondé, je crois même qu'il nous a insultés. Pour nous venger et le punir, on avait entravé sa porte avec une planche et durant une bonne partie de l'après midi, ni lui, ni ses mulets ne pouvaient sortir pour livrer la farine, nous, on jouait au ballon sur la placette comme si de rien n'était. C'était moi qui, en fin d'après midi, avais enlevé cette planche ; j'aimais bien regarder ses mulets zigzaguer dans l'escalier avec sur le dos des sacs de farine. Heureusement que pour ces pauvres bêtes, l'escalier était assez large. Allons Nora, c'est à nous maintenant de le prendre!

Après l'escalier, à leur droite, un bel immeuble, façade soignée, balcons vastes, aérés, sa douzaine d'étages donnant sur le Rue Ben M'hidi et regardant, de l'autre côté. les gorges du Rhummel. Dans le temps, Le rez-de-chaussée était occupé par le journal « La Dépêche de Constantine ». Enfant puis adolescent, Lyassine plaquait son visage contre la baie vitrée, regardait avidement les photos des actualités françaises et internationales. Les résultats de « la grande boucle », écrits à la main au stylo à bille sur une grande feuille blanche avaient sa préférence. Chaque fin d'après midi, il était là pour découvrir qui avait gagné l'étape du jour. Que de noms familiers : Bobet, Géminiani, Kubler, Bartali, Coppi…, et sur les photos, dans quelque col des Alpes ou des Pyrénées, Lyassine imaginait le calvaire de ces champions dans leur solitude face aux montagnes couvertes de brouillard, parfois leurs cimes se détachant contre un ciel bleu, limpide.

En se tournant vers sa jeune compagne, après avoir regardé à travers la vitre où il n'y avait plus aucune photo, il raconta :

— Le propriétaire de ce journal s'appelait Morel. On disait « monsieur Morel ». C'était un bel homme avec beaucoup de prestance, toujours habillé d'un costume sombre et à rayures. Lorsqu'il s'engouffrait dans sa Citroën noire à six cylindres, il ne daignait pas nous regarder, nous « les yaouleds ». Une seule fois, il m'avait bien fixé comme s'il voulait me dire quelque chose puis il s'était engouffré dans sa voiture en se mettant à l'arrière.

— Tu ne lui as jamais parlé, tu n'es jamais allé vers lui ? demanda Nora.

— Non ! Une barrière invisible nous séparait de lui, la même barrière qui séparait les « Indigènes » des « Européens » Les « yaouleds », sa femme les aimait bien. De son balcon, elle nous regardait jouer au ballon, c'était à se demander si elle ne voulait pas participer à nos joutes. Elle nous jetait les photos qui avaient été enlevées la veille de la vitrine du jopurnal été utilisées par le journal. Elles étaient en noir et blanc, lisses, glacées, elles étaient vraiment belles. On les regardait tourbillonner, elles restaient suspendues dans l'air comme si elles voulaient nous appâter puis tombaient sur nous. Il fallait voir la bagarre pour les ramasser ! Moi, Je n'étais pas débrouillard. Jamais, je n'ai ramassé plus de deux photos. Parfois je gagnais le gros lot. Une fois j'ai ramassé la photo de Fausto Coppi dans le col d'une montagne et du nageur Alain Batteux en plein effort pour gagner le championnat d'Europe du cent mètres nage libre; une autre fois, c'était la photo de Just Fontaine qui s'était distingué en 1958 à la coupe du monde de football en Suède. Il fallait voir comment j'étais heureux ! Elles sont restées collées sur les murs de ma chambre durant des semaines !

— Tu ne me parles que d'étrangers, les nôtres, « les indigènes » comme tu le dis si bien, étaient absents, n'existaient pas …

— Oui, il arrivait qu'il y ait des photos des nôtres. Je me souviens de Chérif Hamia qui avait disputé un combat avec Halimi, un « Israëlite » de notre pays mais pour lui, il était français, pour le titre de champion du monde des poids moyens et c'était Hamia qui avait gagné. Nous, « les Indigènes », nous étions contents, il ne nous manquait qu'à danser dans la rue. Il y avait aussi Zaaf, Kébaïli, de grands champions cyclistes. Zaaf, on l'appelait le casseur de baraque. Une fois, il était tombé et au lieu de pédaler vers l'arrivée, il a pédalé en direction du départ...

— Je n'ai jamais entendu parler ni de Zaaf, ni de Hamia, ni de Kebaïli, dit Nora, déçue.

— Nous sommes un peuple sans mémoire, Nora, ça tu dois le savoir Nora. On ne vit que dans l'immédiat et si on célèbre un homme ou un évènement, ce n'est jamais sans arrières- pensées. Ces grands champions sont morts, ils n'intéressent plus personne. Il y avait aussi , Nora, des acteurs de cinéma : Rita Hayworth, Tyrone Power. J'aimais bien Tyrone Power, je voulais lui ressembler, il était, beau, élégant.Je ..

Nora l'interrompit, sarcastique:

— Je te trouve quelque ressemblance avec lui...

— Il est mort jeune, plus jeune que moi...

— Toi, tu vas avoir une longue vie... Lyassine, s'il te plaît, ne me parle pas de mort...

Lyassine reprit comme s'il n'avait pas été interrompu :

— Dans cet immeuble habitait un officier de police. Sans lui, j'aurais été interrogé, passé la nuit dans une ferme, un lieu de torture, peut-être que je ne serai pas là en train de te parler...

— J'ai dit qu'on ne parle pas de mort !

Au bout de l'ancienne Rue Nationale, ils tournèrent à droite, s'engagèrent sur un pont qui relie le nid d'aigle du centre ville à la terre ferme. Ils s' arrêtèrent au milieu du pont pour se pencher par dessus le parapet et regarder les gorges de l'Oued Rhummel qui coulait en un mince filet d'eau deux cents mètres plus bas.

En se penchant, Nora s'était agrippée au parapet comme si elle craignait que quelque fou qui passerait par là, la précipiterait dans le vide et prendrait plaisir à la regarder s'écraser sur les rochers ou dans les eaux de l'oued en contrebas

— Mon Dieu, Lyassine, comment peux-tu regarder ces gorges ! Mon Dieu, ce vide ! S'était-elle exclamée, et de reculer, effrayée, en portant ses deux mains sur la poitrine .

— Mais non, regarde, rassura Lyassine qui avait avancé son buste par dessus le vide tout en se tenant fermement les barres du parapet. Il dit, le buste droit de nouveau :

— Tu vois à gauche, la falaise. Dans le temps, il y avait un sentier creusé dans la roche ; tu ne peux pas le voir, la végétation l'a fait disparaitre. Il y avait un bassin, tu ne le vois pas non plus, il a disparu ; c'était là que j'ai appris à nager. Maintenant regarde la passerelle au loin qui est suspendue dans le vide, en dessous, au fond des gorges, tu peux voir un bassin...

— Oui, je le vois à peine, son eau est verte et il n'y a personne.

— Les temps ont changé Nora. De la passerelle, on nous jetait de grosses pierres qui venaient s'écraser dans l'eau du bassin ; on les évitait en se réfugiant à l'intérieur d'une grotte qui jouxte le bassin ; tu ne peux pas la voir, elle est cachée par la paroi de la falaise.

— Vous alliez jusqu'à cet endroit, mais, c'est dangereux !...Ces falaises, ces gorges, ça me donne le vertige ! Et tu n'avais pas peur!

— Pas du tout ! J'étais convaincu que j'étais protégé...

— Ah, bon, et par qui et par quoi ?

— Par les djinns !

— Rien que ça!...

— Oui, j'ai bien dit les djinns, qui pour moi, vivaient dans ces gorges ; la nuit venue, ils sortaient, devenaient les maîtres de ces gorges, étaient gentils avec les gentils et méchants avec les méchants. Comme j'étais gentil, je descendais chaque soir pour donner à manger à des mendiants, alors j'étais un gentil donc ils me protégeaient. Nora, tu ne voulais pas parler de mort, mais je n'ai pas le choix. Tu dois le savoir. Du pont où nous sommes et des autres ponts et passerelles qui entourent la ville, des gens se jetaient dans le vide, c'était assez courant de voir un corps disloqué au fond des gorges...

— Mon Dieu, ils se suicidaient ! S'écria Nora, mais, c'est contraire à notre religion ! Pourquoi, les gens se suicidaient-ils ?

— Mais Nora, le chômage ! la misère ! le désespoir ! le mal-vivre ! A l'épo-que, trouver un travail c'était très difficile, il y avait aussi que le père voulait marier sa fille contre son gré ou parce que la fille vit cloîtrée, prisonnière de sa famille et des traditions ; il y avait des gens qui avaient des maladies incu-rables, d'autres qui ne pouvaient plus supporter l'existence misérable qu'ils menaient...

— Mais, pourquoi se tuer ? Il faut avoir la foi ! Il faut se battre ! Quand j'étais tombée enceinte, mes parents n'avaient pas voulu de moi, j'étais rejetée de partout, j'étais sans travail, je ne m'étais pas suicidée pour autant ! Les djinns dont tu parlais, ce sont les âmes des personnes qui s'étaient tuées et qui, la nuit venue, se lamentaient ; certainement qu'elles regrettaient leur geste. Dieu Seul peut enlever la vie qu'Il a donnée.

— Au milieu de la nuit, on entendait des cris qui me glaçaient le sang, le sommeil me venait très difficilement et ni moi, ni mon frère, ni mes parents n'ont jamais su qui poussait ces cris plaintifs, inhumains...

— Tu vivais dans une ville bien dangereuse. La mort était présente partout. Mon Dieu, moi qui ne voulait pas en parler, je suis bien servie ...

— Non, Nora. Constantine était « ma » ville ; je l'aimais bien et pour rien au monde, je ne l'aurais changé avec une autre ville si belle soit-elle. Dans le temps, on y venait pour étudier ou s'y réfugier, qu'on soit un nationaliste recherché par la police coloniale ou un bandit, chercher un travail, les gens faisaient les portefaix, n'importe quoi pour subsister, il y avait les suicides mais peu par à la grande misère mais les habitants avaient la foi en leur religion, aidaient, suivaient les enseignements du cheikh Abdelhamid Ben Badis, un et un grand lettré dont on parle jusqu'à maintenant ; sa piété et sa science ont franchi nos frontières...

— Mon père nous parlait de lui mais il nous disait qu'il n'a jamais mis en cause l'occupation française. Il voulait qu'on ait les mêmes droits que « les Européens », c'est tout.

— Non, ton père avait tort. Ben Badis faisait de la politique à sa façon. Il voulait préserver notre personnalité, garder notre religion et notre langue. Il ne voulait pas d'une assimilation qui aurait détruit ce qui faisait notre existence.

Nora n'avait pas répondu, elle se tournait de temps à autre pour regarder, fascinée, le vide abyssal.

Après le pont, le couple tourna à droite pour prendre un chemin étroit et goudronné ; à l'époque, des parterres de fleurs de pétunias, géraniums, magnolias, pivoines, œillets d'Inde l'entouraient ; ne restait qu'une végération éparse, sans soins, abandonnée. Seul le romarin bordait encore le chemin et en cette fin de matinée, comme dans les temps qui ne sont plus, il sentait bon. « On le cueillait pour le ramener à la maison ; on disait qu'il porte chance et apporte le bonheur », dit Lyassine à Nora et de pencher pour cueillir une tige qu'il lui offrit. Ravie, elle la sentit en fermant les yeux puis la mit dans son sac, heureuse

Au bout du chemin , l'esplanade du boulodrome où il faisait bon s'asseoir, discuter, jouer aux dominos était là mais déserte, sans vie, tables et chaises étaient inoccupées, les allées du boulodrome désertes, peut-être qu'en en début de soirée, on viendra, on s'assoiera, on jouera aux boules comme autrefois.

— Sur cette esplanade, « les Européens » ne dérogeaient pas à leur bal du samedi soir, apprit Lyassine à Nora. De la terrasse de mes parents, je les apercevais en train de danser au son d'un orchestre. C'était l'époque des Tino Rossi, François Deguelt, Luis Mariano, des Compagnons de la Chanson, de Dario Moréno, le cha-cha-cha, le pase-doble, la rumba, le tango étaient les grands favoris et j'aimais bien écouter cette musique. Pendant ce temps, il y avait la guerre, notre pays luttait pour sa libération...

— Je n'étais pas née, oberserva Nora, toute ouïe.

— La guerre était présente à Constantine. Je me rappelle l'assassinat du commissaire Marcielli. La vieille ville des « indigènes » avait été bouclée : répression aveugle, arrestations massives, des centaines de morts ; la police coloniale arrêtait, souvent, les « indigènes » ne revenaient pas des « interrogatoires ». Il y a eu l'assassinat d'un chanteur qui était connu, il s'appelait Raymond ; il n'était pas n'importe qui. Il était un maître du malouf, la musique traditionnelle de Constantine. Nous, « les indigènes », nous avons été étonnés par sa mort, il était comme l'un des nôtres, vivait parmi nous, c'était lui qui a appris cette musique aux Fergani, Dersouni, Berrach qui sont devenus célèbres et courtisés.

Nora écoutait patiemment, poliment. Le malouf, elle connaissait mais ce n'était pas cette musique qu'elle aimait. Malouf et Cheb Hasni incompatibles...

Le couple poussa plus loin, pénétra dans un bois d'eucalyptus géants, leurs branches denses, lourdes, croûlaient sous leur poids ; il n'y avait pas que cela : des détritus jonchaient le sol, l'aspect d'une décharge publique. Lyassine déçu ; on l'aurait poignardé, on n'aurait pas mieux fait, ses souvenirs piétinés, plus d'actualité ; les temps anciens où il se retrouvait dans ce bois avec d'autres enfants, jouant, fumant l'herbe extraite des eucalyptus qu'ils roulaient dans du papier cigarette les après-midi d'étés pendant que la ville faisait la sieste, ces temps là, disparus, pour toujours, enfouis par l'oubli, la négligence et le désintérêt.

Au milieu du bois, ils prirent un sentier qui descend vers un chemin qui surplombait la falaise et les gorges.

— Nora, arrête ! On ne peut pas aller plus loin ! s'écria Lyassine. Il faut remonter ! on peut glisser et s'écraser en bas des gorges ! Je ne vois plus le muret. La maison de mes parents, de l'autre côté des gorges, je ne la vois plus ! elle était contiguë à l'immeuble de La Dépêche de Constantine, à sa place, je ne vois qu'un vide ; ce n'est pas vrai ! ce n'est pas possible ! il n'y a plus rien ! Nora, je n'en crois pas mes yeux !...

Lyassine avait pâli, était désespéré. On venait de faire disparaître une partie de sa vie, la plus heureuse, la plus importante, celle à qui il tenait le plus.

Nora avait compris que son ami était malheureux, déçu, plein de ressentiment. Quand ils arrivèrent devant la gare, la statue géante n'avait pas bougé de sa place. L'Empereur Constantin continuait à regarder « sa » ville, un parchemin dans une main, les lois de l'Empire, et un sceptre dans l'autre main .

Nora s'était approché, avait levé la tête pour regarder les pans amples de la robe de Constantin et ses sandales antiques dont les lacets s'enroulaient jusqu'au milieu de son tibia.

Lyassine se devait de donner des explications. Il ne pouvait rester plus longtemps, silencieux, déçu et amer d'autant que Nora montrait de l'intérêt à la statue géante.

— Constantin a donné son nom à notre ville, dit-il, d'une voix lasse, basse, sans grande conviction. Il a reconstruit Cirta et l'a embellie. D'autres sont venus après lui. Les derniers en date, les Français ; il y a une plaque qui commémore leur prise de la ville qui dit : « Demain nous serons les maîtres de cette ville ou nous serons morts !».

— De qui est cette proclamation ? demanda Nora.

— Du Maréchal Lamoricière. Il n'est pas mort durant les combats mais des centaines de ses soldats et certains de ses généraux ont laissé la vie. Les Français se sont quand même emparés de la ville. De désespoir, beaucoup de ses habitants se sont jetés dans le vide ; à ce jour, en signe de de deuil, les habitantes de Constantine portent un habit noir, la mleya qui couvre tout le corps...

En racontant l'histoire de sa ville, Lyassine savait que dorénavant elle n'était plus tout à fait la sienne. La maison qui l'avait vu naître avait disparu, ses parents morts ainsi son frère. De cette ville, que lui restait-il ?... Seulement à visiter le cimetière où reposaient ses parents.

Comme il avait été convenu avec le réceptionniste de l'hôtel, le taxi était à l'heure. Il attendait devant la gare, derrière la statue de l'empereur romain.

— La valise de votre fille est dans la malle, dit le chauffeur.

En ouvrant la malle, il la montra à Lyassine qui, ainsi que Nora, n'avaient pas tenu compte de son coup de poignard bien involontaire.

— C'est bien ma valise, confirma Nora qui embrassa Lyassine. Avant de monter dans le taxi, elle lui dit : « mon oncle n'est venu ni à l'enterrement de son frère, ni pour le 40ème jour de sa mort. On ne comprend pas ses absences. Nous sommes inquiets. Mon oncle a toujours aimé son frère ; ils sont très proches. Quand on se reverra, je te raconterai ce que j'ai appris de ma visite chez lui.

— Nora, j'ai des choses à te dire...

— Lyassine, ce n'est pas le moment, je suis pressée ! A mon retour, nous parlerons de ce qui t'inquiète. Je sais, il y a cette cruche ! Moi aussi je suis préoccupée par ce qu'a dit Akéla.

— Mais quand va-t-on se revoir? S'inquiéta Lyassine.

— Omar te donnera de mes nouvelles. On se reverra, c'est sûr, au plus tard dans une semaine.

Nora lui fit un signe de la main avant que le taxi ne démarre.

Cette fois-ci, Lyassine avait ressenti comme une libération après le départ de Nora. Désormais, il pourra affronter seul la ville qui l'avait vu naître et qu'il aimait profondément. Pour le moment, elle le lui avait mal rendu.

CHAPITRE 18

La maison de la belle-famille de Lyassine a la particularité des anciennes maisons coloniales : un rez-de-chaussée et quelques pièces, dans le cas de celle-ci, quatre chambres, outre la cuisine et la salle de bains peu spacieuses ; à l'arrière, un jardin. Beaucoup de charme ce jardin avec ses pommiers, figuiers, poiriers, cerisiers et quelle que soit la saison, l'herbe y est toujours présente, la vigne, quant à elle, grimpait les murs, restait suspendue au dessus du sol, et l'été, quand la chaleur accable la ville, couvrait de son ombre tout le jardin, pourvoyant fraîcheur et bien-être.

Au moment où il allait sonner, Lyassine s'était souvenu de la cour assidue qu'il faisait à sa Samia. Avec la complicité de Loubna qui surveillait les retours du père ou du frère, elle réussissait à leur ménager des tête-à-tête amoureux dans le jardin et c'est sous un cerisier qu'ils s'étaient promis ce que se promettent les amoureux : s'aimer pour la vie et vivre le plus grand bonheur du monde. Après les formalités civiles et religieuses du mariage, Samia avait pris sa valise et emménagé avec son mari ; c'était aussi simple que cela. On avait critiqué, dit des méchancetés, « ça ne se fait pas qu'une femme déménage comme ça. Et la dot du mari ? et la fête ? et les cadeaux qu'on montre aux proches et aux invités ? ». Dans cette ville, les mariages, on les célèbre en grande pompe, l'occasion d'étaler son or, l'étalon de mesure de l'amour que porte le mari à sa femme et de la réussite sociale et gare à celle qui n'en a pas ! On plaindrait « la malheureuse » qui passerait pour une mal aimée, une laissée pour compte ; préserver les apparences, voilà l'essentiel alors « la malheureuse » empruntait des bijoux à la voisine, à des parentes ou à des inconnues. Sans eux, une femme, ici n'est rien et dans la famille, si ce n'est pas le père, c'est la mère qui exerce une autorité sans partage ; il, ou elle, n'hésite pas à faire divorcer le fils en disant de sa femme : «Elle sort beaucoup trop celle-ca ! Pour qui se prend-t-elle ? » Ou : «Pourquoi travaille-t-elle ? L'argent de notre fils suffit ! De son argent on n'en veut pas! Elle ferait mieux de s'occuper de son intérieur et de ses enfants ! ». Pour ne rien arranger au conservatisme ambiant, la gestion de la ville laissait à désirer. Des cercles d'intérêt intervenaient et rien ne se faisait sans leur consentement alors que la vieille ville croulait sous ses murs centenaires. Pour ne rein arranger, l'eau ne coulait qu'une ou deux fois par semaine. On la stockait dans les seaux, les jerricans, les baignoires. Beaucoup d'eau se perdait, les canalisations dataient de l'époque coloniale. Plus question de Cirta, plus question de Jugurtha, plus question de Massinissa, plus question du fabuleux héritage arabe et turc, plus de palais, plus de vestiges anciens. Quand Lyassine avait voulu visiter le palais du dernier bey de la ville, Salah Bey, il n'avait pu y accéder. On avait attribué à ce palais une fonction administrative comme s'il fallait faire table rase du passé. De la lointaine capitale, rien n'arrivait d'heureux comme si on voulait punir cette ville pour ses sautes d'humeur lesquelles, il est vrai, sont dévastatrices. Lorsque le carcan devenait trop étroit ou que la population est excédée par le mépris, l'indifférence et l'incompétence de ceux qui sont censés la gérer, alors la ville explosait, descendait dans la rue, « les jeunes » brûlaient voitures, bâtiments publics, pneus, tout ce qu'ils avaient devant eux, à l'exception des humains. Pour se venger d'un wali (préfet) particulièrement incompétent, les laissés pour compte avaient pillé son déménagement sur la route de la capitale où il avait été appelé pour exercer une autre fonction importante car il importait surtout de ne pas déstabiliser le « système » ... Les révoltes de Constantine avaient une particularité. Elles annonçaient des changements au niveau national qui marqueront l'histoire de ce pays à lui seul un continent.

Une autre particularité de cette ville. Constantine est nationaliste. Des politiques et des chefs militaires, elle en a produits aussi brillants les uns que les autres. Au lendemain de l'indépendance, en 1962, les plus brillants, ou les plus ambitieux, s'étaient dirigés vers la capitale qu'ils soient munis de diplômes ou non, pour prétendre à des destins nationaux et certains avaient réussi brillamment !

Après ses études secondaires, à l'âge de 18 ans, Lyassine avait fait de même. Il avait été admis au concours de l'Ecole Supérieure de l'Administration Publique qui venait d'ouvrir ses portes pour doter le pays de cadres dont il avait grand besoin. Sa scolarité fut normale, ses notes moyennes, il n'était ni médiocre, ni brillant et lors des partiels et des finaux, son nom figurait quasiment toujours au milieu de la liste établie par ordre de mérite.

La porte de la belle famille s'était ouverte pour le quinquagénaire en visite dans sa ville natale. Loubna surprise ; cette visite, elle ne l'attendait pas. Sa sœur n'avait pas réussi à la joindre par téléphone...

«Entre ! ça fait des années! » avait-elle lancé à Lyassine dans la porte.

Le salon qu'il redécouvrit avait peu changé. Dans la pénombre, la même armoire, le même canapé, la même bibliothèque. Les vieux rideaux jaunis par le soleil et usés par le temps n'avaient pas été remplacés ; lorsqu'il s'était assis, les ressorts du vieux canapé avaient gémi. Dans la bibliothèque, les livres semblaient s'ennuyer, bien rangés, bien sages. Depuis longtemps, ils n'avaient pas été ouverts.

– J'ai éprouvé un grand besoin de venir, se justifia le visiteur auprès de sa belle sœur, dit qu'il était heureux de revoir sa ville natale et la maison de ses beaux parents, que le cimetière n'avait pas changé. « L'allée centrale m'a semblé bien minuscule mais les magnifiques peupliers qui la bordent sont toujours magnifiques. Mais, Loubna, les tombes sont les unes sur les autres ! J'ai été obligé de les enjamber et parfois j'ai marché dessus ! Il n' y a pas d'allées qui les séparent ! on ne peut pas circuler ! mais qu'est ce qu'elle fait cette commune ? », avait tempêté Lyassine.

– Cela n'est rien ! il faut voir la vieille ville. Il n'y a pas de semaine sans qu'une maison ne s'écroule et depuis le début de la guerre civile les bidonvilles entourent la ville comme s'ils l'encerclaient. Les autorités ont construit une nouvelle ville près de l'aéroport mais ça n'a pas suffi. Les tombes de tes parents, tu les as trouvées ? demanda Loubna qui voulait changer de conversation.

– Je les ai trouvées, c'était comme si quelqu'un m'avait pris par la main et me les avait montrées. Le vieux Lakhdar m'a tout de suite reconnu ; c'est lui qui a enterré mon père, plus tard ma mère et mon frère, quand il m'a vu, il a dû se dire: « à quand ton tour, Lyassine ? C'est moi qui te mettrai sous terre, de cela tu peux être cerain ! ». Ce vieux Lakhdar m'a appris qu'il aura bientôt 90 ans ; il semble bien que la mort ne veut pas de lui puisque dans ce cimetière il la sert très bien!

– C'est lui qui s'occupe des tombes de tes parents…

– Je le sais Loubna, ma mère me l'a dit ; elle m'a parlé dans mon sommeil comme si elle était debout à mes côtés…

– Ça fait longtemps que tu n'es pas allé sur sa tombe. Les morts nous en veulent de les oubliés ; il s'agit de ta mère Lyassine ! Il faut venir plus souvent à Constantine. La mort peut nous séparer sans crier garde ; ce pauvre Si Noury qui aurait pu croire qu'il mourra assassiné. Quand Samia m'a appris la nouvelle j'ai été toute retournée. Il y a quelques jours, j'ai rencontré une vieille femme qui m'a raconté l'histoire de sa fille que les terroristes avaient égorgé parce que son mari est un membre des forces de sécuité ; les militaires ont trouve son bébé en train de têter son sang qui coulait de sa gorge et pas plus loin qu'hier, deux personnes ont été assassinées à Djebel Ouach. Ce lieu paradisiaque mérite bien maintenant, son nom : la montagne sauvage ! Je te le dis Lyassine, si on a apprivoisé la mort, on n'a pas apprivoisé la peur.

— J'ai évoqué ce lieu paradisiaque avec Nedjett...

— Il est devenu le rendez-vous des alcooliques, des drogués et des parias de la ville et dès que la nuit tombe, les terroristes s'y cachent.

A l'instant où Lyassine demanda après Rochdi, celui-ci parut dans la porte du salon. Il n'avait pas bonne mine, était pâle, tendu. « Pour une surprise, c'en est une ! » s'exclama-il en reconnaissant son tonton avant de se pencher sur lui pour l'embrasser. Le regard interrogateur de Lyassine l'incita à se confier :

— C'est à cause de mes beaux-parents qui m'exigent des meubles d'importation, un frigidaire de 260 litres, une télévision couleur « grand écran », et comme si le bijou en or que j'offre à leur fille à chacun de ses anniversaires ne suffisait pas, ils m'exigent pour le mariage, un collier, une bague et une ceinture sertie de pièces d'or ; ils savent pourtant que je ne suis pas riche.

— Loubna, tu te souviens comment j'ai épousé Samia...

— Mais Lyassine, de nos jours, aucune famille n'accepterait que leur fille emménage avec son mari avec sa seule valise ! Ça c'est le passé, les temps anciens. De nos jours, la jeune fille et sa famille veulent savoir si le prétendant a une bonne situation, de préférence, il doit être directeur de société nationale ou un riche importateur. Les filles ne veulent se marier qu'avec les hommes riches...

— Oui, les temps ont bien changé, regretta Lyassine qui, après avoir embrassé sa belle sœur et souhaité bonne chance à Rochdi, était reparti à la redécouverte de sa ville. Il était un pèlerin à qui ne manquait qu'une besace...

L'après midi, le temps s'était rafraîchi. Lyassine avait regretté d'avoir laissé son manteau à l'hôtel. Toujours, son imprévoyance...

Il commença par refaire le chemin de sa promenade avecAssia. Chaque fois qu'il retrouvait un lieu : la vitrine d'un magasin qu'ils avaient regardée ensemble, une rue qu'ils avaient empruntée, une place qu'ils avaient traversée, il s'efforça de revivre les instants magiques qu'il avait vécus avec Assia mais son imagination le trahissait, il n'était plus sûr de rien, seulement images fugaces et bribes de conversation, ne se souvenant que du sourire de l'adolescente quand elle s'était tournée vers lui au moment où il lui avait pris la main, mais le sourire était vague, flou, incertain. Pour se convaincre qu'Assia a bien existé, il alla devant son lycée, fixa longuement la façade de l'imposant bâtiment comme si, d'un moment à l'autre, elle allait lui apparaître, lui faire un signe de la main, il lirait sur ses lèvres qu'elle descendait pour le rejoindre. Mais d'Assia, point. Elle reposait dans le cimetière de la ville où il retourna. Lyassine monta, descendit les allées à la recherche de sa tombe ; plusieurs fois, il trébucha, faillit tomber, se pencha sur chaque tombe pour identifier le mort ou la morte ; souvent les noms et les dates de naissance et décès étaient effacées par les intempéries et l'oubli. Malgré ses recherches, Lyassine ne renonça pas ; il chercha encore et encore, monta, descendit les allées, circula entre les tombes, se pencha chaque fois sur elles. Las, fatigué, il alla renoncer quand il se souvint du vieux Lakhdar qu'il trouva assis à l'intérieur de son bureau, à l'entrée du cimetière ; il était en train de discuter avec un autre vieux.

« Non, je ne vois pas de qui vous parler , lui répondit-il. Non, je ne me souviens pas de cette morte. Vous me dites qu'elle est décédée après l'indépendance, vers 1964 ou 1965 dans un accident de voiture. Les registres sont à la mairie ; son nom doit être enregistré quelque part. Il y aussi qu'il n' y a plus de place dans ce cimetère ; on est obligé de déterrer les morts, de ramasser leurs os et de les mettre avec ceux d'un parent, du père ou de la mère, ou du frère ou de la sœur. C'est possible que ce soit le cas pour cette jeune fille. Plus personne ne veut être enterré trop loin. Près de la grande allée, il n'y a plus de place ».

En quittant le cimetière, Lyassine s'était demandé si Assia a vraiment existé, s'il l'avait connue, s'ils s'étaient promené, qu'ils s'étaient donné la main, qu'Assia était belle, qu'il l'aimait, qu'il était fasciné par ses cheveux roux et ses taches de rousseur.

En passant devant ce qui était devenu un parking, il avait maudit les destructeurs du Casino Municipal, s'était rappelé le père de Nedjett, Zaouche, mais, ce que voyait le quinquagénaire, c'était un nouveau pays, une nouvelle nation, une nouvelle population, de nouvelles générations avec leurs besoins propres, nouveaux, autres. Le monde de ses parents, du père de Nedjett, de Zaouche n'existait plus, disparu, enterré, plus de ce monde.

Lyassine prit le boulevard de l'abîme, en fait une route étroite et sinueuse qui avait été creusée dans la roche ; au dessus, des voûtes qui alternent avec le ciel qu'on peut voir en levant la tête. En mettant ses coudes sur le parapet, Lyassine avait à ses pieds une campagne vallonnée, verdoyante, au loin arbres, bois et une montagne pareille à une femme couchée sur le flanc qui regarde la ville sur son nid d'aigle.

Pour le visiteur, comment ignorer la placette Sidi Djelis où se trouve son ancienne école ? dans les temps anciens, elle portait le nom de Jules Ferry, un républicain français pur et dur qui voulait faire bénéficier « les indigènes des bienfaits et des lumières de la civilisation française ». Pour lui, il ne pouvait exister une autre civilisation, ou une autre culture. Pour les plus méritants des « indigènes », on avait ajouté à l'école primaire, « les cours complémentaires », au bout : le BEPC (brevet d'études de premier cycle), un précieux sésame pour trouver un emploi, être considéré, changer de statut social, bien qu'en définitif, on restait un « indigène », un sujet de la France, un sujet de « la Métropole ».

Lyassine retrouva la cour où il se mettait en rang avec ses petits camarades, jouait, le préau avec ses voûtes en fer forgé en dessous duquel les maîtres discutaient tout en surveillant les élèves ; les lieux n'avaient plus leurs dimensions d'antan mais ils avaient gardé leur grâce, leur charme, leur noblesse ; l'esprit du savoir y flottait toujours, régnait sur ces lieux modestes mais augustes ; Lyassine se souvint du respect des élèves « indigènes » pour les maîtres qu'ils vénéraient, aimaient, même si certains avaient des mots cruels , leur lançaient, le regard méchant alors qu'ils étaient sagement assis, les bras croisés:

«Que faites-vous ici ? Allez cirer les chaussures ! Allez vendre des cacahuètes ! Votre place n'est pas ici! ».

En effet, dehors, des « yaouleds » qui vendaient des cacahuètes et ciraient les chaussures, il y en avait et même beaucoup ! Ce sont eux qui prendront le maquis, combattront l'ordre colonial, feront renaître cette nation.

En quittant son ancienne école, Lyassine avait en tête, quand, enfant, sa mère l'envoyait chercher du petit lait de la place Sidi Djelis. Tôt le matin, des petits groupes se formaient autour du paysan venu de sa lointaine mechta (bourgade). De son outre en peau de chèvre, il tirait le petit lait qu'il versait équitablement dans les récipients en fer blanc posés devant lui. Son unité de mesure, c'était son coup d'œil infaillible. Lyassine n'avait jamais vu quelqu'un se plaindre tant les parts étaient égales. Mais ce que regardait Lyassine, ce qui le fascinait, c'étaient la kachabia élimée et les « chaussures » en peau de chèvre du campagnard qui étaient tenus par des lacets grossiers du même cuir ; la chaussure, la vraie, les « indigènes » des campagnes ne la découvriront plus tard, après l'indépendance nationale…

La nuit était tombée sur les souvenirs du visiteur ; « sa » ville s'était blottie, froide et mystérieuse. Bâtie sur un nid d'aigle, l'hiver les vents s'engouffraient, sifflaient sinistrement, dans les gorges de l'Oued Rhummel les eaux grondaient en se fracassant contre les parois des hautes falaises, le froid pénètrait jusqu'aux os, la neige assaillait les rues, restait quelques jours, une semaine exceptionnellement, disparaissait aussi vite qu'elle était venue.

Quand Lyassine déboucha sur une autre placette de la vieille ville, elle était éclairée par un lampadaire haut, solitaire, unique. Dans ses souvenirs, cette placette était vaste, bruyante, vibrante de vie et de lumière. En cette soirée sombre et froide d'automne, seules quelques silhouettes hâtaient le pas. On ne s'attardait pas si ce n'est pour entrer dans le restaurant que signalait la lumière jaune qui éclairait son entrée.

Dans le temps, Lyassine venait dans ce restaurant. Que de souvenirs ! Les clients étaient illettrés alors le garçon récitait la liste des plats, elle était longue, la débitait d'une voix monotone en regardant droit devant lui comme s'il lisait sur un prompteur. Avant d'entrer, Lyassine, enfant, et plus tard adolescent, avait déjà fait son choix mais il prenait plaisir à écouter l'annonce de chaque plat qu'il devinait extraordinairement bon, regrettait que son estomac fût si petit et surtout son escarcelle si modeste. Au restaurant Bendjelloul, on avait ce qu'on voulait, et ce n'était pas un slogan publicitaire : de la viande de bœuf, de mouton, d'agneau, poulet, dinde, caille, faisan, porc-épic, plats grillés ou en sauce, les ingrédients venaient des contrées les plus lointaines et les plus reculées. On déjeunait ou dînait après la vente de son bétail, ou d'une partie de son cheptel, ou de un ou deux de ses moutons, de sa paire de poules ou de quelques dizaines d'œufs. Des plats, il y en avait pour tous, pour toutes les bourses et pour tous les goûts. Tout le monde était le bienvenu au restaurant Bendjelloul pourvu qu'il paye, sauf les mendiants qu'on servait tard, en fin de soirée, et le soir seulement, dans une ruelle sombre derrière le restaurant avant qu'il ne ferme. Lyassine entra dans le restaurant, jeta un coup d'œil puis ressortit. Ce n'était pas qu'il n'avait pas faim, non, il trouva la salle du Restaurant Bendjelloul sombre, sans âme ; les clients penchés sur leurs assiettes, s'ils mangeaient de bon appétit, avalaient plus qu'ils ne goûtaient. Quelques mètres plus loin, en levant la tête, il avait devant lui le petit immeuble qui était là, immuable tel un roc. S'il défiait le temps, il était anonyme, oublié. Au premier étage, avant que le pays ne plonge dans une guerre longue et cruelle de 1954 à 1962 pour arracher sa liberté, il abritait le bureau des hommes de l'ombre, habitués à la lutte politique et familiers de « la guerre révolutionnaire », des arrestations de nuit et des « interrogatoires musclés ». C'était dans ce bureau qu'ils avaient parlé de la nécessité de la lutte armée puisque la France continuait à confiner les « indigènes » dans leur statut de « sujets ». Y venaient les militants de la première heure, ceux qui seront plus tard les chefs historiques de la révolution armée: Boudiaf, Bitat, Debaghine, Ben Boulaïd, Didouche Mourad, Zirout Youssef, et bien d'autres aussi méritants et hommes d'action les uns que les autres.

Au moment où Lyassine était entré, l'immeuble était plongé dans l'obscurité. Il chercha l'interrupteur mais ses doigts ne rencontrèrent que des fils électriques qui pendaient. Dans l'escalier plongé dans l'obscurité, il croisa un homme, son couffin à la main, certainement des achats de dernière minute. Lyassine s'était assis sur la dernière marche avant le palier du premier étage. De la lumière filtrait en dessous de la porte de droite. Jusqu'à l'âge de 9 ans, il venait dans ce qui est maintenant un appartement. A l'époque, c'était le bureau du parti politique PPA-MTLD de Messali-Hadj ; son frère en était un militant fervent, connu dans la ville de Constantine. Le dimanche, on confiait au « petit Lyassine » la vente du journal, au titre aussi ambitieux que prétentieux : « ALGERIE LIBRE ! ». Quand il accostait les siens, « les indigènes », certains lui lançaient : « Vous êtes des charlatans ! pire... des rêveurs ! Que faites-vous des chars, des avions de kamir (La puissance coloniale française). Elle vous écrasera et nous avec vous comme des poux ! ». Les « Européens » quand ils le voyaient, lui lançaient, l'œil méchant : « Vous misérables analphabètes d'indigènes, vous êtes capables de faire sortir la France de ses trois départements ? Allez ! foutez le camp! On devrez vous guillotiner pour moins que ça ».

D'autres souvenirs avaient surgi dans la tête de Lyassine : une nuit froide, l'hiver, la même nuit que celle qui venait de tomber sur « sa » ville et la même pluie qui dehors s'était mise à battre le pavé, les trottoirs et la façade de l'immeuble ; des godasses qui heurtaient violemment la porte du petit immeuble qui cède, la ruée de soldats coloniaux parachutistes qui étaient agiles, pressés, tenaient fermement leur mitraillette dans les mains, bruits de leurs godasses dans l'escalier, la porte de l'appartement où Lyassine habite avec sa mère et son frère Abdeslem qui cède.

« Abdeslem ! Abdeslem, nous cherchons Abdeslem ! », avait crié leur officier, un homme grand, galonné, visage d'homme de guerre, dans ses yeux l'habitude des arrestations de nuit. Lyassine n'oubliera jamais cette balafre qu'il avait sur la joue.

Les pleurs de la mère de Lyassine n'y firent rien et lui là, enfant, qui ne faisait que regarder, impuissant. Son frère tiré de son sommeil, traîné dans l'escalier, porte du petit immeuble qui se referme, vrombissements lointains du camion militaire qui emporte sa proie .

Absence de huit ans de Abdeslem qui passera par tous « les camps d'hébergement » de la colonie qu'était son pays: Aflou, Bossuet, Berrouaghia, Saint Leu et bien d'autres aussi sinistres les uns que les autres. Il avait frappé à la porte par un bel après midi de printemps, après le cessez-le-feu, le 19 mars 1962. C'était sa maman qui lui avait ouvert la porte. Il était pâle, hagard, avait terriblement maigri. Il n'avait pas dit un seul mot. Pendant les quelques mois qui lui restèrent à vivre, il balbutiait des phrases, parlait par bribes: « froid.., chaleur accablante…, vents du désert, …, tempêtes de neige ; ils ne nous laissaient pas dormir. Youssef, ils l'ont laissé mourir de froid ! », se mettait à pleurer comme un enfant. Il mourra, ironie du sort et cruauté de l'histoire, le 5 juillet 1962 alors que le pays célébrait dans la liesse l'indépendance retrouvée. Abdeslem emporteraa avec lui ses souffrances, les tortures et les humiliations qu'il avait subies et endurées. La mère de Lyassine avait tenu à ce que son enfant Lyassine poursuive ses études au « Collège Moderne » où, avec quelques autres élèves « indigènes » des cours complémentaires , il avait été admis. La guerre, ils la suivaient dans le bulletin d'information de Radio Alger de la mi-journée. Lyassine se souviendra toujours de la voix suave de la speakerine qui parlait « d'accrochages », de « 300, 400 rebelles tués », il avait pensé qu'à la fin de cette guerre, il ne restera plus personne des siens, « d'attentats à la bombe au cours desquels des femmes et des enfants ont péri », « de rebelles guillotinés avant l'aube » puis, sans transition aucune, la speakerine parlait de première à Alger d'une piéce de théâtre donnée par La Comédie Française » ou d'un concert des Jeunesses Musicales de France , ou de « vernissage de l'œuvre d'un jeune peintre de la Métropole »…

L'homme au couffin était revenu, avait tiré Lyassine de ses songes d'une nuit d'automne. En se relevant, le quinquagénaire s'était excusé et quand il fut dehors, la pluie qui battait le pavé, battit son visage ; comme dans la cour de son ancienne administration, après sa confrontation avec Ghoul, elle lui fit du bien.

Les rues de la ville étaient maintenant vides. Il se faisait tard. Plus personne dehors par ce froid et cette pluie qui ruisselle sur les trottoirs, la chaussée et les murs comme si elle faisait le siège de la ville de Constantine.

En descendant la Rue Nationale de son enfance, le quinquagénaire était un inconnu. On ne le regarda pas, on ne se posa pas de questions sur sa présence, on ne s'intéressa pas à cet homme trempé qui regarde, observe, interroge du regard. Les quelques clients attablés à l'intérieur du café près de l'escalier, qui mène au petit immeuble où il avait vécu jusqu'à l'âge de dix-huit ans, ne semblaient préoccupés que par le derby qui allait opposer, le lendemain, les deux équipes ennemies de la ville : le MOC et le CSC. Lorsqu'il était entré pour demander une limonade, les clients du café ne lui avaient accordé ni attention, ni importance.

Pourtant pour Lyassine, que de souvenirs ce café. Il écoutait avec passion, plaisir, les voix belles, suaves, ensorcelantes de Abdelwahab, Farid El Atrache, Ismahan, Oum Keltoum qui envahissaient le bas de la Rue Nationale. En cette soirée pluvieuse et triste, elles s'étaient tues, réduites au silence pourtant, elles chantaient l'amour, l'étreinte ardente, l'Orient, les villages au bord du Nil, évoquaient des filles belles, lascives, leur sourire éclatant, ensorceleur, leur cruche sur la tête. Lyassine aurait aimé que son ancienne rue s'anime, qu'une oasis baignée de soleil apparaisse et telles des djinns qui ont perdu la raison, des jeunes filles, les mêmes qu'évoquaient les chansons de son enfance, apparaîtraient, se mettraient à danser devant lui, le regarderaient, lui souriraient tourbillonneraient, l'une d'elles, la plus belle, en noyant son regard dans le sien, lui mettrait une écharpe autour du cou, le tirerait vers elle puis, dans un coup de cymbale magique, l'emporterait dans son lointain Orient.

Rien de tout cela n'arriva. L'âme en peine, Lyassine erra encore dans « sa » ville, s'aventura dans quelques ruelles sombres et silencieuses. Quand il retrouva la place de La Brèche, elle était déserte, son asphalte luisant de pluie sous la lumière jaune qui tombait des réverbères. Il regarda longuement le balcon du théâtre où « le Général », en visite dans la colonie rebelle avait prononcé son discours devant une foule déchainée, surexcitée, en délire. Il promit de rétablir l'ordre, de supprimer les inégalités « criantes et profondes entre les communautés », dit qu'il n' y aura plus de premier collège pour « les Européens » et de second collège pour « les indigènes », seulement des citoyens d'un seul et même pays unis à La France, égaux en droits et en devoirs (en devoirs, « les indigènes » l'étaient davantage que « les Européens »). A la fin de son discours, le Général de Gaulle avait levé les bras en V de la victoire, une clameur immense, sans fin, s'était élevée, était partie en direction des valons, des collines et de la montagne qui regarde la ville puis était revenue, écho dérisoire et inutile. Après le départ du « Général », la foule avait commencé à se disperser ; les plus nombreux, « les Européens », se dirigèrent vers les beaux quartiers de la haute ville, « les autres », « les indigènes », beaucoup moins nombreux, regagnèrent « leur » vieille ville. « Le discours historique » du Général de Gaulle n'avait rien changé. Il était arrivé trop tard. Les promesses, « les indigènes » en savaient quelque chose. En 1945, après la victoire des alliés sur le faschisme à laquelle ils avaient participé « bravement », (des dizaines des milliers des leurs étaient tombés sur les champs de bataille), voilà que le même Général de Gaulle, chef de la résistance française , qui leur avait promis l'égalité et la citoyenneté, certains des « indigènes » avaient même compris l'indépendance totale, fait de nouvelles promesses en cas de victoire. Cette fois ci, les « indigènes » n'étaient pas dupes. Ils n'avaient pas oublié les 45000 martyrs de Sétifis d'autant que pour quelques réformettes, « les Européens », en cette nouvelle guerre, avaient fait barrage, les Sérigny et autres avaient crié à la trahison, un haut et fort : « pas question ! Les indigènes resteront là où ils sont ! ». Quelque temps plus tard, après le discours du Général de Gaulle, le destin du pays avait basculé. « Les indigènes » étaient descendus dans la rue, avaient brandi des drapeaux verts et blancs frappés du croissant rouge qu'ils avaient confectionnés à la hâte. Lyassine, jeune lycéen, était présent dans ces manifestations qui défiaient l'ordre colonial français. L'histoire de son pays, il la vivait, participait à son écriture. Il ne la subissait plus. Comme Fabrice dans La Chartreuse de Parme, de Sendhal, avec les autres « yaouleds » de son quartier, il avait subi « son » baptème du feu : du haut de la Rue Nationale, les autos mitrailleuses de l'armée coloniale française tiraient : hommes, femmes, enfants s'écroulaient, fauchés. Il échappa de peu à la mort. Une mère de famille, touchée par une balle était tombée à ses côtés ; c'était lui qui l'avait allongée sur le sol, le sang coulait de la bouche de la mère de famille, ses yeux étaient révulsés. C'était la première fois que l'adolescent Lyassine voyait comment on pouvait mourir d'une balle de mitrailleuse en pleine poitrine. Les soldats qui avaient tiré sur la foule étaient un peu plus âgés que lui. Lyassine se rappela avoir crié à un soldat dans son char : « c'est ça la Révolution française ! C'est ça les Droits de l'Homme et du Citoyen ! C'est ça la Liberté ! ». Quelques semaines plus tôt, pur hasard, son professeur de français, un « Israëlite » du cru, lui avait donné à lire « Les Misérables » de Victor Hugo. Lyassine avait été peiné par la mort de Gavroche…

Lorsque le quinquagénaire arriva devant son hôtel, plus personne n'était dans la rue comme si quelque divinité maléfique avait fait de cette soirée du 28 novembre 1998 la plus triste de l'histoire de la ville et de ce fait devait être mentionnée dans les annales de la ville… si jamais elles venaient à être écrites.

Lyassine poussa sa « promenade » en direction du cinéma qui continue à porter le nom de « Cirta ». Le portail de l'entrée était cadenassé, fantomatique dans la lumière blafarde qui tombait de l'applique fixée au dessus, sur le mur. L'imagination avait été emprisonnée. Plus question d'images magiques, plus question d'Humphrey Bogart, plus question de Tarzan, de Jane, de Chita, plus question de « Corsaire Rouge », plus « d'Indiens » qui poursuivent les diligences au milieu de paysages immenses et « en technicolor », en brandissant leurs arcs et leurs flèches, plus de confrontation civilisationnelle entre « Les Peaux Rouges » et « les Visages Pâles », plus de trompette salvatrice de la cavalerie légère « américaine ». Et ce film dont Lyassine se souvint encore : L'Aube de l'Islam. Il avait frappé les esprits et fécondé les imaginations, un formidable ferment pour la révolution qui couvait avant qu'elle ne se mette en marche. Les « indigènes » retrouvaient leur identité, n'étaient plus les ancêtres des Gaulois contre lesquels, par ailleurs, ils n'avaient rien contre ; après tout Vercingétorix, comme Jugurtha et Massinissa, avait été un grand résistant ; bravement, courageusement, il avait fait face à la machine de guerre de l'ambitieuse et conquérante Rome. La projection de ce film, une bizarrerie de l'ordre colonial français. D'un côté, on réprimait toute sentiment national, de l'autre, on autorisait des films, car d'autres suivront, qui exaltaient le sentiment religieux et l'appartenance à une communauté bien définie et bien distincte, des « Européens ».

Fourbu, malheureux, Lyassine avait ressenti une profonde lassitude dans sa chambre. Lassitude des hommes, du passé, du temps qui court, broie, ne laisse que des cendres.

« Je n'aurais pas dû revenir sur le passé, s'était-il dit, après s'être allongé sur son lit. Il fallait le laisser en l'état, ne pas le remuer ; mes souvenirs, j'aurais dû les garder pour moi et rien que pour moi ». Le bonheur sur ce même lit avec Nora, Lyassine l'avait ressenti fort, profond, violent. Il aurait aimé le garder, le graver au fond de sa mémoire et de son âme mais, en cet instant, il l'avait ressenti dérisoire, sans importance. Avant de s'endormir, il pensa : « demain, je quitterai cette ville qui n'est plus la mienne. Mon destin est là-bas, dans la grande ville ». Comme s'il venait de se rappeler de quelque chose d'important, il se leva, ouvrit l'armoire, tira les quatre photos de sa veste ainsi que celle où il était avec Nora, à Sétifis, devant la statue de pierre. Longuement, il les regarda puis, sans raison, il pensa à la cruche qui s'était brisée en mille morceux, à sa sœur et à sa fille mortes en bas âge. Sa dernière pensée fut à l'arbre qui s'était effrité à ses pieds en un amas de cendre.

CHAPITRE 19

Lyassine avait dit à Samia, sa femme que leur ville natale avait beaucoup chan-gé, s'était agrandie, était devenue méconnaissable ; il avait parlé de ses visites à Loubna, au cimetière, à son ancien quartier mais s'était gardé de dire qu'il n'avait pas fait le voyage seul ou qu'il avait beaucoup pensé à Assia et bien d'autres choses encore.

« J'ai été déçu par ce voyage et je ne crois pas qu'il y aura une seconde fois», avait-il affirmé à sa femme.

Samia l'avait écouté, et pendant qu'il parlait elle le regardait intensément comme si elle s'efforçait de lire dans ses pensées, de découvrir ce qu'il lui cachait, peut-être qu'en ne le quittant pas des yeux, elle l'amenerait à tout raconter de son voyage sans rien omettre. Lyassine avait soutenu son regard. Il avait tenu, ferme.

— Ammy Saïd est venu te chercher ; il veut te voir, se résigna t-elle à lui annoncer. Votre mari sait où me trouver, m'a-t-il dit. Nous avons l'habitude de nous retrouver dans le bois près de chez moi. Le vieux fermier n'a pas été plus bavard ; il m'a semblé préoccupé.

Lyassine avait froncé les sourcils bien qu'il n'était pas surpris par l'incur-sion du vieux fermier chez lui. Il s'efforça de présenter un visage serein aussi naturel que possible à sa femme puis, au bout d'un long silence, il se décida à répondre :

— Je voulais rendre visite au professeur Ferhat avec le vieux Ammy Saïd. Un habitant de la cité a dû lui en parler, c'est tout. Je ne vois aucune autre raison à sa visite.

— Je ne crois pas que ce soit l'unique raison. Je te le répète, il avait l'air préoccupé. La voisine qui nous aide avec son téléphone, m'a dit qu'elle a vu des gendarmes revenir de chez lui. Peut-être que c'est à cause de son fils Lotfi?

Les mots «gendarmes » et « à cause de Lotfi », avaient résonné dans la tête de l'ancien chef de service comme si on lui venait de lui assainir un coup de pic sur la tête et ils étaient porteurs d'incertitudes et de menaces.

— C'est possible que ce soit à cause de son fils. Je sais que ses parents ne sont pas contents de lui. Ils me l'ont dit dernièrement. Samia, je n'ai pas d'autres explications à te donner.

Après un court silence, Lyassine ajouta: Peut être que c'est à cause de ses fréquentations..., ou de son travail , peut-être qu'il travaillte au noir, n'a pas le permis pour vendre fruits et légumes ; peut-être que cette activité est une couverture à des activités interdites. Je ne sais pas, moi !...

Samia, contrariée :

— Essaye de voir Ammy Saïd ! Son fils, je préfère que tu l'évites. Je ne sais pas mais ce garçon je ne l'aime pas. Je n'ai rien contre lui, mais c'est comme ça. Je ne peux pas l'expliquer.

En se levant, elle avait mis fin à la conversation. Elle avait quitté le salon pour aller dans « sa » cuisine, comme si, en ce lieu, elle serait mieux inspirée, trouverait la réponse à ses questionnements, verrait plus clair au sujet de la visite chez elle du vieux fermier. En mentalité paysanne, elle s'y connaissait. Son père, ses grands parents, ses aïeux avaient été paysans. Ce qui inquiétait Samia, c'était que si Ammy Saïd avait monté quatre étages et était venu frapper à sa porte en l'absence de son mari, c'est qu'il y avait une raison sérieuse, très sérieuse. Samia arriva à la conclusion que la visite du père de Lotfi ne présageait rien de bon.

Le lendemain de son retour de sa ville natale, la matinée s'écoula paisible pour le quinquagénaire. Il était libre de son temps, une sensation agréable qu'il savoura mais, lorsqu'il s'était accoudé au balcon de sa cuisine pour regarder les bâtiments de sa cité et plus loin les collines, une agitation s'était emparée de sa tête. «Que vais-je faire du restant de mes jours ? s'était-il demandé. Il faut les occuper et ne pas recommencer l'expérience pénible de l'oisiveté. Il faut me trouver une occupation, et au plus vite ! ». Le quinquagénaire pensa à Nora, à leur voyage à Constantine, au restaurant sur la route où ils avaient déjeuné, à leur promenade dans les ruines de Cuicul. Chaque fois qu'il voulait penser à autre chose, c'était à elle qu'il pensait. A l'idée de la revoir, il avait esquissé un sourire, s'était vu en train de se promener avec elle, de lui prendre la main, de la garder, s'était souvenu de sa poitrine qui s'était écrasée contre son dos et en regardant les collines au loin, il avait regretté qu'elle ne fusse pas avec lui, à ses côtés. Avant de quitter le balcon, sa dernière pensée fut d'aller avec elle du côté des cerisiers en fleurs. « Nous nous coucherons sur un lit de pétales blancs et nous regarderons les nuages marcher lentement dans le ciel ensuite, nous nous tournerons l'un vers l'autre et nous nous embrasserons, passionnément puis nous dévalerons la colline en se tenant par la main. Notre prochain voyage, on le fera dans le Sud, dans notre magnifique et immense Sahara. Nora aime, j'en suis sûr, les grandes dunes qui sont aussi brunes que sa peau et sont chaudes comme l'est son corps ».

En allant dans la cuisine où se trouvait sa femme, les pensées du quinquagénaire avaient cessé de vagabonder. Dans « sa » cuisine, Samia régnait, sans partage. Comme si elle voulait signifier qu'elle n'ignorait rien des pensées infidèles de son mari, elle était là, debout, grande, occupant beaucoup d'espace, sur son visage de la détermination, et si elle avait pris des rondeurs, ses gestes étaient restés vifs, comme si, pressentant le danger, elle signifiait à son quinquagénaire de mari qu'elle dresserait des obstacles, mieux qu'elle serait l'obstacle à ses infidélités et à ses vélléités de se passer d'elle. Lui cacherait-il des choses ? « Non, il n'y a pas que la visite de Ammy Saïd. Lyassine a autre chose en tête », avait-elle songé. En le fixant intensément de ses yeux devenus sombres, elle lui disait qu'il devait garder les pieds sur terre, qu'il avait des obligations envers elle et envers son fils Bylal, qu'il ne s'en tirerait pas aussi facilement même si, dans le livret de famille, il a droit à quatre femmes...

Elle lui avait remis un bout de papier écrit d'une main ferme. Lyassine n'avait rien dit. Il s'agissait de la liste des achats pour la semaine. Faire le marché, c'était ce que Lyassine appréhendait le plus. Chaque fois, il se faisait détrousser bien qu'il arrivait devant les étals en montrant qu'il s'y connaissait, qu'on ne le roulera pas. Il regardait, tâtait, palpait, demandait le prix, marchandait, achetait, mais au final il savait qu'il avait payé plus cher qu'un autre client.

Libre de son temps, Lyassine ne pouvait dire non à sa femme. Ne traîne-t-il pas dans l'appartement toute la journée et dans « sa »cuisine, ne prend-t-il pas trop de place ?

Après avoir ouvert la fenêtre de son salon et regarder le ciel, Lyassine était heureux que la journée s'annonce belle, sans nuages. Il pensa aller en ville, se promener, regarder les vitrines, peut-être retourner au jardin botanique, rester une heure ou deux, s'asseoir sur le rebord du grand bassin comme il l'avait fait avec Nora ou sur la terrasse du café de Bab El Oued en face de la mer, ensuite regarder, admirer la mer en s'accoudant au parapet.

En sortant de chez lui, il eut une pensée tendre pour la voisine d'en face qui l'aide avec son téléphone. Ni lui, ni Samia ne lui avaient jamais rien offert.

« En ville, je lui achèterai une bouteille de parfum. Samia la lui donnera ». Sur le palier d'en dessous, il entendit le requiem de Mozart. A l'étage inférieur, il huma une bonne odeur de cuisine qui sortait de chez la méchante, il aurait aimé partagé avec elle et son mari leur déjeuner, mais jamais il n'oserait le leur demander. Samia le saurait ; elle serait jalouse qu'il préfère une autre cuisine à la sienne. Le palier du premier étage était inondé d'une forte odeur de cous-cous qui sortait de chez le vieux couple comme s'il avait décidé d'inviter la cité entière à un banquet entre amis. Arrivé au rez-de-chaussée, Lyassine avait ressenti une immense satisfaction à la pensée que Walid et sa famille avaient réussi à échapper aux terroristes qui exécutent toujours leurs sentences quel que soit la protection autour de leur victime . Les locataires du 5ème et 6ème étages se rappelèrent à son bon souvenir lorsqu'il fut devant le portail de son bâtiment. Il se promit de faire le premier pas, les saluera dans l'escalier ou dehors n'ayant jamais compris pourquoi ils vivaient à l'écart, n'adressaient la parole à personne.

Au lieu d'aller au marché, il opta pour le bois en contrebas de sa cité, peut-être trouvera-t-il le vieux Ammy Saïd en train de ramasser du bois et lui demandera les raisons de sa visite. Ce sera l'occasion d'expliquer au vieux fermier pourquoi il est allé au commissariat central, pourquoi il a parlé de son fils Lotfi, dira que ses intentions étaient bonnes car, s'était dit Lyassine, s'il est venu me chercher à la maison , c'est qu'il doit être au courant de mon passage au commissariat central. Pourtant je n'en ai parlé à personne... ».

Lyassine était heureux de se diriger vers la campagne. La nature était plus belle, l'herbe plus verte, plus dense, plus haute que d'habitude ; pas de ronces, pas de chardons, rien que de la belle herbe et rien que de belles fleurs : coque-licots, lilas, colchiques. Dans la campagne étincelante de lumière, les arbres le regardaient, à son passage, leurs feuilles avaient frémi, un vent léger, chaud s'était mis à souffler. Sans raison, l'image de la forêt privée de vie avait émergé dans la tête de Lyassine, il pensa à la clairière, en fait un tombeau, celle qu'il avait entrevue comme dans un songe. « Mais c'est la clairière vers laquelle je me dirige ! c'est là que j'ai rencontré Ammy Saïd ! et dire que je n'y ai jamais pensé ! ». La voix nostalgique de l'imam s'était faite entendre. Elle venait de la mosquée du village, s'engouffrait dans les vallons, passait sur les collines, disait que l'homme n'est rien, que l'au-delà était tout, que la vie n'est qu'illusions et chimères, l'au-delà félicité, éternité, le Tout-puissant généreux et miséricor-dieux. L'appel à la prière que lançait l'imam, Lyassine l'écouta intensément ; il se promit que vendredi prochain, sans faute, il s'agenouillera, rejoindra les rangs des autres fidèles, fera sa prière et n'ira plus, ce jour là, ni dans les collines, ni se promener dans sa cité.

Alors qu'il cheminait sur les sentiers, la voix de l'imam était devenue plus forte, elle s'adressait à lui et à lui uniquement. A l'orée du bois, elle s'arrêta, brusquement. La clairière était maintenant là, devant lui ; il eut la confirmation qu'il s'agissait bien de la clairière à la clarté lunaire ; Lyassine aperçut sur le versant de colline, la ferme de Ammy Saïd et là, autre surprise pour lui. Le tableau, qu'il avait vu et aimé dans le bureau de son ami Si Noury, était la reproduction fidèle de ce paysage et lui, là, debout, comme s'il en était le centre de gravité. Il était plongé dans ses pensées quand il sentit comme une présence derrière lui. Il se retourna. Personne. « C'est sûrement ce vent tiède qui fait bouger les feuilles des arbres », s'était-il dit puis il entendit un craquement sec, le bruit que ferait une branche qu'on casserait en deux ; les oiseaux, surpris, s'étaient envolés, effrayés : envol bruyant et piaillements d'une peur panique, Lyassine l'entendit mais il venait de loin, de très loin ; il voulut porter la main à la nuque, là où il avait senti une brûlure et le liquide chaud et épais couler sur son cou mais son bras refusa de lui obéir. Sous le poids de son corps, il mit un genou à terre puis, l'autre genou, sa tête s'était mise à se strier d'éclairs, on dirait une ampoule défectueuse ou mal vissée qui s'allumait et s'éteignait à une vitesse vertigineuse. Il voulut se relever mais malgré lui, il s'allongea de tout son long sur le sol sec de la clairière, ressentant un immense bien être, le même que celui sur la colline des cerisiers en fleurs. Comme dans un film muet, des images commencèrent à défiler dans sa tête : une plage dans la lumière éclatante d'un été chaud et brûlant ; sa fille morte vient vers lui en courant. Elle avait grandi, avait une dizaine d'années. « Mais Shems est morte depuis bien longtemps, j'ai oublié jusqu'à son visage. Mais que fait-elle ici ? », s'était-il dit. « Papa ! Papa ! Criait-elle. J'ai besoin de toi, rejoins-moi! ». Elle pleurait, était malheureuse, de grosses larmes coulaient sur ses joues puis ce fut le tour de son père qu'il avait oublié ; Lyassine n'avait que treize ans lors de son décès. « C'est la faute à ta mère ! lui dit-il, en colère. Elle a laissé la cruche lui tomber des mains ! C'est du sang qui s'est répandu ! A cause de ta maman, ta sœur Guarmia est morte ; nous avons attendu six ans avant que tu ne naisses ! ». Lyassine aurait aimé répondre mais restait muet, rien ne sortait de sa bouche et il en fut très malheureux. Il aurait aimé revoir sa mère, lui demander des explications, il s'était seulement rappelé ses paroles : « c'est de la faute de ton père! Il n'a pas compris que ton frère avait besoin de cet argent pour que notre pays renaisse de ses cendres, reprenne sa place dans le concert des nations !

Ton père n'a rien compris ! ». Lyassine se regarda monter la Rue Nationale de son enfance; image claire, précise, et voilà Assia qui apparaît, vient vers lui, il la croise, elle lui sourit, taches de rousseur sur son visage, ses cheveux roux brillaient mais elle était pâle, très pâle.

Lyassine voulut se relever, quitter la clairière, essaya de faire bouger ses membres. En vain. Il en fut très malheureux, eut envie de pleurer, d'appeler au secours. Nouvelles images qui émergèrent, défilèrent dans sa tête : le jardin de son enfance avait repris vie, s'était animé ; les fleurs étaient revenues ; elles étaient belles, éclatantes de couleurs puis le son nostalgique d'une flute de roseau s'était élevé ; c'était ce qu'il écoutait de la terrasse de l'appartement de ses parents quand Constantine faisait la sieste accablée par la canicule de ses étés et par un soleil implacable qui règnait en maître. Les cinq photos, qu'il avait regardées dans sa chambre d'hôtel à Constantine, avaient pris vie l'une après l'autre et chaque fois, c'était durant le mois d'août, le mois de ses vacances avec Samia et son fils Bylal ; le spectacle qu'il regardait l'avait attendri. Ensemble, ils riaient, étaient heureux puis, sans transition, il vit son fils Bylal qui marchait seul à l'avant d'un cortège funèbre ; il était digne, portait un costume sombre. Lyassine s'entendit dire : « C'est mon enterrement, c'est celui-là même que j'ai vu à mon retour de chez Si Noury, mais enfin, pourquoi, je n'arrive pas à me relever, ma tête qui me fait mal ». Maintenant, c'était le tour de Mehdi, Nadia, Walid et Si Noury de lui apparaître ; ils étaient assis autour d'un grand plateau en argent ; Lyassine reconnut ce plateau de suite ; c'était celui que lui avait offert sa mère pour son mariage et qui se trouve dans la pièce qu'ils utilisent peu avec sa femme. Ses amis attendaient qu'on leur serve un couscous royal, exceptionnel ; ils riaient, étaient heureux, comme peuvent l'être des amis entre eux ; rires francs, affectueux mais au fur et à mesure que le temps passait, les rires devenaient bizarres. De la cuisine rien ne venait. Les rires étaient maintenant franchement sarcastiques. Si Noury s'était levé, était venu vers lui. Le ton amical, celui qu'il lui a toujours connu, il lui dit :

« Ne t'en fais pas Lyassine. Si tu n'as jamais construit ta villa, c'est malgré toi. Moi aussi je n'ai jamais écrit mon livre sur les peintres de notre pays. Le temps nous a manqué. Nos assassins en ont décidé autrement. Ils ne savent que détruire, brûler et tuer.

Après Si Noury, c'était au tour de Mehdi et de Walid de se lever. L'industriel et le syndicaliste, ensemble. Lyassine trouva ce couplage étrange et contre-nature. Ils n'étaient pas du tout contents et ils le lui faisaient savoir d'une voix méchante. « Tu nous as fait venir pour rien! Jamais donc on ne mangera ce couscous! Tu n'es pas un homme de parole ! Ta villa, tu ne l'as jamais construite ! ». Mais ce qui avait fait forte impression sur Lyassine, c'était que Tyler et Georgis étaient là, assis à l'écart sur la terrasse de son appartement ; ils étaient en tenue de gala, portaient smoking et nœud de papillon, Akéla et son mari étaient assis à leurs côtés ; Akéla portait une belle tenue traditionnelle aux couleurs vives, belles, son mari avait les yeux cernés, serrait les dents, était très en colère, très mécontent, une immense déception se lisait sur son visage, tous le fixaient sans dire un mot comme s'ils avaient perdu l'usage de la parole. « Nora, je ne l'ai pas vue. On devait se rendre au Sahara » , s'était dit Lyassine. Déçu, il aurait aimé se lever mais ses efforts restèrent vains . Comme après un baisser de rideau, la nuit s'était faite. Venant de très loin, il entendit le cri d'un enfant puis un vrombissement de moteur puis, plus rien. Longue attente pour lui dans le noir absolu puis il sentit des bras le soulever.

Le coup de feu avait été entendu de loin. Son écho était parvenu jusqu'à la cité. On s'était interrogé sur les raisons de cette détonation ; Samia, elle, regardait les images de la lointaine révolte des pierres, en Palestine. Sur l'écran, il y avait beaucoup de détonations et on tirait ferme.

— Non, je n'ai rien entendu, répondit-elle à sa voisine d'en face qui était venue frapper à sa porte.

— Peut-être que c'est une voiture dont le moteur a des ratés, pourtant, il m'a semblé qu'il s'agissait bien d'un coup de feu, reprit celle-ci.

Lorsque Samia reprit sa place dans son fauteuil, la chaîne étrangère montrait un combat de sumo dans le lointain Japon. «Lyassine a tardé, avait-elle pensé. Au lieu d'aller au marché, il est certainement allé voir le vieux Ammy Saïd…

L'attente de l'épouse perdura. Quand elle entendit les sirènes d'une ambulance puis les notes discordantes du klaxon d'une voiture de police, elle ne s'en était pas inquiétée, elle continuait à regarder les deux lutteurs qui s'efforçaient de se prendre à bras le corps pour faire mordre la poussière à l'adversaire.

Deux heures depuis que Lyassine était parti. Lorsque Samia inquiète frappa à la porte de sa voisine, c'est le fils de celle-ci qui lui ouvrit.

«Maman, est en bas ; il y a beaucoup de monde devant notre bâtiment ; il s'est passé certainement quelque chose de grave », lui dit-il.

Samia était rentrée chez elle, s'était remise à regarder le combat de sumo en fixant l'arbitre habillé du costume de ses ancêtres tandis que les deux adversaires se mettaient en place avant de s'empoigner à son signal.

En regardant les images vernues de loin, Samia en voulut à la curiosité de ses voisins. Elle pensa à la méchante du 2ème étage qui devait se délecter du spectacle de ce qui s'était passé et de ce qui se racontait. « Toujours cette manie des habitants de cette cité à s'occuper des affaires des autres, à s'attrouper pour n'importe quoi et à palabrer des heures au sujet de n'importe quoi ! », s'était-elle dit à haute voix comme si elle parlait à une personne assise à ses côtés dans le fauteuil qu'occupait habituellement son mari.

Si l'épouse du quinquagénaire, anciennement chef de service, s'était donnée la peine d'ouvrir la fenêtre de son salon et de regarder en bas de son immeuble, elle verrait ce que sont en train de voir « les curieux » : Ramené du bois, un homme, la cinquantaine, cheveux gris, clairsemés, était porté sur une civière à travers la campagne. Sur son corps, ni drap, ni couverture. Il semblait regarder le ciel d'un bleu pur, il était bercé par la marche vigoureuse de quatre hommes habillés en blanc qui portaient la civière. Arrivés au niveau de la cité, ils avaient poussé celle-ci à l'intérieur de l'ambulance avant de refermer bruyamment la portière arrière frappée d'un croissant rouge. Le bruit s'était arrêté devant la fenêtre fermée du salon de Samia. Si elle l'avait laissée ouverte, elle aurait entendu l'un de ses voisins lancer : «C'est le fonctionnaire qui habite au quatrième étage du bâtiment 15, cage C ! Je l'ai reconnu ! Il n'a pas beaucoup de cheveux sur le tête. Je l'ai vu se diriger vers les collines ; oui, c'est lui, j'en suis sûr, c'est monsieur Lyassine ! »...

«Il y va tout le temps ! on se demande ce qu'il peut bien faire tout seul au milieu des arbres !», avait répondu un autre voisin.

«Mais enfin, il est libre ! il a droit d'aller où il veut ! », rétorqua le jardinier à ses heures qui lui aussi était là devant le bâtiment de Lyassine. L'ambulance suivie de la voiture de la police repartirent dans un tintamare de tous les diables suivies d'enfants qui couraient derrière elles en s'efforçant de toucher la portière arrière de l'ambulance.

Quand Samia apprit la mort de son mari en milieu d'après midi, ni ses pleurs, ni ses cris ne lui furent d'un quelconque secours. Au début, elle s'était contentée d'écouter le chef de la section de la gendarmerie du village, ne réalisant pas tout de suite ce que voulait dire l'homme à l'uniforme vert-olive planté devant sa porte. C'était seulement au moment où elle s'était effondrée sur le canapé qu'elle avait mesuré l'étendue de son drame. Désormais, elle serait une veuve, rejoignait Nedjett, la veuve de Si Noury et les dizaines de milliers d'autres dans la liste, qui n'était pas prête d'être close, « des victimes du terrorisme ».

Samia passa l'après-midi à recevoir les condoléances des femmes de la cité et du village. La nouvelle avait circulé très vite. Tandis qu'elle était assise dans le salon, éplorée, elle entendit une habitante de la cité chuchoter à celle qui l'aide avec son téléphone.

« Depuis mon balcon, j'ai vu deux jeunes gens entrer dans le bois quelques minutes après son mari (elle parlait de feu Lyassine). Quelques minutes après, j'ai entendu un coup de feu. J'ai vu deux jeunes gens grimper la colline pour se retrouver là où il y a une route. Ils sont montés dans une voiture. J'ai demandé à mon mari d'appeler le commissariat du village ; il n'a pas pu l'obtenir de suite ; le téléphone sonnait tout le temps occupé, c'est pourquoi les policiers ont tardé à venir ».

De suite, Samia avait pensé à Lotfi mais elle chassa vite cette pensée. En se prenant la tête dans les mains, elle avait mesuré toute l'étendue de son impuissance et de son drame. Comment retrouver les assassins de son mari ? Comment le venger ? Comment demander justice ? Outre les terroristes qui tuaient pour l'avènement, disaient-ils, d'une république théocratique, il y avait les règlements de compte, les vengeances, les crimes crapuleux. Les services de sécurité étaient débordés mais ils avaient une priorité : la lutte contre le terrorisme « religieux ». Samia savait que dorénavant elle était un cas parmi les dizaines de milliers de veuves qui ne connaîtront jamais les noms, ni les visages des assassins de leurs maris.

Si c'était l'après midi que les femmes venaient présenter leurs condoléances, le soir, c'était le tour des hommes. Ammy Saïd fut parmi les premiers à se présenter au domicile du quinquagénaire qui n'est plus. Il n'était pas venu seul. Sa femme, la vieille Aldja, l'accompagnait. Ils semblaient gênés, mal à l'aise, sur leurs visages une émotion sincère.

Le vieil homme, en se penchant sur Samia, lui dit :

« Madame, je m'occuperai des obsèques de votre mari. Lyassine était un homme bon, honnête, généreux. Sa mort est un malheur pour nous ».

Samia n'avait pas regardé le vieil homme, ne lui avait pas répondu. Elle avait trouvé sa voix désagréable. Elle en voulut à la vieille Aldja de n'avoir pas été parmi les premières à venir lui présenter ses condoléances. Quand le couple s'était assis sur une chaise non loin d'elle, elle entendit Aldja dire à son mari :

— « Amel sort demain de l'hôpital. Elle a demandé après Si Lyassine. Elle ne sait pas qu'il est mort. Après Si Noury, voilà que c'est le tour de notre voisin. Quel malheur ».

— « Il y a quelques jours, elle m'a demandé de me faire accompagner au commissariat du village par Si Lyassine. C'est un fonctionnaire qui sera écouté, m'a-t-elle dit. Il dira qu'il n'y a aucune raison que la police soupçonne mon frère. J'étais venu voir Si Lyassine pour qu'il m'accompagne au commissariat du village mais il était en voyage ».

« Ah, c'était donc ça ! avait songé Samia. C'était pour ça que ce vieillard a demandé aprèsmon mari !». Elle quitta le salon, se refugia dans la pièce qu'ils utilisent peu avec son mari. En s'asseyant à l'endroit où s'était assis Lotfi, en se tournant de côté, elle vit le carton de vin, qui était toujours là, poussé contre le mur.

« Lotfi, serait-il l'assassin de mon mari ? s'était-elle demandéa. Non ce n'est pas possible ! Mais pourquoi chaque fois c'est lui qui me vient à l'esprit ! ». Samia en voulut à son mari d'être allé dans les collines au lieu de se diriger tout droit vers le marché ; elle s'était prise à elle-même : « Je n'aurais pas dû lui parler de la visite de ce vieillard. C'est de ma faute si Lyassine est mort ». La veuve ne savait plus où elle en était. De nouveau, elle pensa à son mari, regretta que l'appartement fût si petit, que dans le malheur elle ne puisse pas recevoir dignement, en voulut à son mari pour son imprévoyance et « sa générosité », d'avoir laissé les bijoux hérités de de sa mère à sa famille. « J'aurais pu les mettre en gage, ou les vendre. Cet argent m'aurait aidé à faire face aux dépenses ». Tandis qu'elle était plongée dans ses réfléxions intérieures, la porte de son appartement ne cessait pas de s'ouvrir et de se refermer. Du monde affluait chez elle. Elle décida de retourner au salon. En se penchant sur elle, on lui disait :

« Votre fils Bylal est un jeune homme ; il reviendra de l'étranger et prendra la place de son père ; votre mari est mort, c'est à vous qu'il faut penser maintenant ».

Après qu'il est resté tout l'après midi dans la morgue du village, le corps de Lyassine fut exposé dans le salon qu'on avait préalablement vidé de ses meubles avec l'aide des voisins. Le médecin légiste confirma la mort par balle. Une seule balle tirée dans la nuque avait suffi : le travail d'un tueur professionnel. Quand Samia l'avait appris, elle avait écarté definitivement l'idée que Lotfi ait pu être l'assassin de son mari. Elle voyait mal le fils de Ammy Saïd manier une arme et tuer de sang froid un homme qu'il connaissait, qui plus est son voisin et ami de son père. Que ce soit dans la cité ou le village, il n'avait jamais été accusé d'un quelconque délit, ni n'était connu pour être membre d'un quelconque parti politique ; faire parti d'un groupe terroriste, alors là, ce serait tout à fait impossible. Ne le voyait-on pas régulièrement à la mosquée en train de prier avec les autres fidèles, de bons pères de famille qui vivent paisiblement leurs croyances.

C'était la première fois qu'on entrait dans l'appartement du défunt. «Et dire qu'on pensait que le fonctionnaire Lyassine était riche. Son appartement est bien modeste», disaient certains visiteurs dont le regard scrutait, pénétrait chaque meuble et chaque objet. Tous ceux qui venaient présenter leurs condoléances, étaient sincèrement émus, désolés. Ici, la mort efface tout : inimitiés, rivalités, jalousies, haines ; on se concentre sur le mort qui doit être enterré dignement et sur le deuil de sa famille. Son passé importe peu : défauts, mauvaises actions, méchanceté, oubliés, passés par pertes et profits. On n'en restait pas là. On ne se rend pas au domicile du mort les mains vides. On ramène avec soi un ou deux kilos de café ou du sucre, ou de la semoule, ou de la viande ; un gigot de mouton, c'était assez courant car le couscous, le plat national qui accompagne les populations de ce pays depuis la nuit des temps, faisait l'unanimité. On ramenait aussi des fruits, des boissons gazeuzes, du thé.

Dans la cuisine du défunt Lyassine, les voisines s'affairaient, à leur tête, la méchante qu' on dirait un général commandant ses troupes ; elle donnait des ordres et on lui obéissait . La gentille, sa voisine de palier, la secondait efficacement ; on faisait vite, proprement, efficacement, la cuisine de feu Lyassine, une vraie ruche ! Et comme par hasard, ce jour-là, l'eau avait coulé abondamment et on ne l'économisait pas comme si les femmes de la cité voulaient se venger de cette commune, de son chef et des autorités de ce pays incapables de résoudre une fois pour toutes la pénurie chronique de ce précieux liquide.

On servait café, thé, boissons gazeuzes ; c'étaient des jeunes de la cité qui s'en chargeaient. L'enfant de la méchante qui prend plaisir à donner des coups de pied dans le ballon pour casser les vitres des voisins, se distinguait plus particulièrement ; un vrai garçon de café, il allait, venait, demandait ce que chaque visiteur voulait : café, thé, ou boisson gazeuse. Dans la soirée, le diner était servi. Ici, on mange à même le sol, assis en cercle autour de plateaux en cuivre ou en argent prêtés par les voisins. Celui qui venait pour présenter ses condoléances ne restait pas longtemps : une trentaine de minutes au plus car il faut laisser sa place sauf pour les amis les plus proches de la famille ; la maison du défunt tenait porte ouverte ; tout le monde était le bienvenu.

On avait évoqué celui qui fut un fonctionnaire. Certains avaient dit qu'ils l'avaient connu, d'autres qu'ils l'avaient entendu parler de lui, d'autres avaient simplement dit qu'ils étaient venus pour compatir avec la famille, qu'il s'agit après tout « d'un frère en religion ».

«C'était un homme très discret. Il passait dans la cité sans jamais regarer personne », avait dit un voisin.

«Je lui ai parlé il y a quelques semaines, intervient le jardinier à ses heures. On avait parlé du professeur Ferhat. On devait aller ensemble avec Ammy Saïd à l'asile psychiatrique pour rendre visite à ce pauvre professeur ».

On avait évoqué les circonstances de la mort de Lyassine.

«Mais qu'est-il allé faire dans ce bois ? Sa femme lui a dit d'aller au marché », dit l'épicier de la cité qui est au courant de tout. D'où tenait-il l'information ? Comment il l'avait-il su ? Mystère...

«S'il n'aime pas faire le marché, c'est son droit et s'il aime la campagne, les fleurs et les arbres, c'est aussi son droit ! Vous n'allez quand même pas le lui reprocher ! », reprit le jardinier à ses heures, rebelle.

Son propos n'était pas tombé dans les oreilles d'un sourd.

«On l'a vu se diriger vers la campagne alors qu'il devait être à la mosquée. La place d'un croyant, c'est d'être au milieu des siens. Les arbres, la nature, les fleurs, on ne va quand même pas revenir à l'adoration de la nature ! C'est Dieu qu'il faut adorer et Il le veut sans partage ! »...

Celui qui avait parlé, le corps du défunt à quelques mètres de lui, était celui-là même qui avait refusé de donner un modeste billet de banque pour que la cité soit propre.

Pourquoi le fonctionnaire Lyassine a été tué, on en avait parlé mais brièvement.

«Que Le Tout puissant l'accueille en son vaste paradis, se contentait-on de répondre. Dieu pardonne. Il est miséricordieux. A Lui nous appartenons, à Lui nous retournons. Contre le mektoub, l'homme ne peut rien ! Il faut accepter ! Dieu seul sait ».

Des vendeurs du marché étaient venus, ceux-là même qui détroussaient « le riche fonctionnaire qui n'était pas près de ses sous ». Ils étaient déçus, étaient loin du luxe qu'ils s'étaient imaginé chez lui.

Les taleb étaient venus vers deux heures du matin. Très sollicités, ils faisaient ce qu'ils pouvaient, allaient de maison en maison, là où on les demandait car de morts, il y en avait : par accidents, victimes du terrorisme, morts « collatéraux » ... Jusqu'aux premières lueurs de l'aube, ils avaient récité des versets du Livre saint devant la dépouille de Lyassine recouverte d'une couverture sur laquelle court la belle calligraphie arabe d'une sourate du Livre saint.

Samia avait dit à une autre veuve qu'elle aimerait enterrer son mari dans le même cimetière où est enterré le sien. Cette veuve, Samia l'avait connue au marché du village, devant un étal de fruits et légumes, et de suite, elle avait eu de l'admiration pour cette quadragénaire corpulente, robuste, au caractère bien trempé qui marchandait fermement et admirablement bien. Les vendeurs, de guerre lasse, lui cédaient, en lui lançant : « Prenez madame, prenez. Ce ne sont pas vos sous qui vont nous enrichir ». Samia avait sympathisé avec elle. Elles avaient beaucoup ri devant le marchand de fruits et légumes qui s'efforçait de faire bonne figure et qui, de toute façon, aura l'occasion de se venger sur le mari fonctionnaire de l'une des deux femmes qui le défiaient ouvertement. Quelques semaines plus tard, cette femme fut frappée par le malheur. Son mari était mort, victime d'un accident de la route. Le lendemain de l'enterrement, (les femmes n'y assistent jamais), Samia avait tenu à l'accompagner dans un cimetière de quartier qui surplombe la mer. Ce cimetière, Samia l'avait aimé. Convaincue qu'elle précèderait son mari dans la tombe, elle ne cessait de répéter à sa nouvelle amie qu'elle aimerait y être enterrée, surtout pas dans sa ville natale, à Constantine, où les tombes sont sens dessus-dessous ; Samia était certaine que n'ayant pas de relations dans cette ville, elle serait enterrée tout à fait en bas, là où la pente termine sa course dans un vallon.

Dans les traditions de ce pays, les morts, on les enterre vite ! Ce que Dieu a créé doit lui être restitué et …rapidement !

Le lendemain de la mort du fonctionnaire quinquagénaire, il y avait du monde devant son bâtiment. Samia était restée chez elle, entourée de voisins et de gens qu'elle ne connaissait pas, qu'elle voyait pour la première fois. Elle resta digne. Son malheur, elle le vivait intensément mais s'efforçait de ne ne rien montrer de sa douleur. La dépouille de Lyassine fut descendue dans l'escalier de son bâtiment sur un brancard recouvert d'un drap blanc tandis que ceux qui accompagnaient la dépouille récitaient des versets du Livre saint. Une camionnette bâchée attendait. Ammy Saïd prit place à côté du chauffeur.

La procession s'ébranla, en tête la camionnette suivie d'une dizaine de voitures, traversa la cité, prit la rue centrale du village ; la circulation s'immobilisa ; badauds, passants et habitants du village fixèrent le modeste cortège funèbre puis la procession s'engagea sur une route de campagne. Il faisait beau, temps printanier, vent frais. Au bout d'une quinzaine de kilomètres, la route monte, serpente entre des massifs forestiers, la végétation qu'on aperçoit de loin, d'un vert vif, vigoureux, compact. Après une grande courbe que faisait la route, la procession, qui avait fait un grand détour pour éviter engorgements et circulation chaotique, arriva devant les premières maisons où se trouvait le cimetière. Elle s'y engouffra après que le gardien eut poussé de côté le portail. On sortit la dépouille de la camionnette avec beaucoup de soin, on fit cercle autour du brancard qu'on avait déposé sur le sol de l'esplanade en carreaux de granit. Un grand silence s'était fait. On n'entendait que le bruit du vent dans les arbres et la rumeur qui arrivait, lointaine, de ce faubourg de la grande ville.

Cheveux et barbe blancs, visage anguleux, pommettes saillantes, teint blanc, laiteux même, les veinures du visage apparentes, le taleb, rappela la vie du défunt, dit que Lyassine était mort jeune, qu'il avait été un fonctionnaire, qu'on ne lui connaissait pas d'ennemis, que dans sa cité on le connaissait pour aimer la nature et les arbres, qu'il n'avait pas beaucoup d'amis, était quelque peu solitaire, qu'il était honnête, avait attendu dix ans pour pouvoir obtenir un terrain de 200 m2 des réserves foncières communales mais que le mektoub avait voulu qu'il ne construise pas sa maison. « On m'a dit qu'il a un fils qui vit à l'étranger. Eh, bien qu'il vienne construire la maison que son père n'a pu construire ! », avait lancé le vieux taleb en fixant de ses yeux vifs la maigre assistance qui entourait le brancard. Il avait poursuivi : « Je ne vois personne de sa famille . Que Le Tout puissant lui donne la force de surmonter cette épreuve ! Que ceux qui tuent, assassinent, sachent que les portes du paradis leur sont fermées et ils seront maudits pour le restant de leurs jours ! Dieu seul décide de la vie de ses créatures ! » Le vieillard récita la prière de l'absent, dit des mots de compassion, exhorta à l'amour et au respect du prochain.

La petite foule se dirigea vers une fosse modeste. Quatre voisins du défunt : le jardinier à ses heures, le mélomane, son voisin avec lequel il ne s'entendait pas et l'ainé des deux familles qui occupent les 5ème et 6ème étages, descendirent la dépouille de l'ancien fonctionnaire recouverte d'un linceul blanc dans la fosse avec beaucoup de soin. Comme si le temps pressait, à grandes coups de pelles, on recouvrit le corps d'une terre fraîche, brune, humide. Au bout de quelques minutes, ne restait qu'un insignifiant monticule de terre. Lyassine repose désormais dans ce cimetière où les tombes sont bien alignées, le terrain en pente arboré, propre, verdoyant. Si on avait dit de son vivant à l'ancien fonctionnaire qu'il sera enterré dans ce cimetière, qu'il reposera pour l'éternité non loin de la mer, tout près d'un village dont il pourra apercevoir les tuiles rondes et rouges, que l'après midi de son enterrement la mer s'était revêtue du bleu de ses plus beaux jours, il aurait éclaté de joie, aurait sauté en l'air, aurait fait savoir que comme sa femme, Samia, il appréhendait d'être enterré dans le cimetière de sa ville natale où les tombes cascadent en direction des vallons dans le plus grand désordre.

Samia avait passé le reste de l'après midi et de la soirée chez elle entourée de ses voisines. On continuait à venir chez elle pour présenter les condoléances comme si chacun se sentait concerné par la mort de l'ancien fonctionnaire, quinquagénaire et pour beaucoup, la porte de son appartement s'ouvrait pour la première fois.

Malgré les multiples tentatives de la voisine, Loubna n'avait pu être jointe. La voix désincarnée au bout du fil disait que le réseau était saturé. Lorsque Samia était descendue de chez elle pour téléphoner vers dix heures du soir d'une cabine téléphonique du village, la voix désincarnée disait toujours que le réseau était saturé...

La veuve de Lyassine s'était levée tôt pour se rendre au cimetière. Elle n'était pas partie seule. La veuve de l'accidenté de la route avait tenu à l'accompagner. A l'intérieur du cimetière, aucune âme qui vive, que les oiseaux qui piaillaient en volant de branche en branche, la rosée scintillait dans la lumière d'un soleil timide, froid.

Devant la tombe de son mari, l'autre veuve à ses côtés, aucun sanglot, aucune larme de la part de Samia, seulement douleur et résignation. Dans ses pensées, elle maudissait le destin, son pays incapable de protéger les siens, l'administration de son mari, monstre froid où seuls comptent les relations et l'intérêt de quelques uns et de quelques groupes. Deux jours après la mort de son mari, celle-ci ne s'était toujours pas manifestée. Aucun coup de téléphone, aucune visite. A Samia, ne restait qu'une consolation : le cimetière où reposait son mari, elle l'aimait bien ; il est calme, paisible et en levant les yeux, elle avait devant elle un arbre haut, ses branches épaisses d'une couleur verte pleine de vitalité. « L'été, il couvrira de son ombre la tombe de mon mari », avait-elle songé, satisfaite, presque heureuse.

CHAPITRE 20

La mort de Lyassine avait été commentée dans son ancienne administration. Après Lamine et Si Noury, c'était le tour d'un autre fonctionnaire d'être tué d'une balle dans la tête. On s'était perdu en conjectures. Le chef de service quinquagénaire était un fonctionnaire moyen, effacé, on ne lui connaissait aucun ennemi, n'avait jamais été compromis dans des affaires douteuses. On s'était rappelé qu'il avait attendu dix longues années avant d' obtenir un bien modeste terrain communal de 200m2. Mais quelles sont donc les raisons qui ont poussé des assassins à le tuer d'autant qu'il avait été mis à la préretraite, des cas comme lui, il y en a des milliers, pour ne pas dire des dizaines de milliers qui étaient acceptées avec résignation par les intéressés. S'agit-il d'un règlement de compte? D'une vengeance ? D'une dette de sang ? Quelques semaines plus tôt, on l' avait vu en ville avec une jeune fille brune, on prétend même qu'elle était belle ; il semblait heureux et elle semblait heureuse à ses côtés. Rien ne présageait une fin tragique pour l'ancien fonctionnaire.

Si les collègues de Lyassine s'interrogeaient sur sa mort, c'était moins par compassion que pour s'inquiéter qui sera la prochaine victime qui, elle aussi, certainement, sera tuée d'une balle dans la tête.

Ghoul refusa que son administration publia un avis de décès. Il avait dit au responsable des ressources humaines que Lyassine était un fonctionnaire indiscipliné, qu'il ne faisait plus partie de cette administration, que c'était lui, Ghoul, qui s'était occupé du dossier de sa mise à la préretraite en attendant sa retraite définitive. On n'en n'était pas resté là. Sous les pressions des anciens collaborateurs du défunt, Faudyl était intervenu pour la publication de l'avis de décès qui sera signé, non pas par l'inspecteur principal ou le chef de cette administration mais par le directeur des ressources humaines.

Finalement, l'avis de décès avait paru en bas de page du quotidien gouvernemental. La rubrique nécrologique était gratuite pour les anciens fonctionnaires. C'était un des collaborateurs de Lyassine qui avait fourni la photo prise ensemble lors d'une mission à l'étranger. A dire vrai, une jolie photo. Lyassine était détendu, souriait, était heureux ; l'avenir s'annonçait prometteur, il portait ce jour-là un costume sombre à rayures qui sied à ceux qui seront appelés à un bel avenir, exerceront de hautes fonctions...

Nedjett n'était pas allée présenter ses condoléances et réconforter Samia. Elle avait retourné la monnaie de sa pièce à la veuve de Lyassine qui ne s'était pas venue la voir après la mort de Si Noury. Les anciens amis de Lyassine ne furent informés de sa mort qu'après son enterrement. Mehdi était à l'étranger, en mission, chef d'une délégation syndicale. Walid n'était plus là. Avec sa famille, il avait quitté définitivement le pays après avoir vendu son appartement. Cruauté du hasard, le nouvel occupant avait emménagé le même jour de l'enterrement de Lyassine. L'administration de Lyassine avait refusé à Georgis de lui communiquer son adresse. « C'est confidentiel. Il nous faut l'accord de l'intéressé ! », lui avait-on répondu.

Après la mort du locataire du quatrième étage, la vie avait repris son cours normal dans la cité. De temps à autre, on levait la tête pour regarder le balcon et les fenêtres qui étaient restés fermées durant les quarante jours de deuil et dans les rues de la cité et du village on regardait discrètement la veuve du fonctionnaire qui n'est plus. Pâle, éperdue, profondément blessée, Samia marchait telle un automate animé de vie. Elle ne sortait que pour aller au marché ou payer une facture. Quand elle n'avait pas d'eau, elle envoyait quelque enfant de la cité la lui chercher tout près dans un garage du village. La voisine du téléphone avait réussi à joindre Loubna au lendemain de l'enterrement de Lyassine et à porter à sa connaissance la terrible nouvelle. Par respect à la mémoire de ce tonton auquel il vouait beaucoup de respect, Rochdi avait accepté de retarder son mariage. Cela tombait bien. Il n'avait pas terminé de meubler son appartement. Il continuait à négocier un prêt d'une banque publique pour d'ultimes achats et ainsi se conformer aux désiratas de ses futurs beaux parents. Il avait dit à sa mère qu'il garde le meilleur des souvenirs de ce tonton affable, toujours prêt à rendre service et qui passe le plus clair de son temps à se promener dans les collines. Loubna lui avait répondu que son beau frère avait emporté avec lui la satisfaction de mourir entouré d'arbres, à l'orée d'une clairière et d'être enterré dans un cimetière ombragé qui surplombe la mer. « Ma sœur m'a dit qu'à côté de sa tombe, il y a un bel arbre et que l'été venu, elle s'asseoira sous son ombre ».

CHAPÎTRE 21

La déposition du défunt Lyassine au commissariat central de la grande ville avait été connue dans la cité et certains avaient sauté le pas en attribuant son assassinat à cet épisode. Samia n'avait pris connaissance de cette déposition que plus tard, par sa voisine, celle avec laquelle elle se rendait régulièrement au cimetière où reposent leur mari respectif.

D'abord, elle fut sceptique, ne pouvant imaginer son mari capable d'une telle vilénie, puis commença à douter. « Un bruit qui circule avec insistance ne peut être sans fondement », avait-elle pensé et au fur et à mesure que le temps passait, il prenait de la consistance. Cette fois ci, c'était la voisine qui l'aide avec son téléphone qui lui en avait parlé, ensuite Amel, la fille de Ammy Saïd, qui sortie de l'hôpital, avait été envoyée par sa mère, la vieille Aldja, pour en obtenir la confirmation de la part de Samia qui réfuta cette accusation avec véhémence.

– Mon mari n'est pas le genre d'hommes que vous croyez ! N'oubliez pas qu'il est parti dans la nuit avec votre père à votre recherche ! On vous croyez tuée dans l'explosion de la bombe devant le commissariat central ! C'est comme ça que vous remerciez mon mari après sa mort !

– Mais non, tante Samia ! Je voulais vérifier auprès de vous ce que les gens racontent ! Je ne veux pas qu'on accuse injustement mon frère, c'est tout ! Nous sommes de bons voisins, il ne faut pas m'en vouloir !

Après le départ d'Amel, Samia se rappela avoir mis en garde son mari contre Lotfi mais de là qu'il aille le dénoncer…Ce n'est qu'après que le commissaire adjoint lui avait confirmé la nouvelle (sur le pas de la porte, il avait décliné son nom : Sofyane) et mentionné ce que Lyassine portait ce jour-là, que Samia ne douta plus. Son mari avait bel et bien dénoncé le fils de Ammy Saïd. Il était bien allé au commissariat central de la grande ville.

Sofyane avait été bref. Natif de la même ville que le défunt, il était venu davantage pour réconforter sa veuve que pour approfondir l'enquête. Il s'était contenté de lui dire que la déposition de Lyassine avait ouvert une nouvelle piste. «En venant vous voir, je voulais vous dire combien j'ai été peiné par sa mort. Votre mari était un brave homme, plein de bonne volonté », avait-il affirmé, sincère.

Après le départ du policier, Samia avait songé : «C'est pour mieux faire passer la trahison de mon mari qu'il est venu me voir. Que vont penser les voisins de cette visite ? Que vont-ils penser de moi ? « la veuve d'un d'un délateur, qui plus est a accusé le fils d'un homme qui passe pour être son ami ».

Au chagrin et à la détresse de la veuve, s'était ajoutée sa conviction que son mari lui mentait, lui cachait des choses et qu'elle avait raison de le soupçonner. Ses silences, ses rêveries, ses sourires énigmatiques, n'étaient pas innocents. « Il m'avait dit qu'il avait fait la permanence, or il ne l'a pas faite ». Elle était aussi convaincue que le commissaire adjoint Sofyane ne lui avait pas tout dit.

Le lendemain, c'était au tour d'un darki (gendarme) de venir frapper à sa porte. Dès qu'il s'était assis, il lui dit que des photos avaient été trouvées sur son mari.

— Nous les gardons pour les besoins de l'enquête, lui a-t-il répondu, quand elle lui a demandé si elle pouvait les voir.

Si la visite du darki avait été moins brève que celle de Sofyane, ses questions, par contre, furent précises, professionnelles, le ton de quelqu'un à qui il ne fallait pas dire n'importe quoi ou cacher des choses, en tout cas, il fallait bien réfléchir avant de répondre. Il posa des questions sur le travail de Lyassine, ce qu'il avait fait les jours qui ont précédé sa mort, s'il avait des ennemis, des amis, si c'est le cas, « il aimerait obtenir des noms », s'il était violent, s'il buvait (il s'était gardé de dire à la veuve qu'on l'avait vu dans un bar), comment avait-il pris sa mise à la préretraite ? Comment passait-il ses journées ?

Samia répondait de son mieux. Elle s'efforçait de ne rien oublier, cherchait au fond de sa sa tête. Elle avait parlé de Ammy Saïd, de sa femme, de ce qu'elle pensait d'eux, « des voisins auxquels mon mari a rendu service, c'est tout. Leur fils, je ne l'aime pas. Lotfi ne m'a rien fait mais je ne l'aime pas. Il y a des antipathies, monsieur le darki, qu'on ne peut pas expliquer !».

— Parlez moi de ce Lotfi…

— Je vous ai déjà dit que je le trouve antipathique !…

— Vous ne m'avez pas dit s'il connaissait Si Noury, si ce haut fonctionnaire avait eu affaire à lui ?

— Je ne crois pas que cela soit important. Ce que je sais c'est que Aldja, la mère de ce Lotfi, a travaillé chez Nedjett, la femme de Si Noury…

— Je le sais, coupa le darki en fixant la veuve, comme s'il lui reprochait cette omission et l'incitait à coopérer davantage.

— Lotfi a demandé à Si Noury de le faire entrer à l'école de police, reprit Samia. Dans cette école Lotfi n'a jamais mis les pieds. Je vous le dis franchement, cette histoire ne m'intéresse pas !

Chaque fois qu'il obtenait une réponse, le darki se penchait sur la feuille blanche posée sur son cartable, lui même posé sur son genou ; il la remplissait d'une main agile qui allait et venait, rapidement sur la feuille, de droite à gauche. Samia détournait la tête pour regarder ailleurs.

Le darki demanda :

— Votre mari vous a-t-il parlé d'un certain Walid?

— J'ai demandé à mon mari d'être prudent avec cet homme ! répondit Samia. Je ne sais même pas s'il l'a rencontré. Mon mari ne m'a rien dit. Parfois, je préfère ne pas m'occuper de ses affaires…

Comme si elle venait de se rendre compte brusquement d'une évidence, elle demanda vivement:

— La mort de mon mari serait-elle liée à cet homme, monsieur le darki ? Si vous savez quelque chose, il faut me le dire ! J'ai le droit de savoir !

Le gendarme répondit, laconique :

— Nous enquêtons madame, nous enquêtons. Vous le saurez bientôt.

Après avoir glissé la feuille remplie de sa main dans son cartable et alors qu'il s'apprêtait à se lever, Samia prit sur elle de mentionner la visite du commissaire adjoint, Sofyane, dit qu'elle ne croit pas que le jeune Lotfi soit membre d'un parti extrémiste, encore moins d'une organisation terroriste, qu'elle ne pense pas qu'il ait un lien quelconque avec la mort de son mari. En disant cela Samia avait à l'esprit la visite d'Amel et son propos au sujet de son frère : « mon frère n'est pas un un terroriste ! Après tout, nous sommes des voisins ! » .

CHAPITRE 22

Une semaine après la mort de son beau frère, Loubna n'avait toujours pas rejoint sa sœur pour la réconforter et l'aider à surmonter sa détresse. « Le père de la mariée est venu de la capitale pour voir comment de l'appartement de sa fille a été aménagé. Lui et sa femme ont obtenu tout ce qu'ils ont demandé à mon fils », s'était-elle contentée de dire à Samia.

Nora avait été aux antipodes de ce qui était arrivé à son ami quinquagénaire. Elle s'était étonnée de son absence qu'elle n'arrivait pas expliquer ; pourtant, il lui avait déclaré son amour, il était sincère, elle lui avait rendu son amour, était heureuse avec lui. Elle aurait aimé lui apprendre que son oncle à la recherche duquel elle était partie, s'il n'avait pas assisté à l'enterrement de son frère et au 40ème jour qui met fin au deuil, c'est parce que deux individus s'étaient présentés chez lui tard dans la nuit, avaient dit à sa femme qu'ils avaient besoin de son mari pour lui poser quelques questions et qu'il sera de retour dans la journée. Quelques jours plus tard, les mêmes personnes étaient revenues, avaient dit à sa femme qu'elle reconnaîtra la tombe de son mari à ses chaussures qu'ils avaient mis devant sa tombe. « A ce jour on ne sait pas qui étaient ces gens qui ont enlevé mon oncle. Les autorités nous ont dit qu'elles n'ont rien à voir avec cet enlèvement », aurait appris Nora à Lyassine.

Déçue, Nora avait dit à Omar : «il y a des hommes qui ne savent pas ce qu'ils veulent. Je ne vais plus croire personne. Pourtant Lyassine paraissait honnête. Il m'a fait bonne impression, il était gentil, poli. Vraiment, je ne comprends pas ! …

Nora ne perdit pas espoir de retrouver « son » homme. Elle venait au bar, saluait son ancien patron et ses anciennes collègues dans l'espoir que Lyassine serait là ; ses efforts restèrent vains.

Trois mois plus tard, elle ne trouva pas Nasria. Elle apprit de la bouche de son ancien patron qu'elle s'était mariée, était devenue mère d'un magnifique petit garçon. « La dernère fois que je l'avais vue, elle ne m'a pas rien dit ! Quelle cachotière cette Nasria ! », s'était écriée Nora, surprise .

— Devine avec qui elle s'est mariée ? demanda le patron.

— Je ne sais pas, répondit Nora, intriguée.

— Avec le jeune homme qui alignait les bouteilles de bière sur sa table comme si elles étaient ses trophées. Tu te rappelles de lui, il était tout le temps saoul, on était obligé de le mettre dehors après la fermeture du bar et c'est elle qui le ramenait chez lui et c'était elle qui payait le taxi !

— Je suis contente pour elle, avait répondu Nora qui avait aussitôt songé : « Lyassine aurait aimé savoir que Nasria s'était mariée, avait fondé un foyer, était devenue mère, qu'elle avait laissé le massacre de sa famille par les terroristes loin derrière elle bien que cette tragédie ne la quittera jamais. Comme quoi, le malheur ne frappe pas toujours au même endroit et les mêmes personnes. La vie serait trop injuste. Lyassine, lui, avait de la chance. La vie lui souriait. Il était fonctionnaire, en bonne santé. Il doit être quelque part, heureux, peut-être avec une autre femme, moi, je ne suis qu'une serveuse de bar. On aurait mis ça sur sa fiche de renseignements, ça aurait porter préjudice à sa carrière . Je suis sûre que c'est pour ça qu'il ne veut plus me voir ».

Un après midi, par une belle journée ensoleillée, sur le boulevard qui longe le commissariat central, Nora avait cru reconnaître Lyassine. Elle avait traversé la chaussée en courant pour aller aller à sa rencontre et lui demander, gentiment, des explications, lui dire qu'elle acceptait qu'il reste avec sa femme ou une autre femme pourvu qu'il lui revient. Au moment où elle allait l'aborder, elle s'était ressaisie. Non ce n'était pas Lyassine. L'inconnu l'avait regardée puis continué son chemin. Par un autre après midi, elle s'était présentée devant la grille du jardin botanique, avait regardé à l'intérieur en cherchant Lyassine des yeux. Elle avait pensé : « peut-être qu'il est avec une autre femme en train de se promener. C'est peut-être un homme à femmes, comme Ali. Décidément, je n'ai pas de chance ! ». Le gardien s'était approché, avait reconnu Nora, l'avait laissée entrer. Elle avait marché dans les allées, s'était assise sous les magnifiques platanes sur le même banc qui l'avait accueillie avec Lyassine quelques mois plus tôt puis sur le rebord du grand bassin. Ne tenant plus, elle s'était prise le visage dans les mains, avait pleuré, essuyé ses larmes puis avait relevé la tête, regardé la mer au loin, bleue, magnifique. Elle marcha encore, triste, désemparée, se pencha sur des coquelicots, ne se souvenant pas qu'ils étaient là quand elle s'était promenée avec Lyassine ; elle cueillit un coquelicot et le mit dans son sac ; la pensée que lui avait offert Lyassine, elle l'avait gardée jusqu'à ce que la fleur meure malgré ses soins. Avant de franchir le portail qui donne sur l'autre boulevard et après avoir traversé le vaste jardin botanique, à sa gauche, un parterre de fleurs qui n'existait pas et là rien que des violettes comme si elles venaient d'être plantées par une main inconnue. Nora vit là un signe du destin, un signe de bon augure ; elle était convaincue que le quinquagénaire lui reviendra et de nouveau, ils se promèneront ensemble dans ce jardin en se tenant par la main, cueilleront des coquelocots, des pensées et des violettes, en feront un bouquet qu'ils garderont le plus longtemps possible et ils recommenceront à en cueillir autant que possible, pour le restant de leurs jours. Nora hella un taxi. Lorsqu'elle s'y était engouffrée, elle s'était retournée comme si Lyassine allait lui apparaître et lui faire un signe de la main, pareillement à la dernière fois quand ils étaient venus ensemble en ce jardin.

Nora avait renoncé à poursuivre plus longtemps ses recherches. Elle s'était dit : « nombre d'hommes disparaissent, se volatilisent sans laisser de traces. Lyassine a dû quitter la grande ville, peut-être a-t-il quitté le pays pour chercher chance et fortune ailleurs. Il était tout malheureux après sa visitedans sa ville natale. Il n'a rien retrouvé de son passé. C'est l'unique raison, ça ne pouvait être que ça ! C'est vrai qu'il y les accidents de la route ; nous avons le plus grand nombre de tués du continent, il y qui se suicident, ils sont nombreux à cause du mal vivre, du chômage. Mais Lyassine était heureux, il avait un salaire régulier. C'est vrai qu'il y a cette guerre civile qui ne veut pas s'arrêter, mais en quoi serait-il concerné ? Des fonctionnaires comme lui, il y en a des centaines de milliers. Il n'a pu être victime d'une vengeance ; il n'a pas volé, humilié quelqu'un, ce n'est pas dans son genre ; Lyassine était inoffensif. Il m'a parlé de cette cruche mais il n'a jamais cru aux supestitions! C'est vrai que lorsque j'étais dans le taxi, il semblait inquiet, préoccupé..., mais non, c'est absurde, ça n'a rien à voir... ! »

Nora avait beau chercher, essayé de comprendre, elle ne trouvait pas. Elle s'était résignée. Ce pays est un continent, on peut disparaître sans laisser de traces et bien malin qui vous trouvera. Elle regretta amèrement de n' avoir jamais demandé au quinquagénaire, son adresse, ni où il travaillait.

CHAPÍTRE 23

Rien ne vint de l'enquête. La vie suivait son cours. Les tragédies se répétaient. On avait cessé de compter les morts et on ne plaignait plus les veuves et les orphelins. Comme pour consoler les populations qui n'en pouvaient plus, les belles journées se succédaient, le ciel d'un bleu rare, la mer bleue, immense mais aussi des jours gris, pluvieux, le ciel bas, plombé ; arbres, bois, forêts, mer, tout devenait sombre et triste. Des journées entières à se détourner de la vie, à la fuir, à se réfugier sous les couvertures de son lit ou dans une grotte à l'écoute de la furie des vagues jusqu'au retour, qui n'est jamais loin, des beaux jours.

Samia prit sur elle de revoir Nedjett, mettant un terme à une brouille d'une vingtaine d'années. Elles s'étaient embrassées, consolées, réconfortées. Le gendarme ne donna plus de ses nouvelles ; son administration et la police croulaient sous les dossiers des assassinats non élucidés. Une seule fois, il avait rendu visite à la veuve de Lyassine. Il lui avait dit: « Nous sommes en train de faire des recoupements. Ce sont les balles d'une même arme qui ont tué le médecin des pauvres, un policier qui réglait la circulation avant près de votre citée, Si Noury, votre mari et l'un de leurs collègues, un certain Lamine. L'enquête avance. Je vous demande madame d'être patiente. Ce que je vous dis doit rester confidentiel ; ne dites rien au commissaire Sofyane ».

Après avoir accepté de prendre un café, le gendarme était reparti non sans avoir regardé longuement le portrait du défunt que sa femme avait agrandi et accroché au mur qui fait face au canapé. En se tournant vers Samia le darki ajouta: « l'assassinat de votre mari nous intrigue. On a beau cherché on ne trouve rien de bien spécial sur lui, ni sur ses fréquentations. Il a attendu dix ans avant qu'il n''obtienne un terrain des terres communales, c'est tout dire ! Le directeur des ressources humaines m'a dit qu'à côté d'autres fonctionnaires votre mari était un sain, oui un saint, c'est ce qu'il m'avait dit.

Une fois en revenant du marché, Samia croisa ce gendarme dans la rue principale du village. Il avait son cartable, marchait droit, sérieux, il l'avait saluée discrètement de la tête en affichant un sourire que Samia avait trouvé encourageant, un sourire qui disait, du moins c'était ce qu'elle avait compris : l'enquête avance, bientôt il y aura du nouveau ».

La douleur de Samia restait vive malgré le temps qui passait. Deux semaines, après la rencontre fortuite avec le gendarme, rien ne vint de l'enquête comme si le dossier de l'assassinat de son mari avait été définitivement clos.

Pour perpétuer la mémoire de son défunt de mari, (ici l'oubli est naturel, normal ; on ne sait pas, ou on ne veut pas, se souvenir des morts. Pas de bougie qu'on allume, pas de fleurs, pas de stèle, pas de plaque, pas d'anniversaires) et pour que justice soit faite, elle adhéra à une association « qui défend les droits des victimes du terrorisme ». Ayant vendu la voiture de son mari, il lui fallait être dans une plus grande aisance financière, elle devait prendre un taxi collectif et traverser la Mitidja pour se rendre aux réunions et c'était pénible pour elle en raison car il y avait des montées, des descentes, des villages à traverser leurs rues encombrées, ensuite il fallait affronter les faubourgs de la grande ville et leur circulation dense, chaotique. Ce n'était qu'au bout de deux longues heures qu'elle arriva enfin à la première réunion.

Celle-ci n'avait mené nulle part. La discorde s'était de suite installée. Dans les couloirs de l'association, on parlait de « mauvaise gestion », de « malversations », de «détournements». Quelqu'un avait lancé, alors que tout le monde était assis et écoutait la présidente:

«Votre association est liée au pouvoir ! Nous avons besoin d'une association indépendante! C'est une honte que de se laisser manipuler ! ».

Protestations indignées, bruyantes dans la salle. Ne manquait qu'un ring pour s'expliquer et trouver qui a raison.

Après un semblant de retour au calme, quelqu'un s'était levé en lançant :

«Monsieur, vous êtes un provocateur ! On vous paye pour saboter notre travail et saborder notre association ! Ici, nous travaillons pour une seule et même cause ! Retournez d'où vous venez ! On ne tombera pas dans votre piège !»

De ce désordre et de cette cacophonie, la veuve de Lyassine n'en voulait pas. La mémoire de son mari, elle en fera son affaire ; au sujet de l'enquête, elle restait confiante. Le commissaire adjoint Sofyane, qui lui avait rendu une nouvelle visite, lui avait promis que le dossier ne serait pas clos tant que les assassins ne seraient pas arrêtés ou tués. A son fils Bylal qui insistait pour venir, Samia lui avait répondu:

«Tant que les assassins courent toujours, reste où tu es. Ils peuvent s'attaquer à toi. Ne t'inquiète pas, ton père repose en paix».

Après avoir marié son fils qui s'était soumis aux exigences de ses beaux parents, Loubna avait accepté d'emménager avec sa soeur. Deux solitudes réunies ne valaient–elles pas mieux que deux solitudes séparées ?

Dans l'appartement de la veuve de Lyassine, les deux soeurs vivaient cloîtrées. Elles ne se sentaient pas concernées par les violences qui secouaient le pays, étaient indifférentes aux tractations de l'ombre pour y mettre fin. Un matin d'une belle journée d'été, un an et quelques mois après la mort de Lyassine, Loubna lança à sa soeur du balcon de la cuisine:

– Viens voir Samia ! Dis moi que ce que je vois tu le vois aussi ! L'enquête avance !» et Loubna de prendre la main de sa soeur, qui l'avait rejointe sur le balcon, en la serrant avec douceur.

– Si Lyassine ne m'a rien dit de sa visite au commissariat central, c'est qu'il avait ses raisons», observa Samia en regardant vers les collines. « Mon mari avait la tête ailleurs mais il était prudent. Peut-être, avait-il peur que je parle de sa visite au commissariat central et que ça arrive aux oreilles du vieux Ammy Saïd qui aurait parlé à son fils ; ça aurait entravé l'enquête».

Samia s'était sentie sereine. Si les gendarmes discutaient avec Ammy Said dans le lointain, sur les collines, c'est qu'il y avait du nouveau. Ce n'est pas dans leurs habitudes de retourner au même endroit sans raison, l'enquête avance. Ce qui réconforta Samia dans ses supputations, c'est que Lotfi avait disparu, ne venait plus chez ses parents alors qu' il leur rendait visite régulièrement, il arrivait même à Samia de le voir longer son immeuble pour se rendre à la ferme de ses parents.

Une nouvelle fois, la déception fut au bout de l'attente. Rien n'arriva.

Pour échapper à la monotonie des jours, Loubna s'était rendue auprès de son fils qui la réclamait ; elle avait laissé sa soeur, seule, face à sa solitude. Dans son appartement, la veuve de Lyassine s'ennuyait ferme. Sur ses voisines, elle ne pouvait plus compter. Celle du téléphone avait déménagé. Avant de partir, elle lui révéla que son mari avait terminé la construction de leur maison, qu'il avait obtenu un terrain de 600 m2 des réserves foncières communales il y a quelques années de cela « mon mari connaissait le maire », lui avait-elle précisé …

La méchante du 2ème étage avait aussi plié bagages. Son mari, un employé d'une société nationale, avait obtenu une affectation dans une ville à l'intérieur du pays.

«Il a été nommé directeur. On a mis à sa disposition une villa. Notre appartement on va le vendre et construire une villa », apprit-elle à Samia. L'autre veuve, celle avec qui elle se rendait au cimetière, avait trouvé chaussure à son pied. Elle s'était remariée. Ses visites chez Samia étaient devenues rares avant de cesser complètement. « Je suis occupée. Je ne peux pas venir avec vous. Ce sera pour une autre fois », répondait-elle à Samia qui voulait qu'elles se rendent ensemble sur les tombes de leur mari respectif. Après une autre et même réponse Samia avait cessé de la voir.

Ne restait à la veuve que la « gentille » qui n'avait pas bougé de son 2 pièces et le vieux couple du premier étage, des gens timides qui ne demandent rien à personne et ne se sentent concernés par rien : la cité sale, l'escalier du bâtiment plongé dans l'obscurité dès la tombée de la nuit, l'eau livré avec parcimonie, ce n'était pas leur affaire. Quand le mari de « la gentille » et le vieux du couple croisaient Samia dans l'escalier, disaient bonjour d'une voix laconique puis baissaient les yeux. Une fois, alors que Samia revenait du marché, le vieux lui avait dit d'une voix résignée : « la vie est ainsi faite, madame ; acceptez votre sort. Les innocents payent à la place de ceux qui ont plongé notre pays dans cette situation ; croyez-moi, ils vivent confortablement, paisiblement et ils ne sont jamais inquiétés par les terroristes. C'est ainsi, on n'y peut rien ».

Samia avait médité le propos ; elle l'avait trouvé obscur, incompréhensible. « Que voulait dire ce vieux ? ».

CHAPÎTRE 24

Un matin, alors que Loubna était toujours à Constantine auprès de son fils, Samia avait tardé à ouvrir, étonnée qu'on vienne lui rendre visite à une heure si matinale. La veille, elle avait pris des barbituriques pour apaiser ses tourments et dormir jusqu'à l'après midi, s'il le fallait.

— Ah, c'est vous monsieur le darki, entrez donc ! dit-elle au gendarme en ouvrant sa porte et bâillant. Les habits qu'elle avait mis dans la hâte étaient froissés ; la veuve était pâle, ses yeux cernés, sa tête des mauvais jours.

Le darki avait son cartable en cuir qui ne le quitte jamais, un vrai talisman qui semble le protèger des balles des terroristes tout en lui préservant la vie.

En s'asseyant sur le canapé qui lui était devenu familier, tout en cherchant dans son cartable, il dit à la veuve de Lyassine:

« Madame, nous avons du nouveau ». Il ouvrit son cartable, tira une sous chemise rouge, à l'intérieur deux feuilles blanches saisies au micro-ordinateur. j'ai avec moi les noms des assassins et de leurs complices et les lieux où ils ont commis leurs crimes, dit-il en fixant la veuve de Lyassine. Ceux que nous avons arrêtés ont tué froidement. Ces derniers temps, ils s'étaient tapis, avaient fait croire qu'ils étaient de simples citoyens. Parmi eux, il y a des pères de famille ; leur chef est un universitaire ; jamais, lui et ses complices, on ne les aurait soupçonnés. En s'attaquant à des fonctionnaires, ils visaient l'Etat. Ils voulaient miner ses fondations, imposer un Etat qui n'obéit qu' « à la loi divine », c'est ce qu'ils disent. Je vous dis cela, madame, pour que vous sachiez pourquoi votre mari est mort ».

En écoutant le gendarme, Samia était abasourdie, regardait l'homme à l'uniforme kaki en faisant de grands efforts pour comprendre ce qu'il disait. Un moment, elle ne le voyait pas très bien, s'était demandée ce qu'il faisait chez elle.

Le darki avait tout remarqué, tout observé. La veuve qu'il regardait était d'une pâleur extrême, au bord de l'évanouissement.

— Madame, je peux revenir en fin de matinée ou un autre jour. Ce que je voulais vous dire peut attendre ! s'empressa de dire le gendarme.

Samia répondit comme si on venait de la réveiller brusquemnt :

— Mais non, restez, monsieur le gendarme ! Vous m'excusez, mais j'ai très mal dormi. Elle se leva, s'excusa, se dirigea vers la salle de bain. L'eau n'avait pas coulé du robinet. Alors, elle plongea la tasse en plastique dans l'eau emmagasinée dans la baignoire, se la versa sur le visage en frottant énergiquement avec la main.

Quand elle reprit sa place sur le canapé, le gendarme promenait son regard sur tout ce qui l'entourait :

— Mais pourquoi mon mari ? lui dit-elle. Lyassine n'avait pas d'ennemis, passait inaperçu, était très discret ; même que dans son travail, c'étaient les autres qui se montraient à la télévision à sa place...

— Madame, les choses ne sont pas aussi simples. L'enquête a révélé des choses sur votre mari, mais il ne m'appartient pas de vous les divulguer.

— Mais il faut tout tout me dire, monsieur le gendarme. Mon mari est mort. Il a été assassiné !...

— La mort de votre mari n'avait pas été programmée. Son nom a été ajouté à la liste des terroristes qui exceptionnellement n'avait pas été placardée dans les mosquée. C'est dans leur habitude de faire connaître à l'avance les noms de leurs victimes.

— Mais pourquoi mon mari ? Il ne m'a jamais dit qu'il était menacé, il me reprochait même de voir le danger partout!...

— C'est un membre de cette bande, à peine sorti de l'adolescence, casier judiciaire vierge, pas du tout connu des services de police qui est l'assassin de votre mari...

— Mais qui est cet assassin? s'impatienta la veuve. Mais enfin, quel est son nom, j'ai le droit de savoir !...

— C'est le fils du vieux fermier qui habite en contrebas de votre cité, c'est lui l'assassin.

La révélation du gendarme avait heurté la tête de Samia comme si elle venait de recevoir un coup de pic sur la tête. Son visage avait pris la couleur d'une terre aride. Un long moment, elle resta silencieuse, choquée, absente bien qu'elle continuait à fixer le gendarme.

— C'était donc lui, finit-elle par répondre en hôchant la tête. J'avais dit à Lyassine de se méfier de ce garçon. Et dire que j'ai cru que je m'étais trompée, que j'en ai voulu à mon mari d'avoir dénoncé un innocent. Mon Dieu, faites qu'il me pardonne. Et dire que cette effrontée d'Amel est venue chez moi, m'a raconté n'importe quoi en me regardant dans les yeux comme si c'était moi qui avait assassiné son frère.

– Ni elle, ni ses parents n'ont rien à voir avec ce criminel ! s'empressa d'observer le gendarme. Ils sont autant bouleversés et choqués que vous ! Ils sont innocents ! Amel n'arrive pas à croire que son frère est un assassin qui s'est attaqué à un voisin qui a aidé son père. Elle nous a parlé de la visite de votre mari à l'hôpital.

Le gendarme n'alla plus loin dans ses révélations. Il s'était gardé de parler du voyage de Lyassine à Constantine avec une jeune fille du nom de Nora, ni des photos retrouvées sur le fonctionnaire quinquagénaire. Tout cela du ressort de la justice.

Il se contenta d'ajouter :

– Madame, nous vous informerons du jour où les assassins passeront devant le tribunal. On ne vous ramènera pas votre mari, mais ceux qui l'ont assassiné ne sont pas près de revoir la lumière du jour. C'est moi qui vous le dit et vous devez me croire !

Après avoir refermé sa porte sur le gendarme, Samia avait ressenti une immense détresse et une immense solitude. Ses jours allaient être hantés par les images de son mari et de son assassin Lotfi. Elle se posa tellement de questions sur les raisons de son assassinat qu'elle avait mal à la tête. Elle se brouillait, supputait, arrivait à une conclusion puis revenait à la case départ. Finalement, elle renonçait. Dans ses sommeils, Lotfi lui apparaissait, la fixait avec défiance. Lorsqu'elle se réveillait, ce qu'elle retenait, c'était l'expression sarcastique, souvent méprisante, du fils de Ammy Saïd. Souvent, elle se levait au milieu de la nuit, allait dans « sa » cuisine, y restait deux, trois heures, parfois jusqu'à l'aube, buvait tasse de café après l'autre, éprouvait une haine immense, mortelle, abyssale pour Lotfi qui occupait tellement ses pensées ; sa haine était tellement forte, immense, qu'elle aurait aimé le tuer de ses propres mains, lui faire subir les souffrances les plus atroces, le lacérer de coups de couteau et le regarder se débattre dans son sang. Samia se couchait tard, se réveillait tard, souvent en début d'après midi, était si épuisée qu'elle s'endormait sur le canapé. En se réveillant, elle avait en face d'elle la photo de son mari. Elle la fixait tellement que le visage de Lyassine lui semblait tour à tour souriant, apaisé ou triste et résigné. Ce qu'elle retenait finalement, c'était l'expression de fatalité qui se dégageait de ce visage comme si son mari s'attendait à sa mort, qu'après Si Noury, c'était normal que ce soit son tour, une suite logique et dans la nature des choses. Après avoir longuement regardé son mari, elle baissait la tête, craignait qu'elle ne devienne folle ou que la folie ne s'empare d'elle. Alors, elle se prenait la tête dans les mains, pleurait, étouffait ses sanglots, essuyait ses larmes du revers de la main. Il lui arrivait de dialoguer avec son mari, de se souvenir de qu'il lui disait dans ses moments de torpeur: « on n'arrête pas la marche du temps. Les nouvelles générations sont impatientes. Trop longtemps, on les a ignorées, souvent méprisées. On leur ment, on leur raconte n'importe quoi, alors, pourquoi s'étonner qu'ils se révoltent, brûlent, tuent. Depuis la nuit des temps, ce pays a toujours connu la guerre, les révoltes et les insurrections. Les montagnes inaccessibles, les massifs impénétrables, les forêts qui s'étendent à perte de vue sont faites pour ça ! Depuis Massinissa, Jugurtha, La Kahina, Leïla N'Soumeur, Abdelkader, El Mokrani, Messali Hadj, Didouche Mourad, Ben M'hidi, nos populations se sont toujours révoltées, ont brandi le glaive, l'épée et le fusil de chasse. Où sont nos héros ? Où sont les Abane Ramdane, les Belouizdad, les Boudiaf, les Ben M'hidi ? Qu'a-t-on fait de leurs rêves et de leurs idéaux ?».

Un après midi, Samia avait lu sur le visage de son mari une haine sourde, une haine si forte qu'elle s'était frottée les yeux, avait quitté le salon pour aller se rafraîchir le visage dans la salle de bains ; l'eau avait coulé en abondance du robinet en dessous duquel elle avait mis sa tête en se frottant énergiquement le visage.

Un matin, Loubna était de retour. Elle réveilla sa sœur cadette qui dormait encore alors que le soleil était à son zénith.

« Heureusement que je t'ai donné la clé », lui dit Samia d'une voix fatiguée. Elle avait dormi avec ses habits, semblait absente. En se dirigeant vers la salle de bain, elle titubait, ne semblait plus tenir sur ses jambes.

Les jours qui suivirent furent moins pénibles pour elle. Sa sœur à ses côtés, elle avait retrouvé un semblant de vie, de normalité, son visage avait pris quelques couleurs, ses souffrances et ses haines s'étaient apaisées. Loubna l'encourageait à surmonter sa tristesse. Pour la faire penser à autre chose qu'à l'assassinat de son mari, elle lui rapportait ce qui se disait, se passait, se faisait à Constantine. La ville, comme toujours, bruissait de révélations : arrestations, détournements de fonds, crimes. Un fils avait tué son père, l'avait jeté par le balcon de l'appartement familial. Pour la première fois, dans cette ville fermée, conservatrice, on avait parlé d'inceste...

La présence de Loubna faisait du bien à sa soeur, lui redonnait courage, la revigorait. La nouvelle de sa sœur que son fils Rochdi allait divorcer après seulement quatre mois de mariage, n'avait pas ébranlé Samia. « Tant mieux, lui avait dit Loubna. Sa femme, je ne l'ai jamais aimée encore moins ses parents. Ces gens de la capitale se croient tout permis. C'est moi qui vais chercher une femme à mon fils. Maman, c'est ce que j'aurais dû faire dès le début, c'est ce qu'il m'a dit ».

Lorsque Samia reçut la convocation pour assister au procès de l' assassin de son mari, elle était confiante et sereine.

CHAPÎTRE 25

Samia avait rendu visite à Nedjett qui lui avait dit:

— A quoi ça sert que j'assiste à ce procès ? On va entendre des accusations de la part des assassins de nos maris contre la société qui, vont-ils dire, a sombré dans des mœurs contraires à notre religion. Ils vont accuser le pouvoir d'être corrompu, illégitime, vont dire que le tribunal des hommes est incompétent pour les juger, que Dieu seul a ce pouvoir. Du haut du perchoir, le ministère public va affirmer que les terroristes instrumentalisent la religion, utilisent la violence et l'intimidation pour arriver au pouvoir, qu'ils sont incapables d'une interprétation correcte du Livre saint et des paroles du Prophète. La bonne interprétation, dira-t-il, ne peut venir que des autorités religieuses du pays. Tout ceci n'est d'aucune utilité ni pour la recherche de la vérité, ni pour aider à l'émergence d'une société juste et démocratique dans notre pays. Ce déballage public ne nous rendra pas nos maris.

Samia avait insisté en disant à la veuve de Si Noury :

— Certainement qu'on va apprendre des choses. Peut-être que les assassins vont faire amende honorable et regretter leurs crimes. Peut-être qu'ils nous demanderont pardon.

Nedjett avait répondu :

— Le ministère public et les terroristes vont restés sur leurs positions. Dans ce procès, il n'y aura rien de nouveau outre qu'il n'est pas question pour moi de me trouver au même endroit que les assassins de mon mari. Je ne veux pas qu'ils me voient affliger de sa perte. A la blessure, ils auront ajouter l'injure. j'ai enlevé mon poste de télévision et je n'ai plus de radio. Je vais suivre le procès dans les journaux.

Dès que Samia était entré dans la salle du tribunal accompagnée de sa sœur, un appariteur les avait conduites à leurs sièges en les faisant s'asseoir dans la première rangée face au juge et à ses assesseurs qui n'avaient pas encore fait leur entrée dans le prétoire. Son avocat était en discussion avec son collègue désigné d'office pour assurer la défense de Lotfi. Ammy Saïd ayait refusé de payer les frais d'un avocat.

Personne n'avait reconnu ou prêté attention aux deux soeurs. La femme de Lamine était là, jeune, très maquillée, habillée d'un tailleur vert clair à carreaux de bonne coupe. Assise à ses côtés, le père du policier assassiné à l'entrée de l'autoroute. Le vieil homme semblait se poser des questions sur sa présence dans ce tribunal. Il était pâle, regardait à droite, à gauche, derrière lui, semblait perturbé. Un policier en tenue bleue azur venait lui chuchoter dans l'oreille et dès qu'il partait, il reprenait son drôle de manège. Aucune parent ou proche du médecin des pauvres et de sa fille n'était là comme si leur lignée s'était éteinte ou n'avaient plus d'amis après qu'ils soient morts.

De l'autre côté de la rangée, au delà d'une allée étroite, étaient assis les parents des accusés, à peine quelques personnes. Il y avait là, le frère du chef des terroristes, jeune, la trentaine. Dehors, on le prendrait pour un courtier en assurances ou un fonctionnaire, son costume gris clair faisait ressortir avantageusement son teint brun. A ses côtés, un homme âgé, leur père, sagement assis, tranquille, il regardait droit devant lui. A sa droite, couverte de la tête aux pieds d'un habit noir inconnu dans ce pays jusqu'à ces dernières années, une femme, impassible, silencieuse, la seule femme sur ce banc. Les places réservées à Ammy Saïd et à sa femme Aldja étaient restées vides.

Des deux côtés de la rangée, on s'ignorait, on ne se regardait pas ; séparation de larmes et de sang.

Dans la salle, des curieux, il y en avait, on les reconnaissait, ils discutaient entre eux, se tournaient l'un vers l'autre, souriaient, baissaient la tête ou mettaient la main sur la bouche pour cacher leur rire ...

Des journalistes spécialisés dans les affaires liées au terrorisme étaient là ; ce procès du plus haut intérêt pour eux. Nadir, directeur de publication, avait tenu à y assister en personne et quand l'un de ses collaborateurs lui avait désigné du regard la veuve de l'ancien fonctionnaire Lyassine, il s'était dirigé vers elle ; en se penchant sur Samia, il lui dit : « madame, si vous avez besoin de moi ou de mon journal, n'hésitez pas. Je connaissais votre mari ; s'il y a une mort à laquelle je ne m'attendais pas, c'était bien la sienne ». Samia l'avait remercié en lui adressant un sourire timide et quand il était parti, en se tournant vers sa sœur, elle lui avait murmuré: « ils sont courageux ces journalistes. Des dizaines des leurs sont tombés sous les balles des terroristes, je n'ai jamais pensé que mon mari les rejoindrait dans leur martyr ».

Sans l'uniforme bleu azur des policiers, la salle du tribunal aurait été bien triste ; en effet, à l'intérieur murs gris et dehors temps nuageux, couvert. Les policiers s'occupaient comme ils pouvaient. Ils n'étaient pas nombreux, au plus cinq ou six. Ils parlaient entre eux, passaient entre les rangées, s'adossaient aux murs pour fixer le public venu nombreux. Celui qui chuchotait à l'oreille du père de son collègue assassiné, était penché cette fois-ci sur un homme assis au milieu d'une rangée tout à fait à l'arrière du prétoir. Comme deux larrons en foire, ils discutaient à voix basse ; le policier ne cessait de lever la tête pour balayer la salle de son regard comme s'il voulait s'assurer que cette conversation restait confidentielle. A dire vrai, une atmosphère bon enfant régnait dans la salle. Un observateur étranger aurait de la peine à croire qu'on allait juger des assassins de la pire espèce, des terroristes pour qui la vie d'une personne n'a aucune valeur du moment qu'il s'agit « du jugement de Dieu ». De leur dieu…

En attendant l'arrivée du juge, les avocats conversaient entre eux devant leurs bancs, parmi eux deux avocates, l'une la tête couverte d'un foulard, l'autre une blonde, bien coiffée, certainement qu'elle venait de sortir de chez le coiffeur…ou la coiffeuse.

Samia avait fait le choix d'un avocat et non d'une avocate. Elle avait écouté ce qu'on lui avait conseillé. Pour que la combinaison soit gagnante, pour que l'assassin de son mari soit condamné à la peine maximale, il fallait que le juge soit une femme. Elle avait crû ce qu'on lui avait dit. « Je veux que l'assassin de mon mari pourrisse en prison puisqu'il est mineur. C'est ce que j'attends de vous ! », avait-elle dit, véhémente, à son avocat.

A l'entrée de la juge, on s'était levé. Elle était grande, teint brun foncé, couleur café, cheveux très noirs, peut-être teints ; ils brillaient dans la grisaille de la salle du tribunal. Elle s'était dirigée tout droit vers son siège sans regarder l'assistance. Après s'être assise dans son ample fauteuil, elle avait ouvert un épais dossier qu'elle avait ramené sous le bras. Tout autant que le public, Samia ne la quittait pas des yeux. En son for intérieur, la veuve de Lyassine était satisfaite que le juge soit une femme et de suite elle avait espéré la peine maximale pour Lotfi, l'assassin de son mari.

Après les assesseurs, c'était au tour des quatre accusés de faire leur entrée. Lorsqu'ils s'étaient assis, face au public, leurs visages étaient sereins comme si le tribunal des hommes leur importait peu. Il y avait là plusieurs générations, du plus âgé, celui qui était entré le premier, la cinquantaine, cheveux gris, regard doux d'un bon père de famille, au plus jeune, Lotfi qu'on prendrait volontiers pour un élève d'un centre de formation professionnel ou de quelque lycée. Ils étaient tous là, solidaires, dans leur refus de l'ordre établi, ensanglantant leur pays, le détruire s'il le faut pour imposer un ordre divin : «Un ordre vertueux et juste», disent-ils.

De tous, Lotfi montrait le visage le plus arrogant. Pour Samia, rien à voir avec le jeune homme qu'elle avait fait rentrer chez elle, servi un café, qui avait dîné avec son mari dans « sa » cuisine. L'adolescent fixait la salle du tribunal comme s'il était l'invité d'honneur, les autres, les représentants de la justice humaine, étaient là pour l'écouter, apprendre de lui s'imprégner de sa sagesse et de son savoir et s'il venait à être écouté : fini le sang, finie la haine, finis les maux qui assiègent toute société humaine ; chacun sera un agneau pour son prochain.

Pour Samia et Loubna, il fallait beaucoup de courage pour assister aux interrogatoires des accusés et l'établissement des faits. Le travail du ministère public avait été facilité, les accusés se faisant un point d'honneur à ne pas nier leurs crimes, y compris leur implication dans la pose de la bombe qui avait tué une trentaine de personnes et fait des dizaines de blessés dont la propre sœur de l'un des accusés.

Les journaux rendaient compte du procès dans ses détails. Lyès, le chef de la bande terroriste avait à peine la trentaine, teint clair, visage osseux, lunettes de vue à fine monture, yeux très mobiles, regard d'acier, on l'imagine aisément sujet à une intense activité cérébrale et le seul à avoir sur la tête une calotte blanche, immaculée ; un kamis ample couvrait tout son corps jusqu'à cacher les pieds. Autre chose. Une senteur d'ambre se dégagerait de lui. La veille, il avait fait une déclaration rapportée par la presse : « C'est la justice divine qui nous a armés. Nous ne sommes que les exécutants de la volonté du Tout puissant. Notre foi, nous ne la négocierons pas. Ceux que nous avons tués méritaient leur sort. Ils ont tourné le dos à notre religion. Noury, Lamine servaient un pouvoir injuste, corrompu. Le glaive nous l'utilisons contre les corrompus, les corrupteurs et les apostats. Le salut de notre oumma (la communauté des croyants) est dans l'application et le respect stricts de notre Livre saint et des paroles du prophète.

Nedjett avait eu raison. Accusations et contre accusations s'étaient succédés dans le prétoire. Les avocats des accusés se démenaient, faisaient assaut de leur talent et de leur savoir mais ce qu'il avait d'étrange, c'était l'indifférence que montraient leurs clients alors que la juge écoutait les avocats attentivement, intensément. Les avocats évoquèrent l'origine pauvre de leurs clients, leur marginalisation, leur incapacité à comprendre une société devenue complexe où « le plus malin, le plus corrupteur et le plus corrompu survit, passe avant les autres, est respecté et craint ».

Lotfi avait pris un air narquois pendant que son avocat le défendait, disait que si les accusés s'étaient comportés comme des monstres, c'était à cause de la société qui doit assumer la responsabilité de ses échecs, « c'est la raison pour laquelle, madame la juge, je sollicite votre clémence. Les accusés sont nos enfants. Donnons leur l'exemple de la générosité. Sollicitons leur pardon pour n'avoir pas su leur inculquer les valeurs du travail et de l'effort, d'avoir négligé ce qui est essentiel à toute société humaine : la probité et l'équité ; sans elles, madame la juge, il ne peut y avoir de justice, de progrès, de prospérité, d'avancées pour notre société et ses populations. N'est ce pas ces valeurs qui ont la force de nos anciennes générations. Notre peuple serait-il sorti vainqueur de sa longue guerre de libération nationale si les maux actuels assiégeaient notre société ? Non, je ne crois pas et vous non plus, madame la juge ».

L'avocat avait repris sa place. Pas d'applaudissements mais dans le public, des têtes avaient approuvé.

L'avocat suivant prit le ton d'un tribun auquel ne manquait que le vaste forum, devant lui, le peuple rassemblé tout ouïe. Il tonna :

« A la mort, opposons la vie ! La vie a toujours été plus forte que la mort et c'est faire honneur à la justice de ce pays que de prononcer des peines légères. A la place des accusés, je verrais d'autres accusés ! Je suis d'accord avec mon confrère qui m'a précédé. A qui la faute si ce pays est plongé dans la violences et la mort? Qu'on nous ramène les vrais accusés ! Qu'ils répondent de leur mauvaise gestion ! Où sont passées nos richesses ? Qu'ont-ils faits des idéaux de ceux et de celles qui ont combattu l'ordre colonial ? Si ce peuple a souffert c'est pour vivre dans la liberté et la dignité. Et que voyons-nous ? La corruption, les vols, les malversations, la pratique éhontée du copinage et du népotisme ! On ne peut rien obtenir sans faire intervenir quelqu'un ! Mais enfin, ne sommes-nous pas les enfants d'un même pays et d'un même peuple ! Si je me trompe, qu'on me le dise !...

La joute avait provoqué des applaudissements dans la salle qui avaient été suivis d'un long murmure. On s'était regardé, étonnés par la hardiesse du propos. Bien audacieux cet avocat...

« Silence où je fais évacuer la salle ! » avait lancé la juge. En fixant l'avocat, elle lui dit:

— Maître, vous avez manqué votre vocation. Vous auriez dû faire de la politique, ici, nous sommes dans un tribunal pas dans un meeting politique !

La réponse de l'avocat fut rapide, insicive. En regardant alternativement le public et la juge, il dit, voix calme, mesurée:

— Mais madame la juge, pour faire de la politique dans notre pays, on demande de vous qu'une seule chose : applaudir. Moi, je ne sais pas applaudir...

— Maître, s'il vous plait..., c'est la dernière fois que je vous rappelle à l'ordre, fit la juge, mécontente.

L'avocat reprit :

— Madame la juge, il faut se pencher sur les raisons qui ont poussé les accusés ici présents à tuer, mutiler et détruire. Je ne crois pas qu'un être humain en arrive là sans raison ! La place de Lyès n'est pas dans ce tribunal ; il aurait dû être un homme utile à notre société, avoir un travail, un logement, des droits qui sont inscrits dans les constitutions des pays avancés. Certes, il faut juger les faits, ils sont terribles, chacun en convient mais je pose de nouveau la question : il faut se demander pourquoi nous sommes en arriver là. Quand nous aurons répondu à cette question, tout sera limpide comme de l'eau de roche.

Lyès, le chef terroriste, était resté impassible, non concerné par tant de bruits et de fureur. Peut-être que, plongé dans ses réflexions intérieures, souhaitait-il une condamnation à mort qui l'aurait conforté dans ses convictions et confirmé son engagement jusqu'au sacrifice suprême. En ne regardant pas son avocat, en fait, il disait qu'il n'en avait que faire de son talent et d'un acquittement qui l'aurait fait douter de ses convictions et fait de lui un homme quelconque sans foi, ni idéal.

Samia regardait la juge lorsque celle-ci demanda à l'assassin de son mari :

— Que vous a-t-il fait, le fonctionnaire Lyassine? N'était-il pas votre voisin ? Il a accompagné votre père à l'hôpital, j'ai appris aussi qu'ils s'entendaient.

Imperturbable, sans remord, Lotfi répondit:

— Lyassine, je l'ai toujours considéré comme un bon voisin, un homme digne, respectable. J'avais de l'estime pour lui bien qu'il travaillait dans l'administration et préférait se promener dans les collines que de se joindre à nous et faire sa prière. Il buvait. J'ai trouvé du vin chez lui. Malgré cela, je ne lui ai jamais voulu du mal, encore moins le tuer. Lyassine n'a jamais figuré sur notre liste .

— Pourquoi alors l'avoir tué ?

— Lyassine m'a dénoncé, oui, il m'a dénoncé alors qu'on a mangé du même pain, et encore chez lui ! Notre religion ne dit-elle pas que le croyant doit respecter son voisin, le protéger, le considérer comme un membre de sa famille. Me dénoncer à la police, à son âge, il aurait pu être mon père !...

« Quel monstre ! », avait murmuré Samia à l'oreille de sa sœur.

La juge s'était indignée :

— Mais vous n'aviez pas le droit de le tuer! Tuer son prochain est contraire à notre religion ! Je ne vais pas vous l'apprendre, vous le saviez !.

En se levant, Lyès lança, aggressif, comme s'il venait d'être piqué :

— Il nous a dénoncé ! Il est allé au commissariat central où nous avons mis la bombe . C'est à cause de lui que nous sommes là ; il n'y a pas que cela : il a fait fuir un homme que nous recherchions, qui a refusé de soutenir notre cause ; il n'aurait pas été le premier. Ce Walid gagnait beaucoup d'argent et il ne versait même pas la zaket, l'aide que tout croyant doit verser obligatoirement aux pauvres. Son devoir était de nous aider, oui, je le répète, il n'aurait pas été le seul et le dernier !

— Vous interviendrez quand je vous le demanderai, intervient la juge, nous sommes dans un tribunal, je vous le rappelle. Notre religion n'a jamais dit qu'on pouvait tuer son prochain. Dieu seul a ce droit !...

Lyès qui était resété debout reprit :

— Ce droit, notre religion nous l'a donné ! Nous sommes en guerre ! C'est un tribunal d' apostats et de mécréants. Nous refusons votre justice !

La juge lança, hors d'elle, rouge de colère, manquant de s'étrangler :

— Taisez vous ! Je vous ai dit de vous asseoir ! Vous n'êtes qu'un ignorant !

Houle dans la salle, brouhaha et désordre. L'avocat de Lyès s'était levé, avait levé le bras d'impuissance, avait fait signe à son client de se taire.

Le chef terroriste, toujours debout, poursuivit, défiant :

— Non, je ne suis pas un ignorant ! Les ignorants sont ceux qui ont mis ce pays dans cette situation. Je sais ce que c'est la bonne gouvernance, les droits de l'homme, la bonne gestion d'un pays. J'ai lu Stuart Mill, Adam Smith, Proudhon, Keynes, j'ai lu Karl Marx, Shumpetter, Raymond Aron ! J'ai même lu la Constitution des Etats-Unis d'Amérique de Jefferson, Washington, Hamilton et Franklin ! J'ai une licence en sciences économiques ! Ce n'est pas le cas de nombreux de ceux qui nous gouvernent ! et j'ai fait des études de droit ! C'est vous qui vous vous prétendez juge qui ne savez pas ce qu'est la justice. Prenez Le livre saint. A l'intérieur, il y a toutes les réponses que la créature humaine peut se poser . Le Coran a répondu à toutes les questions ! Pas besoin d'aller chercher chez les Américains, chez les Russes ou chez Karl Marx ou

Max Weber. Ce que nous avons dans la belle langue du prophète nous suffit à mener une existence terrestre pleine, harmonieuse et heureuse !

La juge reprit en s'efforçant de rester calme :

— Mais monsieur Lyès, on ne peut pas gouverner un pays avec les seuls textes sacrés. Dites- moi comment peut-on combattre le chômage ? Quelle politique mener pour que les enfants de ce pays vivent dans une société juste, prospère, créative, que devons-nous faire pour rattraper nos retards...

« J'en sais quelque chose, je n'ai de l'eau qu'une seule fois par semaine et la cité où je vis est très sale ! », avait chuchoté la veuve de Lyassine à sa sœur.

La juge avait poursuivi : « dites au public comment réhabiliter notre économie et ne pas se contenter de tout importer, que faire pour reprendre notre place au sein de la communauté internationale.

— C'est notre combat, répondit Lyès, on nous prive de nos droits et ce sont toujours les mêmes qui nous gouvernent ! Organisez des élections libres et vous verrez que nous gagnerons ! Nous établirons un ordre de fer mais cet ordre sera juste, équitable. Les corrompus seront jugés. La justice triomphera ! Nous...

— Avec vos diplômes et vos connaissances, vous auriez pu devenir un enseignant, vous aurez fait avancer le pays que vous ensanglantez de vos actes monstrueux, coupa la juge. Vous êtes un assassin de la pire espèce. Vous avez plusieurs meurtres sur la conscience. Des innocents sont morts dans l'explosion de la bombe devant le commissariat central de notre ville parmi eux une étudiante en médecine, vous avez tué son père, deux fonctionnaires, un policier qui fait vivre sa nombreuse famille. Je vous le répète : Vous êtes des monstres et des assassins de la pire espèce.

Serein, souriant, Lyès s'était rassis tandis que dans la salle du tribunal, on entendrait une mouche voler.

En se tournant vers Lotfi qui avait écouté intensément son chef, la juge lui demanda :

— Pourquoi avez-vous persécuter le professeur Ferhat ? Il n'a jamais fait de mal à personne. Il donnait des cours de français pour terminer des fin de mois difficiles...

— On n'a pas voulu le tuer, juste lui faire peur et c'est moi qui ai dessiné le cercueil.

— Mais il est devenu fou ! s'indigna la juge.

— C'est ce que j'ai appris. Le Tout Puissant l'a puni. Il le mérite.

La juge calme :

– Mais il voulait instruire, transmettre son savoir. Notre religion ne dit-elle pas qu'il faut chercher la science jusqu'en Chine. Notre Livre saint commence par ikra : lis !...

Lotfi interrompit, vindicatif :

– Ferhat enseignait dans la langue de l'étranger qui nous a colinisés alors qu'il devait apprendre et connaître la sienne. Il remplissait la tête de ses élèves de choses qui n'ont rien à voir avec notre religion, disait que notre pays a donné naissance à Saint-Augustin, « un grand homme qui voulait le bien de tous », comme si notre oumma n'a pas suffisamment de grands hommes ; les compagnons du prophète étaient vertueux, avaient une sagesse proverbiale, le calife Omar régnait sur un empire qui s'étendait sur trois continents, il était juste, humble, s'asseyait sous un arbre pour rendre justice, il y a Abou bakr Essedik, Omar Ibn El Khattab, Othmane Ibn Affene, la liste serait longue, vous qui êtes de notre religion vous devez le savoir...

– Nous sommes tous des croyants, des gens du Livre, répondit la juge, le ton d'une pédagogue. Toutes les religions disent qu'il ne faut pas tuer, voler, qu'il faut respecter son prochain, qu'il faut être bon, généreux...

En se levant, Lyès, en regardant intensément la juge, intervient de nouveau:

– C'est ce que vous croyez ! Mais lisez l'histoire ! Leurs croisés sont venus sur nos terres ; ils ont tué, pillé, violé! Qu'ont-ils laissés? Des châteaux qui sont des forteresses militaires ! C'est nous qui leur avons appris la courtoisie, le respect des femmes, on leur a transmis le savoir des philosophes grecs qui est devenu leur fond culturel, on leur appris les mathématiques, la médecine ; on passerait une journée entière à parler de l'apport de nos ancêtres à leur civilisation et à la civilisation universelle ! Ils ont tout occulté ! De quelle bonté, de quelle générosité parlez-vous? Regardez, ce qu'ils ont fait à nos frères en Bosnie, en Tchétchénie, à nos frères en Palestine ! Et leur embargo sur l'Irak, la terre des braves, une civilisation millénaire Des milliers de morts, des femmes, des enfants! Où étaient les gens du Livre ? Ils ont préféré regarder ailleurs, non concernés !...

– Mais, nos frères n'ont pa fait mieux ! répondit la juge. Aucun n' a dénoncé les crimes que vous et vos semblables ont commis. Vous avez bien massacré femmes, enfants et nouveaux-nés ! Vous avez égorgé des innocents, vous avez détruit, incendié. « Nos frères n'ont rien dit, eux aussi ont préféré regardé ailleurs, ils n'ont jamais condamné vos atrocités haut et fort ! Dans votre tête, tout est désordre et confusion.

L'avocat de Lyès s'était levé, n'avait pas attendu l'accord de la juge:

— Ce qu'a dit mon client n'est pas faux. Lyès a raison de se référer à l'histoire. Tous les peuples ont une mémoire collective, aucun peuple ne fait table rase de son passé. L'ordre colonial a essayé mais il n'a pas réussi. Nous sommes restés attachés à nos croyances, aux valeurs que nous ont léguées nos aïeux. Nous aurions pu très bien connaître le destin de peuples qui ont disparu ou sont devenus minoritaires et sans droits dans leur propre pays.

— Non, Maître, observa la juge, imperturbable. Je veux qu'on se limite aux faits. Les prévenus sont accusés de meurtres et nous sommes ici pour les juger. Nous ne sommes pas ici pour juger l'histoire. Il faut laisser cela aux historiens. Nous sommes dans la salle d'un tribunal.

Lotfi s'était levé à la demande de la juge qui voulait savoir s'il y a d'autres raisons qui expliquent ses crimes.

— Ici, si on n'a pas de relations, on ne compte pas, asséna-t-il. Si vous n'avez pas d'argent, on ne vous respecte pas. Plus rien n'est propre. La corruption est partout.

Murmure d'approbation dans la salle. Une voix avait lancé: « Lotfi a raison ! C'est ce que nous vivons tous les jours. Sans « piston », on est rien ! ».

Un policier quitta le mur contre lequel il était adossé pour se diriger vers l'audacieux. D'un signe de la main, la juge l'arrêta.

— Poursuivez, ordonna la juge en se tournant vers Lotfi.

— Noury était un ami de la famille. C'était ce que j'ai crû...

Samia et Loubna s'étaient regardées, avaient écarquillé les yeux, étonnées par l'audace du propos. « Heureusement que Nedjett n'est pas là, elle n'aurait pas apprécié », avait soufflé Samia dans l'oreille de sa sœur.

— Il n'a pas voulu me faire entrer à l'école de police, poursuivit Lotfi.

— Mais vous n'avez pas réussi à vos examens ! S'écria la juge. Les médecins vous ont déclaré inapte! Vous n'avez pas la taille suffisante et votre niveau d'instruction n'est pas conforme au règlement!

— Non, c'est faux! S'insurgea Lotfi. Les résultats des concours sont connus d'avance et des policiers de petite taille, on peut les voir ici, dans la salle !

Nouveau murmure. Les policiers sanglés dans leur uniforme bleu-azur étaient restés de marbre, non concernés par ce que raconte « le terroriste ».

— Silence ! ordonna la juge. Continuez, monsieur Lotfi.

— Certains ont été acceptés à l'école parce qu'ils connaissaient quelqu'un de haut placé. Tout le monde intervient pour tout le monde. Où est la justice ? C'est moi qui ai mis la bombe devant le commissariat central...

Levant les bras d'incompréhension, la juge lança :

— Mais votre sœur a été une de vos victimes ! Elle ne peut plus se marier ! Son fiancé ne veut plus d'elle !

— Elle n'avait qu'à ne pas être là ! Elle n'était pas accompagnée. Son fiancé laissait faire ! Que faisait-elle dans l'appartement de ce Ferhat ?

Dans la salle, on s'était regardé. Une jeune fille, seule dans un appartement avec un homme, un étranger, cela ne se faisait pas.

— Mais il lui donnait des cours, répondit la juge. Etes-vous obsédé ? Dans votre tête, vous avez des choses bien malsaines ! Mais enfin, il lui apprenait une langue étrangère, lui faisait découvrir une autre culture, une autre civilisation...

Lotfi s'était contenté de sourire,voulant dire : « ce propos, je l'ai déjà entendus. Ne perdez pas votre temps ».

— Si je comprends bien Si Noury, vous l'avez tué parce qu'il ne vous a pas fait entrer à l'école de police, fit la juge. La vie humaine n'a donc aucune valeur pour vous.

— Il n'y a pas que cela ! répondit Lotfi.

Lyès s'était levé, avait lancé, comme si c'était à lui que la juge s'était adressé :

— Avez-vous pensé à ce qu'il écrivait. Il parlait de démocratie, de droits de l'homme, de république une et indivisible, tout cela est étranger à notre culture. Notre Livre saint protège autant l'homme que la femme, il exige de nous d'être juste, de respecter nos parents, de prendre soin de la veuve et de l'orphelin. Noury était contre notre jihad ! Il n'a pas compris que nous voulons le règne de Dieu, l'application stricte de Sa loi : la sharia. Nous n'avions pas compris pourquoi il a voulu singulariser notre pays alors qu'il fait partie de la nation de la oumma qui s'étende de l'Océan Atlantique à la Mer de Chine et au nord jusqu'à Moscou...

La juge n'était pas intervenue. Il ne servait à rien d'alimenter le brasier d'autant que le public n'était pas imperméable aux propos du chef terroriste. Quelques personnes acquiéscaient du chef.

En se tournant vers Lotfi, qui souriait énigmatiquement, la juge lui demanda :

— Pourquoi, tuez-vous vos victimes toujours d'une seule balle dans la tête ?

— C'est moi qui ai tué le médecin des pauvres...

— Ça, nous le savons. Mais pourquoi lui ? Insista la juge.

— Il a refusé de soigner nos frères du jihad qui étaient blessés et il a refusé de nous donner des médicaments. C'était un médecin, il ne devait pas faire la différence entre les créatures de Dieu. Lyès est allé le voir, il lui a dit « Je ne soigne pas et je n'aide pas ceux qui assassinent leurs frères et leurs semblables! Ne mettez plus les pieds ici !». Eh, bien il a payé de sa vie. Maintenant, il ne soignera plus personne.

— Et Lamine? Il n'était qu'un modeste fonctionnaire qui construisait sa maison, reprit la juge...

Lotfi répondit calmement comme s'il avait mûri sa répone depuis long-temps :

— C'est ce que vous croyez, Il racontait que nous sommes des assassins, que tôt ou tard « on nous règlera notre compte ». Il travaillait avec les services de sécurité et il a obtenu un terrain de 1500 m2 non loin d'une grande plage alors que d'autres citoyens plus dans le besoin que lui n'ont rien eu ! Il croyait avoir tous les droits. Son beau frère est un officier de l'armée. Il se croyait protégé mais notre bras est suffisamment long. C'est moi qui l'ai achevé d'une balle dans la tête dans l'escalier de son immeuble. Oui, toujours d'une balle dans la tête, comme Noury et Lyassine. De ce Lamine, on a voulu en faire un exemple. La hogra ce n'est pas bien.

Samia avait l'impresion d'écouter un monstre, un mutant, un tueur froid qui tue sans état d'âme et qui se prévaut de bons sentiments. Elle aurait aimé le tuer de ses propres mains sans aucun état d'âme.

— Et le policier qui faisait la circulation avant l'entrée de l'autoroute ? Esc-ce que vous aviez des raisons de le tuer, demanda la juge à Lotfi.

— Nous n'étions pas d'accord avec lui ! lança d'une voix véhémente Lyès qui venait de se lever. Lotfi m'a désobéi ! Nous n'avons rien à voir avec la mort de ce policier !

— Je regrette sa mort. Je demande pardon à son père qui est là, dit Lotfi qui manifestait pour la première fois un sentiment humain, sur son visage un semblant d'humanité.

— Mais alors pourquoi l'avoir tué ? Demanda la juge en fronçant les sour-cils, déconcertée:

— J'ai cédé au mal. C'était par dépit. Je l'ai tué parce qu'on m'a refusé l'entrée à l'école de police. Pourquoi lui et pas moi ? Ce policier n'avait rien de plus que moi. J'étais plus grand que lui et mon niveau d'instruction est supérieur au sien. Nordine je le connaissais ; il habitait non loin de la ferme de mon père. En me voyant se diriger vers lui, il croyait que je voulais lui parler ou le saluer. Je l'ai tué d'une balle entre les deux yeux alors qu'il me regardait, il avait même commencé à me sourire.

Un murmure d'horreur avait parcouru la salle.

La juge leva la séance.

Le procès dura près d'une semaine. La veuve de Si Noury avait eu raison. Le dialogue de sourds entre la justice et les terroristes n'avait mené nulle part : positions irréconciliables.

Dans son salon vidé de ses meubles, à l'exception d'un fauteuil, en feuilletant le journal auquel son mari apportait sa contribution et son talent, Nedjett découvrit ce titre en dernière page:

LA COUR D'ASSISES REND SON VERDICT DANS LES ASSASSINATS DE TROIS COMMIS DE L'ETAT, D'UN POLICIER ET D'UN MEDECIN. LE GROUPE TERRORISTE ETAIT L'AUTEUR DE L'ATTENTAT A LA BOMBE DEVANT LE COMMISSARIAT CENTRAL DE LA CAPITALE .

En caractères moins gras, en dessous: des sentences de 5 ans à la détention à vie ont été prononcées.

En commençant la lecture de l'article, le cœur de Nedjett s'était mis battre puis, au fur et à mesure qu'elle lisait, il battait plus fort. Elle avait cru qu'il s'était arrêté quand elle lut : « celui qui a tué les trois fonctionnaires : Si Noury, Lyassine et Lamine ainsi qu'un policier et un médecin et mis une bombe devant le commissariat central de la capitale, a reçu la sentence maximale : la détention à perpétuité. Le tribunal a tenu compte de son jeune âge : 17 ans !

La veuve de Si Noury posa le journal sur ses genoux, se mit à réfléchir, le regard absent. En reprenant la lecture du journal, elle lut : « Le terroriste Lotfi avait été renvoyé de l'école à l'âge de 14 ans. Il n'a jamais pu bénéficier d'une formation professionnelle. Pour aider ses parents, de vieux paysans, il vendait des fruits et légumes avant d' activer au sein d'un groupe terroriste. Sa vocation, aussi curieux que cela puisse paraître était de devenir policier. Son chef Lyès a été condamné à mort. Sa sentence sera commuée à la détention à perpétué, aucune exécution n'ayant eu lieu dans notre pays depuis une dizaine d'années ».

En reposant son journal, Nedjett pensa : « Demain, un océan me séparera de ce pays. Sera-t-il toujours le mien et celui de mon fils? L'avenir nous le dira ».

Pour s'assurer que son départ sera définitif, elle alla dans la chambre à coucher, tira de l'armoire son passeport et celui de Zyad, fixa longuement les visas apposés puis commença à ranger les affaires dans deux valises qu'elle doit prendre avec elle le lendemain. « Heureusement que Samia m'a aidée. Georgis a pu trouver la cité où elle habite. Sans lui, je serai toujours là sans compter que mon fils grâce à lui a pu s'inscrire à l'université où il a fait une partie de ses études » .

Samia et Loubna reçurent la confirmation des sentences dans le bulletin d'information de la radio gouvernementale de 7h30. « Lotfi n'est pas près de voir la lumière du jour, avait dit la veuve de Lyassine à sa sœur Loubna. Le gendarme qui venait me voir me l'a dit et il a eu raison ».

Le jour de son départ, Nedjett reçut la visite de Samia. Après qu'elles eurent discuté du déroulement du procès et commenté les sentences, Samia apprit à Nedjett que Bylal, son fils, retournait définitivement dans son pays.

– J'ai oublié jusqu'à son visage, avait-elle dit à Nedjett.

– Peut-être que nous allons nous croiser dans les airs, plaisanta la veuve de Si Noury en prenant les mains de la veuve de Lyassine dans les siennes.

– La vie est ainsi faite. L'un quitte son pays, l'autre y retourne. Lyassine et Si Noury doivent bien rire là-haut dans le ciel, dit Samia.

En prenant congé de Nedjett, elle lui dit, sereine :

– Je te souhaite bon voyage, Nedjett. Certainement qu'on se reverra. Le plus difficile est passé. Notre pays renaîtra de ses cendres et le sang qui a coulé arrosera notre terre comme une pluie de printemps. Envoie-moi une carte postale et surtout n'oublie pas les tiens. Quoi que l'on pense, ils sont braves et courageux.Il n'y a pas de mauvais peuples, il n'y a que de mauvais gouvernants ! J'allais oublier. Mon fils Bylal va commencer la construction de la maison que son père n'a pu construire. Crois-moi, il ne mettra pas dix ans pour la terminer !

Samia avait vite descendu rapidement l'escalier de la villa où son mari venait. Elle se retourna, regarda longuement le jardin abandonné, eut un pincement de cœur, ne put s'empêcher de penser à son mari et à son ami Si Noury. Quand elle fut dehors, il faisait un temps magnifique, le ciel bleu, pur, lisse ; elle respira profondément le vent frais, léger du matin. Après avoir arrêté un taxi, elle s'empressa de dire au chauffeur : « conduisez-moi à l'aéroport. Je ne veux pas arriver en retard, mon fils retourne dans son pays. Je suis très heureuse !».

– La vie est bien étrage, fit le chauffeur de taxi en la regardant dans son rétroviseur. Mon fils quitte son pays. Il ne veut plus y vivre et pour cela, il a payé très cher son visa. Que Dieu le protège, son visa est faux et son passeport est un vrai-faux passeport.

— Un faux visa, un vrai-faux passeport ? Tout cela est bien étrange. C'est quoi ça ? Demanda la veuve de Lyassine qui ne comprenait plus rien.

— Le passeport est vrai mais tout ce qui est écrit dessus est faux et les faux cachets sont plus vrais que les cachets de la wilaya (préfecture). Ce qui me dérange, c'est que mon fils a payé plus cher son visa que son passeport.

— On aura tout vu dans ce pays ! s'exclama Samia.

FIN

AUTEUR : Abdelkader Jamil RACHI